国家出版基金项目
NATIONAL PUBLICATION FOUNDATION

汉阅史学经典

# 法国大革命史

卷 一

[法] 儒勒 · 米什莱 著

李筱希 译

吉林出版集团股份有限公司

# HISTOIRE

DE LA

# RÉVOLUTION

# FRANÇAISE

PAR

## J. MICHELET

DEUXIÈME ÉDITION, REVUE ET AUGMENTÉE

TOME PREMIER

PARIS

LIBRAIRIE INTERNATIONALE

15, BOULEVARD MONTMARTRE

A. LACROIX, VERBOECKHOVEN ET Cie, ÉDITEURS

A BRUXELLES, A LEIPZIG ET A LIVOURNE

1868

# 目　录

# 译者序言

要如书一般生与逝，不要像人一样存与亡。

——儒勒·米什莱

1815年，百日王朝覆灭，法国从帝国的天空陨落下来，就着血泪饮着失败的苦酒。拿破仑帝国作为法国大革命的延续，它的倾塌也意味着大革命的结束。大革命的失败、欧洲各国入主巴黎的耻辱、失去欧洲和世界霸权地位的事实，使得法国人民很长一段时间都陷入消极和倦怠之中。法国大革命之前的历史，是王侯将相的勋章、思想哲人的舞台。可在大革命和帝国战争中，所有法国人不论性别、阶层、出身、年龄，主动也好、被迫也罢，都被动员进了一场场壮阔波澜的运动中。从前无数张模糊的面孔突然变得鲜活，从阴暗的舞台背后走出来，有了自己的台词。籍籍无名的个体开始和法国历史挂钩，成为了缔造大革命及法兰西帝国的辉煌功勋的一分子。故对他们而言，帝国的陨落、大革命的结束就意味着个人的失败、对一部分自我的否定。

所以，风云退去之后，所有人都进行了痛苦的反思和自省，渴望了解自己国家和民族的往昔岁月，更渴望回顾自己在这段历史中走过的足迹、倾听自己当初呐喊的回声。于是，法国史学界在1820年前后出现了一大批以传播历史为己任的优秀历史学家，例如梯叶里①、米涅②、基佐③、基内④等人。他们的一致愿望，就是回答“1824年由巴郎特提出来的、所有人都关心不已的一个大问题，即权力和自由——或者更清楚地讲，是力量和正义之间——这个问题”⑤。可惜匆匆三十年过去，依然无人交出答卷。早在1820年，梯叶里就在呼唤一部“依然还湮没于当代年鉴学的尘埃中”、却“记录着人民大众迈向自由之路的足迹”的法国历史作品。他充满信心地预言，一位历史学家将在不久之后横空出世，“他将具有高度的敏感性，如关心个人前途一样关心人民的命运；他将怀着一腔激情，如我们在一场危险竞赛中紧跟朋友的步伐一样，在岁月中孜孜不倦地追寻人民的足迹”⑥。

---

① 奥古斯丁·梯叶里（Augustin Thierry，1795—1856年），法国历史学家，拥护法国大革命，支持圣西门的社会主义学说。

② 弗朗索瓦·米涅（François Mignet，1796—1884年），法国记者、历史学家。

③ 弗朗索瓦·基佐（François Guizot，1787—1874年），法国历史学家、演讲家、政治家，在1848年革命前的法国政坛中地位颇重。

④ 基内（Edgar Quinet，1803—1875年），法国历史学家，1848年革命中的共和党人和革命分子，参与了推翻法王路易-菲利普一世的革命暴动。

⑤ 出自《十九世纪法国史学一瞥》，G.Jullian（1910年）。

⑥ 出自《十年史学研究》，A.Thierry（1834年）。

*

不消多说，这位历史学家便是米什莱。

儒勒·米什莱，1798年4月21日生于巴黎一座被改造成诊疗所的小教堂中，是家中独子。他的父亲让·福尔斯·米什莱原是一个印刷工人，后来自己开了一家小印刷厂。1812年，拿破仑一世颁发出版政策，旨在限制巴黎出版机构数量。受此风波影响，小印刷厂破产倒闭，父亲还因为欠债而几度锒铛入狱。由于家中巨变，米什莱很早时候就体会到生活的艰难，去了印刷厂当学徒。然而祸不单行，1815年，就在米什莱十七岁的时候，他的母亲在贫病交加中去世了。母亲的早逝给米什莱造成了巨大影响，他终其一生都在寻求母亲怀抱的温暖，“母性”“女性”“家庭”“大地”“海洋”更是他的创作母题。他自己说过：“我没有要做得比别人都好的野心，但我有一个不同于同行的地方：他们谈起女性时总是非常随便，而我却对她们抱以深深的怜悯。”

所以，米什莱在贫困潦倒、颠沛流离中度过了童年。由于社会动荡和家庭贫困，年幼的他心中时刻充满恐惧和孤独，所以才养成了日后易怒的脾气和沉郁的气质。成年以后的米什莱对世俗的乐趣深感厌恶，过着近乎禁欲的苦行生活。他在1830年6月9日的日记中写道：“肉体从来都是人类自由的敌人，我们的灵魂要不断与其斗争，直到把它驯服为止。有些人想把肉体这个怪胎灌醉，说‘要与它和平相处’。不！肉体从来得不到餍足，它只能被打败！”

图罗-当冉（Thureau-Dangin）在《七月王朝史》中阐释米什莱对大革命的态度时，对他作了此番评价：“他具有文学天赋，又带着一种痛苦的敏感性，这一部分是因为他童年、甚至是成年时期不断遭遇的坎坷经历所致。他孑然一人，生活在漫长的孤寂之中。孤单的苦涩越积越厚，使他的伤感中也带上了某种于内心肆意奔涌、浓烈而又狂热的情感。而且他还非常自傲，非常虚荣。”

对于这样的评价，米什莱的忠实拥护者加布里埃·莫诺德[①]认为它在某些地方有所夸大。但无论这番话是否有失偏颇，它依然抓住了米什莱身上的几个关键要素：孤单、狂热、文学性、敏感性。单在他为《法国大革命史》所写的两篇序言中，这几个特质就已尽显无疑了。实际上，米什莱身上一直存在着一种同属一脉的矛盾性——他既是浪漫派，又是古典主义派；既是抒情派，又是批评派；既追求激情，又一板一眼。他的脸部肖像就透露出这种矛盾："他的前额和眼睛像理想主义者，紧张的鼻翼像艺术家，下压、生硬的嘴角让人想起伏尔泰那一类批评家，沉重的下巴又显示这是一个备受内心本能压迫的人。虽然他从三十岁开始就已经一头白发，但直到生命最后一刻，那张脸依然透着年轻人特有的朝气和神采，让他看上去既苍老又青春。"[②]

米什莱喜好独处和幻想，青少年时代的悲惨经历使得他内心细腻而富有想象力。从小到大，死神一直盘旋在米什莱的世界上空，找准时机、瞄准猎物后，就如秃鹰一般突然俯冲下来，把他的亲友相继夺走。祖父、母亲、挚友、第一任妻子、父亲、女儿等人的相继离世，促使米什莱思考死亡，进而痴迷上死亡。每一次亲友的逝世，都让他更加深刻地品尝到死亡的玄奥。从某些方面看，他对历史之所以无比热爱，也是因为他迷恋死亡、认为死亡是生命的常态和解释的缘故。而历史不就是一座最大的坟墓，藏着最多的生命的秘密吗？所以米什莱才在1822年11月2日的日记中写道："可以说，我已和死亡结下了友谊。为了回报这份

① 加布里埃·莫诺德（Gabriel Monod，1844—1912年），法国历史学家。
② 出自加布里埃·莫诺德的《儒勒·米什莱的生平和思想》（1923年）。

友谊，死神把坟墓的奥秘告诉给了我……我可以写亡者之间的对话，写另一个从坟墓中起死回生的拉撒路的故事。我已经死去多少次了啊，因为我满腹忧思。”

一切生命在米什莱眼里，都是死亡的再生。他觉得自己以往昔的死物为媒介，切切实实地摸到了历史的脉搏。正因为对死亡有着深刻的感知，米什莱才对生命、历史和未来产生了独特的顿悟。在他的历史作品中，往昔的废墟在字里行间中泛起烟尘，透过这股烟尘，我们时而窥到死亡那阴冷沉郁的面孔、时而沐浴着生命那温暖明澈的光芒。米什莱在《法国史》的序言中写道：“随着我吹起他们身上的尘土，他们站了起来，从坟墓里爬了出来。我看到了他们的手、他们的脸，看到他们就像米开朗琪罗的《最后审判日》中刻画的那样，在跳着死亡的舞蹈。他们围着我跳出的这支热情的舞蹈，我要将其写在这本书里。”类似的话也出现在《法国大革命史》的序言中：“时光在这里落下厚厚一层尘埃，我能够呼吸着岁月的沉淀，能够穿梭在这堆纸张、资料、文档中间，真乃平生一大幸事！这些文字并不是沉默的哑巴，这里也并不像看上去那般死寂。每每触碰到这里的一切事物，我就觉得某个东西苏醒、走到我面前来——这个东西，便是灵魂。”

*

米什莱以文学的手法、散文的笔调、诗歌的激情来书写历史，赋予历史重生和再现的机会，成为浪漫主义史学派的开山鼻祖。但当时学术圈接受的是兰克（Ranke）“如实直书”的观点，所以米什莱很长时间里都得不到实证派和年鉴派的认可，甚至我们今天用来称颂他的“浪漫主义史学家”这个称号，当时也是为了讽刺他而被创造出来的。即便如此，后来的史学家仍对其尊崇有加，因为他以独特的历史视角寻找“历史的寂静之声”，把那些通常不被历史学家所关注的往昔挖掘出来，将它们复活在读者面前。

在《论人民》和《法国史》1869年序言中，米什莱一直在提倡“让过去复活”“找回历史的生命”，完成一个“完整的生命的复活”。但他不仅要复活历史的残骸，还要替历史中籍籍无名、寂寂无声的群体发声。“在无数个世纪里受尽折磨、无声无息地死去的父辈的灵魂，在儿子的身体中复活了、说话了。”[①]让他们复活和说话的，正是米什莱。这位“死人之王”“幽灵的大牧师”，以历史为媒介，将地上和地下两个世界连了起来，让生者和亡灵得以相通。是的，他就是往返于冥界和尘世之间的通灵者，他就是把那些被时间草草埋葬的骸骨拣出来重新入殓的收尸人。他要让已死去的得以复活，要让被遗忘的得以再现，要“在清晨细说昨夜那些被遗忘的梦”[②]。“这些亡者……他们需要一个俄狄浦斯[③]，让他来解释连他们自己也不明白其含义的自己出的谜语，教他们知道连他们自己也不能理解的自己发出的语言和行动的意义……应该让历史的寂静之声发声，让历史的这些极长的延长号发声，因为历史在这里顿住了、再没有说什么了，而这些正是它最重要的台词。”[④]

米什莱认为法国历史学家是所有历史学家中最受上天偏爱的，因为纵览各个国家，只有法国的历史有着完美的连续性。“其他任何历史都

① 出自《法国大革命史》，第一卷。

② 出自《法国大革命史》，第二卷。

③ 雨果在读了《法国史》第十三卷后曾致信给米什莱，赞道：“像您这样的人是必须要有的；既然每个世纪都有斯芬克斯，那更应当有许多俄狄浦斯。您来到这些阴沉的隐谜面前，用激烈的言辞讲述它们。这个虚假的伟大世纪，这个虚假的伟大统治，它必须被揭穿。撤掉它盖在死人头上的假发，把皇袍底下的罪恶亮给大家看吧。您做了这件事，我感谢您。对，您做了一件大事。”

④ 出自1842年1月30日的日记。

有残毁，唯独我们的历史是完整的。”[1]但革命接连发生，这种连续性遭到打破，历史遭到否认、甚至损毁；所以历史学家的任务，就是担当历史的重建者和修复师，拾起废墟中的遗物、修复历史的伤疤、把它断掉的地方重新连接起来。要重建历史的连续性，就必然牵涉到大革命，而复辟王朝却试图把大革命说成一种乱象，“一种混乱、无意义的东西，一种纯粹的否定”。所以，米什莱将愈合大革命前后的两个法国的社会及文化裂痕视为己任，一直在努力证明团结、和平、博爱才是大革命的基本特征，想为它平反昭雪。在《法国大革命史》第一卷中，到处可看到作者为大革命遭到世人误读而痛心疾首的呐喊。修复历史的断点，恢复它的本来面目，这就是米什莱撰写历史的目的。他给自己定义的角色，就是历史的媒介和拯救者。

而历史学家若像诗人和祭司一样深入到地下那个阴暗世界，和死人对话、和死去的历史对话，那地上世界的这个他就必须死去。他得穿过地狱之门，下降得比但丁还要深，去见识那个幽深的渊薮。但地狱之门上写着什么呢？

通过我，进入痛苦之城，
通过我，进入永世凄苦之深坑，
通过我，进入万劫不复之人群。
正义促动我那崇高的造物主，
神灵的威力、最高的智慧和无上的慈爱，
这三位一体把我塑造出来。
在我之前，创造出的东西没有别的，只有万物不朽之物，

① 出自《论人民》。

而我也同样是万古不朽，与世长存，

抛弃一切希望吧，你们这些由此进入的人。[①]

所以，他要抛弃自己在人世间的一切希望和幸福，走进这座永世凄苦的深坑，走进这群陷入万劫不复之境的人群。他要挖掘的往昔，里面满是痛苦的呻吟、绝望的呐喊、滚烫的熔岩、炙热的火焰，这是一片常人根本不敢去搅动的赤色血海。米什莱在书中处处透露出追溯历史给自己带来的痛苦——“饮着他们的苦酒”“滚烫的热泪”“卑微、低沉而又痛苦的叹息”“就像整个中世纪里人的心灵受着的压迫一样沉重”，这样的话在《法国大革命史》中比比皆是。

然而从地狱走出去以后，就是永生的天堂。在天堂里，米什莱更加意识到人民的伟大、法兰西的伟大。他热烈地讴歌着当初那段光辉的岁月，让那些已被遗忘的英雄事迹重新在世间流传，让他们得以复活、成为不朽。而有幸讲述这段故事，于米什莱而言既是神圣的使命，也是莫大的幸福。“这个仁慈到骨子里去的守护神啊！我要追随你！遵从你！在那些光荣的盛典中追寻你的身影！”“这光荣的一天，自由的第一日！我活着，就是为了讲述你的历史！”“这是一段至神至圣的时光，是历史中最幸福的日子。而我能有幸去讲述这段岁月，这是我莫大的荣耀。”写《法国大革命史》第一卷内容时，正是米什莱最幸福的一段日子，他如孩子一样把这幸福记录在文字中，仿佛自己也和它一道获得了新生。

米什莱的历史著作通常被抨击太过激情、太过充满想象力和主观臆断、太过有民族主义倾向，不像兰克史学那样“不作价值判断，超然是非，褒贬之外，无党无派”。但请不要忘了，米什莱走的是一条“死亡之

① 出自但丁《神曲·地狱篇》。

路”，而且是以放弃自己地上世界的生命、“抛下了一部分的我”为代价，为了预卜未来而挖去了自己的双眼①，以“活死人”的身份踏进了这个世界。他的生命已然和自己挖掘出来的历史连在了一起，它的幸福便是他的幸福，它的伟大便是他的伟大，它的光明便是他的光明，它的重生便是他的重生。他是在用自己的血和肉来书写，用自己血淋淋的身躯接过了人民递过来的火种，照亮了过去无数个世纪，让死去的得以再生。通过他的文字，历史才以鲜活的面目展现在读者面前，那些沉睡在档案馆里的亡灵才能从坟墓中爬出来、站在阳光下和世人对话。他以档案馆负责人的审慎、诗人的敏感躁动、散文家的轻灵优雅、预言家的洞察未来，去挖掘过去、审判当前、占卜未来。所以，“法国史学之父”“19世纪法国最伟大的浪漫主义史学家”的这些评价，他当之无愧。

*

米什莱书写历史，但由于他的生命已经和他的书融为一体，所以透过他的文字，我们也可以读出作者背后的人生经历。

《法国大革命史》的创作过程可被分为三部分：前两卷写于路易-菲利普执政的最后两年（1846—1847年），当时米什莱的父亲刚刚逝世。他的父亲对大革命抱着满心希望，认为它是一场能让法国重新找到当今社会的弥赛亚的全新的革命，他亲历了大革命的开始和结束，最后抱恨离世。第三卷到第五卷的大部分内容创作于1848—1851年，在这段时间里，米什莱待在家中，深居简出，过着家、档案馆的两点一线的生活。最后两卷讲述的是恐怖统治时期和旺代战争，它们则撰写于

① 梯叶里就曾说过，失明之后，他看待历史的眼光反而更大了。

1852—1853年的南特[1]。当时米什莱避开尘世、离群寡居，和法兰西共和国一样，似乎什么都没有了，什么都失去了。然而通过他的作品，我们依然可以看到米什莱怀着希望，作着坚决的抗争。

第一、第二卷讲述的是信仰，是希望，是一曲对大革命精神的颂歌，是全体人民对自由、公正、幸福的殷殷期盼，是法国和特权、教会、君主制之间的对抗。这两卷，记录了大革命中最辉煌、对米什莱启发最大的一段岁月。尤其是攻占巴士底狱和1790年联盟节的部分，米什莱用最美的文字、最澎湃的激情歌唱着这段可歌可泣的历史。他似乎全然忘记了自己历史学家的身份，仿佛化身为正向巴士底狱的碉堡发起攻击的圣安托万区的普通百姓、从偏远地方跋山涉水赶来巴黎参加联盟节的国民自卫军代表，他仿佛亲眼看到了这一切，衣角上似乎还有攻打巴士底狱留下的累累弹痕，两鬓似乎还滴着赶路时候六月骄阳炙烤出来的汗水，他也在开枪，他也在欢呼。这哪里是史记，分明就是一本回忆录！

根据1868年序言中所述，米什莱几乎完全以档案馆的资料为基础，撰写了这部大革命史，并以它们为依据，对常被各派篡改的《总汇通报》和菲利普·毕舍[2]、皮埃尔-塞莱斯坦·鲁-拉韦涅[3]的《法国大革命议会史》发起批判。米什莱的确称得上是撰写法国大革命史的第一人，他利用中央档案馆、巴黎警察局档案室、市政厅档案处、南特档案馆，取得了各区划的会议记录、巴黎革命公社登记文件、旺代战争等第一手资料。他在第三、第四、第五卷中所参考的资料文件，以及各区划的会

① 按照1847年首发版的排版，《法国大革命史》分作7卷、21篇，但第二版则被重新分成了6卷、21篇。

② 菲利普·毕舍（Philippe Buchez，1796—1865年），法国医生、政治家、历史学家、社会学家，支持圣西门的基督教社会主义思想。

③ 皮埃尔-塞莱斯坦·鲁-拉韦涅（Pierre-Célestin Roux-Lavergne，1802—1874年），法国历史学家，1848年革命后被选入制宪议会，属温和共和派。

议记录资料，在1871年5月的一场大火中全都被付之一炬、再不可得，而米什莱事先从被毁资料中取出精华核心部分，以档案员特有的细致精神将其放进自己的史作中，所以米什莱记下的这段大革命历史就更显珍贵了。他仔细整理了1790年7月14日联盟节中各省联盟派呈给国民议会的信件，一丝不苟地研究了议会的会议笔录，并认认真真地阅读了《总汇通报》中的相关文字汇报。此外，拉法耶特、布耶、内克尔、贝森瓦[1]、格雷古瓦尔、巴伊等当事人的回忆录，都是他的重点参考对象，他还敏锐地察觉到克尔维索（Kerverseau）和克拉夫林（Clavelin）两人合作而成、长达七卷的《1789年大革命史》有着怎样的价值和意义。米什莱虽然对毕舍和鲁-拉韦涅两人所写的《法国大革命议会史》鄙夷不已，却依然一页一页地仔细研读，这本书中的分析、批评和研究内容几乎成了他撰写大革命前两年历史的基础资料。此外，米什莱还翻阅了大量当时出版的报刊，例如《总汇通报》、卡米尔·德穆兰的《布拉班特通讯报》、路斯塔洛的《巴黎革命报》、马拉的《人民之友报》，甚至连佛歇神甫创办的最不知名的《铁嘴钢牙》都有阅读。通过这些报纸，米什莱清楚了解到了当时的舆论状况和俱乐部的动向（不过他已经没有时间再去细读各俱乐部的会议记录了），成了研究大革命俱乐部的第一人。

以上便是米什莱写《法国大革命史》的主要参考资料，但米什莱又是根据怎样的方法、本着怎样的精神来使用这些资料，从中创作出自己的历史著作的呢？阅读这本书的时候，读者会惊讶于它里面奔涌泛滥的勃勃生命力。此书根本不像某些历史著作那样，有着严谨的建筑构造、干净利落的线条、恰到好处的结构比例；它也根本不像另外一些史作那样，以白描手法为读者清楚勾勒出历史画卷，画中线条清晰、色彩和

① 贝森瓦（Besenval de Brünstatt，1722—1794年），驻在法国的瑞士警卫队的最后一任指挥官。

谐。恰恰相反，米什莱的这本书就像一个生命体似的，其外观完全由四肢躯干的比例、血管的分布走向、皮肤下的肌肉发达程度、血肉包裹之中的骨架大小来决定。许多历史著作都以自己无懈可击的中立态度、有证可查的史料记载、严谨审慎的批判、入木三分的剖析，说服读者相信自己文字的真实性。而这本书则不然，你相信它，完全是因为它有自己的生命力和逻辑性。它从许多历史资料中汲取到了自己的力量，并用这股力量强悍地入侵你的头脑，叫你不得不接受它。它就像我们身边某个活生生的人一样，其存在就足以证明其真实。

米什莱在1848年10月28日的日记中提出，在自己身上重造过去、让它转变为现在，这才是历史学家应有的工作态度。莫诺德也回忆说，米什莱曾告诉过他：他只有感觉某段历史把自己同化了、成为自己身体的一部分了，才会提起笔来，这样他就能用自己的眼睛直接去看历史，而不是通过别人的话去了解历史。所以，“代入感”对米什莱而言非常重要。正是因为有了这种代入感，他才会在已被大众熟知、人们对其看法已经根深蒂固的历史和人物中挖掘出新的一面；也正是因为这种代入感，读者才会强烈地感受到书的生命、米什莱的生命，觉得历史和作者本人都在他的笔下得到了重生。而米什莱，便是这些过去的重塑者、甚至是造物者。他用自己的血和肉造出一个个生命，再以造物者严苛的眼光审视作品，觉得它们有着内外的协和，认为自己造出了事物的灵性、攫取到了历史的真实之后，方才满意。然后这个造物主吹一口气，让泥塑的生命有了呼吸，会跑会跳起来。

所以，米什莱抱着一种天真、崇高的自豪感，来审视自己的作品、审视自己本人，在自己身上重塑法国往昔历史的生命，让孕育了大革命的人民在灵魂上得到重生。他也自信，在这方面上没人能比自己做得更好。造物主、重生者这样的带入视角是极其危险的，是其他任何历史学家都不敢轻易触碰的，然而米什莱却因此让自己的作品有了独特的味道，而且让人在其中深刻地领悟到了大革命的心理历程、思想动态和精神面貌。记录攻占巴士底狱的史作何其之多，却再没人能像米什莱那样，用如此感性的文字、澎湃的激情绘画出在暴风骤雨中怒号的大海的画面。因为他记录的不是冰冷的史实，而是滚烫的史魂！

*

《法国大革命史》是国内米什莱第一部被翻译出来的长篇历史著作。译者唯有怀着万分的敬畏和审慎来小心对待，方能不辜负这部皇皇巨著。

中译本参考了两个原文版本，一个是首发版，由Chamerot（夏姆罗）出版社从1847年至1853年陆续出版，全书共有七卷二十一篇；另一个是作者在世时亲手编辑的重编版，由巴黎国际出版社（Librairie Internationale）在1868年至1869年间出版，全书共有六卷二十一篇。重编版除了对书目编排作出调整之外，还新加入了作者的补充序言及部分注解，另外在正文中也有少量的删节。中译版以1868年重编版为准；至于正文中的修订部分，为了方便读者比较两个版本之间的不同之处、更加清楚地探析米什莱近二十年的轻微思想转变，故译者经过反复考虑后，决定将重编版中被删去、在首发版中才得一见的内容保留下来，但用斜体字以作区分，另，书中有楷体字，是原书标注的重点词汇，为便于读者理解未作改动，希望能对有心读者的阅读有所帮助。

在人名、机构名等特殊名词翻译上，译者采用通用译法进行处理，即便在个别译名上有自己的想法，也用注释方式对其作出了解释，例如Commune（公社）、prévôt des marchands（巴黎市长）、états provinciaux（省政府）等。但由于译者学识不足、精力有限，其中肯定有疏忽错误之处，故请广大读者斧正。

此书翻译不易，单单集齐两个完整版本都颇费工夫。友穆郁、周真如、邹可君分别在斯特拉斯堡大学、新泽西州立大学、索邦大学中替我找到了原文版本，译者在此一一谢过。此外，我更要感谢身边无法一一具名的诸多亲友师长，感谢你们理解我、支持我、帮助我实现译者之路，并提出具体有用的无数意见建议。

“要如书一般生与逝，不要像人一样存与亡。”译者在最后想再重复一遍中译版序言开篇中引用的米什莱的这句话。书已重生，望人如是。

李筱希

2016年3月24日于重庆

# 米什莱的《法国大革命史》[1]

——弗朗索瓦·傅勒[2]

1843年，米什莱结束了《法国史》第六卷路易十五统治的这部分内容，然后开始撰写第七卷，并已经在校对查理八世部分了。但此时，他改变主意，将法国君主制后三百年历史暂时搁置一旁，转而投入法国大革命的历史编写中。他花了近十年时间，只为讲述从召开三级会议到罗伯斯庇尔下台的五年历史。此书分三个阶段、以七卷为形式，从1847年到1852年依次出版，前两卷出版于1847年，接下来的三卷在1848年至1851年间陆续问世，最后两卷则发行于1852年。

---

① 译自*Dictionnaire critique de la Révolution Française*, François Furet et Mona Ozouf, éds., Paris, Flammarion, 1988。

② 弗朗索瓦·傅勒（François Furet，1927—1997年），法国历史学家，以法国大革命相关作品而知名。——译者注

还没结束他那部探讨大革命根由的作品，就开始编写大革命史，米什莱之所以采用如此迂回麻烦的办法，是因为当时法国大革命正是人们热议的焦点。1845年，就在米什莱决定在法兰西公学院的课上展开大革命研究工作的前不久，他还在高高的讲台上，和好友艾加尔·基内一道，为反对天主教教会控制大学的意图而抗争。他们在课上抨击耶稣教会的言论，随即引发舆论界的一片哗然。米什莱的教学内容一改从前，不再那么专深，而以当前一部分政治时事为重，且以宗教问题为核心。不过由于宗教和法国大革命之间有着千丝万缕的联系，故在激烈的笔战中，基督教和现代民主之间是何种关系，这个问题也被人提了出来。

基内也在1845年的授课中探讨了这个话题，并写了一本书——《基督教和法国大革命》。在此书中，与1789年大革命思想如出一辙的基督教精神，被拿来与专制、独断、君主制的天主教做了对比。从圣西门和毕舍开始，社会党派更希望看到一个新的基督教，希望博爱能够让人超越1789年个人主义的民主。米什莱对基督教和法国大革命之间的前后演变关系一早就持否定态度，此时当然也迫切地渴望参与这场辩论。在开始教授大革命史的同时，他还撰写了反对绝对教权主义的《耶稣会士》系列著作，即出版于1845年的《教士、教会和家庭》。次年，也就是1846年年初，米什莱的《论人民》也发表了，他在其中用自己那套旁人模仿不来的手法，再次阐述了国民博爱思想——这笔大革命留下来的，和阶级斗争这个有害思想相对立的，遭到左派和右派、社会党人和奥尔良主义资产阶级同时夹击的遗产核心内容。

就在完成《论人民》之后，米什莱于1846年开课讲授以1789年为标志的“法国的民族性”，并从9月开始撰写《法国大革命史》前两卷，随后在1847年9月将其发表。在这一年间，许多关于基督教社会主义的书籍，如艾斯基洛[①]的《山岳派史》、拉马丁[②]的《吉伦特派史》、路易·勃朗[③]的《大革命史》第一卷，纷纷冒了出来。然而米什莱以惊人的毅力、一丝不苟的工作态度、令人惊叹的创作才能，把其他人的声音都盖过去了。其他人都只根据伟大祖先留下来的节目单，不求甚解地反复咀嚼着他们在1848年该说的台词。而米什莱却在1847年2月8日，在回顾始于1842年的教学笔记中，就明确地写下了自己的目标和方向："……最后是大革命和《大革命史》第一卷，并附上反基督教、反王权的宗教政治方向的一篇导言。我在这里就表明态度：我反对保皇党人（无论是正统派还是崇英派），反对采取恐怖行动的共和党人，反对基督教徒，反对信奉共产主义者，如路易·勃朗。"（引自加布里尔·莫诺德[④]，《米什莱和法国大革命史》）

这篇导言可以助人理解此书的布局。正如世间所有史书都是由各国民族合力写成的那样，在深受德国思想熏陶的米什莱看来，这些群众演员就是一个个鲜活的个体，法国也因为大革命而成了一个被选中的国家。因为1789年，它的历史——也独独只有它的历史——成了一个典范，它的特性也转化为普世性的东西。而这段历史之所以如此独特，是基督教和大革命这两大世界历史信条的缘故。基督教的诞生，导致神权君主制在人间开始了漫长的统治；大革命的建立，则让人喊出了人类将重得解放和博爱的口号。在这部唯目的论的、带着典型浪漫色彩的皇皇巨著中，有人看到了（为米什莱所做的）毕舍和他的朋友基内两人的影子。只需把此书的叙事手法和复辟时期自由主义历史学家的作品相对

① 阿尔冯斯·艾斯基洛（Alphonse Esquiros，1812—1876年），法国政治家、作家。——译者注
② 阿尔封斯·德·拉马丁（Alphonse de Lamartine，1790—1869年），法国作家、历史学家、政治家。——译者注
③ 路易·勃朗（Louis Blanc，1811—1882年），法国政治学家和历史学家，法兰西第二共和国时期社会主义政治家。——译者注
④ 加布里尔·莫诺德（Gabriel Monod，1844—1912年），法国历史学家。——译者注

比，我们就可明白此言何意。米什莱的书和毕舍的作品一样，都在强调法国历史的独一无二性、不可比较性，以及法国的个体性；认为唯有它才揭示了世界历史，换言之，唯有引领世界的思想才揭示了世界历史。但梯叶里[①]和基佐[②]则强调人类在物质世界和道德世界中取得的文明进步符合了各阶段都必须遵守的规则，认为文明是社会阶级斗争的产物，只有把走在最前面的民族历史——尤其是英国史和法国史——拿来对比，人们才能理解这种进步。

米什莱反对这种社会历史，更反对将法国大革命史拿来与其他历史做对比。在他看来，法国大革命是一桩思想领域里的大事，一次如所有宗教报福一样独一无二的涌动。而毕舍的判断却与其完全相反，他在着力强调法国对天主教的虔诚信奉之心。米什莱的观点和基内一致吗？答案也是否定的。因为他的朋友认为，大革命再现了对抗天主教会的真正的基督教精神，而米什莱却要在基督教的废墟上欢庆现代民主的登基。他所认为的法国大革命甚至不再是福音书的孩子，而是对基督教的否定。

这就是第一卷开篇就出现的长长导言的核心思想。在导言中，米什莱开门见山地下了定义：法国大革命包括"法律的继位、权利的重振、正义的反击"。他并非为确立内容（法律、权利和正义），而是为摆明态度而采用的这几个词，表面看来有一种奇怪的矛盾感："继位"的含义和"重振"相反，而"反击"完全就是另一个意思。在这番语意不明的话中，米什莱很有可能蕴含了两层意义：首先，法国大革命最深刻的一个问题，就是它和先它存在的、被它称为"旧制度"的那个东西之间

① 奥古斯丁·梯叶里（Augustin Thierry，1795—1856年），法国历史学家，拥护法国大革命，支持圣西门的社会主义学说。——译者注

② 弗朗索瓦·基佐（François Guizot，1787—1874年），法国历史学家、演讲家、政治家，在1848年革命前的法国政坛中地位颇重。——译者注

是何关系；其次，如果这个“旧制度”既不同于在它之后诞生的那个东西（继位），又是后者的条件（重振），那是因为它的特性已被基督教确定了。换言之，基督教和1789年就是过去和当代留下的全部包裹，而“社会党人的争辩”并没有在包裹中添上任何东西。以圣西门为头的不同社会党流派对1789年的准则做了各种批判，而米什莱对此则完全持厌恶态度，就如他对伯克的批评也心存反感一样（从原则上看，伯克的批判也无甚出奇之处：若以传统或平等为名，我们也可以对现代平均主义抽象理论不加区分地统统批判一番）。在他看来，人的权利是一个绝对存在物，它超越了个体的主观性，是新时代的信经，是当代的信仰。

大革命和过去之间又是什么关系呢？米什莱回答道：“大革命延续着基督教，也反对着基督教；它既是后者的继承人，又是后者的敌对者。”通过这句话，他意指了一种不同于黑格尔的“扬弃”的东西：想弄清楚大革命中是否混有他物，且基督教的博爱思想是否通过大革命得到发展，而两个时代、两个理念之间的根本矛盾又依然存在。其实，基督教把博爱思想深深根种在原罪之中，并在原罪和拯救者的基础上缔造了人的社会群体——这就是它的思想背景，它还体现在继承了基督教精神的组织法规中，基督教也正因如此而带上专断和宿命的色彩。而大革命却利用社会秩序、在社会秩序中建立起社会群体，且让它有了实现的可能，而这却是基督教思想长期禁止的。

基督教强调任意的救赎和纯粹的上帝馈赠，它只让极少数人得到拯救，而救赎又和人有无圣功毫无关系，与之相应的便是它在俗世中的正义观，也就是模仿任意的上帝救赎而成的一人独权统治。讲究圣宠的宗教和讲究恩宠的君主制是彼此呼应的，活在恩宠君主制统治之下的人类，是没有精神活动和政治生命的。世人皆知的基督教的仁慈，只是赤裸裸的暴力序曲罢了。宗教裁判所的大门，正是圣奥古斯丁打开的。

在成为中世纪标志特征的第一时期，君主制只是教会在世俗事务上的帮手和仆人而已。后来，专制制度建立起来了；被米什莱形容为“王权的解放”的专制制度，为了自己的利益，把宗教的所有政治权力和社会功能全都独揽过去。从此，神王成了崇拜对象，成了法国人爱的寄托。被大革命时期的人称作“旧制度”的那个东西，和先其存在、被其效仿的教会并无不同。它就是一个司祭君主制度，仍然建立在神化身某个神秘物的基础上。人民的国王有且只有一个，他就是国，他就是法兰西。

不过，由于人民和王权之间的裂痕日益加深，从17世纪末开始，这个“旧制度”就已是危机不断。生活在水深火热之中的人民（米什莱在读到路易十四在位中后期的资料时内心大为震惊，后来他采纳了这些资料，将其用在《法国史》的结尾处），觉得自己遭到不公的对待，将王权和正义准则逐渐剥离开来，而前者正是从后者那里才汲取到它的魔法力量的。人民和王权之间最大的一条裂口，则出现在路易十五执政的1744年至1755年期间：“‘王之化身’这个信条，不可逆转地倾塌了。”它的替代品已经降世，那就是思想的王者。在18世纪，精神的统治取代了国王的统治。从此，无论在宗教（中世纪）还是世俗（专制制度）领域，社会都不再需要化身这套骗人的把戏了；它在一个更加真实、更加纯粹、摆脱了“化身”这个必需的“物质”条件的信条中，发现了自己的统一性，这个信条就是“情感和思想全部投入进来的深层联姻”。在大革命博爱精神被明确之前，公共思想就已经定下来了。

在路易十五通过揭开王权化身的赤裸真相、揭示这个崇拜对象的虚无性、展露那副走向平庸死亡的肉体、一点一点地把王权埋葬在鹿苑荒凉的宫闱中时，哲学家已经宣告了新时代的到来。人们以那个全新的权利为起点，重新夺过他们先后让给上帝和国王的至高大权。在这个权利上，伏尔泰代表实践中的理性，卢梭代表理论上的理性。从他俩和他俩的书开始，尚未实际爆发的大革命在思想界各处已经完成，但只有一个地方除外，那就是君主制。“唯一不明朗的地方是王权问题。人们已经反复强调：这个问题不是个纯粹的表面问题而已，而是一个基本的、深层的问题，比法国其他任何问题都要根深蒂固。它不仅关乎政治，更关乎爱和信仰。从没有任何民族如法国人民那样，深深地爱过他们的国王。”

所以，王权还没有和路易十五一道彻底死去，而年轻的路易十六让它又恢复了一线生机。然而对于王权这个虚幻的假象，一个善良的国王（一个在主观上善良的国王）也再做不了什么了。揭开这个假象，用人的权利、人民的至高大权来取代它，这无疑正是法国大革命的意义之所在。

*

米什莱有着一颗受控于心的哲学家的脑袋：其思想总和情感相混杂，这已成了米什莱的个人特征。在演奏1789年大乐章的过程中，当他用法国大革命自己的语言、以心理化的方式讲述它的核心信仰时，当他描写往昔和当前之间的决裂时，当他赞颂一个以法国为标志的新世界的降临时，让人听了简直心潮澎湃。为了充分阐释这次决裂和降临，米什莱让两门宗教展开了对抗。而新的那个信仰，也就是权利的信仰，却可以说是一门反宗教的宗教，因为是它让人们重新获得了他们被上帝和国王夺走了的至高大权。这个观念本身是自相矛盾的。但它将1789年的决裂戏剧化，以避免人去思考法国大革命和当代政治的一个根本问题，而且它很有野心，不想受任何宗教干预、全凭个人意见去组织社会。因此，米什莱很难解释大革命的失败：既然波旁王朝专制政府已经走到尽头，那这门由权利和正义加持的新宗教又背负了什么沉疴呢？

然而，正因为米什莱对大革命和法国历史抱着亲厚态度，他才能深深理解历史中的演员、领悟到是什么关键因素在控制演员的动作台词。托克维尔从法国君主制中认识到了中央集权和社会丧失政治生命的机械论，认为是它使得法国人在不知不觉中酝酿了1789年的火山爆发。米什莱让一套阐述理论重新流行起来，这套理论旨在阐明为何一开始君主制如此高高在上、人民为何对它顺从和热爱，以及爱被辜负之后的反叛、树在王位上的人民象征物。两套阐述思想解释不同，但它们却是并行不悖的。米什莱的阐述体系开出了一条大道，由此我们方可理解法国大革命中的演员为何如此醉心于政治，方可理解他们的信仰（正是在这个信仰的基础上，重树起来的国民最高权力才可无所不能，并开启全体复兴的新纪元）。米什莱比任何人都清楚地意识到，在7月14日，在夺取巴士底狱这座空荡荡的巨大堡垒的同时，巴黎的闹事者也为人民重新夺回了他们被国王抢走的权力。

所以，米什莱的大革命史是由心而作的。他精准地察觉到，在这段风起云涌的年岁中，谁在行动；在或者人尽皆知、或者籍籍无名的所有演员中，谁是主演——人民，全是人民。米什莱意识到，即便大革命这段伟大岁月少了伟大人物的横空出世，但也是因为它一直在逃避那些宣称要领导革命的人。他知道，要探究大革命的深层动力，就应当深入最能体现大革命独特性，甚至是反常性的核心，那就是人民在权力舞台上的登场。以抽象的手法来讲述历史，这绝不是米什莱的风格。他没有如米涅①那样，在书中仅仅把人民处理成这幕大戏的三大群演之一，让他

① 弗朗索瓦·米涅（François Mignet，1796—1884年），法国记者、历史学家。——译者注

们和贵族阶级、资产阶级站在一起，并将其限定在阶级斗争的框架里。在米什莱的书中，历史并不是一种必然的宿命，人民不仅仅是理智的象征，更是由个人组成的群体，这个群体中那些做事全凭经验的人，其行为本身虽然不可预料，但他们却逐渐让自己的观念渗进大革命、成了它的一部分。

米什莱无需在记忆中苦苦挖寻，自然就能理解这群人。他紧挨着大革命出生（1798年），通过他的家族传奇故事，通过他的父亲——这个雅各宾派小印刷商的讲述，再加之童年时期的贫穷生活，他的整个物质世界和道德世界都浸透在大革命中。大革命时期的巴黎于他而言仍是历历在目，而现在的巴黎更是尽显眼前。他和20世纪其他历史学家不同，杜伊勒里宫、跑马场、雅各宾修道院、科尔得利俱乐部，这些地方对他而言绝不是一个个抽象的名字。在那些曾上演重大历史事件的小舞台上，米什莱长久地徘徊着、思索着，那伟大一代人的亡灵就在他心中和眼前。米什莱就是在徘徊和回忆中，汲取到撰写大革命史的养分；再加上他孜孜不倦地搜集19世纪初浩如烟海的口述资料，让这本书更是厚重不少。此书有时会受资料感染，文风中带着一种几乎四处泛滥、难以驾驭的激情，但在法国最伟大散文大师之一——米什莱的笔下，此书文字中透着盎然的生机、力透纸背的展现力和令人震颤的美感。简而言之，它成了一座文学的丰碑。

如他一贯的工作风格一样，米什莱撰写此书时也是勤勉无比。要丝毫不差地将他的资料文献重构出来，这并不是件易事，因为米什莱很少在注释中引用资料。此外，他还有一个历史学家惯有的不好习惯：不愿引用某些自己不喜欢的书籍或作者的作品，除非是为了发起批判，而不是用作参考。他就是这样对待毕舍和鲁-拉韦涅的《法国大革命议会史》的——虽然此书在许多地方为米什莱大革命史提供了基本信息资料，可米什莱一说起它就语带讥讽。但和同时期其他研究大革命的历史学家相比，他依然是独树一帜的，这点毋庸置疑。那是因为他对那个时代、那些事情的理解，比他们都要来得透彻。他们读过的东西，他全都读过，例如复辟时期和七月王朝时期出版的一系列回忆录、当时的报纸杂志、两大议会演讲合集（毕舍和鲁-拉韦涅的《法国大革命议会史》，以及《总汇通报》）。但他都选择了简练处理，却对档案馆的资料全面整理了一番。加布里埃·莫诺德存有一大摞米什莱的手稿笔记，他标注出了它们的四大出处：一个是米什莱最熟悉不过的中央档案馆，他在那里非常仔细地整理了各省联盟派在1790年7月14日联盟节时献给议会的致辞；一个是巴黎警察局档案室，里面藏有各区的会议笔录；一个是市政厅档案处，里面存有巴黎革命公社登记资料，然而原本却在1871年被烧，所以米什莱书中的残存资料就更显珍贵了；最后是卢瓦尔省档案馆，米什莱在1851年至1852年住在南特，在那里写完了《旺代战争》。这是一项令人望而生畏的工作，虽然它是略微仓促的赶工结果，却造就了米什莱的《法国大革命史》，在足足半个世纪里，对于那些渴望了解大革命历史的普通读者和历史专家而言，此书成了最主要的资料。路易·勃朗以一副小人的嘴脸，一边津津乐道地挑着此书的错误，一边又在不知廉耻地剽窃它。正因为米什莱，那些被人反复提及的重大革命日子——例如8月10日、5月31日、6月2日——那些在细节、时间、阴谋、激情方面都得到了细细刻画的重大事件，才在法国大革命历史中占据了教科书一般的地位。

在大革命各阶段中，米什莱最看重的就是革命早期，也就是从三级会议到联盟节这段时期。此外，此书这一部分写于1846年至1847年，也就是共和党人满心希望、无比乐观的时候。当时博爱精神还在为上一辈人欢呼，而不久之后却迎来了比1792的分裂得还要严重的1848年。米什莱颂扬1789年，其实是在颂扬夺回自己的最高大权、在权利得到保证之后，人民和国家所实现的统一。这场革命完全不同于英国17世纪里的那场“无足轻重、因利而生的岛国革命”，因为它并非在要求从某个国民遗产中分得利益（这里指的是英国人的自由），而是通过一个被选定的民族发出的呐喊，建立起新时代一部普世的信经。这是米什莱对《人权宣言》的阐释，但他也就此批评了立宪派，认为他们更强调的是个人的权利，却没有将“**权利**”二字大写强调，使其超越主体权利。很有可能是敏感于自然权利哲学引来的无数批评的缘故，尤其是左派那边的批评（如圣西门、孔德、毕舍、路易·勃朗等人），所以米什莱试图使大革命的基础绝对化，试图让它扎根在一个超越人性的地方。

这个基础需要一个博爱团结、从封建制度四分五裂的状态中解脱出来的法国，于是有了8月4日之夜的集体献身。它需要一个独立自主、不受国王否决权限制的议会，于是这个议会在9月初建起来了。它要求一个被打败的、重回现实的君主制（这个现实即指人民），一个从流亡在凡尔赛到被带回巴黎的君主制，于是十月事件发生了。米什莱撰写的这部历史，既不同于伯克的大革命史，也不同于拉利-托伦达尔、穆尼耶、斯塔尔夫人、基佐等法国亲英派的大革命史。在法国大革命身上，他欣赏的是它在哲学上的普救主义、在抽象上的激进主义，以及那种绝对可说是独一无二、让它得以成为一个典范的特性。在这个开辟了解放人类道路的民族身上，他要颂扬的不是当代的个人主义——恰恰相反，法国正是因为当代个人主义才和其他民族越来越像，而且尤其像那个被米什莱憎恶不已的、精英贵族式的、商人嘴脸的英国。不，他颂扬的是博爱，正因为这种精神，人们才有了统一的渴望，才得以摒弃陈见、消除个人和社会之间的对立。他在书中通过简化西哀士的思想，对民族思想进行了深刻的探讨；唯有民族思想才能让自由个人整合为一体，才能用追求解放运动中必然的历史作用来解释这个群体看似得天独厚的命运。

而这就是联盟节的意义。在米什莱眼中，1790年7月14日就是大革命的高潮和精髓。但米什莱和另一个与他同属一个时代、对这一天也是大加歌颂的人——托克维尔之间，隔着一道鸿沟。要理解这个事实，那只需听听米什莱是怎么说的就够了："……它成了让法国团结起来的一句咒语。这些省联盟一切都向中央看齐，大小诸事都以国民议会为准，甘心依附于议会，忠诚于议会，也就是忠诚于祖国统一。所有联盟都对巴黎发出的博爱呐喊心怀感激。"

然而，法国大革命并没有如它看来的那般坚不可摧。从1790年颁发《教士民事基本法》开始，它就开始显出颓势了。这部"脆弱、不合实际的"法律分裂了人民，重新煽起了宗教狂热主义，把武器又递回反革命派的手中。大革命本应巩固自己的信经，最后却和敌人的信条妥协了。"若大革命无法从宗教角度上认识自己，不知道它身上也背负着一个信仰，这将对大革命造成最致命的危害。它根本就不了解自己，更谈不上了解基督教；它不知道自己和基督教到底是同路人还是敌对者，不知道自己是该往回走还是朝前进。"它做了什么呢？它想改革基督教，却又不信基督教，因为它是启蒙运动的嫡子。"它本扮演伏尔泰的角色，却要去蹩脚地改革教会，宣称要让它重新严格遵守使徒教义。"那个新的宗教，那个联盟派的宗教，那个和基督教个人主义截然不同的爱国博爱精神，它们本可以成为大革命的旗帜，可1789年时候的人却放弃了。

受过18世纪哲学熏陶的他们，懂得去修复荏苒岁月在人类身上留下的累累伤痕，却不懂得将1789年那股肆意奔涌的博爱激流打造成新的宗教信仰，让它延续下去。所以思想上的分歧又出现了，反革命重得力量，从过去中找到素材、策划出无数阴谋，以阻止新思想的涌动。要铲掉这个可怕的危险，“那就只好靠阴谋。所以雅各宾分子的阴谋装盘上桌了，整个法国都被卷入其中”；这个“巨大而又可怕的机器让大革命拥有了无穷的力量，也只有它才能拯救大革命”，但同时它也改变了大革命当初接受的神启，更阻断了大革命发展成一门宗教的可能。于是，这个任务被交到19世纪共和党人的身上。

这也是米什莱在本书中仔细剖析的主要点之一。正是从这时开始，大革命进入了一个内外交困、社会分裂、政治分歧不断的时期，并迅速走向恐怖统治。但这场悲剧的起点到底在哪里？它是从革命敌人中间发起的，还是大革命本身软弱无力的缘故所导致？人们永远也说不清楚。但无论如何，这个失败也算不上是彻底的失败。虽然大革命被缩小到雅各宾俱乐部的圈子中，但它依然是大革命；它并没有如基内在后来宣扬的那样，走向了革命的反面。只是1789年的熊熊火焰燃到后面，变成一簇不住跳动的微弱火苗罢了。“89派”和“93派”在大革命史编纂上闹得不可开交的时候，米什莱就是这样探讨这个经典问题的。他从根本上反对毕舍、路易·勃朗及其他社会党人对1789年的看法，但也拒绝让1789年和1793年割席断交，绝不赞同将1793年视作对1789年纯粹的背弃。无论在1849年还是1851年，米什莱都没有放弃对共和的信仰，哪怕在撰写《法国大革命史》1793年这部分令人心碎的内容时，哪怕他当时正过着颠沛流离的日子，哪怕1793年的大革命已经化为幽魂，他也没有将其放弃。国民公会和雅各宾派用专制和恐怖统治取代了人民的至高权力，但他们却拯救了祖国。

看着大革命走上偏激、退化成一个个不宽容的小宗教团体，米什莱是痛心的。他不喜欢吉伦特派的浮躁，更不喜欢罗伯斯庇尔“如教士一般的”狂热。他抨击1793年5月31日至6月2日反议会的武装政变，对当时的街头暴力掌控了议会的事件持否定态度。但在此事发生前后，国民公会依然是大革命的思想圣殿和1789年的正统继承者。米拉波写到审判和处死路易十六时，文字如行云流水一般，我们只需反复阅读该部分，就可以明白他的态度了。那时正是最关键的时候，是大革命的一个转折点。两股力量在那一刻正面交锋，一个是旧王权、一个是新势力，一个是国王、一个是人民代表。国民公会先前不敢宣之于口的审判结果，现在必须被明确地公告天下。大革命把人民放到国王的位置上，那他们就应当对那个篡夺人民之位如此之久的偶像做出判决，就应当对路易十六所代表的王权发起进攻、宣告那可笑而又神秘的王之化身的信仰的终结。当然，对国王执行死刑的人并不是米什莱，故而他可以大胆地借用这则殉难故事，将其重塑成一个“得到永生之人”。即便如此，在共和国第一个冬天的这场诉讼中，米什莱看到的仍是关乎大革命正义的一幕最恢宏的大戏，那就是权利的确立。

恐怖统治则是另外一回事。它不仅仅是非常时期的非常产物，更是雅各宾派狂热主义结出来的一个果实。在米什莱的这本书中，1793年的雅各宾派取代了1789年人民的位置。实际上，革命爆发三年之后，在那个云扰幅裂、动荡不安的时候，一个值得注意的现象就出现了，那就是公众的淡漠。“1793年，人民回到了各自家中；这个年末还没到来，他们就得拿到工资才肯回行政区……面对日益加重的懈怠情绪，为了拿出相应解药，那个在1792年就被放出来的可怕玩意儿、给公安委员会提供主要动力的火车头——**雅各宾社团**，被重组和建造起来。”于是，俱乐部用它的“火车头”取代了一场已经失去民众推动力的革命，用政治上的公认信条取代了自由思想。这个思想骑士团被一个如军人般有着铁血纪律的机器操持着，并很快走上了一人专政、由上而下的恐怖统治道路。在这一部分，米什莱驳斥了恐怖统治纯属时局使然的这一乏善可陈的阐述（米涅和路易·勃朗两人都是如此解释的），并反对艾加尔·基内提出的绝对主义在大革命内部死灰复燃的观点。他把借人民的名义将民主权力充公的寡头政治具有的极其新式的狂想，率先大胆地提了出来。

然而，米什莱的大革命史在热月9日就收尾了。写到那一天——当时正是1853年夏——米什莱搁下笔，再没有撰写后文，没有接着写他从心底抵触、直到后来时才愿意去讲述的热月事件带来的反作用。即将登台的第二帝国，是一个大革命在资产阶级、金钱和军队的长期荼毒下走上变质道路的时代，它从本质上无法吸引米什莱投入对它的创作中。他想像编写君主制编年史一样编写一部共和国的编年史，不愿把它的过去交到资产阶级的手中、让他们去任意涂抹，也不愿再去清点波旁家族的头衔。在这场往昔和当下之间的、从头到尾都只着眼于法国大革命的论证中，米什莱选择在热月9日处停笔，以此表达自己的忠诚。

米什莱如他所愿，通过大革命高高树了一座共和国的纪念碑。这座纪念碑所纪念的不仅是第一共和国，还有第二共和国，还有大革命中某些被他选为典范的时刻。他所青睐的时代，仍然是那个旧王权即将被连根拔除、人民靠自己的双手获得解放的时代，是法国上下都跃进大革命的激流、团结在国民博爱旗帜下的1789年和1790年的时代。共和国在诞生的时候，也就是1792年夏，没有完全尽到自己的承诺，那时烽火不绝、阶级分离、人心各异、人民麻木不仁。但那又怎样？只要我们能从它的骨子里看出它未来的模样就可以了——那是一个自由的文明世界，那个世界的人如手足兄弟般友爱，为共同的祖国效力，甘心充当人类进步的先锋军。

所以，米什莱的共和国史其实是一道民主和民族的宣言，是一道通过博爱精神、并在博爱精神中实现了法国民族性的宣言。他想借着这道宣言，摆脱自由主义历史学家和社会主义历史学家就1789年至1793年大革命提出来的一个明显矛盾的说法，摆脱那种以牺牲1793年为代价、去歌颂1789年的观念，摆脱那些站在1793年的立场上去批评1789年的声音。米什莱既不喜欢奥尔良派资产阶级，也不喜欢社会党人的流派；他试图透过云谲波诡的乱象，找到大革命的独特寓意；但这个寓意既不带有资产阶级色彩，也不属于社会主义路线，它蕴含在一个关乎正义和博爱的新宗教中，米什莱便是在那里发现了民主的实质。

米什莱在构思本书时采百家之长，从许多作家的许多书籍中搜集原始资料，其中有赫尔德①、费希特②、梯叶里、毕舍，并将普世性和民族性有力地结合起来。共和国从右翼甩掉了资产阶级的个人主义、从左翼摒弃了恐怖统治的思想荼毒后，成了法国历史命运之路上的一个象征。它所宣扬的，正是第三共和国创建者不久之后呼喊的“政教分离”。这枚为法国所特有、在其他任何欧洲政治文化中都找不到类似物的思想徽章，它反照出的一些价值在忠诚地守护着某个令人肃然起敬的宗教之物，即便它否认了宗教。古人对公民平等的信仰，现代对自由的狂欢，

① 约翰·哥特弗雷德·赫尔德（Johann Gottfried Herder，1744—1803年），德国哲学家、路德派神学家、诗人，其作品《论语言的起源》成为狂飙运动的基础。——译者注

② 约翰·戈特利布·费希特（Johann Gottlieb Fichte，1762—1814年），德国作家、哲学家、爱国主义者，古典主义哲学的主要代表人之一。——译者注

两者结合成了一体。在学校成为这一结合的发生地和风向标之前，米什莱就已经预言了宗教的公民身份。在20世纪，虽然它没能从扩张的个人主义和社会主义批评狂潮中幸免于难，但这完全无损一个事实：在整个19世纪里，它一直都是大革命留给共和派的一份宝贵遗产。

为着这份遗产，米什莱献出了自己的天赋之歌。他的歌声中，既带着对历史的一腔激情，又混着他那种不可模仿的、如伟大艺术作品一样永不湮灭的清音幽韵。无论今天还是从前的读者，都被他那如激流一般倾泻而下的文字所打动，被这段以诗意的手法娓娓道来的历史中超越时间的真理所吸引。在这场从1789年春持续至1794年夏、只有短短五年、却具深远意义的大戏中，米什莱再造出不计其数的演员，将最细碎的时刻、偶然、宿命、激情与理性一一重现出来。由于他对人和事的强大预言能力，在法国大革命和它数不胜数的孩子之间，米什莱永远都是那个最伟大的说情者。

# 1868年作者序

这本书，是我历时八年才得以完成的心血之作。它没有在安好岁月中即兴挥墨而就的幸运，而是分娩于充满不虞与变故的多事之秋。

二月革命时，此书前两卷已经成形，我在其中记叙了大革命最美好的那段岁月。那时的大革命和它年轻的姊妹——1848年革命一样，虽然幼稚，却博爱、宽厚。这两卷，便是该时期一场场欢宴的记录。

接下来，惨痛的事情发生，但我并没就此罢手。1850年，另外三卷也问世了。当时，文坛上的所有声音都被扼杀，一切生命仿佛都被中止。我只身在档案馆深处潜心创作，独自书写着另一个世界的萧然废墟，在某一刻甚至觉得世上只剩下自己一人。

12月2日事件之后，我离开巴黎，走时身上别无他物，唯有最后几卷恐怖统治时期的相关书稿而已。我在南特附近、离旺代一隅之隔的地方，于孤独和静寂之中完成了手稿。①

所以，在经历了风风雨雨和坎坷流离之后，这部历史之作披着一身累累的鲜血、带着愈挫愈强的生命力、怀着灵魂和思想，终于走到了终点。虽然一路上狂风骤雨不断袭来，但它从未偏离最初的路线，命运的挫折和阻挠没能拦住它，反而帮助了它。1853年1月，我住在一所一下雨就上漏下湿的破旧小屋中，提笔书写同样是发生在1月份的恐怖统治："我带着自己的探索，陷入黑暗和冬日里。南特山谷刮来的疾风，两个月以来一直在执着地拍打着我的窗棂，声音时而萧肃、时而凄厉，陪伴我写完了1793年最后审判日。多么和谐，多么应景！我要感谢这股冬风。在它的怒号中，在它尖厉的嘶叫中，在如刀的疾风拍打窗棂时发出的哗啦啦的响声中，是它在不断告诉我一个强大而正确的事实：所有看上去似乎已经死去的东西绝不是死亡；相反，是生命，是未来的新生。"

十五年后，在我付出巨大心血终于完成了《法国史》以后，我又回到了这里。从《法国史》到《大革命》，我好像回到了同一个家，一个我离开还没多久的家。这个家变了吗？没有。炉子已经凉了吗？也没有。

时隔经年再回到这里，今昔之比让人倍感唏嘘。在这十几年里，我怎么了？我们（我们法国）怎么了？我们变成什么样子了？

先克制一下情绪吧！不论如何伤感，我们也得坚定地抬起目光，看看如今是何情形。

---

① 1851年12月2日拿破仑三世政变之后，当局采取高压手段禁止人们批判教会和王权。内阁一道命令下来，米什莱不得再在法兰西学院授课，由于拒绝向帝国宣誓效忠，他也被档案馆解雇，从1852年中到1853年10月都住在南特。——译者注

岁月的车轮碾碎了许多东西，但也令人有所长进。1848年的时候，什么重大问题都一窝蜂地冒了出来，乱七八糟地摆在我们面前。当初没有被整理清楚的东西，久而久之终于被我们弄懂了。当初我们忙着分毫析厘，导致内部分歧无数。而如今在这方面，我们已取得巨大的进步。我们没有反悔、没有食言，我们所有人、大革命的每个孩子，都为了大革命聚成一个整体，朝着同一个目标努力着。具体如下：

第一，事物恢复了自己本来的面目，一切都回归到自然传统里。今天我们每一个人，谁不把自由视为至高无上的圣物？**经济问题**的地位看似高过自由，但它是自由的结果和基础延伸。自由先于一切，包纳一切，也保护一切。

第二，**宗教问题**看上去已成了次要问题。我们的警告只有极少得到应验，波舒哀[①]、迈斯特尔[②]之流，徒劳地高声告诉我们两大权力已紧密结合起来——他们知道得未免有点晚了。他们看到兵营就设在修道院边上时，看到那些耸立在城市高处、宣布着军刀与神杖狼狈勾结的并排而立的建筑时，就该清醒过来了。

第三，绝不可再起烽火。这是我们全体人民一致的心声。除了战争，法国还有更多大事要去做。它很开心看到意大利和德国在涅槃之后崛起，并真心实意地献出了自己的祝福。更值得称道的是，虽然两边的勇士仍不畏惧战争，但他们清楚认识到战争和勇敢与否并无关系，明白它只是枪与枪之间纯粹的机械对抗而已。

第四，也许后人看来会有些荒谬：1848年我们之所以产生分歧（也

---

① 波舒哀（Bossuet，1627—1704年），17世纪法国神学家，路易十四的宫廷牧师，支持法王路易十四，鼓吹绝对君权论。——译者注

② 迈斯特尔（Joseph de Maistre，1753—1821年），法国哲学家、作家、律师及外交官。在法国大革命之后的那段时间，他站出来为等级社会与君主制辩护。——译者注

许还是最尖锐的分歧），其实这涉及到一个和过去不无关系，并夹杂着一定现实性的历史问题。当时有的人对一些已经故去的历史人物产生惺惺相惜之情，这些人物可以是米拉波、韦尼奥①、丹东，也可以是罗伯斯庇尔。如今，我们当然会有所保留地去同情大革命中的某些英雄，也能对他们做出更全面的评价了。我们把他们视为一个握手言和的整体，而不再是相互对立的敌人。即便我们中的某些人还执着于这些争论，但这个于1848年诞生的伟大的法国，以及这五十万参与着未来、参透着未来、自己本身也代表着未来的群体，他们会以好奇的态度去看这些事情，但无论如何也不会将其付诸实践，更何况今时已不同于往日，再无实践的必要和条件了。

时间一年一年地过去，随着大量文件资料的公开，往昔那段备受争议的历史终于揭开了它的面纱。而我们这些历史学家也做了一些事——虽然每个人都有自己的历史观点，但我们都（通过自己夸张的表达）把它明明白白地讲了出来。看到这样一幅百家争鸣之景，我觉得甚是有趣。我多希望自己能有一双妙手，去勾勒出一部历史学的历史；我也多想告诉世人，我们在大革命研究领域中取得了怎样的成就。

只从1789年开始讲述大革命，那就是在只求果、不问因。若从路易十五开始，也仍然解释得不够。我们应该挖得再深一点儿、更深一点儿。只有摸清法国过往历史的明溪暗河，才能理解最后掀起的这场滔天巨浪。法国一点一点地走出黑暗，终于在18世纪放出万丈光芒——这个世纪，不再是迷茫、混沌的一个世纪，它扬扬洒洒地泼墨书写下我们当

① 韦尼奥（Pierre Victurnien Vergniaud，1753—1793年），法国律师、演讲家、政治家，法国大革命的代表人物之一，布里索（Brissot）和吉伦特派的支持者。——译者注

代的信经，那部后来被大革命付诸行动的信经。

长期以来，工作繁重，辛苦至甚。但当我（在我写的1750年前后路易十五史的书中）怀着满腔欣喜写出这部光明信经的名字时，我的心血也得到了回报。可是在光明的背面，我也书写了黑暗，记录了家族谋反。自弗勒里[①]内阁之后，西班牙和奥地利、天主教和君主制，便以姻亲的方式勾结在了一起。这产生的第一个后果，便是玛利亚-特蕾莎[②]控制了凡尔赛，以及那场葬送了法国、把世界版图拱手让给英国的七年战争的发生。第二个后果，便是玛丽-安托瓦内特左右法国，以及1789年那场迟到的（迟到得太久了！）火山喷发。

有些人想说，这些重大历史事件都是某一党派策划的结果，是奥尔良的阴谋，是巴黎强加给法国的一场造反。这些人都不愿动动手指去翻一翻那数百卷陈情信，听一听各省的心声，读一读各省写给制宪议会的训诫。最起码，他们也该读一读由夏散[③]编辑的那本《陈情信摘录》吧？

在第一卷书中（作于1847年），我曾小小阐述了一下个人利益和物质财富的思想。其实每场革命中都会有人产生追求私利的念头，不过在我们的大革命中，私利在人心中反而不是那么重要。大革命得遭到怎样的歪曲和抹黑，才会让今天的人站在这种角度来看待它啊？基内在他的著作中大力肯定了我的这个观点。没错，大革命是无私的——无私，便是它崇高的天性，是它神圣的旌旗。

那时，天空日羽晔晔，整个世界都战栗起来。巴士底狱的攻陷让整个欧洲都疯狂了，所有人在公开场合热烈拥抱着（连在圣彼得堡也不例

① 弗勒里（André-Hercule de Fleury，1653—1743年），路易十五的首席大臣。——译者注

② 玛利亚-特蕾莎（Marie-Thérèse，1717—1780年），奥地利女大公和国母，匈牙利女王和波西米亚女王，神圣罗马帝国皇帝弗朗茨一世的妻子，安托瓦内特的母亲。她让哈布斯堡王朝重新焕发生机，奠定了奥地利大公国成为现代国家的基础。——译者注

③ 夏散（Charles Louis Chassin，1831—1901年），法国历史学家，著有《法国大革命的化身》。——译者注

外）。那是一段多么刻骨铭心的日子啊！我是谁，凭什么能讲述这段历史？我不知道，也永远不会知道自己当初是如何再现这段历史的。时隔六十年之久，重读讲述这段峥嵘岁月的文字，发现它留下的记忆依然如此鲜活和滚烫，这是一种多么令人难以置信的幸福啊！我的心灵充盈着一种英雄般的喜悦，这满页满纸无不浸透着我的泪水。

因为内心充盈了，我才能参悟到大革命的无边无涯，才能在不同时期、从不同角度上将其重现。只见树木，不见森林的做法，会让人误读大革命。即便某些观点相互对立，但究其本质，仍是和而不同。当我们从各个方面去展现大革命后，它的伟大精神就被各民族领悟和理解到了，也定能受到后世子孙的欣赏和认同。正因如此，大革命这位伟大的先知才会踏遍世间每一寸土地，用各种语言宣扬着自己的理念。每个人都有权得到再现，也理应得到再现。

只把视野局限在某个俱乐部中来看大革命，这是绝不可行的。尝试这样做的路易·勃朗付出了无尽努力、倾注了半生心血，其研究却以失败告终。试图用雅各宾俱乐部这道小小篱栏圈住汪洋大海，这完全是在做无用功。大革命就是一片于四处奔涌驰荡的大海，这道篱栏充其量只是提防革命被背叛的警察、眼线和守卫罢了；它真正活跃奔涌着的力量，甚至山岳派本身，以及那些少有台词却是真正主角的人，绝不局限在雅各宾派中间。

时间娓娓地道出一切，资料文献的公布让人再不能偏听偏信。由朗弗雷[1]记录下来的吉伦特派那篇激情澎湃的辩护词，而今读来是何其掷地有声。从死亡之国传出来的、（于1866年）终于为世人所闻的佩蒂翁[2]

① 朗弗雷（Pierre Lanfrey，1828—1877年），法国历史学家，1858年发表了一篇关于法国大革命的短文。——译者注

② 佩蒂翁（Jérôme Pétion de Villeneuve，1756—1794年），法国作家、政治家、吉伦特派成员，著有《民法》。1789年入选三级议会和制宪会议，1791—1792年担任巴黎副市长。——译者注

和比佐[1]的遗言，今天还有谁敢再反驳一二？

但我们的罗伯斯庇尔党人便是抱着这种固执和偏见（即便在评价山岳派时仍是如此），死咬着丹东不放。而魏约梅（Villiaumé）、艾斯基洛[2]（在他文采斐然的书中）则从语言上，更从行动上替丹东辩解。在布扎尔（Bougeart）和罗宾内（Robinet）最近发表的作品中，他们几乎都在袒护他，为他洗清死后的名声。

这场个人之争把山岳派真实的一面掩盖了。直到今天，人们才开始看清它，才更深地了解了它。那两百位身负使命却已被遗忘的议员，他们的伟大和坚毅又重现于世（我们因为他们的坚毅方才得救）。两位二十五岁的医生，博多和拉科斯特[3]，又一次戴上了他们那顶莱茵河征服者的桂冠。才为世出、素有军事组织者之称（同时又是瓦蒂尼的英雄）的卡诺[4]，又通过他儿子亲手写下的文字回到我们身边。罗莫和其他五位战友[5]，这群赤子之心可鉴日月、在牧月暴动中用自己的鲜血书写下大革命悲壮诗篇的仁人志士，他们的精神终于在克拉雷蒂（Claretie）的书中得以再现——那滚烫却真实得残忍的文字，每每读来都让我内心震颤不已。

在当今这个软弱的时代里，很少有人能够想明白：在那样腥风血雨

---

① 比佐（François Buzot，1760—1794年），法国政治家、法国大革命领导者、吉伦特派成员，在审判路易十六的时候投下死刑执行赞同票。1793年，比佐、佩蒂翁和吉伦特派其他成员一起逃亡，在波尔多附近被围，佩蒂翁与比佐一起自尽身亡。人们在野地里发现两人时，尸体已被野兽啃得面目全非。——译者注

② 艾斯基洛（Henri-François-Alphonse Esquiros，1812—1876年），法国作家，著有《山岳派史》《自由烈士史》等。——译者注

③ 博多（Marc Antoine Baudot，1765—1837年），医生、法国革命家、立法议会和制宪议会的议员；拉科斯特（Élie Lacoste，1745—1806年），法国革命家、医生、立法议会和国民公会议员。1793年11月3日，两人被派往莱茵-摩泽尔军团，参加了由拉扎尔·奥什率领的法军和普鲁士军队之间的凯泽斯特劳滕战役。——译者注

④ 卡诺（Lazare Carnot，1753—1823年），法国数学家和工程师、公安委员会成员，法国大革命时期因大量动员人民参军而被称为“胜利的组织者”，他在防御工事方面的著作也大大影响了现代军事方法。1793年10月16日的瓦蒂尼战役中，在卡诺和茹尔丹的率领下，法军击败奥地利军队，在第一次反法同盟战争中取得胜利，逼得奥地利皇帝放弃莫博日，退守东边。——译者注

⑤ 罗莫（Charles-Gilbert Romme，1750—1795年），法国政治家和数学家，1791年曾是吉伦特派，但在1792年选入国民公会之后站在山岳派一边，投票赞同处死路易十六。在牧月暴动中，他和其他五位战友被判处枪决，在走上法庭的台阶时，罗莫自刎而死，最后一句话是：“我为共和国而死。”——译者注

的环境里，在自己半只脚都已经踏进死亡大门的时候，为何这群人中之杰还在幻想着不朽大业？当时有多少思想蜂出并作、各引一端啊，有多少人物横空出世、灿若星辰啊，有多少英雄俊杰在为未来奔走呼号、为后人鞠躬尽瘁啊！此番景象，简直是旷古未有之奇事！而与人们一贯的想法相反的是，这一幕并不是上演于风平浪静之后，而是发生在风声鹤唳、人人自危之时。可贵的是，戴斯普瓦（Despois）的一本书（《革命的破坏》）终于为这个时代开创了新的历史，一部属于它自己的创世纪史。

令人尊敬的拉斯泰瑞（Lasteyrie）曾谈过这段历史，并表达了自己的观点（他因此而身陷危险之中），对于他的这番话，我非常感同身受。其中，我只想引用这么一句："诸位，这是多么美好啊！你们可能会丧命！想躲吗？我，我从没这么想过！我就在法国行走着、漂泊着。我陶醉了……没错，这是多么美好啊！"

有人说，大革命犯了一个错误。要压制旺代的狂热和天主教的反扑，它就应该用基督教派的某部信经来武装自己，打出路德派或加尔文派的招牌。

我的回答是：在这点上，大革命认输。它没有利用任何宗教。为什么呢？因为它本身就是一个宗教。

1790年那幅波澜壮阔的联盟画卷，就像基督教徒的圣餐仪式一样，是人世间无与伦比的神圣庆典。1792年时的众志昂扬之景，更是国人做出的绝对、无尽、毫无保留的伟大牺牲，是人民谱写出的一曲最崇高的悲歌：他们是为了和平而战，是为了解放世界而战。

"没有自己的信条？"但哪个宗教不是用了好几个世纪，才形成了自己的信条？信仰便是一切，形式无关紧要。祭坛边上的石刻被雕琢成了什么样子，这难道很重要吗？

权利、真理以及永恒的理性，它们的神坛一直都在，没有少一砖一石，在安静和沉默中等待着。这座神坛仍是我们那些伟大的哲学家和法学家当初搭建起来的样子，就像拉普拉斯①和拉格朗日②做出的时间参量规则计算一样，坚稳而又结实。

谁不识得这座神坛？谁在那里没有感受到上帝的存在？是谁守在它的周围？是美国的托马斯·潘恩③，是波兰的科斯丘什科④。义务论的鼻祖康德（这块波罗的海的顽石），在这里激动得不能自已。我们看到垂垂老矣的克洛普施托克⑤伏在上面老泪纵横，看到贝多芬这个骄傲的孩子也趴在这里失声恸哭。

伟大的斯多葛派哲学家费希特，在最骤烈的狂风暴雨中也紧紧抱着这座神坛，绝不松手。他保持了对我们的忠诚。早在1793年，他就发表了一本关于大革命之不变权利的著作。

我们为此感激费希特，是他守护着革命的那颗钢铁之心。正是这颗心，让德国在耶拿战役之后重新崛起，为这个世界的觉醒做好了准备，用一股更强大的力量——思想——来对抗武力，在虎狼一般的敌人面前，宣告永远不可能被除掉的权利之神终将取得胜利。

---

① 拉普拉斯（Pierre-Simon Laplace，1749—1827年），法国分析学家、概率论学家和物理学家，法国科学院院士。——译者注

② 拉格朗日（Joseph-Louis Lagrange，1736—1813年），法国著名数学家、物理学家。——译者注

③ 托马斯·潘恩（Thomas Paine，1737—1809年），英裔美国思想家、作家、政治活动家、理论家、革命家、激进民主主义者。美国独立战争期间，他撰写了铿锵有力并广为流传的小册子《常识》，极大地鼓舞了北美民众的独立情绪，他也被广泛视为美国开国元勋之一。后来受到法国大革命的影响，潘恩撰写了《人的权利》，此书成为启蒙运动的指导作品之一。——译者注

④ 科斯丘什科（Kosciusko，1746—1817年），波兰军队领导人，波兰、立陶宛、白俄罗斯和美国的民族英雄，作为国家武装部队最高司令，领导了反抗俄罗斯帝国和普鲁士王国的科斯丘什科起义。——译者注

⑤ 克洛普施托克（Klopstock，1724—1803年），德国诗人，认为写诗是神圣的天职，主要作品有《救世主》和抒情诗《颂歌》。其中《颂歌》对德国作曲影响深远。——译者注

*

我想再简单说一下此书的创作历程。

它是在国家中央档案馆里呱呱坠地的。当时担任档案馆历史部总负责人的我，在那里花了六年时间来撰写此书（1845—1850年）。12月2日事件之后，我又在中央档案馆待了两年，然后在旺代附近的南特档案馆里将此书结束（我在此馆挖掘到了各种宝贵的资料）。

因为有文件、原始资料和手稿为支撑，所以在一堆书籍尤其是回忆录里，我很容易就能发现哪些是在文过饰非，甚至是在拾人牙慧，例如，罗什（Roche）替勒瓦瑟尔①写的回忆录就是如此。

至于梯也尔②、拉马丁和路易·勃朗诸位先生极为推崇的《总汇通报》，我也每份都看过。

白天里的当权派到了晚上摇身变成《总汇通报》的编辑，这种事情从一开始就没停过。9月2日之前，是吉伦特派在对它指手画脚；6日，又变成巴黎革命公社③对它发号施令。在每一场激变和危机中，《总汇通报》都成了一块任当权者揉捏的橡皮泥。议会会议纪要把这些都说得清清楚楚，揭穿了《总汇通报》和它的抄袭者们（如《法国大革命议会史》）的本质——《总汇通报》本来就是缺胳膊少腿，它的抄袭者们走样得更是厉害，这也不足为奇了。

我们的档案馆有一个也许令世上其他任何资料馆都难以望其项背的少有的优点：关于每个重大事件，你都可以在这里找到各种非常详尽、非常完善、分类非常明确的资料记录。

---

① 勒瓦瑟尔（René Levasseur，1747—1834年），法国政治家和外科医生，国民公会议员，在审判路易十六时投了赞同票，后严酷压迫和追杀吉伦特派。——译者注

② 梯也尔（Marie Joseph Louis Adolphe Thiers，1797—1877年），法国政治家、历史学家，路易·菲利普时期的首相，在第二帝国灭亡后再度掌权，因镇压巴黎公社而为人所知。——译者注

③ 即1789—1795年的巴黎革命公社（Commune de Paris），建立于攻占巴士底狱之后，热月政变后被解散。——译者注

关于联盟，我找到了数百份来自各城市村镇的相关文献（存于中央档案馆）。就巴黎革命派遭到血洗的悲剧，市政厅档案处给我打开了一扇窗户，让我读到了公社的资料记载；巴黎警察局保存的四十八个行政区划的相关会议记载，也让我得以发现许多说法不一的信息。

说起政府行政，在公安委员会方面，我找到了它的所有资料记载，里面连它颁发的法令都按照年表顺序得到了规整收档。

有时，会有人指责我援引过少。如果我的一般文献来源都是些零散资料，也许我会多做引述。但是我惯用的参考资料通常是按照编年史顺序撰写出来的大部头，只要我注明了一件事的发生日期，读者就可以立刻在相关参考资料中搜索到它。所以，我无须做太多援引。某些流俗之辈的作品资料，引用它们益处甚少，反会打乱文笔和思路。至于靠知名著作来装饰自己的文字、用琐碎无意义的小册子来丰富书的内容，以此来吸引世人的关注，这实在是种毫无意义的炫技卖弄。一部权威的史记大作应当靠作品的严密性和连贯性立足于世，而不是靠琐碎书目的罗列杂陈来吸引眼球。

因着这个基本原则，我的记载与文书一样不可刊改。我所做的不仅仅是摘抄，而是把杂散的资料誊写出来（而且没有雇用任何人帮忙），将其收集整合到一起。其事核，其言实，不容半分改动。若我根据事实得出的看法受人攻击，这也无甚紧要。但攻击我的人首先应当承认一点：他用来反对我的史据，都是从我这里得来的。

所有识字的人都会注意到一个地方：这部史记中有些地方也许写得太过慷慨激昂，但它绝不含含糊糊、语焉不详，绝不流于毫无意义的泛泛之谈。可是，我胸中的一腔激情、我投进去的一片热忱，仍然没有得到丝毫满足。它探寻着，渴望挖掘出真实的性格和人物，渴望展现出每个演员独一无二的生命。这里面的每一个人，我都绝不只停留在他的某些理念、某些体系、某些政治剪影上，我不断挖掘，一直触碰到他最深处的内心世界方才罢休。若我们严肃认真地对待这些历史人物，抓住他们人性的一面，就会在某些方面对他们产生新的认识。我没有对罗伯斯庇尔做过一丝一毫的美化。然而，当我谈起他的个人生活、那位细木匠、那座小阁楼、那个潮湿阴冷却在他灰暗人生中投下过一缕阳光的小院子时，我所描写的这一切都深深打动了一个朋友的心扉，虽然其立场完全与罗伯斯庇尔相反，他却不得不向我承认：读到这段文字的时候，他自己也忍不住流下了眼泪。

对我来说，在大革命中登场的这些主演绝不是一个个冷冰冰的角色。在追寻他们起伏转变的人生之路、在他们思想深处苦苦探究时，我不就和他们同生同息、成了他们的忠实伙伴吗？久而久之，我也成了他们中的一员，成了这另一个世界里的一员。我为自己打开了一扇可以凝视这些影子的窗口，相信他们也已认识了我。他们发现我和他们一样茕茕孑立，一个人在长廊上游荡，在这些少有人光顾、空荡荡的资料室中徘徊。偶尔，我还能发现肖梅特①或其他人留下的书签静静地夹在他们最后一次翻读的那本书的扉页里。在科尔得利俱乐部会员凌乱的笔记里，有一句话还没来得及写完，死亡却突然袭来，让纸上这句话成了永远的断点。时光在这里落下厚厚一层尘埃，我能够呼吸着岁月的沉淀，能够穿梭在这堆纸张、资料、文档中间，真乃平生一大幸事！这些文字并不是深默的哑巴，这里也并不像看上去那般死寂。每每触碰到这里的一切事物，我就觉得某个东西苏醒、走到我面前来——这个东西，便是灵魂。

---

① 肖梅特（Pierre Gaspard Chaumette，1763—1794年），法国大革命时期政治家、巴黎革命公社领导人，思想极端狂热，1794年4月13日被指控为埃贝尔党人，意图密谋起事、颠覆国民公会，因此被枪决处死。——译者注

其实，我也需要这种环境。我并不是一位作家，也从没想过追求公众的认可或成功：我喜欢这种生活，仅此而已。我在这里来来回回、上上下下，执着而又贪婪地汲取营养；我呼吸着、憧憬着，书写着湮灭在过去中的悲剧灵魂。

许多意见与我稍有不同的人，如贝朗热（Béranger）、勒德律-洛兰[1]、普鲁东[2]，他们都强烈感受到书中勃勃的生命力。

贝朗热曾对我抱有偏见，但后来彻底转变了看法。他对这部史记的评价是："这于我而言是一本圣书。"

普鲁东很清楚我在许多地方和他都持相反意见，但我收到他的一封热情洋溢的信，信中他全盘接受了我在此书导言（1847年）中提出的理念：基督教和大革命、基督教和权利之间的对立是不可调和的。他在自己的《论公正》（1858年）一书中，也通篇采纳了我的这个观点。

在联盟的那段美好日子里，卡米尔·德穆兰[3]曾提出一个令人动心却又不切实际的提议——在拥护大革命的作家中建立联盟。毫无疑问，在我们这个虽然松散、却因一个共同理念走到了一起的群体里，存在着一种同根同源的亲缘关系。这种同根生的感情，我比任何一位受人尊重的大人物都更有体会。所以我从不回应同行的批评，虽然他们的指摘通常有些浅薄，要反咬一口于我来说是再简单不过的事。

我在1853年完成了《法国大革命史》这本书。从那时起一直到1862年，路易·勃朗在他的《大革命史》中，以一股超乎寻常的热情，花了

---

① 勒德律-洛兰（Alexandre Ledru-Rollin，1807—1874年），法国政治家、律师、共和改革派。——译者注

② 普鲁东（Pierre-Joseph Proudhon，1809—1865年），法国互惠共生论经济学家，首位自称无政府主义者的人，其政治学说被视为是无政府互助主义。他的名句有："财产是盗窃！"——译者注

③ 卡米尔·德穆兰（Camille Desmoulins，1760—1794年），法国政治家、记者，法国大革命中一位重要人物，是罗伯斯庇尔儿时的朋友，与乔治·雅克·丹东是密友和政治盟友。——译者注

从第十卷到第十二卷的工夫，对我的这本书发起攻讦。当时有人提醒过我要对其多加防范，但我正全心忙着完结《法国史》的编写工作（此书写至1889年历史），所以没有时间去拜读路易·勃朗的书。我长期的哑然也许强烈刺激了他，抑或是大大鼓励了他。于是他在一卷卷书中对我发起暴风雨般猛烈的攻击。勃朗轻轻松松地赢了，从中体会到莫大的快乐，觉得自己真是根据我的书写了一个大部头出来。

直到1867年，我才结束了路易十六这段历史的编写工作。完成以后，我回过头来拾起《法国大革命史》，并着手展开了对路易·勃朗作品的研究。翻开他这本书时，我极为平静，准备悉心听取他的意见——如果这些批判是认真的话。[①]

我知道他颇有才华，其品行也令人起敬，我也清楚他说的一些奇论，如他的社会主义天主教论，以及以博爱为名的劳动者专制论。不过，我很少看他涉足历史。我承认，他对某人狂热的亲厚和偏袒让我深感震惊。此人是谁呢？正是那个热衷权术的卡洛纳[②]！这位优秀的公民，他毁灭了法国，只为了迎接大革命的到来；他养肥了宫廷，只为了“让他们笑着走向一个无底深渊，还以为自己抓住的是救命稻草”（Ⅱ，p.159）。所有这些话简直是无凭无据，信口开河。

我还在他书中读到一些更夸张的内容。山岳派的人怎么会是暴力分子呢（Ⅶ，p.372）？他们肯定是温和派无疑。

对卢梭极度推崇的吉伦特派，到了路易·勃朗那里却成了卢梭的敌人。是吉伦特派在9月2日通敌勾结，身上沾染了鲜血。

---

① 1868版增添原注：实际上我从他的书中也有所受益，在两个细节上做出了改动：一个是关于丹东的地方，另一个是关于杜朗-马雅尼（Durand-Maillane）的地方。

② 卡洛纳（Charles Alexandre de Calonne，1734—1802年），法国国务活动家、财政总监，对财政和行政的改革导致了1789年法国大革命时期政府危机的加剧。——译者注

而罗伯斯庇尔则恰恰相反，事前是他警告了吉伦特派的阴谋（第一卷），事中也是他在揭露事实（第二卷）。他在这件事中完全是清白的、置身事外的。

埃贝尔[①]在他的《杜歇老爹报》中不断叫嚣着要血洗和屠杀，但这并不妨碍他在书中被路易·勃朗描述为温和派和吉伦特派的接班人。为什么呢？因为他是伏尔泰派分子，是利己主义者和感官主义者，是卢梭的敌人，是感性的罗伯斯庇尔的敌人。

路易·勃朗在评价国王、王后和奥尔良公爵时用词非常温和，对教士阶层也极为宽厚，然而对丹东和吉伦特派却发起了毫不留情的攻击。在这些人身上，他看到了那群在1848年5月15日事件中对他无比仇恨的**资产阶级**的影子。[②]奇怪的是，路易·勃朗在这点上居然搞错了。因为当初参与了5月15日事件的国民自卫军是厌恶战争的；而吉伦特派则恰恰相反，他们为了拯救国民而宣传、制造战争。正是他们铸造了成千上万把刺刀，把武器分发到穷苦百姓的手里。

若要大致了解大革命的总体演变过程，那就要从两个有用合理的切入点下手，从大革命的圣战军和警察队下手——也就是吉伦特派和雅各宾派。

我曾试着做过这个工作，并尤为关注吉伦特派犯下的错误：他们错在排斥山岳派，把丹东和康邦[③]推到山岳派那边；他们错在自己本身纯洁

① 埃贝尔（Jacques Hébert，1757—1794年），法国大革命时期的一名记者，在大革命中创办了激进派的报纸《杜歇老爹报》。以他命名的埃贝尔派是法国大革命中的愤激派系。——译者注

② 1848年七月王朝被推翻以后，巴黎成立了以资产阶级共和派为主的临时政府，5月4日制宪议会开幕，10日临时政府被解散，议会建立了一个五人执行委员会，委员会将临时政府中唯一的两个工人代表排斥在外，其中一个就是路易·勃朗。5月15日，巴黎群众占领议会，宣布"以人民的名义"解散议会，并任命了一个全部由社会主义派领导人组成的新政府。执行委员会动用国民自卫军驱散了示威群众，逮捕了新政府成员（其中也有路易·勃朗）。这一天的具体情节，可参看《托克维尔回忆录》。——译者注

③ 康邦（Pierre Joseph Cambon，1756—1820年），法国政治家、立法议会和国民公会议员，他负责制定了没收教会财产的法律条款，并采用许多行政手段让法国财政得到好转，后在罗伯斯庇尔倒台中扮演了重要角色。——译者注

无瑕，却被溜进队伍中的那些企图阻挠大革命的保皇党人所玷污，导致最后自己清白尽毁、贞节不保。

至于雅各宾派做出的巨大贡献，我没有任何异议。我甚至比别人更加细心地注意到它经历了哪三个有轻微不同的发展阶段。罗伯斯庇尔一生严苛，对他的苦行和壮志，我绝无半分轻慢之心。也正是在这些地方，我发现了他鲜活生动的一面。

而这，竟然也成了我的罪过。我认为，路易·勃郎倒更容易原谅我和他对立的政治主张，我对他心中奉若神灵的东西发起的攻击；然而我居然用苛刻的眼光，一寸一寸仔细审察着这个圣人中的圣人，我居然错误地、太近距离地去审视这个小宗派，审视这个玛尔达、抹大拉、玛利亚女性小团体，审视这位新的耶稣的衣着、配饰、声音，他戴着的眼镜、他身上的习性，这些行为在路易·勃朗看来最是不可饶恕。

还有一个深层次的原因，使得我俩之间存在着一道比看上去还要深得多的鸿沟——我们信奉的是两个不同的宗教。

他和卢梭、罗伯斯庇尔一样，是半个基督徒。天父至上、福音书、原始教会的回归（Ⅲ，p.28）：凭这个不清不楚、不明不白的信经，政治家们就以为可以把反对派、哲学家和信徒们拉拢过来了。

此外，我们两人之所以相互对立，与出生地、个人秉性也不无关系。路易·勃朗出生于马德里，母亲是科西嘉人，父亲是法国人（来自罗德兹）。他拥有南方人的炽热和阳光，还有这个地方的人少有的勤勉和恒心。他曾在罗德兹学习，在波纳德[①]和弗雷西努斯[②]的故乡进修，这些地方出了大量教士，所以他的民主思想中也带着专制的色彩。

---

① 波纳德（Bonald，1754—1840年），法国反革命哲学家和政治家。——译者注

② 弗雷西努斯（Frayssinous，1765—1841年），法国教士、政治家、演讲家、作家。——译者注

路易·勃朗在这本书的撰写过程中时有辍笔，重新提笔之前，如果他没有偏听偏信，也许应该问问自己："我可以在伦敦写巴黎的革命史吗？"然而，这项工作只有在巴黎才能实现。没错，伦敦的确藏有丰富的法国文件档案、书籍资料、报纸传单。一位业余收藏家克罗克先生（Croker），把自己收藏的资料以一万两千法郎的价格卖给了大英博物馆，后来它们也得到了一定的扩展和丰富。但是业余爱好者只因兴趣使然而做的零散收藏，是无论如何也代替不了官方典藏的。在国家档案馆中，一切都分门别类、井然有序，我们不仅可以查到史料，还可以查到它们之间的关联之处。在这里，一件事通常有二十、三十甚至四十种不同版本记载，供后人研究评判。在巴黎三所革命档案馆里，我们就做到了如此精细的地步。

路易·勃朗似乎认为言多则意深，批判也是如此。他通篇累牍地对我发起批评，此等执着与坚持，在文史界中可谓是前所未有。继罗伯斯庇尔之后，我成了他最关注的一个人，也许是因为我身上有什么绝不会让他生倦的东西吧。我欣赏伟大的激情，而路易·勃朗的激情真的是取之不尽、用之不竭啊。它一直来回奔腾着，在叙事、说理上，在细处的不幸和总体的悲歌上，路易·勃朗毫无任何把控能力，任自己的激情在那里肆意地汹涌澎湃。

有时，他会说些略微重一点儿的话，比如他称"我忘记了身为历史学家的所有义务"。有时他也会赞扬我（这种情况反而更糟），觉得我在某些地方"天赋异禀"，然而我虽有如此异禀的天资，却不能参透大革命的每一个重大事件，把什么都搞乱了、弄错了。

但曾在历史中苦苦挖掘、给他和其他所有人提供了那么多资料支持的我，敢放言一句："没了我，谁能知道这每一件大事？"

就练兵场惨案（1791年7月17日），我从塞纳档案馆中找到了当时人们在神坛上签下的、有共和国第一法令之称的请愿书。我发现，保皇党人对这场惨案的发生负有最直接的责任。路易·勃朗替他们洗去了这个污点，不过他们本人却不愿如此，因为这可是他们吹嘘的资本啊！根据目击证人莫罗·德·约奈斯（Moreau de Jonnès）的回忆，我可以言辞确凿地说：当初野蛮镇压民众的，正是雇佣警卫队。此事干系重大，它意味着军国主义这个幽灵的首次现形。可我也绝没有否认一件并不确定、没有任何人亲眼所见、但路易·勃朗反复断言其真实性的事，即某些国民自卫军士兵（是斐乐-圣托马斯军团？）和雇佣警卫队一道朝这座挤满群众的神坛开枪。8月10日起义[①]也是有证据的，这份叙述源自一位非常正直公正的人的记录，所以我方才采纳了它。

多亏了警察局档案员拉巴特（Labat），我才能找到并出具一份关于9月2日屠杀事件[②]的珍贵无比的关键性资料。拉巴特在调查后证明：第一场屠杀发生于囚犯内部，当时外国入侵的消息传来，窗外的尖叫和嘲笑终于点燃了亚伯叶狱中不安分的火苗。

在5月31日[③]，大革命一个悲惨的大日子，议会议员遭到屠杀。就此事，我秉着严肃认真的态度查阅和誊写了四十八个巴黎行政区划的资料记录，在其中找到了大量详尽的事实报道，有了这些忠实于黑暗史实的文字记录，这段为世人少知的历史终将大白于天下。后世将会确立一个事实：在这四十八个行政区划中，（根据记载）只有五个对造反委员会的行动予以许可。

《杜歇老爹报》发行量达到了六十万份，罗伯斯庇尔被这六十万张

① 1792年8月10日，巴黎人民起义，推翻君主立宪派统治，逮捕路易十六。——译者注

② 1792年9月2日晚上8点，巴黎开始了九小时的大屠杀，死难者人数大约为350人。在大屠杀最先开始的亚伯叶监狱，民众从下午2点开始攻击刚刚用马车运来的30名教士，他们的罪名是不肯宣誓效忠新政权 。由此，九月大屠杀拉开序幕。——译者注

③ 1793年2月，各国组成反法同盟，而吉伦特派无力抵抗外国武装，故1793年5月31日—6月2日，巴黎人民发动第三次起义，推翻了吉伦特派的统治，建立起雅各宾专制。——译者注

叫嚣着的嘴吓住了，灭掉了自己心里爱惜人类鲜血的这个朦胧念头（这在里昂有所表现）。他本可以坐上神坛成为人类的拯救者，后来却藏在了恐怖统治的背后。

如果我要批判路易·勃朗，我会说他在极力模糊一个事实：罗伯斯庇尔（他总活在惴惴不安之中，先是忌惮埃贝尔，后又不放心圣茹斯特）采用了跷跷板政策，无论是温和派还是愤激派，他一律格杀勿论。这段血腥的历史，路易·勃朗写起来并不轻松。当描写罗伯斯庇尔如一只惊惧不定的猫一样首鼠两端、左右徘徊，觊觎着丹东的项上人头时，他对这一悲剧时刻的把握更是磕磕绊绊。

其实，要挖掘雅各宾派内部肃清行动中罗伯斯庇尔的动作，这需要莫大的勇气。因为无论左派还是右派，任何革命党，哪怕是肖梅特、德穆兰之流，都不能称得上是清白无辜。而罗伯斯庇尔还要捍卫教士阶层，他们可是反革命的中坚力量啊！

丹东死后，君主制又开始了它的统治。长久以来，罗伯斯庇尔在法国上下各个岗位上都安插了忠于自己的雅各宾派分子。在丹东死后短短六周时间里，他就迅速接管了中央核心大权。他有自己的警察队（赫尔曼[①]），有委员会治安队（埃龙[②]）；他有了自己的司法部（杜马[③]），对外省都有审判权；他有了自己的革命公社（佩言[④]），即四十八

① 赫尔曼（Martial Joseph Armand Herman，1749—1795年），法国大革命时期的一位政治家，罗伯斯庇尔的朋友，1793年担任革命法庭领导人，先后主持了玛丽-安托瓦内特、吉伦特派、坎贝尔派和丹东派的审理工作，后在巴黎被枪决。——译者注

② 埃龙（François Louis Julien Simon Héron，1746—1796年），法国革命家、公安委员会会员，经他手逮捕了前首相勒布伦，在热月政变后被捕，1796年死于凡尔赛，死因不明。——译者注

③ 杜马（René-François Dumas，1753—1794年），法国革命家，因为头发是红色，故绰号“红色杜马”，1794年丹东被处死3天后，接任赫尔曼担任革命法庭主席，审理了包括路易十六的妹妹等著名人士的死刑案件，热月政变中和其他同僚在市政厅被捕，当晚被审后，第二天即与其他21名罗伯斯庇尔分子一起被处死。——译者注

④ 佩言（Claude-François de Payan，1766—1794年），法国革命家，极度崇拜罗伯斯庇尔，1794年3月29日被任命为巴黎革命公社人民代理人。热月政变罗伯斯庇尔被捕后，他在巴黎革命公社中组织人员策划暴动以营救罗伯斯庇尔，起事失败后和杜马等人一起被处死。——译者注

个区划委员会。通过巴黎革命公社，他还有了自己的革命武装军队（昂里奥[①]）。他在这一切组织中不担任任何职务，没有留下任何手记或签字。他绝不在公安委员会中露面，其法令都由他的同僚签署发下，自己绝不会替他们签字。

所以，他可以轻轻松松地洗掉一切污名。如今，他的朋友们把他描述成一个纯理论研究家，一个在蒙特莫朗西森林和香榭丽舍大街上散步、走在布伦特和科尔内莉亚[②]中间的博爱空想者。

罗伯斯庇尔在玩一盘下了大赌注的游戏。他看似离群索居、懒懒散散，却一刻不停地琢磨着把别人推到审判席上，对象有负责委员会事务的重要人物（卡诺、康邦和林岱[③]），还有那两百位身负使命、历经磨难、不惧危险、损及自身也在所不惜的山岳派议员。他们希望当局能对自己之前、之后的财产状况做出证明，以表清正廉洁，然而罗伯斯庇尔拒绝了这一要求，好使自己在将来的某一天有对其发难的借口。热月9日，这些人都变成了他的敌人。对于这些事情，路易·勃朗都闭口不谈。当时抵制罗伯斯庇尔的，不仅有山岳派，还有右派和中间派。那些最正直的、后来在牧月政变中牺牲了的人，如罗莫、苏布拉尼[④]等，当时都是同情罗伯斯庇尔的，却看着他在外力作用下变成了暴君和独裁者。面对罗伯斯庇尔当时的呼喊，他们都沉默了，没有做出任何回应。这些伟大的公民给出的裁决，也将是后世对他的审判。

---

① 昂里奥（François Henrio,，1759—1794年），法国大革命中的一位将军，曾参与九月屠杀。因为是科尔得利俱乐部的议员，和坎贝尔派有所联系，后来坎贝尔派被捕后他也有生命危险，被罗伯斯庇尔所保，从此对他忠心耿耿。热月政变后，昂里奥加入巴黎革命公社组织暴动，企图救出罗伯斯庇尔和他的朋友们，但自己本人也被捕，第二天和杜马等人一起被处死。——译者注

② 布伦特（Brount）是罗伯斯庇尔养的一条大型犬，科尔内莉亚（Cornélia）是他的女管家。——译者注

③ 罗伯特·林岱（Robert Lindet，1743—1825年），公安委员会会员，曾投票赞同对路易十六执行死刑。——译者注

④ 苏布拉尼（Pierre-Amable de Soubrany，1752—1795年），法国革命家，罗莫的朋友。被选入国民公会，属山岳派，并投票赞同处死路易十六。在牧月暴动中，他和其他五位战友被判处枪决，审判时试图自杀身亡，但没能马上死去。人们把他放在拉车上运往刑场，他在路上咽气，但其尸首仍被斩首。——译者注

现存的各行政区划三十一份会谈记录，我一页一页都仔细翻阅过，它们充分证明了当时整个巴黎都是反对罗伯斯庇尔的，站在他那边的只有他的革命委员会（而且里面的人不是选举出来，而是直接任命或花钱买的官职），而各行政区划和人民群众都站在一边袖手旁观，任他最后走向灭亡。这就是人民做出的真正审判，然而路易·勃朗在书中对此丝毫没有提及。

再说到不顾自己当初起草、还未完成的法律，采取武力手段，如果这发生在罗伯斯庇尔大权在握的某个夜半三更，我们可以说这么做是出于一种高尚的顾虑；如果这发生在他众叛亲离之时的下午一点钟，那就是困兽之斗了。但这没有任何证据。于是我参考了当时最可信的解释，另外还读了纪念罗伯斯庇尔的解读文章——路易·勃朗和我一样，也对其进行了参考。

罗伯斯庇尔最后的结局和他的宿命，都让我嗟叹不已。他的爱国之情是毋庸置疑的，虽然罗伯斯庇尔阻挠了自由的实现，但他仍抱着追求自由的梦想。他曾反复诵读《苏拉和欧克拉底的谈话》这本名著。也许他也像苏拉①一样，本可以不用走上独裁之路的。

一些君王只把罗伯斯庇尔视为一个拨乱反正的人，他们追寻他、尊敬他、缅怀他。俄国和它那位伟大的历史学家卡拉姆津（Karamsin），都在为他哀叹。

罗伯斯庇尔登上舞台之际，正逢山河巨变，社会处于“血雨腥风的混乱状态”。正因如此，他才请来了雅克·鲁②等首批社会党人。然而在巴黎内部，在黑暗幽深的劳工街区（阿尔西斯街、圣马丁街），社会主义在蛰伏，大革命之下的一场革命在发酵。罗伯斯庇尔警觉了，震动

① 卢基乌斯·科尔内利乌斯·苏拉（Lucius Cornelius Sulla Felix，公元前138—前78年），古罗马政治家、军事家、独裁官。——译者注

② 雅克·鲁（Jacques Roux，1752—1794年）是法国大革命时期愤激派的罗马天主教神甫，1794年被刺身亡。——译者注

了，不知所措了。有件事情很确定：热月9日，是各行政区划的群众走在公会军队最前面，向沙滩广场挺进，解散了支持罗伯斯庇尔的队伍。从这一刻起，他失败的命运就已注定。

路易·勃朗犯了一个天大的错误。在他的十二卷书中，勃朗把罗伯斯庇尔处理成了社会主义的使徒和象征，然而正是他重创、扼杀了社会主义。

我通篇都在表达这个观点，而且有我忠实摘抄下来的各区划会议纪要为依据，这些都是无可辩驳的证据。

要看我手上的摘抄文件很容易。文人相惜：当我在自己的路上[①]苦苦前行时，一位对手帮助了我，给了我一本很难找到的书；不久之前，一位瑞士学者把自己的笔记寄了过来，里面记的是我俩都在研究的一个课题。如果事先得知，我会非常乐意把自己的资料提供给路易·勃朗，根本不会关心这些会被用来支持自己还是对付自己。

在这篇简要的回应中，我表现得有些尖锐，因为这并不关系到我本人，而是关系到这场已被如此狭隘化、如此曲解、如此诋毁的大革命，这场由各个党派组成、而不是只有一个雅各宾派的大革命。大革命已被贬低到这个地步，已是鲜血淋漓、支离破碎，却还要被塑造成一个可怕的怪物，这么做实在是令亲者痛，仇者快。

正因如此，我才应该站出来，尽我所能来反驳这些论调。为了尽到这个职责，哪怕我已经习惯的平静生活因此被打乱也在所不惜。我决不愿看到一座伟大教堂的整体性遭到破坏和肢解。

1868年10月1日，于巴黎

① 原文为意大利语vico。——译者注

# 1847年作者序

每年学期结束的时候，我从讲坛上走下，看着教室里的人如潮水般退去——我又送别了一群将再难重逢的人。每到这时，我便把万千思绪收回到自己身上。

夏日一步步逼近，城市里越来越空旷，街道不复往日的喧嚣，倒衬得先贤祠附近的石板路显出一丝热闹来。它那黑白大砖铺成的路面上，清晰地回荡着我"哒哒"的脚步声。

我回到自己的世界里，内观自省，自省我的育人事业，自省我的人生岁月，自省那个能够解释我之所以为我的一切答案——大革命思想。

它，是知晓一切的，而其他一切却并不知晓。它肚子里装着它们的秘密，所有的从前的秘密。只有它，才能让法国自我觉悟过来。当我们浑浑噩噩时，当我们忘了自己是谁时，在那里，我们方能寻找自我、重获自我。那里永远为我们保存着生命的奥秘，为我们一直燃着一盏生生不息的长明灯。

大革命就在我们骨子里、就在我们灵魂里，这个世界却没有一座为它而建的纪念碑。法国思想的脉搏依然在跳动，但除了我的内心，我在何处才能将你找寻？更迭兴替的历代王朝、残灰里的敌人余孽，似乎在一个地方达成共识：光复那遥远的时代，把它从坟墓里唤醒。而你，他们想要将你埋葬。为什么呢？因为只有你，只有你还活着。

你还活着！我能感觉到你还活着！每年这个时候，我在教育工作上暂时无事、学术工作沉重难荷、天气闷热得让人喘不过气来的时候，我能感觉到你还活着。那时我就会来到战神广场，坐在萋萋荒草之上，呼吸着旱野上疾风卷来的气息。

战神广场，这是大革命留下的唯一纪念。帝国有它的高柱和凯旋门来提醒人们它曾经的光辉；旧王朝有它的卢浮宫和荣军院来证明自己曾经的阀阅；封建教会有一千两百顶王冠保存在巴黎圣母院中；哪怕是罗马人，不也还有往昔帝国的圮壁残垣可供凭吊吗？

大革命也有自己的纪念，那便是虚空。

它的纪念物，是这片如阿拉伯半岛一般平坦的沙砾之地。右边一块**墓地**，左边一个**坟头**，就像当初高卢筑起的一片片坟山一样，英雄俱往矣，它们便成了过去的见证人，籍籍无名、面目模糊。

英雄？难道那个修建了耶拿桥的人[①]不是英雄吗？不，还有一个比他更伟大、更强硬、更有生命力、充盈了这片无限之地的人，他才是英雄。

“什么是神？我们不知道……但这里住着一个神！”

① 即拿破仑一世，他在1807年修筑该桥，以1806年获胜的耶拿战役命名。——译者注

是的，虽然健忘的一代人已然把这个地方当成消遣的场所、模仿外国在这里做些无聊的娱乐活动，虽然英国铁骑还在傲慢地践踏着这片平原，但这股呼呼刮过的疾风，是你在别处感受不到的，这里有灵魂在跳动，有一个无比强大的思想在呼喊。

即便这片平原已经荒芜，即便这里已是草木萧疏，但有朝一日，一切总会再次生发出来。

这是因为，那些在那神圣的一天里移走山谷的人，他们的汗水已经深深融进了这块土地。在那一天，法国上下在巴士底狱的隆隆炮声中觉醒过来，紧紧抱在了一起；在那一天，法国三百万好男儿心怀拳拳、众志成城，缔造了永恒的和平。

啊！可怜的大革命，你在诞生之初曾怀着满心的期待和信任，给这个世界带来爱与和平。“哦，我的敌人，”你当时说，“我再也没有敌人了！”你向所有人伸出双手，把你的美酒佳酿献给他们，为民族和平而干杯。可是，他们并不愿饮下这杯酒。

当他们对革命发起出其不意的攻击时，法国虽然拔剑相抗，但这仍是一把和平之剑。为了解放人民，为了给他们带来真正的和平与自由，它才对专制暴君发起攻击。但丁称颂地狱之门的铸造者为永恒的爱神。同样，大革命的战旗上也写着两个大字：和平。

它的那些英雄，那些无往不胜的勇士，都是一群最热爱和平的人。奥什①、马索②、德赛③、克莱贝尔④，他们作为和平的使者，不论敌友都

---

① 奥什（Louis Lazare Hoche，1768—1797年），法国将军，马夫之子，1796年平定旺代叛乱，1797年任莱茵方面军司令，并帮助拿破仑把保皇派赶出督政府，不久病逝。——译者注

② 马索（François Séverin Marceau-Desgraviers，1769—1796年），法国大革命期间一位将军，参与镇压旺代叛乱，1796年负伤而殁。——译者注

③ 德赛（Louis Charles Antoine Desaix，1768—1800年），法国贵族，大革命时期著名将领，曾随拿破仑参与埃及远征，1800年在意大利与奥地利军对抗时战死。——译者注

④ 克莱贝尔（Kléber，1753—1800年），法国大革命时期将领，1800年在开罗遇刺身亡。——译者注

无不为其恸哭；尼罗河在为他们流泪，莱茵河在为他们悲恸，连战争本身也为其伤悲，连强硬的旺代人也在为他们哀悼。

法国曾如此自豪于自己思想的强大，所以尽可能不以武力屈人。如果每个民族都祈求着自由，都追寻着同样的权利，那战争又怎会发生呢？那时大革命只有一个念头：赢得权利、重建公道、对暴力进行迟来的反抗，这样的它，若没有外界挑衅，怎会采取暴力手段呢？

大革命和平、善意、仁爱的一面，如今却仿佛成了笑谈。人们对其起源是如此无知，对其本质误读是如此之深，时光不过流逝数十载，大革命的传统却已不为世人所识了！

大革命为了保护自己、为了对抗意图颠覆自己的种种阴谋，不得已之下才采取了暴力恐怖手段，但善忘的一代人却把暴力和恐怖视作大革命本身的标志。

如此混淆之后，这个民族身上便得了一个再难拔除的膏肓之症：对力量的痴迷。

先是抵抗力量，是为保护统一而做绝望的挣扎，是1795年……他们颤抖了，弯下了自己的双膝。

然后是外侵力量，是1800年，是被征服的阿尔卑斯山，是奥斯特里茨闪电战[①]……他们拜倒下来，向其顶礼朝拜。

到了1815年，他们更是对力量歌功颂德，把敌人的胜利当成是上帝的裁决；虽然痛苦，虽然愤怒，他们仍从心底为宽恕敌人而找着可怜的借口。许多人小声地告诉自己："他是强大的，便是正义的。"

所以，能让一个民族体会到何为切肤之痛的两个最大苦难，同时打

① 奥斯特里茨战役发生于1805年12月2日，是拿破仑战争中一场著名战役，拿破仑指挥法军在波西米亚的奥斯特里茨村击败了俄奥联军，第三次反法同盟随之瓦解。——译者注

在了法国头上。它失去了自己的传统，忘记了自己到底是谁。权利之神那本不清晰的眉眼每天仍然漂浮在它眼前，却一日一日变得愈加模糊、愈加苍白、愈加恍惚。

不要试图弄清这个民族为何走向衰弱和式微，也不要用外部原因来解释它的没落；它怨不了天，也怪不了地，恶因就出在自己身上。

即便一个披着羊皮的暴政统治腐蚀了它，那也是因为它是可被腐蚀的。阴险的暴政统治政府发现这个民族软弱无力、毫无防备、易受蛊惑；它失去了唯一的理念支撑，像一个可怜的盲人一样，在泥泞的道路上摸索着前进，再也看不到自己的星辰。哪颗星辰？胜利的北辰吗？不，不是，是正义之恒日，是大革命之恒日。

黑暗统治笼罩着整个大地，意欲扼杀法国的光明、吞噬权利的权杖，这也本是自然。但不管黑暗统治如何费尽心力，它们从没成功过。而奇怪的是，助纣为虐、让法国浮云蔽日的，反是那些追随光明的人。

在最后一段日子里，自由党派内疾外发，表现出两个严重的、可悲的病症。作为他们的一位朋友、一个已经远避尘世的人，请允许我给他们说说自己的想法。

当初，一个阴险恶毒的人向他们伸出了手，伸出了死亡之手，而他们却根本没有挣开这双手。他们以为宗教自由的敌人会是政治自由的朋友，被空洞无意义的经院学理之分蒙蔽了眼睛。而自由就是自由，容不得任何玷污。

为了取悦敌人，他们背弃了朋友。我说的朋友是谁？是他们的先辈，是伟大的18世纪。他们忘了，正是在这个世纪里，自由——以思想解放为基础的自由得以建立。而在此之前，人的思想还被肉身所困，被神学和政治、司祭和王权双重化身的世俗教条所困。而这个世纪，这个以思想著称的世纪，摒弃了国家和宗教中那些凡胎肉身的神，所以再没有什么偶像，再没有什么神，只有上帝。

为什么真正的自由之士会与宗教专制派那边的人勾结起来呢？因为他们人数减少，成了弱势一方。他们惊恐地发现自己势单力薄，而势力庞大的另一方，表面上又主动拉拢亲近他们，故他们不敢不从。

我们的父辈却没有这么做，他们从不在意自己这边人数是多是少。早在路易十四统治时期，年轻的伏尔泰就不惧危险地投入了宗教斗争之中，他当时是孤身一人。卢梭在自己的那个时代里，在基督教和哲学派的争论之中大胆提出新的理念，他当时也是孤身一人——卢梭当时是单枪匹马，然而不久之后整个世界却都站在了他这边。

即便自由卫士人数日益稀少，那也是他们咎由自取。他们在内部逐步肃清、坚持正统，把自己这个党派打造成一支学派、一个小宗派。他们一会儿剔除这个，一会儿摒弃那个，在许多地方大加限制、大加区分、大加排斥。每天，他们都能发现某个新的异端。

看在上帝的分上，别像拜占庭人一样，都被围死了还在那里讨论什么塔博尔山之光[①]的事情——穆罕默德二世[②]都已经兵临城下了。

当基督教下面出现林林总总的旁门别派时，当詹森派、莫林纳派之类的派别层出不穷时，就再没有真正的基督教徒。同理，是大革命分出来的派系废掉了大革命；当立宪派、吉伦特派、山岳派等派别出现时，就再没有革命派了。

伏尔泰受到轻视，米拉波遭到抵触，罗兰夫人受人排斥，连丹东都不

---

① 以色列北部，在历史名城拿撒勒之东，据传为耶稣显现圣容之处。——译者注

② 穆罕默德二世，也被称为征服者穆罕默德、奥斯曼帝国苏丹，也经常被人们直接以外号“法提赫”相称。他21岁的时候已能指挥奥斯曼土耳其大军攻陷君士坦丁堡、灭拜占庭帝国，及后更西侵巴尔干半岛腹地、东抗白羊王朝，为日后奥斯曼帝国百年霸业奠下稳固的基石。——译者注

被视为革命正统。天啊？那剩下的不就只有罗伯斯庇尔和圣茹斯特[1]了？

笔者不是在鄙视这两人什么，也没想过对他们妄加评判，我在这里只说一句话：如果大革命摒弃、谴责它的先驱，它就摒弃了教它从哪里着手攻取人心的老师，摒弃了曾点燃全世界的革命热情的先导。如果它向世界宣布遵循这些人的路线，却又把这两人以使徒的形象奉上神坛供世人瞻仰，那大家改宗皈依大革命的势头将会减缓，法国大革命的布道再也不足为惧，专制统治政府也就能安枕无忧了。

博爱！博爱！只在那里反复说这个词，这还不够。要让世界向我们走来（它刚开始就是这样的），首先就应让他们看到我们怀着一颗四海之内皆兄弟的博爱之心。要赢得世人的心，得靠博爱的胸怀，而不是断头台的寒刀。

博爱？唉！自创世以后，谁没说过这话呢？你以为它最开始是出自罗伯斯庇尔和马布里[2]之口吗？

古代城邦就已说过博爱了，但它的对象只有公民、只有人，而奴隶只是一个东西而已。它的博爱是排他的，是非人道的。

当轮到奴隶和被解放者统治帝国时，当泰伦斯、贺拉斯、费德鲁斯、爱比克泰德成了他们的名字时，再不把奴隶纳入博爱对象，恐怕是不可能的了。“大家要亲如手足。”基督教宣扬道。但要亲如手足，人就必须先有自己的*存在*；单单一个人并不构成一个存在，生命之所以为生命，在于它拥有权利和自由。一个理念若不能赋予人权利和自由这两样东西，那它就只是一个空洞、投机式的博爱口号而已。

---

① 圣茹斯特（Saint-Juste，1767—1794年），法国大革命雅各宾专政时期领袖，与罗伯斯庇尔走得很近，是公安委员会中最年轻的成员，因为英俊而冷酷，故被称为“恐怖大天使”或“革命大天使”。他最有名的一篇演讲，是1792年8月10日要求处死路易十六的演说。热月政变之后，圣茹斯特还未来得及发表最后的演讲，就与罗伯斯庇尔一起被送上断头台。——译者注

② 马布里（Mably，1709—1785年），法国哲学家，18世纪著名启蒙思想家和杰出的空想共产主义者，摒弃“合法专制”，同时对英国政治也持批判态度，认为地位不平等和私有财产是社会弊端的源头。——译者注

“或博爱，或死亡。”后来的恐怖统治喊过这个口号，可这仍是奴隶式的博爱。为什么要用一种近乎残酷的嘲讽方式，把它和自由的神圣名字联系起来呢？

那些手足兄弟逃避着彼此，一看到对方时就苍白着一张脸，握手后赶紧抽手——手像死人的一样冰冷。多么令人不快、让人作呕的一幅场景啊！如果说什么东西应当是自由的，那就是手足博爱之情。

只有在上个世纪里被建立起来的自由，才能在人与人之间建立博爱。哲学认为人没有权利（是的，一点儿都没有），被禁锢于以专制统治为基础的宗教体系和政治制度中。所以它说：“让人得以为人吧，让他因自由而得以存在吧……”得以为人，方能爱人。

仍是因为自由的缘故，我们这个已被唤醒的时代，这个呼唤着它真正传统的时代，才能反过来书写自己的传奇。法律里并没有明说：“要么结为兄弟，要么死！”但在人类灵魂最高尚情操的自然熏陶下，所有人无须外界的强制手段，便能成为真正的兄弟。那时，国家方能成为它应有的样子，传授博爱精神，教育世人，促进人们不断交流他们通过启发和信仰而得来的、在哲人的知识和思考中汲取到的智慧。[1]

这便是我们这个时代的使命。只愿人们能对它认真以待！

我们若什么也不干，反把时间浪费在怨天尤人上，对那个最努力上进、我们今天所得的一切都应归功于它的时代指手画脚，那真是可悲至极。我们须得铭记，我们的父辈做了当时该做的，开启了当时应该

① 授业、教育、治人，这三个词是近义词。卢梭在谈到古代城邦、说起雅典这个人才济济的弹丸之地的时候，隐隐地产生了一些想法，说：“世上治人体制何其丰富，但曾有的教育体系的丰富性却更甚于它。”可惜，在卢梭那个时代，人们只依赖经思考后的理性，却少去分析本能、启发的能力，所以也无法认识两者之间的过渡，而这却是教育、授业和治人的一切奥义之所在。法国大革命的导师、哲人、斗士，以及那些素爱与人争论、思想最是敏锐的人，他们天赋异禀、才华横溢，却少了一种内里的单纯，而唯有靠它，人们才能了解孩子和人民。因此，大革命无法组建出一个庞大的革命机器：我说的是一个优于法律、能建立博爱精神的机器，也就是教育。这就是19世纪的使命了。现在，已经有人在初做尝试。在我的《论人民》这本小书中，我已尽我所能地维护了本能和启发的权利，反对它那个高高在上、宣称自己是世界女王的姐姐，即思考，即理性科学。——原注

开启的。

他们发现天地不仁，所以开始争取权利。

他们发现人人无所傍身、无所依怙、无所保障，茫然不知所措，迷失于表面的统一，实则在奔赴共同的死亡。宗教教条想要剥夺百姓的一切诉求渠道，让他们在最高法庭那里都叩阍无门，连及他们背负起一个自己不曾做下的过错。这一教条的基本思想便是以血液为媒介，把不公从前人转移到后代身上。

所以当务之急，便是追回遭到漠视的人类权利，重树一个被人遗忘的铮铮真理："人有权利，他是一个切实的存在；他不容被否认、被抹消，哪怕以上帝的名义都不行；他是一个责任体，但只对自己的行动负责，只对自己做下的恶行或善举负责。"

于是，再没有什么错误连及制。贵族制度千百年里流传下来的"不公平的善之传承"，以及一人犯罪、祸及后人的"不公平的恶之传承"，全被大革命涤荡殆尽了。

现在的人啊，这就是你们所指责的个人主义吗？这就是你们所称的利己法则吗？请想一想，如果少了这些能让人得以为人的个人权利，人何谈存在？何谈行动？更何谈博爱？死人之间的手足之情有何意义？让活着的人建立博爱精神，这才是我们该做的。

不要说什么利己主义。历史会在这里做出有条有理的回答。就在大革命诞生之初，当它为个人权利发出呐喊的时候，那时的法国没有畏首畏尾，反而以宽大的胸怀热情地拥抱着整个世界，它为所有人带来了和平，愿意把自己的财富——自由——献给世人，任其取拿。

一条未来尚无定数的生命在诞生、问世的那一刻，它似乎有理由只顾自己；我们都知道，此时对它来说最重要的便是活着、便是生存。可大革命诞生之时，情况却并非如此。法国那尚在襁褓之中的自由，当它懵懂地睁开双眼时，当它说出第一句让整个新世界为之一振的话“我在”时，啊，当时，它所想的根本不是**自我**，也根本没有沉浸在个人的愉悦中，而是向人类撒去生命和希望；尚在摇篮中的它做出的第一个动作，就是张开博爱的双臂。“我在。”它对所有民族说，“啊，我的兄弟，你们也将在！”

这是它犯下的一个光荣的错误，这是它一个高尚的、感人的弱点；大革命开始时是热爱众生的，这点我们必须承认。

它甚至还去爱自己的敌人——英国。

它爱着、一心想着去拯救王国，拯救那个后来被自己亲手摧毁了的满见流弊的穹顶基石。它想要挽救教会，试着继续保持基督教信仰，却故意忽视了旧准则和新思想两个事物之间的矛盾——专制圣宠和公平正义。

由于抱着这种悲悯苍生的情怀，它一开始就冒冒失失地全盘接受了许多矛盾的东西，导致自己又反复又矛盾，同时又想又不想、又要又不要、又做又不做。正因如此，我们的早期议会才做出了许多奇怪的举动。

世界都在对新生的大革命微笑。然而，不要忘了它身上不和谐的音符，而产生不和谐的一部分原因是大革命太过轻信，它对所有人都不加区别地善意相待，这也是我们的大革命最突出的一个特点。

这个仁慈到骨子里去的守护神啊！我要追随你！遵从你！在那些光荣的盛典中追寻你的身影！那时候，既是演员又是观众的全民上下凿开了那股精神的激流，并踊跃投身其中、感受它的冲洗；那时候，每颗心脏都在剧烈地跳动，为伟大的法国而跳动，为那个想要争取自己的权利而为人类权利发出呐喊的祖国而跳动。

在1792年7月14日纪念日里，在自由与法律的神圣化身——由官员、代表、巴士底狱烈士遗孀和后人组成的人民仪仗队伍中，我们看到了对人类做出贡献的社会职位所对应的各种代表徽章，其中有农具、犁、麦穗、结着累累果实的树枝，举着这些东西的人还戴着绿葡萄藤蔓织成的头冠。不过在哀悼队伍中，我们还可以发现队伍中另外一些人，他们头戴松柏桂冠，身穿黑纱，配着收刃的短剑——那是法律之剑。多么触动人心的画面啊！一身丧服的司法之神亮出了它的利剑，从此和人道精神合为一体，再不分开。

一年以后的1793年8月10日，人民组织了另一场悲壮而又凄惨的庆典。然而那时，法律已是缺胳膊少腿，立法权遭到侵犯，已成一纸空文、没有任何保障的司法权成了暴力的奴隶。人们再不敢亮出短剑，甚至连看它一眼都不敢。

我必须让所有人知道一件很容易证明的事情：在我们的大革命心怀人道和善意的时候，它让人民自己——也就是全体人民、所有人——都参与进来。而后来那个风声鹤唳、流血不断、人人自危的暴力统治时期，活跃的只有极少数一撮人罢了。

这便是我所发现的事实，有白纸黑字的资料为证，更有我探访到的、已到垂暮之年的证人口述为证。

一个来自圣安托万区的人说过这句话："8月10日，我们都在；而9月2日，我们谁都没在。"

这段历史还将昭告一个真真切切的事实：人民通常比人民领导有价值得多。我越是深入挖掘，就越能发现在人民未知的深处藏着多少弥足珍贵的东西。我曾看到许多极有影响力、表达人民想法的杰出演讲家，被误认为是舞台上唯一的主角。但他们是动量的吸收者，而不是提供者。人民群众才是台上的主角。为了寻回人民、让他们站到自己本来的位置上，我要把那些人民代言人的戏份降到他们该有的比重——他们本来也只是台上野心勃勃的傀儡而已，操纵他们的那条线却掌握在人民手中。然而直到现在，仍有人以为这些人身上藏着历史的奥秘，并朝这个方向挖掘下去。

说实话，人民是牵线人、幕前演员是线下傀儡的这场戏让我深深地震惊了。我在里面挖得越深，就越是发现一个事实：党派领袖也好，深孚众望的历史英雄也罢，他们既不曾预见到什么，也不曾筹备过什么，没有掀起任何一件大事来。尤其是大革命开始时那些大事故，完全是人民团结一致、众志成城的结果。在这些历史转折点上，即便没有所谓的领导人的带领，人民依然发现自己应当做什么，而且最后做到了。

多么惊天动地的伟大事迹啊！可更伟大的是干出这番事迹的人的心灵！和这颗心相比，行动本身反而算不得什么。这个心里藏着一口丰盈的泉，任后人如何掘取也不会枯竭。无论谁向它靠近，都能成为一个更加完整的人。无论个人还是民族，每一个被伤害过的支离破碎的灵魂，只要看到了它，就能获得重新站起来的力气；它成了一面镜子，人性每次往里面张望，都能看到自己身上英勇、宽宏、无私的一面；于是，所有人都会骄傲于自己拥有一颗视金钱如粪土的洁白无垢的心。

现在，我就要去讲述那个众人齐心协力的时代，那个没有党派之分、人们不知（或不怎么知）何为阶级对立、全民上下在博爱的旗帜下齐头并进的时代。以后世人再不会见到两千万人众志成城、结为一心的恢弘场景了——而且他们并不是因为上帝才团结起来的。那是一段至神至圣的时光，是故事里最幸福的一段岁月。而我何其有幸，竟能讲述这个故事。在写了《奥尔良少女》之后，我就再不曾看到过天空洒下如此灿烂的阳光，再不曾看到过苍穹泻出如此绚丽的光芒。

世事无常，有如白衣苍狗。我非常高兴自己有幸提笔重现法国这段岁月，但在撰写期间，我的根却被永远地割断了。我失去了那个曾经常给我讲述大革命历史的人，那个对我来说既是那个伟大世纪（我指的是18世纪）的代表、又是它的见证者的人。我失去了我的父亲，失去了那个陪我度过了整整四十八年人生的人。

当这一不幸发生时，我正沉浸于冥思之中。我神游四处，正怀着迫切的心情完成这部让我一直魂牵梦萦的作品。我正站在巴士底狱城墙脚下，正在攻克这座堡垒，正在塔尖竖起那面不朽的旗帜……然而不可预料的打击就像一枚从巴士底狱射出的子弹一样，突然向我袭来。

书中许多我必须在自己的信仰根基中苦苦探寻的重大问题，都是在人生中最艰难的时刻、在死亡和葬礼之间完成的。逝者已逝，那个还活着的人也成了一具行尸走肉，坐在那里，当着两个世界之间的审判官。

从本书开始一直到末尾，我相当于把自己那条弥漫着死亡气息却又充满着生命力的人生道路又走了一遍。我努力让自己的内心与公平正义无限贴近，在我的失去与我的希望中更加坚定自己的信仰，在家园破碎的痛苦中，让自己更加用力地紧紧依附在祖国的胸膛上。

1847年1月31日

# 导　言

## 上篇　论中世纪宗教

### §Ⅰ.大革命是基督教革命还是反基督教革命?

我对大革命的定义是：法律的继位、权利的重振、正义的反击。

法律，即诞生于大革命之中的法律，它到底是符合还是违背了先它存在的宗教戒律？换言之，大革命到底是一场基督教革命，还是反基督教革命？

无论是从历史上还是逻辑上看，这都是最紧要的一个问题，其他那些我们认为纯粹属于政治层面的问题都牵扯到它，都绕不开它。在大革命中建立起来的一切世俗权力，或者起源于基督教，或者受到了它的影响，或者得到了它的认可。

宗教抑或政治，二者之间的关系本就是剪不断理还乱，犹如一团乱麻。它们在过去纠缠不清，到了明天依然是盘根错节，已是你中有我、我中有你，早就交织在了一起。

社会党人的那些争论，那些在今人看来有些新奇的矛盾观点，曾在基督教和大革命中引发了翻江倒海般的讨论，而且几乎都得到了十分深入的研究。尤其是大革命，横空出世的它在这个自己所知甚少的思想领域里，于电光石火之中，惊觉下面有着未知的深度，发现这个深渊里隐藏着未来。

所以，虽然人们在理论上取得了进展，发明了许多新的形式和词汇，但我只从中看到两大事实、两大理念、两个演员、两个角色：基督教和大革命。

新思想冒出头来、站稳脚跟，这却被一些人视为灾难，他们没想过问问自己：和旧理念相比，新思想是什么，它在哪些地方延续、超越、主宰、摒弃了后者？这是多么紧要的问题啊，却从没有人直面它、思考它。

看到大家在这个问题上打着擦边球，却不去认真思考，这着实让我感到惊奇。那些觉得、或者似乎觉得这个问题已经过时的人，他们在逃避它的时候，不就证明了它的积极性、现实性、紧要性和可怕性吗？如果那口深井没有让你感到害怕，那你为什么会望而却步、摇头兴叹呢？很明显，那里有一种让人魔怔的魔力，一股致命的吸引力。

必须指出的是，出于某种不可说的原因，我们的大政治家们也在逃避这个问题。他们觉得基督教好歹也算是一个人数众多的宗派，所以处理它的时候最好小心谨慎。干吗要和它闹翻呢？他们更愿意微笑着和它保持一定距离，彬彬相待，而不要去自找麻烦。此外，他们还觉得基督教非常单纯，只要赞美一下《福音书》就能让它开心起来，这么做又不是多大的难事。《福音书》只是温柔的说教而已，你从里面根本看不出，基督教到底是靠着什么教条才变成一个席卷天下、势不可当、深得人心的宗教。任何宗教和哲学门派下的所有智者，对《福音书》中的训诫都能倒背如流。像伊斯兰教徒那样把耶稣评价为伟大的先知，这么做就算得上是基督教徒了？

而基督教呢，它有抗议过吗？虽然对上帝抱着一种足以吞噬一切的狂热崇拜，但它对政治家们玩的这套把戏有郑重其事地表示过气愤吗？完全没有。基督教徒们发出了许多呐喊，但都是对次要问题的呐喊。只要别人不来打扰自己，他们就谢天谢地了。政治家那流于表面、有时甚至带有讽意的几分客气，并不会让他们多么难过，这反让政治家们觉得自己把基督教徒给骗过去了。基督教虽是一门古老的宗教，但它仍不断在这个世界上开拓疆域。其他人都转头到议会竞技场上施展拳脚，无用地猛抽鞭子，费尽所有力气却不能前进一步；而这个古老的门派却仍然驻守在生命的根基上，也就是驻守在家庭以及家庭的核心——女人和孩子那里。基督教最大的仇人，反把自己的珍爱之物、把自己的所有幸福都交给了它。每天都有婴儿被托付到它的手里，他们手无寸铁、弱小无力，对世界充满幻想，却又无所防备。这便给基督教制造了许许多多的机会。就让它去保护和守卫这个庞大而又沉默的帝国吧，没有人会和它争夺这块地盘的，它就是这里的主宰者。它也会诉苦、也会抱怨，却小心翼翼地绝不强迫政治家表明自己的信仰。

两边的政治家啊！你们竟用纵容去对抗纵容！我在哪边才能找到真理的朋友？

追求神圣的朋友在哪里？追求正义的朋友又在哪里？难道这个尘世中，竟再找不出一个关心上帝的人了吗？

基督教的孩子们，你们既然宣称自己是忠心的信徒，我就在这里恳请你们好好想想：就这样静静地走过上帝身边，绝不同别人争执何为真正的信仰（就因为这个东西太危险、太刺耳了），难道这就是对宗教该做的事？

有一天，在我们最优秀的一位主教面前，我谈到了圣宠和正义之间的斗争——这不就是基督教的主要教义吗？然而主教打断我的话，说："幸好人们不再关心这个问题，我们才得到了平静。我们在内心坚持就够了，不要再述之于口，完全没有必要再卷进这场争论中。"

可是先生，神赐的圣宠和永福是基督教的唯一根基，弄清它是否和正义相合，这个问题也很重要啊！这涉及基督教教条本身是否正义，是否能够传承于世。须知道，什么都抗不过人间的正义。所以，基督教能传世多久，这在您看来也是一个无关紧要的问题吗？

我很清楚，经过了数世纪的争论，烦琐的经院理论也已累积成山，我们在这方面却没有前进一步。于是，教皇发了禁言令。他和上面这位主教一样，认为应该把这个问题搁置一边，对问题的解决不抱任何希望，干脆把正义和不公放在决斗场上，任由它们自己去厮杀。

这给基督教造成的危险，更甚于基督教最大的敌人的所作所为带来的损害。至少基督教的敌人，会带着尊重的态度去探讨问题，不会放着不管、连听一听的勇气都没有。

而对它绝无任何敌意的我们，怎么反而断然拒绝去探讨和争辩呢？我们绝不能沾染上教会的谨慎小心、政治家的草率随便，以及他们回避问题的态度。多亏了基督教的原因，我们才能发现什么东西对大革命是适用的，才能知道古老的理念如何在新生物的怀中重焕青春。从心底里我们曾多么迫切地希望基督教能够转变、再次焕发生机啊！可这一转变应朝着哪个方向进行呢？我们应抱着怎样的希望呢？

作为一个研究大革命的历史学家，我若不在这方面展开探讨，就只能在原地打转。但即便不是因为自己研究课题的缘故，我的内心也会督促自己往这个方向走下去。两边人的那种可怜的纵容态度，正是我们的精神走向衰败的主要原因之一。这本该是一场冲锋陷阵的战斗，结果连一个战斗的勇士都没有；人们犹犹豫豫、畏畏缩缩，向前迈一步，又赶紧后退一步，嘴里在威胁，但就是不动手。多么可怜的一幅场景啊！由于根本问题总被回避，所以我们别想在宗教或社会领域得到任何进步。世界期待着一个信仰，好让自己能重新迈出步伐，能够呼吸和活下去。然而，信仰绝不会在虚假、狡诈和谎言中建立起来。

我虽只是一介弱质书生，且势单力薄，但会秉着公正不倚的态度，去探索连强者都没敢触碰的东西。他们回避的那些问题，我将直面去思考；也许我能在死前实现生命的价值，那就是发现真相，秉直地把它讲出来。

讲述这部自由的英雄史时，我也抱着希望：也许自由会站在身后做我坚实的后盾，也许我会在这本书中完成自由的使命，也许还能建立起一个稳固的基础，让后人在迎来一个更好的时代时，能在这个基础上筑起他们的信仰。

## §II. 大革命是基督教的实现吗？

最近，一些著名思想家抱着和平修好的美好愿望，在宣扬这样一个结论：大革命只是基督教的实现，是为了延续它、完成它、履行它的一切承诺。

如果这个论断果真成立，18世纪那些思想家、先驱者、革命家们就全都走错路了——他们实际所做的和自己想做的，根本就是南辕北辙。

总之，他们的目标，绝对不会是基督教的实现。

如果大革命果真志在于此，而不是为了其他，那它和基督教就没什么不同，它将属于基督教的时代，一个勇猛的、理性的基督教的时代，而大革命自己却什么都不是。但若果真如此，台上不会有两个演员，这就成了基督教的独角戏。如果只有一个演员，无悲剧，无高潮，那我们以为自己看到的斗争就纯粹成了一场幻觉；世界看似翻江倒海，实则是一潭死水。

可是不对，事情不是这样的。这是一场切切实实发生过的斗争，而不是一出自己打自己的假戏。台上的确有两个斗士。

我们也绝不能说新思想只是对旧理念的批评而已，只在怀疑它、否定它。谁看到过什么否定？一个还存在、还活着，而且还像旧理念那样繁衍出了一个新否定的否定，它会是什么？

这是个脱胎于昨日的自己的世界？不对，要繁衍，就必须先存在。

所以，这里有两个东西，而不是一个，这里有两大理念、两大思想——一新、一旧。这一点是不容否认的。

新生的那个因为无须担心活下去的问题，故表现得格外平和。它客客气气地对已经老去的那个说："我来，是为了实现，而不是为了摧毁。"然而它的话没有任何作用。老去的那个从没想过得到实现这类问题。"**实现**"这个字眼对它来说，就意味着死亡和灾祸。它拒绝了后生的祝福，既不想要眼泪，也不想要祷告。新生儿挥来的橄榄枝，就这样被它抛到了一边。

如果想知道前进的方向，我们就必须先走出误区。

大革命延续着基督教，也反对基督教；它既是后者的继承人，又是后者的敌对者。

从总体的人道精神上看，这两大理念在情感上是相通的。但若涉及是什么创造了个体生命，涉及双方各自的母本思想，它们便憎恶着彼此、攻讦着彼此。

论及人类的博爱之情，它们是一脉相承的。自从人类和人类世界诞生以来，这种情感就已产生了。它是所有社会结构中的一种共同情感，然而基督教扩宽、挖深了这一情感的维度和深度。*这是它的荣耀，是它永远的勋章。它发现博爱只狭窄地存在于古代城邦的宴席上，于是将其播撒到广阔的基督教世界中。*大革命作为基督教的孩子，则向全世界太阳照耀之下的每个种族、每个阶层、每个宗教都宣传着博爱。

这就是两者的相似之处，现在再来说说它们不同的地方。

大革命所宣扬的博爱，其基础是人类彼此互爱，是彼此之间相互的义务，是法律和正义。这个基础是根本性的，不需要其他东西再做支撑。

在这个原则中，大革命根本没想过要再掺入某个不明不白的历史理念，也没有用同亲同源这套理论来证明博爱之情——因为它意味着连带性的罪恶会顺着血缘，从父辈传给子孙。

这套以肉身和物质为依据的观念，把正义和不义根种在血液里，让它们随着血脉的流传、生命的播撒，从一代人传到另一代人，这就严重违背了扎根在人类内心深处的正义观。不，正义绝不是一种随血缘流传下去的东西。只有意愿本身才是正义或不义的，唯有心灵才能对其负责。正义完全存在于精神上，和肉体没有丝毫关系。

在一个对自己的教理研究之精细远甚于其他任何信仰的宗教中，这套野蛮粗暴的物质性理论的出发点是令人惊骇的。它给整个体系打上了“任意”这一深深的烙印，无论怎样精妙的教理都无法将此印记洗掉。它渗入教理的发展中，扎根在所有衍生出来的宗教组织里，最后还繁衍到了世俗结构中——因为世俗结构在中世纪时脱胎于宗教组织，不仅从形式上模仿它，更深受其思想的影响。

这套理论大致上是如此表述的：

第一，它的出发点是：罪恶源于一人，救赎也源于一人；亚当是堕落，基督是救赎。

他救赎，为什么呢？没有什么为什么，因为他愿意救赎，仅此而已。人类任何美德、任何努力、任何功绩，都配不上神这一伟大的自我牺牲。他把自己献祭出来，却不是为了得到什么，这正是爱的奇迹：他没有要求世人做出任何功绩、任何圣功。

第二，在做出如此巨大的牺牲之后，他要求什么回报呢？只有一个：他要人们信他，要人们觉得自己是被耶稣基督的鲜血所救赎的。信仰成了救赎的条件，而不是正义的成果。

没有信仰，就谈不上什么正义。没有信仰的人，就是不义的。没有信仰的正义有什么用吗？什么用都没有。

圣保罗[①]在提出只有靠信仰才能得到救赎这一原则时，便已把正义弃逐了。从此，它最多只是信仰的一个附庸、随从和结果而已。

第三，一旦离开了正义，我们就再无法回头，坠进任意的命数中。

要么信，要么死！问题就这样摆在面前。人们惊恐地发现自己终有一死，发现救赎和一个与个人意志无关的条件连在一起。我们并不是想信就可以去信的。

圣保罗指出，人靠义举做不了什么，只能靠信仰。圣奥古斯丁[②]表

① 圣保罗（Saint Paul，约3—67年），早期基督教领袖之一，其著作构成了《新约》一个重要组成部分，被天主教封为使徒。——译者注

② 圣奥古斯丁（Aurelius Augustinus，354—430年），著名神学家、哲学家，其神学成为基督教教义的基本来源。——译者注

示，他在信仰上是无能为力的。只有上帝才能给予信仰，而且这是一种无条件的给予，不带任何信仰或正义上的附加条件。这份**无条件**的赐予，这份**圣宠**，才是救赎的唯一原因。上帝把圣宠赐给他想赐给的人。圣奥古斯丁说过："我信，因为它是荒谬的。"他其实应该这么评价这个体系："我信，因为它是不义的。"

任意已经再走不下去了，这套体系已经被说尽了。上帝爱人，这份爱没有任何解释，他爱着一切他愿意去爱的人，无论你多么低贱、多么有罪、多么微不足道。爱是对上帝爱人本身的唯一解释，它不需要你有任何圣功。

既然说起这个词，那什么是**圣功**呢？是被爱、被上帝选中，是生来就被救赎。

而**失功**呢？是地狱之罪！是被上帝厌弃、被提前判罚，是为堕入地狱才来到这个世上。

唉！我们立刻就相信人类被救赎了。神的牺牲抹去了人间的罪恶，再无审判，再无正义。多么盲目啊！我们欢欣鼓舞，觉得正义已被溺死在耶稣基督的鲜血中。可现在呢，更加严酷的审判再次出现，而且是一种正义缺席的审判，或者说，是一种正义被永远雪藏起来的审判。上帝选民这批宠儿，从上帝那里得到了信仰的馈赠、义举的馈赠、救赎的馈赠。这还不够，连正义居然都成了馈赠！而我们，我们曾以为意志活动本身是能动行为，而现在它变成了被动行为，变成了馈赠，变成了上帝给他的选民的礼物。

这则教条已被新教徒严格明确地规定为教内准则，在特兰托圣公会议[①]中也得到承认，成为天主教一则不可动摇的教理。

圣公会议说，如果圣宠不像从字眼上理解的那样是**无偿**的，如果做

① 1545—1563年期间，罗马教廷于北意大利的特兰托城召开大公会议。这次会议是罗马教廷的内部觉醒运动之一，也是天主教反改教运动中的重要工具，用以抗衡马丁·路德的宗教改革所带来的冲击。——译者注

了义举才配得到它，那圣宠就成了正义，而不再是圣宠了（《特兰托会议》，第六卷，第八章）。

圣公会议说，这是教会永远的信仰。在基督教那里也是如此，它就是基督教的根基。超过这个范畴，那就是哲学领域，和宗教无关了。这个宗教，是一个讲究圣宠的宗教，它的救赎是无条件的，但也是任意的，凭上帝的喜好而定。

当基督教凭着这条和正义相冲突的教理去统治和审判世界的时候，当法律走下法庭对新的信仰说"替我审判"的时候，麻烦就大了。

那时人们会发现，这个似乎足以支撑世界的教理，其内核下面却是一片贫乏的、不稳定的、使人失望的混沌。

如果人坚信救赎是馈赠而不是正义的嘉奖这一教条，他就只会抄手盘腿而坐，等待神的救赎，因为反正努力也不会对自己的命运产生任何影响。如此一来，人世间所有精神活动都将停止。

那时候，我们还怎么去维持世俗生活、社会秩序和人间正义呢？上帝爱人，却不再审判世人。而世人又怎么去审判呢？在一门纯粹以无关正义的教条为根基的宗教中，所有宗教审判或政治审判都成了一种赤裸裸的自相矛盾。

人活着，不能没有正义。所以，基督教必然会面临这样的矛盾。这就使得它在许多地方产生了虚假和暧昧，只有靠虚伪的宗教箴言才能摆脱这样的两难处境。教会审判，又不审判；杀人，又不杀人。它害怕看到流血，所以选择火刑。嗨！我在瞎说什么呢？它怎么会干出把人烧死这种事呢？它只是把罪人交出去，让别人把他架在火堆上而已；它还会小小地祈祷一下，权当替罪人求情——多么令人作呕的一出戏啊！在这出戏里，连正义，那虚假的、残酷的正义，都罩上了圣宠的面纱！

它野心过大，要的不只是正义，而且还蔑视正义，到头来却得到一个多么令人啼笑皆非的报应！这个教会一直都是正义上的无能儿，可到了中世纪，看到正义崛起的时候，又想去靠近它。它竭力模仿正义的语气，说着它的语言，承认人可以通过义举来获得救赎。没用的！基督教只有远离圣保罗之流，冒着平衡被打破、一切被颠覆的危险，抛弃它的根基，才能和帕皮尼亚努斯[①]和解。

既然起点就是任意性的，那这个体系也只能继续任意下去，再不能甩掉这个印记了。[②]

经院派和后来其他人，曾试着建立一个理性的教条，一个哲学的、法学的基督教，可惜无功而返。所有这种折中之举都该被全盘丢弃。它们既没有功效，又没有力量。人们只能将其丢到一边，让它们退回到遗忘和沉默的世界里。要评价基督教，我们就应该从它本身着手、从一个绝对纯粹的它着手——那里才是它的所有力量之所在；我们应该在中世纪基督教君临天下的时期去追寻它，看着它终于站稳脚跟、有了盔甲、有了保护，变得无坚不摧、开始横扫世界。

罗马帝国覆亡后，当世俗社会成为一盘散沙、人间再无正义可言的时候，死气沉沉的教条还封锁了人们能向最高法庭发出求助呼吁的所有渠道，千百年来，它就这样把永恒正义的脸一直遮盖起来。

---

① 帕皮尼亚努斯（Aemilius Papinianus，142—212年），古罗马著名法学家和行政长官。——译者注

② 现在，人们已经对两边观点取得和解不抱希望，不再试图去让教条和正义握手言和了。他们有了更好的办法：有时指出问题，有时隐藏问题。对于简单轻信的人，对于女性、孩童这类顺服听话的人，就向他们灌输旧教条，用它来专断地解释上帝和上帝选民，把瑟瑟发抖、手无寸铁的上帝创造物交到牧师手上。这种恐惧就是这些信徒的信仰和戒律，利剑永远悬在这些可怜人的心上。

但相反，对于强者、喜欢说理的人和政治家，他们就突然变得随和起来："首先，难道基督教只存在于《福音书》中吗？信仰和哲学，难道它们就如此难以融合吗？圣宠和正义这个昨日之争（探究基督教是否正义这个问题），已经完全是老掉牙的东西了。"

在政治上玩这种两面把戏，就会造成两个结果，而且是两个要命的结果。它让女人、儿童和家庭受着沉沉的压迫，把两个对立的权威、两位相互冲突的家长放在家庭中，制造不和。

它通过一股消极的力量压迫着这个世界，一股无须施力太大就可禁锢世人的力量。因为它太懂得见风使舵这套把戏了——对一些人宣扬《福音书》中的教会道义，对另一些人则灌输以圣宠为名的永恒宿命。由此，就生出无数误会；由此，就有许多人冒了出来，试图把现代人的信仰——也就是对大革命和正义的信仰——拴在老掉牙的不义的教条上。——原注

在上帝的旨意下，极不公平的征服有了仰仗，变成了正义的代表。征服者是上帝的选民，被征服者则是上帝的弃儿，后者将得不到拯救、堕入地狱。漫漫岁月终将流逝，征服和讨伐终将被人遗忘。然而毫无正义的上天，依然会沉沉地压着大地，把它揉捏塑造成自己的样子。这一神学理论的基础——任意性，依然会死守阵地，在政治体制中甚至是人们眼中的正义避难所里，无孔不入、无处不在。无论是神君制还是人君制，都只是在为它们的选民而统治罢了。

那么，哪里才是人类的庇护之地呢？那个圣宠为大的天堂，还是这个偏私不公的人间？

正义遭到了两边双重的打击和驱逐，为了让它勇敢地抬起头来，我们就需付出艰辛的努力（可在苦难的摧残和时光的重压下，人类意识已被彻底扼杀）；我们得让正义重新相信自己是正义的，让它苏醒过来，意识到自己是谁，回归正道。

经过六个世纪的不懈努力之后，正义终于慢慢觉悟、苏醒过来，于1789年在政治和社会领域突然爆发了。

所以，大革命是正义对讲究恩宠的政府、讲究圣宠的宗教的一场过迟的反击，除此之外，它什么也不是。

### §Ⅲ. 中世纪的传奇

如果你曾游历过群山，或许也见过我曾看到的景象。

在层峦叠嶂、茂林深篁中，突生出一座高峰。它离群、孤独、黝黑而荒芜，很明显，这是一个从地球腹部钻出来的大地之子。它没有一丁点儿绿色的轻快装扮，任外界四季变迁也不改装束。那里很少有鸟儿踏足，它们仿佛害怕一碰到这团从熔浆中逃出来的顽石，自己的翅膀就会着起火来。这个见识过世界内部种种酷刑的阴郁的见证人，似乎仍怀念着那个世界，周围的郁郁葱葱引不起它的一丝兴趣，任什么也无法把它从对蛮野之地的缅怀中唤醒。

那么，地下得掀起一场多么汹涌的动荡，大地核心得有多少股无法想象的力量在相互恶斗，才能让这块巨石撼动群山、凿穿岩石、劈开大理石层，从大地中蹦出来啊！是怎样的激变和折磨，才能从大地核心发出这声巨大的叹息啊！

我坐在那里，眼前一片模糊，痛苦的热泪开始慢慢地、沉重地流下来。大自然太容易让我联想到历史了。这片混沌的群山像整个中世纪里人在心灵上受着的压迫一样，叠起来沉重地压迫在我头上。在这座孤孤栖栖从地底深处冲向天空的山峰上，我又看到了人类的绝望，又听到了他们的呐喊。

这座教条之山已经在正义的胸口上长了数千年，在挤压和喘息中，正义默默地数着时间，一小时、一天、一年、数百年……对于知情的人来说，这就是一口永远哭泣的泪泉。那些通过历史对这一漫长酷刑感同身受的人，将永远无法得到慰藉，无论什么事都再无法让他走出哀伤；阳光，人间的欢声笑语，再不能给他带来一丝快乐，因为他已经在黑暗和死亡中活得太久、太久了。

虽然一直被这个充满仇恨和诅咒的世界打压着，然而人类长期以来仍是如此温顺、良善、耐心，努力地爱着这个世界。每每想到这里，我更是感到心如刀绞。

人若像丢掉一件不用的破烂家具一样抛弃自由和正义，盲目地把自己托付给了圣宠，却发现它只是一小撮人——权贵和选民——的特权，发现其他一切无论地上还是地下的生物都将被永远毁灭时，他就会听到人间四处充斥着渎神的号叫！——不，这不是号叫，这是哀鸣。

还有这些动人的话：“主啊，如果您希望我受罚，那就惩罚我吧！”

于是他们就平静、顺从、认命地把自己封进永灭的裹尸布里。

一曲多么值得书写的赴死悲歌啊！神学理论绝没想到会发生这种事，因为它向世人宣传受罚者心中只有仇恨。然而这些人仍有爱人的能力，他们告诉自己要去爱上帝的选民、去爱他们的主人。教士和贵族这些上天的宠儿，许多年里在那个卑贱的群体身上只看到温柔、顺良、爱和信任。他们默默地奉献着、忍受着，鞭子抽在背上也只会转头道谢；他们就像圣人约伯①一样，连口孽都不会去犯。

是什么阻止他们寻死呢？须得指出，在漫长的惩罚中，只有一个东西不断给予他们忍受的耐性。是灵魂中仍得保留的那份令人难以置信的温柔，给他们带来了幸福；从他们那颗虽已千疮百孔却仍不改本善的内心流出来的，是一口唱着甜美温柔的狂想曲的活泉，是一条滋润着别人的干涸心田的涓涓细流。在这股清泉的灌溉下，传奇故事蓬勃发展起来，开出了绚烂的花朵，把不幸的人庇护在自己的怜悯之花下——那是故土的花朵、祖国的花朵，有时它们也会覆盖住一小片土地，把乏味的拜占庭玄学和死亡神学理论暂时赶到遗忘之国里面。

然而，死亡就藏在这些花朵的下面。在可怖的教条面前，连主保圣人也无法保护他的教民。人一断气，旁边伺机等待的魔鬼就立刻攫住他。魔鬼就在人类身边，它就是这个世界的领主，人类就是它的玩物，人心就是它的封邑。魔鬼历来在人类社会中频频现身，不断引诱人们走向绝望和怀疑！而困于凡尘俗世中、经历这里的一切苦难，这还只是

① 约伯是《塔纳赫·约伯记》中的一位男子，以及伊斯兰教中的一位先知。他被描述为一个受祝福的人，行为完全正直，但是撒旦指控约伯只为了物质利益才侍奉上帝。于是上帝一步一步撤去保护，容许撒旦夺去约伯的财富、子女和健康。但约伯保持了忠诚，没有诅咒上帝。——译者注

开始，之后就是永远的地狱之罚！首先经历世间磨难，然后得到了什么补偿呢？是地狱！你们就是被提前判罪的受刑者！那为什么还要在教堂广场上演这一出出审判的戏码呢？既然有些人出生前就被判堕入无底深渊，既然他们就该下地狱、就属于地狱，那还让他们活在迷茫和恐惧中、把他们一直吊在深渊边上，这不是太残忍了吗？

出生之前！——那可是孩子啊，无辜的却为地狱而生的孩子啊！唉，我在说什么呀？无辜？这正是基督教体系中的可怕之处，在它那里，没有无辜可言。

我不知道，但是我敢毫不犹豫地大胆说：这里正是人类灵魂被困顿、耐心被动摇的死结之所在。

被罚的孩子！我曾在其他地方指出了母亲心中这道深深的、恐怖的伤疤。我把这道疤指出来，又把它掩上了。在摸索这道伤疤时，我们会发现它是那样的深，深过了死亡带来的恐惧。

相信我，第一声叹息就是从这里发出来的。是抗议的叹息吗？完全不是。然而连发出叹息的心灵自己也不知道，在这声卑微、低沉而又痛苦的叹息中，却蕴含着一声激烈的反抗。

多么低沉却多么撕心的一声叹息啊！半夜听到它的人，会彻夜辗转反侧、无法安眠。早上起床，在晨曦洒满大地之前，当他走在田野的犁沟中时，会发现好多东西都变了。山谷和耕田越发低陷，那么低、那么矮，就像一座坟冢一样；而显得越发高大、阴暗和压抑的，是地平线尽头的两座塔——阴暗的教堂钟楼，阴暗的封建城堡。从那时起，他就明白了这两座塔钟声的意义。教堂的钟声在呢喃着*永远*，城堡的钟声在诉说着*曾经*。但是与此同时，还有一个嘹亮的声音响彻在他心中，它说的是：*总有一天*！这是上帝的声音。

总有一天，正义会回归的！让这些空洞的钟声敲响吧，让它们和着风声回荡吧。不要用怀疑来武装自己，因为怀疑也是对信仰的怀疑。要去信，要去希望！将来，迟到的正义之神总会夺回自己的王位，它将坐在审判席上，在教条和世界中审判着。这个审判，它的名字就叫大革命。

### §Ⅳ. 教士和人民

在踏过那条满是荆棘的路时，在探索黑暗中世纪的过程中，“忧闷欲死”[①]的我经常问自己这个问题：一个有着最温和的准则、以爱为出发点的宗教，是怎样把世界变成一片赤红血海的呢？

在信仰多神教的古代，到处都是战火、屠杀和毁灭，人命贱如草芥，没有人认识到生命的价值。那个时代就如同陶里斯的那位处女[②]一样，年轻而无情、美丽而冷血，杀人时绝不心软。在它那令人惊骇的破坏中，你看不到激情、执念和仇恨的火种，而在那个以爱为出发点的宗教在中世纪掀起的斗争和复仇中，这些火种却构成了它的显著特征。

在《论教士》里，我曾就此做出了第一个解释：这个信仰让它的选民深深沉溺在骄傲中。每一天，他们都能让上帝降临在祭台上，都能让上帝听命于自己！还有什么呢？（我说得有些犹豫，因为害怕自己会被打成渎神者）哦，每一天，他们都在造神！这多么让人感到飘飘然啊！这简直是个奇迹之中的奇迹，那每天都让这个奇迹发生的人会怎么称呼自己呢？神？似乎分量不够。

这股违背自然的力量越是反常和可怕，追求这股力量的人就越是惊恐不安。他仿佛坐在斯特拉斯堡钟楼的十字架塔尖上，任何碰到他、晃

① 原文为拉丁语“tristis usque ad mortem”。——译者注

② 即伊菲革涅亚，她被雅典娜从祭台上救下来后，狩猎女神要求她一辈子为女神服务，并杀死所有到陶里斯的陌生人。——译者注

动他、想帮他下来的人，他都恨其入骨。下来？他下不来的。他将从这个地方跌下，重重地跌下，跌进大地之中。

我们须得弄清楚：如果他有为了自保而灭掉这个世界的能力，如果他凭一句话就能毁灭掉由上帝一句话创造出来的事物，这个世界早就灭绝了。

这种不安、愤怒和惊惧，只说明中世纪教会在看到自己的敌人——正义——站起来反对它以后，是多么暴跳如雷。

一开始，你会很难察觉到正义的存在。世上再没有比正义更低微、更渺小、更卑贱的东西了。它就是一棵微不足道的野草，被人遗忘在了田野中：即便埋头寻找，你也很难发现它。

刚才还那么弱小的正义，你的长势怎么就那么迅猛呢？才一个转头的工夫，我就认不出你来了。每过一刻钟，你就又往上蹿了半米……神学开始自乱阵脚，脸色一会儿赤红，一会儿惨白。

于是一场斗争开始了，这是一场可怕的、骇人的、用任何语言都难以描述其惨烈程度的恶战。神学把圣宠这个虚情假意的面具摘下扔到一边，为了能杀死正义，为了能亲手毁了它、一口吞了它，即便得走下神坛、否定自己也在所不惜。这是一场近身搏杀的交锋，在这场生死之战中，哪一方才能将对手吞进自己肚子里去呢？

恐怖统治革命政府竭力避免自己被拿来和宗教裁判所做比较；在执政的两三年时间里，它从不吹嘘自己让旧制度反尝到它六百年来施加给我们的一切。宗教裁判所笑了，它是多有资格发出嘲笑的声音啊！难以计数的人被它斩首、吊死、车裂；那为火刑而架起的柴火，堆起来能有金字塔那般高大；被烧死在上面的人，尸体垒起来能顶到天上去。和这相比，恐怖统治政府枪决的一万两千个人算什么呢？单单西班牙一个省的宗教裁判所，在十六年里就烧死了两万人。不过干吗要说西班牙？为什么不提阿尔比派[①]、阿尔卑斯的韦尔多派[②]、弗朗德勒的异教者、法国的新教徒、被十字军恐怖镇压的胡斯派[③]，以及无数被教皇推到刀剑之下的人民呢？

历史说，大革命即便在它最凶残无情的时候，也害怕激怒死神；所以它将刑罚人性化，不再由人亲手执刑，而是创造了一个机器来减轻死刑的痛苦。

它还说，中世纪教会挖空心思、想出各种酷刑来加剧对受刑者的折磨，让其更能体会到什么叫剖心拆骨之痛。它说，教会发明了各种精细的刑罚艺术，想出许多聪明的办法，让人求生不得、求死不能；但人的身体总有无法承受的极限，有时受刑者实在招架不住了，最终一命呜呼（此时死亡对他来说都是一种恩赐），教会还感到遗憾，遗憾不能让刑罚时间再长一点儿。

在这里，我不能也无意去搅动这片血海。如果将来某天上帝允许我触碰它，这汪依然沸腾着的鲜血将变作一股洪流，将虚假的历史和被收买的大屠杀鼓吹者统统洗刷一遍，把他们那张满是谎言的嘴全都封上。

我知道，最美好的东西在这场大毁灭中已都化为烟云。他们烧毁了书籍、烧死了人，把烧焦了的遗骸再烧一次，把他们都挫骨扬灰。我何日能再寻到历史？比如，等我能读懂今夜看到的那颗划过天空的流星的故事时，才能读懂韦尔多派和阿尔比派的那段历史吗？一个世界，一个完完整整的世界，陨落了、沉寂了，人事诸物皆被掩埋。我们可以听到

---

① 起源于11世纪法国阿尔比的基督教派别，13世纪被污为异教徒，遭到教皇和法王组织的十字军镇压。——译者注

② 中世纪兴起的基督教教派，被当时的罗马天主教视作异端，因此遭到大迫害，现在被新教视为宗教改革的先驱。——译者注

③ 由基督教改革者扬·胡斯发起的基督教运动，成为欧洲宗教改革的先驱者，天主教会在1415年康士坦斯圣公会议中宣判该教派为异端。——译者注

一句关于它的诗，可以从坟墓中找到一些骸骨，然而这些都没有任何名字和标记。难道凭着这点可怜的碎屑，我就能把这段历史再现出来？我们的敌人赢了，他们让我们如此的无能为力；因为他们太过野蛮，所以连他们的野蛮也成了无证可寻的历史！可是，至少还有那片荒芜在讲述着过去——朗格多克①的废墟，阿尔卑斯的死寂，波西米亚的荒凉群山，还有其他许许多多再不会有人烟、土地将永远贫瘠的地方，还有其他许许多多自人类离开后、连自然本身都被消灭了的地方，至少它们还在讲述着历史。

可是有一件事（一件真实的事）的声音是所有大毁灭齐声轰鸣也盖不住的，那就是：这个以原则为名、以信仰为旗而展开屠杀的宗教体系，满不在乎地交替利用了两个相互矛盾的理念——君主专制暴政思想和人民盲目的无政府思想。仅仅在17世纪这一百年里，罗马就换了三次立场，一会儿向右，一会儿靠左，毫无廉耻、毫无顾忌。一开始它投奔国王一边，然后又和人民站在一起，再然后又回到国王怀抱。三个政策，一个目标。如何实现目标？这无关紧要。什么目标呢？思想之死。

有位作家认为教廷大使事前根本不知道圣巴托罗缪大屠杀即将发生，可我了解到的情况是：教皇对此事已经谋划了十年之久。

另一个人说："这只是件区区小事而已，纯粹是个地方事件，是巴黎的复仇。"

虽然这套说辞让我深深觉得反胃、鄙夷和恶心，但我仍然用历史保存下来的遗物和无可辩驳的事实来反驳了它。而且，我还逐渐发现了屠杀留下的带血的脚印。我已经核查过了，当（1561年）巴黎提议将教会财产悉数变卖的时候，教会看到国王态度暧昧、对这块肥肉也心生觊觎的时候，

① 法国南部一省，阿尔比教派传入该地后，它遭到了十字军讨伐和血洗。——译者注

它就积极地转身投靠人民，使出布道、施舍、洗脑等一切手段，利用自己人数庞大的信徒、教士、商贩和乞丐，组织了这场大屠杀。

您说："这是场群众事件。"没错，但请告诉我们，您施展了怎样的毒辣诡计，如何阴险地蛰伏了十年时间，才腐蚀了人民的心智、扰乱了他们的思想，让他们走向疯狂？

这种杀戮的诡诈之术，我和你打了整个中世纪的交道，你是骗不过我的！在长期否认正义和自由之后，你又把它们的名字当成了宣战的借口。你以正义和自由为幌子，挖掘出一口深深的仇恨之井，挖掘出不平等在人心里种下的永远的伤痛，挖掘出穷人对富人的嫉妒心理。你这个没有继承者的暴君，你这个世上最贪得无厌的地主，一遇到别人要动你的财产，就立刻跳起脚来，把平均主义那套最不可行的理论当作救命稻草，死死地抱在了怀里。

圣巴托罗缪大屠杀发生之前，教士为了煽动屠杀就对人民说："新教徒都是贵族阶层，都是地方上的贵族。"这话说得没错，因为教士已经把城里的新教徒歼灭得一干二净了，只有大门紧闭的城堡那里还窝藏着新教徒。可是看看第一批受害者的名单吧，他们都是城里的普通居民，都是些小商贩和工人而已。这些引发人民仇恨、仿佛是贵族专属的信仰，其实皆起源于人民。谁不知道加尔文[①]是箍桶匠的儿子呢？

要说清楚那些充当教会爪牙的写手今天是怎样模糊视听、以讹传讹的，这于我来说是再简单不过的事情了。我可以通过一个例子，说明教会是如何施展毒计去煽动人民、如何将社会性的嫉妒心打造成一件致命武器的。这其中的细节会很有意思，不过很遗憾，我得把它放到后面再说。但

① 约翰·加尔文（John Calvin，1509—1564年），法国著名的宗教改革家、神学家，加尔文教派的创始人。——译者注

我可以告诉你的是，为了毁灭一个人、一个阶层，有一个专门的组织精心编造出了一套诽谤之词，在学校、神学院，甚至修道院会客室中，把它慢慢地灌输给世人；为了让谣言传播得更快一点儿，忏悔者、被神甫和司铎拉拢过来的商人成了直接传播人，在人民耳边嘀嘀咕咕。我可以告诉你的是，在这些人以兄弟会为名义而举办、实则挥霍了大量捐给医院的慈善物资的酒肉盛宴中，谣言是如何发酵的。这些都是琐碎、平常、毫不重要的小细节，然而少了它们，你绝不可能读懂天主教煽动人民时的大动作。

有时若要毁掉一个有名望的人，除了这些手段之外，还需要更高超的技巧。以钱相诱、以武相逼，软硬兼施之下，找几个有才华的作家，让他们对其发起攻讦，这也不是太难的事情。为了烧死瓦莱[①]，国王的告解神甫就让龙萨（Ronsard）写东西去攻击他；为了毁掉特奥菲尔（Théophile），就煽动巴尔扎克（Balzac）去污蔑他——特奥菲尔曾为他拔剑相向，把他从棍棒下救了出来，而他就是这么去报答人家的。

今天，从弱小的底层人身上，在社会最下面的阴沟里，我依然能看到当初教士是怎样煽起仇恨和骚动的。我在西部一座城市中曾看到一位年轻的哲学教授被人从讲台上轰了下来，在大街上遭到由女人组成的一群暴民的搜捕和指认。她们知道什么呢？只知道自己从告解室里听到的那点东西。她们胸中冒着一腔无名的怒火，全部堵在门口，指着他大喊："他在这儿！"

在东部一座大城市，我还看到另一件可以说是更可恨的事情。一位几乎已经完全失明的新教老牧师，每天都被一所学校的孩子们追赶着、侮辱着。他们从后面猛地拉他一下，想让他摔倒。

事情通常就是这样由无知者掀起来的，而且你还无法自卫，因为站在你面前的都是妇孺之辈。在更容易被洗脑的年代，在某些文明程度不高、

① 瓦莱（Geoffroy Vallée）是法国一位自然神论者，1512年因为渎神而被巴黎最高法院判处死刑。——译者注

极易被煽动起来的地区，连男人都会加入这一行列。在教堂里坐镇的指挥者，和兄弟会会员、商人、租户们一样，咕哝着、吼叫着、策划着、骚动着。伙计和仆人像喝醉了一般四处作乱，学徒到处流窜，见什么打什么，却不知道自己为什么这么做；有时甚至连孩子都犯下杀孽。

随后，虚伪的教士、愚蠢的神学家站出来，以人民的正义之名，替这群虔诚的杀人犯做了洗礼，打着自由的幌子把专制者策划的罪恶奉上了神坛。

他们就是这样找到办法，在那天把所有被称为法国之光的人全都屠掉了。这里面有当代数一数二的哲学家、雕塑家、音乐家，有拉米斯①、让·古戎②、古蒂梅尔③。我们伟大的法学家、罗马天主教和耶稣会的敌人、法学界的天才——杜摩兰④，更是险些丧命在他们手中！

幸好他得救了，幸好他们没犯下这桩罪恶，幸好他高贵的生命得到了上帝的保护。然而在此之前，杜摩兰曾亲身经历了教会针对他和他的家人发起的四次骚乱。这所知识的神殿遭到四次攻击和掠夺，他的藏书被糟蹋，下落不明；他的书稿遭到无法修复的重创，人类的瑰宝被丢在泥泞中毁灭。但他们没能毁掉正义，这些书中蕴含着的富有生命的思想在大火中得到解放，渗透于万物中，充盈在空气里。所以，感谢狂热的屠杀者、纵火犯，正因为他们，人们才呼吸到了平等的空气。

### §V. 自由思想者是怎样逃出来的

在罗马斗兽场中盛大的狂欢之后，场上堆着累累尸体，脚下的沙土

---

① 彼得吕斯·拉米斯（Petrus Ramus，1515—1572年），法国人文主义者、逻辑学家、哲学家、教育改革者，在1572年发生的圣巴托罗缪大屠杀中被杀。——译者注

② 让·古戎（Jean Goujon，约1510—1566年），16世纪法国著名的雕塑家，法国文艺复兴雕塑的代表人物。1562年，法国的胡格诺派与天主教派发生持续30余年的战争，古戎被迫离开法国，赴意大利的波伦亚城，最后死于该城。——译者注

③ 克劳德·古蒂梅尔（Claude Goudimel，1510—1572年），法国作曲家、音乐家、文艺复兴音乐理论家，在圣巴托罗缪大屠杀中与许多胡格诺派教徒一起在里昂被杀害。——译者注

④ 查理·杜摩兰（Charles Dumoulin，1500—1566年），法国法学家、加尔文派教徒，在新教徒遭到迫害时搬到德国，1557年回到法国，由于著书反对特朗托圣公会议，遭到长期监禁。——译者注

喝足了鲜血，磨牙吮血的狮子们已是饫甘餍肥。这时为了给群众解闷，另外一出戏上演了。人们把一个本就该被丢去喂野兽的奴隶扔进斗兽场，让他手里捧着一个蛋。如果他能挺到最后，如果幸运女神能眷顾他把蛋放在神坛上，那他就得救了。通往神坛的路很短，然而在奴隶眼中，这条路却仿佛漫长得没有尽头！那些吃饱喝足的野兽正昏昏欲睡，然而只要有一丝响动，它们就会抬起沉重的眼皮，打一个令人魂飞魄散的哈欠，似乎在考虑要不先别休息了，一口吞掉这个奇怪的猎物。吓得半死的奴隶战战兢兢地缩成一团，勾着腰伏在地上，整个人都快贴进地里了。他在说（如果他能说话的话）："天啊！天啊！我很瘦的！狮子，狮子大人，求求你们，让我走过这片尸骸之地吧，我身上的肉还不够你们塞牙缝呢……"任何小丑、任何滑稽剧，都不会让群众笑得这么开心。所有观众看到奴隶把身体扭曲成各种姿势、在那里瑟瑟发抖的样子，无不捧腹大笑，在看台上滚作一团。这是一场可怕的快乐风暴，是野兽寻欢作乐时发出的嗥鸣。

必须得说，这个场景在中世纪末又上演了。陈腐的思想愤恨地发现自己行将就木，觉得还有点时间让人道精神也来给自己陪葬。我们又看到那个可怜的奴隶被迫走到斗兽场上、走到猛兽中间，然而这次，这些野兽没有吃饱喝足、半睡半醒，它们是暴躁的、嗜血的、贪婪的，奴隶手上捧着的那个脆弱的蛋，是被摒弃的真理——如果能被送到神坛上，它可以拯救世界。

其他人笑了——他们却是在笑自己的厄运！看到这个场景，我却一点儿也笑不出来。为了给吃人的怪物换种口味，为了逗乐无知群众而特地安排的这出闹剧、这场柔体表演，深深刺痛了我的心。走过染血的斗兽场的那些奴隶，他们是思想的王者，是人类的恩人。

啊，我的父辈！啊，我的兄弟！伏尔泰、莫里哀、拉伯雷，我的这些亲爱的思想同道者，是你们吗？是你们附身在这个瑟瑟发抖、羸弱不堪、可笑而又可怜的躯壳中吗？才不世出的天才们，是你们怀抱着上帝的寄托，为我们化身为烈士、化身为那个被吓得战战兢兢的小丑，是吗？

他们受辱了？啊！不，绝不是！站在斗兽场上的他们温和地对我说："朋友，不要紧，别人笑我们又有何妨？我们被野兽撕咬、被暴徒冒犯又有何妨？只要能抵达终点，只要能把这个宝物安安稳稳地放在神坛上，只要迟早能拯救世人的它可以被人类重新接受，这就够了。你知道它是什么吗？是自由，是正义，是真理，是理性。"

想想一切伟大的思想曾遭受何种磨难、历经何种艰辛、走过何种险阻，再看看这些思想先驱所承受的侮辱和轻贱，我们就不会那么震惊了。谁能给予我们力量，让我们有勇气去探寻思想从黑暗地底走到地面上来的这段路程？千百年来，思想不得不披着含混模糊的外表，不得不接受混进自己体内的杂物，不得不承受被延误的可怕命运，而这一切将由谁来讲述呢？从直觉到幻想、空想，最后到诗歌中半遮半掩的表达，它这一路走得何其蹒跚和缓慢啊！它已在孩子和痴人、诗人和疯子中间游荡得太久、太久了！某天早上，这种痴狂突然就变成了众所周知的道理！但这还不够。大家都在思考，可没人敢发言。为什么呢？是缺少勇气吗？是的。为什么缺少勇气呢？是因为真理还不够耀眼，它必须绽放出自己的全部光华，才能让世人忠心追随其后。最后，它终于在一个天才身上绽放出灿烂的光芒，赋予他英雄的勇气，赐给他忠诚、爱和牺牲的精神。于是他把真理珍藏在内心，在狮群中无畏地前行着。

所以，我方才看到这个奇怪的场景，看到一场最热闹却也最恐怖的滑稽剧。瞧瞧吧，看看吧，他颤抖着、畏缩着走过去，看上去多么害怕啊！他把一个我不知道是什么的东西藏在怀里，抱得多紧啊！啊！他在发抖，但不是害怕自己会命丧于此而发抖。这种害怕是光荣的，是英雄壮士才有的！你难道没看到他肩负着拯救人类的使命吗？

我只担心一点：哪里才是这个宝物的庇护所呢？哪座神圣的祭坛才有资格保护这个圣洁的宝贝呢？哪个神才有足够的神性，来庇佑这个圣物呢？它是什么？是上帝的思想啊！

英雄怀抱着这个救赎之物，抱得那么小心翼翼，就像母亲抱着自己的孩子一样。英雄啊！请您小心，请您小心挑选一所您所信任的圣殿。要提防肉胎凡身的偶像，要避开那些用肉身或木头做的神像，他们连自己都保护不了，更谈何保护别人？

从中世纪末开始，从13世纪到16世纪，我看着所有人争先恐后地修筑和扩建着庇佑世人的圣殿——王权的祭坛。为了把一个偶像赶下神坛，你们就竖起了另一个偶像。你们把金银珠宝、熏香没药等一切东西都献祭给了它。你们把智慧献给了它，把宽容、自由、哲学献给了它，把社会最后的理性——权利——也献给了它。

这样的一个神，怎不会壮大起来？世上最强大的那些人，被无情的旧思想一直死死盯着、驱逐着，于是他们努力把自己的神殿修得越来越高，最好它能一直耸到天上去。于是，一系列传奇神话诞生了，被世人费尽心机地装点和吹捧着。这些传奇故事的主角，在13世纪里是比教士还要教士的**圣王**，在16世纪里是**骑士国王**，到了亨利四世那里是**贤王**，到了路易十四那里，就成了**神王**。

# 下篇　论旧君主制

## §Ⅰ.王位上的神

早在1300年，反对教皇的吉伯林派[①]诗人就把凯撒帝国讴歌成天堂。**独一**便是救赎，世上有也只能有一个君王。随后，在盲目地实行这一强硬逻辑时，他们建立了一个理念：君王越是伟大，就越是全能；他越接近神，凡人就越不用担心他会滥权。如果他有了一切，就会无欲无求，没了嫉妒和仇恨。他是完美的，代表绝对至高的正义；他如同上帝的正义一样统治着这个国家，绝不会犯任何错误。

这便是他们为了支撑**独一**这个准则而架构起来的所有理论的根基所在。他们设想的**独一**的结果，就是**和平**。可从此以后，我们几乎只有无休无止的战争。

我们得比但丁走得更深一点儿，得在深深的地底下挖掘和探索这一巨像的深层大众根基。

人需要正义。由于在宗教上被困于完全以上帝任意的圣宠为基础的教条框架内，人们希望可以在一门政治宗教中拯救正义，把一个人打造成**正义之神**，希望这个看得见、摸得着的神，能为他们守住平等这簇在另一个神身边微弱闪烁着的火苗。

我听到旧法国从内心发出的呼喊——带着温柔的语气，夹着深深的热爱："啊！吾王！"

这不是在奉承溜须。人民和拉瓦莉埃[②]，他们当时都是真心爱着年轻

① 即皇帝派，12世纪至15世纪意大利大封建主中支持神圣罗马帝国皇帝的政治派别成员，和教皇派相对立。——译者注

② 拉瓦莉埃（Louise de La Vallière，1644—1710年），路易十四自1661年到1667年的情妇，后进了修道院。——译者注

的路易十四。

那个时候，他就是所有人的信仰。连教士似乎都把他们的上帝从神坛拿下来了，好为新的神腾出位置。耶稣会会士把家门口的耶稣头像撤去，取而代之的是路易大帝的画像。我在凡尔赛教堂穹顶上看到这样一行字："Intrabit templum suum dominator."话里只有一个意思：宫廷只承认一个神。

莫城主教担心路易十四自我信仰的心不够坚定，于是给他打气说："啊，吾王，请勇敢地施行您的权力吧，它是神圣的，您就是神！"

多么令人瞠目结舌的一个教条啊！然而人民愿意去相信它。他们受到那么多地方暴政统治的压迫，可无论多偏远的地方，人民都在呼喊着人间的上帝，呼喊着君主制的上帝。任何恶都不会被归罪到王的头上，如果他手下的人作恶，那也是因为王站得太高、太远了。人民会说："如果吾王知道……"

这是法国独有的一个特征。很久以来，这个民族都不懂得何为政治，只知道奉献爱和忠诚。他们的爱是强烈、执着、盲目的，这让他们把神身上的一切不完美都美化为品德。即便在王身上看到人的一面，他们也不会震惊，反而感激他有这些人性的弱点。他们认为，这样的王离他们距离更近，少了几分高傲和冷酷，多了几分感性。亨利四世爱上了加布里埃尔[①]，他们还感激他能有这份爱情。

在路易十四和柯尔贝尔[②]统治早期，人民对王室抱着一种崇拜性的爱。国王为了实现所有人在正义面前一律平等、为了减轻纳税体系中万恶的不公平性而做的一切努力，替他大大赢取了民心。柯尔贝尔把四万

---

① 加布里埃尔·黛丝特蕾（Gabrielle d'Estrées，1573—1599年），亨利四世的情人。——译者注

② 柯尔贝尔（Jean-Baptiste Colbert，1619—1683年），法国政治家、国务活动家，长期担任财政大臣和海军国务大臣，是路易十四时代法国最著名的伟大人物之一。——译者注

个所谓的贵族从贵族名单上划掉，要求他们必须纳税，并强制地方大资产者必须将本城财政状况如实上报，以免他们从中渔利。各行省贵族曾在国家动乱时浑水摸鱼、自己给自己打造出某个爵位头衔，而今都遭到最高法院的大量调查。王室伸张公平正义的铁血手段得到了百姓的大力称赞。在巡回法庭[①]里，国王犹如审判之日中的神一样，严肃地站在人民和贵族中间。人民立在他的右侧，怀着满腔的敬爱和信任，坚决拥护着他的审判。

“颤抖吧，暴政者！你们没看到神是和我们站在一起的吗？”这句话，出自单纯的人民之口。他们认为国王是站在自己这边的，他们觉得自己在国王身上看到了革命的天使，于是向他伸出双臂，温柔地、充满希冀地向他乞灵。在《奥弗涅巡回法庭纪要》中，我们看到人民提出的天真期望，看到贵族噤若寒蝉的样子，读来让人心潮澎湃。一个农民在跟领主说话时没有脱帽致敬，于是后者就把他的帽子扔到地上。农民说：“如果你不把它捡起来，等巡回法庭来了，国王将砍掉你的脑袋。”领主害怕了，只好将他的帽子捡了起来。[②]

国王的地位是多么崇高啊！可为什么他从这个位置上跌下来了呢？为什么对所有人的审判变成对**部分人**的审判了呢？这个正义之神怎么变得跟神学家的神一样，也想要有自己的**选民**了呢？

---

① 巡回法庭（Grands Jours）是在15世纪左右的旧制度中法院除固定议政会议之外召开的会议，其目的是采取有效措施保障司法审判、防止滥权发生，通常在内乱之后召开。——译者注

② 国王的人，也就是最高法院，得到了人民的万分信赖（的确，他们也用实际行动回报了人民的信赖）。但就如教士不能代表圣宠一样，最高法院更不能代表正义。说到底，国王的正义也被他的喜好所左右。一位深谙马基雅维利主义的大贵族，红衣主教杜波瓦（Dubois），为反对三级会议而向摄政王递交了一份陈情书（《总汇通报》，vol.I.），书中简明扼要地阐释了要跳好最高法院这支舞的简单机制，该怎样迈步、怎样定姿，话题一直延展到由国王来定义正义与否、结束一切争端的御临国会（lit de justice）。杜波瓦害怕三级会议，而他的政敌圣-西门（Saint-Simon）却建议召开三级会议，认为这是个简单易行、不会造成流血的权宜之计，既可以补偿先前的亏欠，又可以败得体面，按他的话说就是“将失败封圣”；此外，他还振振有词地说，三级会议从来都没有严肃性可言，说一说、听一听，就完了。可我要说的是，无论在三级会议还是在最高法院，有一件事是严肃的：拥有魄力和反抗意识的人本就很少，这些人又受着不切实际的空想自由思想的支配和操纵。法国之所以不能有自己的宪法，是因为它觉得自己是有宪法的。——原注

全情的信任！全心的热爱！可这些都被辜负了。被万民拥护的这位王，对人民却是狠心不已。你若留心找找，在书籍和绘画中注意一下关于他的描写和画像，便可以发现国王的每个举动、每个眼神无不透露着他是多么铁石心肠。多么伟大、多么珍贵的人民之爱啊，它是一个真正的奇迹，然而最后它只把人民的崇拜对象变成了一个自私自利的奇葩。

他只理解到“崇敬”这个词的字面意思，认为自己就是神，然而他根本理解不了何为神。神活着，是为了普罗大众；而他却越来越向宫廷国王这个身份靠拢。他看到的那少数人，那群围着他的、穿金戴银的乞丐，就是他的人民。神是多么奇怪啊！他把这个世界压缩折叠，塞到一个人身上；而不是把这个人放大铺开，让他拥有世界的维度。如今，凡尔赛——而且是意义上的那个狭隘的凡尔赛，就成了这个人的整个世界。如果你看到了某间昏暗狭小的密室、某座活死人墓，那里就是他想要的一切，不过这对一个人来说倒也够了。[①]

### §II. 18世纪的饥荒

我马上会深入讲到法国赖以存活的一个思想观念——统治政府讲究圣宠，君主制强调君即是父。但如果我一开始就通过事实证据引出长期以来该思想体系所导致的后果，也许这项研究反而会显得操之过急：人们从来都是根据结出的果子来评价一棵树的。

首先，法国人民以巨大得令人难以置信的忍耐力而闻名，这是谁也无法否认的。看看近两个世纪里外国游客们写的游记，你就可以知道他们过的是怎样的日子了。在经过法国乡村地区的时候，人们通常会惊愕

① 我这里影射的是曼特农夫人那间昏暗的寓所，路易十四正是在那里咽气的。若要看他对自己神权的个人信仰，请着重参考那份令人震惊的《路易十四回忆录》，此份回忆录在路易十四的监督之下撰写而成，并由他本人亲自审核。——原注

于这里的悲惨、凄苦、贫穷和荒凉，那些破烂昏暗的茅草屋，那些衣不蔽体、骨瘦如柴的普通百姓，看来简直触目惊心。这些外国人方才知道，人在这样的环境中居然也能挣扎着活下去，换作是任何英国人、荷兰人或德国人，他们绝对忍受不了。

更让他们震惊的是，这个民族又是如此安分守已。他们在自己的主人、在教士和贵族面前毕恭毕敬，对国王抱着一种崇拜性的热爱。人民的生活是如此艰难，然而他们仍是如此温良恭顺，很少为自己遭受的压迫感到愤愤不平，这实在是一个令人想不明白的现象。也许我们可以用旷达的生存哲学来解释其中一部分原因，法国人在困境中太容易想开和释怀了：好日子总会来的；今天下雨，明天就放晴了……他们从不抱怨下雨。

法国人还有着一种军人般的品质，那就是节制，所以他们就更加规矩老实了。我们的士兵在这方面简直达到了人类忍耐的极限，他们在艰苦跋涉和恶劣环境中对食物极低的需求表现，简直能把泰巴伊德[①]那里懒惰的隐修者们，把安东尼、帕卡姆这些隐修士全都吓倒。

从维拉尔元帅[②]那里，我们可以了解到路易十四的军队是如何生存下来的[③]："不知多少次，我们觉得这回肯定弹尽粮绝了，可是通过节省口粮，又总能多撑上半日；到了第二天，那就禁食。当达尔达尼央[④]前进的时候，没有行军的部队都得禁食。我们能活下来是个奇迹，我们将士的素质和耐力更是一个奇迹。当我检查队列时，他们对我说：'求您今天

① 古埃及南部一个地区，现在的底比斯，东西边的沙漠走出了如圣安东尼、圣帕卡姆等第一批基督教隐修士。——译者注

② 维拉尔（Villars，1653—1734年），法国军人、元帅，在西班牙王位继承战争中战绩显著。——译者注

③ 1868版增添原注：我还在维拉尔信中看到他这番话："如果您也在这里，也会被这一幕所感化的：我们兵营前面就是一大片长势喜人的麦田，然而士兵和骑兵穿过这片麦田的时候总是非常小心，生怕会踩到麦子。"

④ 达尔达尼央（Charles de Batz-Castelmore d'Artagnan，1611—1673年），1658年被路易十四任命为禁卫团剑客队队长，后来在1673年法国与荷兰战争中的马斯垂克围城战役中阵亡。大仲马以他为原型，创作了《三个火枪手》中的主人翁。——译者注

赏给我们每日的食粮吧。'[1]而当时队伍只剩不到四分之一的口粮了，每日配份也减了一半。我给他们打气，给他们承诺；他们只是耸了耸肩膀，用一种让我心软的眼神认命地看着我。'元帅说得有道理，'他们说，'有时我们得学会忍耐。'"

忍耐！美德！安分守己！看到父辈们这些善良的品质，难道你不深为感动吗？

谁会让我去记录他们长期的苦难、温顺和隐忍？这些品质历来让欧洲惊诧不已，有时甚至以此为笑柄来嘲讽这个民族！当英国人看到这些骨瘦如柴、衣不蔽体的战士还能这样开心，对他们的指挥官还能这样友善，还能大步前进、绝不嘟嘟囔囔，哪怕晚上什么吃的都没有了、只能画饼充饥的时候，他们觉得这群人是多么可笑啊！

如果单靠忍耐就能上天堂，那在近两个世纪里，这个民族比任何圣人都更有资格赢得天堂的名额。可是怎么才能写出他们的传奇呢？他们留下的足迹是那么纷杂凌乱、难以辨识。苦难是普遍的，忍耐这个美德在我们国家又太过常见，很少引来历史学家多关注一眼。此外，历史在18世纪是一片空白；经过路易十四穷兵黩武的统治之后，法国大伤元气，已经没有力气讲述自己的故事了。没有人留下任何回忆录，没有人有勇气写下自己的过往生平；连虚荣的人都喑默了，能说的也只有耻辱而已。一直到哲学运动之前，这个国家都缄默不语，就像路易十四那座废弃的、比他的子孙活得更久的宫殿一样，就像垂死的掌权者、红衣主教弗勒里住的那间屋子一样，一片死寂。

这段悲惨史写来并不轻松，何况该时期还不像其他时候那样有暴乱发生，时常引起学者的关注。法国人民揭竿而起的次数比任何民族都要

① 原文为拉丁语的主祷文：Panem nostrum quotidianum da nobis hodie。——译者注

少，他们爱戴自己的主人，从不作乱——除了大革命。

从他们的主人——国王、亲王、大臣、教士、法官、地方督办这些人身上，我们能找出人民最后走上极端的原因。把人民禁锢住的那个体制，就是通过这些人表现出来的。

他们似乎一个接一个地上场，轮番唱出了法国之死的挽歌。歌词的第一句在1681年启于柯尔贝尔之口："再也走不下去了。"说完这话，他就溘然长逝。不过路还在继续：1685年五十多万勤劳本分的普通百姓被驱逐[①]，还有更多的人在三十年战争中死于非命。可是上帝啊！死于贫困的人，其人数比这两个数字加起来还要多得多！

自1698年开始，后果已经很明显了。首先披露它、哀叹它的人，正是那些种下恶果的地方督办。他们在应邀为年幼的勃艮第公爵所写的陈情书中指出：某某地区已经失去了四分之一的百姓，另一个地区是三分之一，还有一个地区只剩二分之一人口。人口没能恢复过来，农民处于极度的赤贫中，他们的孩子羸弱多病，几乎很难活下来。

我们来好好理一理这些年的历程吧。1698年那个悲惨时期，反而成了人们缅怀的美好年代。一位法官布瓦吉贝尔[②]说："那时，油灯里面还有油；而到了今天（1707年），什么都没了，所有物资都成了奇缺货。"话中一派绝望。紧接着他还说了一句可怕的话："现在，在付出的人和只懂接受的人之间，一场审判马上要展开了。"1789年的时候，人们终于相信了这句话。

路易十四孙子的家庭教师、康布雷大主教[③]，和上面这位小小的诺曼

① 1685年，路易十四颁布了《枫丹白露敕令》，宣布新教非法，于是《南特敕令》被废，五十多万新教徒被驱逐。——译者注

② 布瓦吉贝尔（Boisguillebert，1646—1714年），法国经济学家，法国古典政治经济学创始人，重农学派的先驱。——译者注

③ 即芬乃伦（Fénelon，1651—1715年），他曾担任路易十四的孙子勃艮第公爵的家庭教师（1689—1699年）和康布雷大主教（1695—1715年）。——译者注

底法官一样，说了句充满革命性的话：“人民过着非人的日子，他们的忍耐已快到尽头。从第一道裂缝开始，古老的国家机器将分崩离析。身为池鱼的我们，不敢去想它最后油尽灯灭的场景。我们只能闭着眼睛、张开双手，继续接受着……”

感谢上帝，路易十四终于死了。好了，接下来上台的是摄政王——贤明的奥尔良公爵。如果芬乃伦还活着，肯定会被他请来当参事员。他下令出版了《忒勒马科斯历险记》，法国就要成为另一个萨朗特了[①]。再没有战争了。现在我们成了英国的朋友，我们的商业、我们的荣誉甚至我们的国家机密，全都被打包交给了对方。谁能相信在如此太平的短短七年时间里，在路易十四留下的二十五亿法郎借债的基础上，这位可亲可敬的亲王又增加了七亿五千多万的借贷！不过都还清了——用纸币还清的。

他曾说过：“如果我是普通百姓，肯定也会起身造反的。”当有人告诉他一场骚动即将发生的时候，他说：“人民做得没错，他们已经吃了太多的苦！”

弗勒里有多节约，摄政王就有多挥霍。法国能恢复元气吗？我对此深表怀疑，尤其是当我看到1739年有人把老百姓吃的、用野菜做成的面包拿给路易十五看的时候。沙特尔主教对路易十五说，他所在的教区，人饿到要跟羊一样靠吃草为生。大臣达尔让森[②]的话更是让人无法接受，他说起现在的悲惨岁月时，居然拿当初的**美好岁月**来做对比。当初？猜猜是哪段

① 芬乃伦在1699年秘密出版了他的《忒勒马科斯历险记》。忒勒马科斯是奥德赛的儿子，此书以儿子寻找父亲的视角来写，在当时极为畅销。芬乃伦在这本书中，通过寓言故事来教育王太子应如何形成自己的判断和治国理念。书中构建了一个乌托邦一样的城市——萨朗特，城市中采用的政治制度和经济体系都是17世纪法国哲学极为推崇的。然而路易十四认为此书讽刺了自己的一些政策，因而勃然大怒。芬乃伦失宠，被撤去了王长子老师的职位，回到康布雷教区，不得外出，一直到死都不得志。——译者注

② 达尔让森（René Louis de Voyer de Paulmy d'Argenson，1694—1757年），法国政治家、律师，出身政治世家，是伏尔泰的朋友，后者曾师从于他。——译者注

当初？就是摄政王统治时期的那段当初！那时的法国被路易十四折腾得遍体鳞伤、奄奄一息，而拿来救命的药，却是三十亿法郎的银行破产。

所有人都看到一场危机正在袭来。芬乃伦早在1709年就说过："从第一道裂缝开始，古老的国家机器将分崩离析。"但它还没有分崩离析。大约在1742年，路易十五的情妇沙托鲁夫人（Mme de Châteauroux）说："我看到山河即将发生巨变，除非有人拿出解药来。"夫人，所有人都看到了，国王、您的下任——蓬巴杜夫人、经济学家、哲学家、外国人，所有人都看到了。大家都赞叹着这个民族的坚忍，它就是各民族中的约伯。啊！温顺！啊！忍耐！——沃波尔[①]对此嗤笑不已，我却为之流泪。这个不幸的民族，他们依然爱着，依然相信着，依然期盼着。他们一直在等着一位拯救者，是谁呢？是他们的凡人之神，是他们的王。

多么可笑又多么感人的偶像崇拜啊！这个神、这个王，他能做什么呢？他既没有强大的意志，也没有足够的能力，去治愈那个深深的、已经蔓延开来的痼疾——这道痼疾在噬咬着社会，吮着它的血液，吸着它的骨髓，让它更贫穷、更饥饿。

什么痼疾？那便是社会从上到下产出越来越少，付出却越来越多。社会越来越穷，先是被放血，再是被抽髓，没完没了，直到它苟喘着最后一口气，直到它即将一命呜呼；垂死前的痉挛让它又做了一番挣扎，它靠着自己虚弱的四肢又站了起来——虚弱？也许在怒火的刺激下，这虚弱的四肢能重新变得强壮有力起来！

什么叫**产出越来越少**？如果你愿意，我们可以挖掘一下这句话的意思：说的就是字面上的意思。

---

① 罗伯特·沃波尔（Robert Walpole，1676—1745年），英国辉格党政治家，后人普遍认为他是英国历史上第一位首相。——译者注

自路易十四开始，消费税沉重不堪，所以芒特、埃唐普等地的所有葡萄树都被悉数拔去了。

农民已是家徒四壁，税务官就只能拿他们养的牲畜开刀，于是牲畜数目也越来越少，粪肥也再没有了。17世纪里发展起来的种植业，到了18世纪却日渐萎缩。土壤再不能恢复到以前的肥沃，它已经被掏空了。牲畜死去以后，大地仿佛也死去了。

不仅土地产出越来越少，耕种面积也越来越小。在许多地区，大家都觉得没必要劳心劳力地去耕耘。大地主在土地那里再得不到好处，于是也懒于花成本精力去养护它。耕地面积不断缩小，荒掉的土地越来越多。大家讨论着农业，在这方面写文著书，付出巨大代价做着种种反复的尝试。而失去了支撑、失去了牲畜的种植业，回归到原始的耕种模式中。套着犁头在田里耕地的不是耕牛，而是男人，女人，孩子！要不是我们古老的法律并不禁止百姓用犁铧这种最落后的耕地工具，他们就得用自己的手指来松土了。种地人都饿得半死了，所以看到年年歉收、贫瘠的大地拒绝产出果实，谁还会感到惊讶呢？一年又一年下来，一直都是青黄不接的日子。到了1789年，大自然赐予的东西就更少了。它就像一头太过疲惫的牲口，不想再走一步，唯愿躺下等死。它就这么等待着，再不哺育万物。自由不仅仅是人的生命，更是大自然的生命。

### §Ⅲ. 过去的庇护在18世纪里还在继续吗？

不要说大自然变成了歹毒的后母，不要觉得上帝已经把他那孕育万物的目光从这片土地上收回去了。大地一直都是我们慈祥的乳母，只想着帮助人类。她表面上一无所出、忘恩负义，内心仍然深深爱着人类。

然而，是人类不再去爱了，是人类自己变成了自己的敌人。他头上的诅咒是出自他自己的口中，是自私、不公平的咒骂，是一个不公平的社会的重压。他能责备谁呢？不是大自然，不是上帝，而是他自己，而是他自己种下的苦果，而是他的偶像，他造出的神。

他的崇拜对象换了一个又一个。他跪在木头做的神像面前，说："求求你，保佑我吧，拯救我吧……"这话他对教士说过，对贵族说过，对国王也说过。啊！可怜的人，你得学会自救啊！

他爱着他们，这是他的理由，并解释了他为何如此盲目。他爱得多深、信得多真啊！他多么天真幼稚地信赖着*好心的领主大人们*，信着*上帝派来的这些亲爱的圣人啊*！路上遇到他们的时候，他都要跪下行礼！他们离开很久了，他还在那里吻着他们踩过的泥土！哪怕被他们压榨、鞭打，他仍然在他们身上寄托了自己满心的祝福和希望！他一直都像孩子一样，对他们抱着一种我不知道算什么的柔情，在他们面前毫无保留地奉献着，为了他们而毫不顾惜自己的将来。"我一无所有、赤贫如洗，但我是爵爷的人，是那座美丽城堡的人。"或者是："能成为这座著名修道院的仆人，我深感荣幸、别无所求。"

去吧，善良的人，当你需要活路的时候，去吧，去敲敲他们的门吧。

去城堡？可是那里大门紧闭，曾经宾客满座的宴客大厅，很长时间都是空无一人；壁炉里的火熄灭了，只剩冰冷的余灰。老爷在凡尔赛城里，不过他没有忘记你。你——他的看门人和管家，他不就把这里留给你来照顾吗？

你说："行，好吧！那我就去修道院，这个慈悲之地难道不是穷人的庇护所吗？教会每天都在跟我说：'上帝深爱着这个世界！他创造了人类，为他们带来了食物！'教会若不是神的慈悲在尘世间的显现，那是什么？"

敲门吧，敲门吧！可怜的拉撒路[1]！你会在门口等上很久的！你难道不知道，如今教会已从人间撤席，再不管穷人和慈善这些事情了吗？它在中世纪时拥有了两个自己觊觎已久的东西——财富和职权；到了现代社会，教会倒变得公正起来，它把这两个东西一分为二：财富，还继续抓在它手上；而职权，如教育、医院、慈善事业、救济穷人等这些会让它过多操劳的凡间杂事，就慷慨地让给了世俗机构来负责。

教会还有其他一些忙不完的义务，其中一个主要工作就是誓死捍卫信徒们交给它的教会基金，决不能让它减少一分一毫，得让它一直保持增长。为了这个，教会还真表现出了大无畏的英雄气概，如有必要，就算牺牲自己也在所不惜。1788年，国家已是负债累累、陷入绝境，从已经破产的人民身上再掏不出任何东西来了，于是它便向教会求救，求它纳点税。教会的回答让人惊叹，简直可载入史册："不，法国人民是不能被随便征税的。"

以人民的名义来逃避对人民的援助！这也是这些法利赛能够达到的智慧最高峰了！现在，我们再把视线转到1789年！此时的教士群体已是垂死挣扎，再也走不了多远了；但他们也有聊以自慰的事（这在垂死之人那里是少有的）——他们在自己的道路上一直走到了最后。

*基督教中有许多神迹，如神化为肉身、降世为人等。除非不断把神迹彰显在世人面前，否则这些于理不合的教条是不会被人接受的。所以，布施总在给予、从不断绝，而精神上的布施更从同一个教条中不断得到新的营养，这便是上帝存在于教会中的证明。然而到了18世纪，教会也贫瘠了，在物质和精神上都再给不了什么了，这恰好证明了一个和宗教告诉我们的内容相对立的事实，我指的是（啊！这是何等的大不*

---

① 耶稣的门徒与好友，经耶稣之手神奇地复活。——译者注

*敬！）：“上帝已经离人而去。”*

**§IV. 国王的民心**

到了18世纪，人民再不相信能得到神的庇护，哪怕这曾是支撑自己的希望；他们对教士和贵族也丧失了期待，这些人是不会替自己做任何事的。但他们仍然信任国王，把自己的信仰和爱人的渴望转移到年幼的路易十五身上。作为一支显赫王族的唯一后裔、一个如年幼的约阿施一样死里逃生的人①，大家会自然而然地认为：他得救，是为了拯救别人。每次看到这个孩子，人们都会流下泪水！乱世凶年，日子一天一天地过去了。人们一直等着、盼着、希冀着，孩子总会长大的，二十年或三十年的漫长摄政期总会结束的。

当人们在巴黎得知，路易十五在离宫前往军营的路上、在梅斯突然染病的消息时，正是深夜。人们从床上惊坐起来，惶惶四奔，却不知要去往何处；教堂整夜大敞着门。人们在十字路口聚在一起，围成一团，彼此打听着消息，却什么也问不出来。许多教士在教堂里为国王的健康祈祷，却哽咽得无法连贯地把颂诗唱出来，群众也在呜咽和哭泣。当信使带来国王康复的消息时，他被人群团团拥抱着，几乎都要窒息了；人们吻着他的马，像迎接胜者一样欢迎他的到来。每条街上都响着同一个欢呼声：“国王病好啦！”

那时是1744年，那时的路易十五被称作“被爱者”。

十年过去了。人民还是同样的人民，却相信“被爱者”用人血洗澡、为了恢复青春而把自己泡在幼童鲜血里这类传闻。有一天，一贯凶

① 约阿施是古代中东犹大王国第八任君主，父亲死后，他的祖母为了统治犹大，下令将所有王子杀掉；其中约阿施被姑母约示巴救出。这里影射了路易十五小时候，其父母和哥哥被猩红热夺去性命，只有他被女家庭教师文塔杜瓦公爵夫人所救的事情。——译者注

狠残暴的警察局抓走了一些男人，孩子们在街上游荡着，女儿（特别是美貌的女儿）和母亲发出凄厉的叫喊。人民聚集起来，一场骚动爆发了。此事之后，国王就再没回过巴黎。除非要从凡尔赛前往贡比涅，否则他几乎不经过巴黎。国王令人迅速修建了一条绕开巴黎的道路，以免见到自己的百姓子民。这条路至今仍被叫作“叛乱之路”。

这十年，正是风云巨变的十年（1744—1754年）。国王，这个神、这个偶像，成了人们心中恐惧的对象。“王之化身”这个信条，不可逆转地倾塌了。取而代之的，是思想上的王者的崛起。孟德斯鸠、布冯、伏尔泰，在这短短十年里都发表了巨著，卢梭也已开始写自己的作品了。

在此之前，无论是宗教上还是政治上的独一性，都是以“化身”这个信条为基础的。为了统一教会或国家，就需要一位人类的神、一个肉体凡胎的神。依旧弱小的人类，把这两者集合到一个符号上来，一个看得到的、活生生的符号，一个人。然而从此以后，一种更纯粹的、超脱了这个物质条件的独一性诞生了，它便是心灵的结合、精神的协同，是情感和思想全部投入进来的深层联姻。

这门新教会中的大师虽然在次要问题上有分歧，却在庇佑了当代后世的两大要点上英雄所见略同。

第一， 在他们看来，思想和形式、化身无关，并把思想从肉身这个它长期套着的外壳中抽离出来。

第二， 对他们来说，思想不仅仅是光，更是热、是爱，是对人类炽烈的爱。自爱自重，不屈服于某某信条或宗教政治的某某条文。中世纪宣扬的*爱德*——这个被神学操控的奴隶，亦步亦趋地跟在自己专横的主人身后，它太顺从、太随和了，甚至能去包容仇恨所包容的一切。如果是爱德导致了圣巴托罗缪大屠杀的发生，如果是爱德导致了十字架下的柴火堆的燃起，如果是爱德导致了宗教裁判所的组建，那它又算是哪门子的爱德呢？

一开始就勇敢无畏却还放不开手脚的18世纪，虽然将宗教和物质肉身这一特性分离开来，摒弃了宗教上的肉身化，但长期都没能摆脱政治上的肉身化，它想去尊重“王之化身”这个信条，把王——这位凡人的神——和人类的幸福联系起来。伏尔泰和杜尔哥[①]之类的哲学家和经济学家，仍抱着不切实际的幻想，希望由国王本人发起革命。

看着两派人在那里争夺偶像，这着实是件非常有意思的事。哲学家们在右边拉，教士们在左边扯。可最后是谁把他抢走了呢？是女人。这个神，毕竟仍是一个肉体凡胎的神啊。

那个操纵他二十年之久的女人，蓬巴杜夫人（出嫁前姓普瓦松），一开始不顾宫廷反对，以公众支持者而自居。哲学家被召了过来，伏尔泰编写了国王生平史，还为他创作了诗歌和戏剧；达尔让森被任命为部长；财政总监马绍[②]要求彻查教会财产状况。这场打击惊醒了教士阶层。耶稣会会士们不愿和一个女人多费唇舌，于是找了另一个女性来反对她，这个办法成功了。他们找的谁呢？正是国王的亲生女儿。我们需要第二个苏维托尼乌斯[③]来记录这段历史——自十二位罗马帝王以来，这还真是前所未有之奇事呢。

伏尔泰被驱逐了，然后是达尔让森，再然后是马绍。蓬巴杜夫人屈服了，领受了圣餐，跪拜在王后脚下。然而，她仍靠另一套可鄙而又可悲的办法重新获得了圣心，让他至死都离不开自己——在后宫里塞满从

① 杜尔哥（A-R-J. Turgot，1727—1781年），法国18世纪中后期古典经济学家，也是经济学上重农学派的重要代表人物之一，在今天他被视作经济自由主义的早期倡导者之一。——译者注

② 马绍（Jean-Baptiste de Machault d'Arnouville，1701—1794年），法国政治家，93岁高龄的时候在大革命期间死于狱中。——译者注

③ 苏维托尼乌斯（Suétone，69—150年），古罗马史学家、传记作家，著有《罗马十二帝王传》。——译者注

四处替路易十五物色来的女孩。

这慢慢耗干了路易十五的体力。肉体凡胎的神，放弃了思想领域的一切统治。

他逃离巴黎、躲开人民，常年将自己封闭在凡尔赛，可他仍觉得这里太亮了，人也太多了。他渴望藏在幽暗之中，喜欢在树林里打猎，在特里亚农宫的密室中流连忘返，在鹿苑的修道院中耽于声色。可是多么奇怪、多么不可理喻啊！这些情人、这些幽暗的影子、这些爱情的幻影，也无法打动他的心扉！他豢养平民女子；和她们在一起，就是和人民在一起；他从她们那里得到幼稚的抚慰，还学上了她们的语言。但他仍是人民的敌人，一个铁石心肠、自私自利、冷漠无情的敌人。他身为一国之君，却让自己沦落为一个走歪门邪道的粮商、一个饥荒中的投机倒把分子。

他的内心已是一潭死水，但还有一个地方在跳动着：一颗怕死的心。他不断地谈着死亡、送殡队、葬礼，经常预感到君主制将走向灭亡。但只要它不死在自己前面就行，至于其他，路易十五不作多想。

在某个荒年里的一天（当时闹饥荒已经成为常事），路易十五照常在塞纳尔森林中打猎，遇到一个扛着棺材的农民，于是停下来问他：“你带着它前往何处？”“来此地。”“里面是男人还是女人？”“男人。”“他怎么死的？”“饿死的。”

**§V. 没有希望，只有正义**

这个死人，便是古老的法国；这副棺材，便是拿来装旧君主制的棺材。让我们把自己曾深深信过的梦想——君即是父的主权、圣宠为重的政府、君王宽仁、教士爱德，以及人民无限信任、对人间这个神的绝对信仰——统统埋葬掉吧。

**用爱来代替法律**，这就是旧世界编织出来的假象，这就是它总挂在嘴上拿来骗人的传奇。

如果它能重生，这个在爱的名义下几乎被拖垮的世界，这个死在爱德手上的世界，这个溺亡在圣宠中的世界，如果它能重生，那也是靠法律、正义和公平才得到重生的。

用圣宠来对抗法律、用爱来对抗正义，这是在亵渎神灵！不公的圣宠还配称圣宠吗？那个因为我们自己懦弱而被一分为二的东西，不正是同一个事物的两个不同面、不正是上帝的左手和右手吗？

正义到了他们手中，就变成了一个消极的事物，它也在捍卫、禁止或驱逐某些东西，却成了一道妨碍的篱障、一把杀人的刀子。他们不知道，正义就是上帝之眼。凡人的爱是盲目的，上帝的爱却是敏锐的，而他的爱就体现在正义中——正义，才是那道赋予生命力和繁殖力的注视的目光。在上帝的正义中，有着一股孕育生命的力量。当它投射到大地的时候，人间洋溢着幸福、充盈着新生。所以，单有阳光和露水还不够，我们还需要正义。正义降临的时候，收获的季节也就到来了。个人和民族种下的种子将在公平的阳光照耀下，钻出大地、长出新芽、开花结果。

某个正义之日，也就是唯一被称作法国大革命的那天，仅仅一天，就有一千万人被造了出来。

可是在18世纪中叶，正义看上去仍是多么遥不可及啊！我周围什么都没有，能用什么来塑造它呢？要建造房屋，就得需要石料、石灰和水泥，而我却是两手空空。这个民族的两个拯救者——教士和国王，反而毁灭了它，毁灭得如此彻底，让我不知靠什么东西才能让它起死复生。封建制度已死，市镇政治生命已死，死在王权的手上；宗教已死，死在教士的手上。唉！连地方传奇、国家传统都没有留下来，连一个民族幼稚时期那些要命的陈见和臆断都被根除。这个民族的一切都被消灭，连错误都不存在了。他们拖着空洞的躯壳，赤裸裸地站在那里。桌子已被清盘，未来可以在上面随便书写了。

纯粹的思想，你是那个被毁灭的世界中唯一存活下来的生命，是所有已不复存在的力量的继承者。可你怎么才能把我们带到唯一的生命赐予者那里去呢？又怎么才能把正义还给我们、把权利观重新灌输给我们呢？

在这个世界里，你只能看到必须被拆解、被粉碎、被忘却的障碍和废墟。在这个世界里，没有任何站着的东西，没有任何活着的气息。无论你做什么，都大可以拿一个想法来安慰自己——你杀死的，本就是死物而已。

纯粹的思想之法，便是上帝之法；纯粹的思想之术，便是上帝之术。在纯粹思想的建构中，只有内部达到完美的和谐，它的外部看起来才能协调。不要希望在它身上能找到大理石建筑该有的直线和棱角。对于一个活着的有机体来说，强大无比的和谐方是内在的根本。

首先，这个新生的世界需要有物质生命。那我们就把庞大的《自然历史》[1]当作第一步启程、第一块基石送给它吧，那我们就在自然里建立秩序吧——对它来说，秩序即正义。

然而，现在还没到建立秩序的时候。江河正在奔涌，万物正在沸腾，自然就像才睡醒的、整座山都在熊熊燃烧的埃特纳火山一样，所有科学和艺术都在喷薄。这次喷薄之后，留下了一块巨大的、混合着渣滓和金子的火山石，那就是《大百科全书》[2]。

---

① 布冯，第一卷，1748年。请看乔弗卢瓦·圣-西莱尔（Geoffroy Saint-Hilaire）版本。——原注

② 狄德罗在1754年发表了《大百科全书》的前两卷。杰南（Génin）不久前写了一篇关于狄德罗的短评，相信读过的人都会觉得此文笔法风趣、文采飞扬，让人为之一笑，又为之沉迷。我认为这篇文章写得入木三分、直指根本。——原注

这就是这个新生世界要经历的两个阶段，这就是它的两个创造日。它没有秩序，也没有统一。让我们先把人、把世界的统一造出来，这样就有了秩序，我们期待的神圣的正义也就降世了。

人是以三个形象诞生出来的，他们是三个正义的使者——孟德斯鸠、伏尔泰和卢梭。

留神去找找法律吧，说不定我们会发现它藏在地球的某个角落里。也许那里有着宜人的气候，有利于正义的生长；也许那是一片肥沃的土地，能生出公平的果实。那个四处把它苦苦寻找的行路人、探索者，正是冷静而伟大的孟德斯鸠。然而正义就在他的眼皮子底下逃走了，它是相对的、变化的；法律在它看来就像一份报告一样，是个抽象的死物。它无法治愈生命。①

孟德斯鸠可以选择放弃，然而伏尔泰做不到。他经历劫难，把人类的所有痛苦都扛到了自己肩上，他满心恨意，死死地追杀着一切不公现象。狂热崇拜和专制暴权给人间带来的一切苦难，都压到了伏尔泰的身上。是他这位烈士、这位普世的受难者，是他被屠杀在圣巴托罗缪的那个夜里，是他被埋葬在新世界的矿洞中，是他被烧死在塞维利亚，是他和卡拉斯②一道被图卢兹最高法院执行车裂。他在苦难中哭泣、大笑——在这恐怖的笑声中，暴君的堡塔和法利赛派的教堂轰然倒地。③

和它们同时轰然倒地的，是所有那些宣称自己是万能的、想让其他一切统统被毁灭的、围在教堂四周的可笑篱障。它们在伏尔泰面前倒塌了，好为人道的教堂腾出位置，这座教堂把它们残余的砖块接手过来，

① 孟德斯鸠，《论法的精神》，1748年。以后我再有机会的话，会在各处解释为何这位天才在权利方面没有多少见解。他在无意中成了我们可笑的亲英派的建立者。——原注

② 卡拉斯（Jean Calas），法国胡格诺派教徒。1761年被指控谋杀自己的儿子而被判处死刑，次年被处以车裂酷刑，而且处以火刑。此案引起了伏尔泰的重视，迫使政府组成陪审团重新审理。——译者注

③ 关于伏尔泰，读者只需看看基内的《教皇绝对权力主义》其中四页内容就够了，其他再有才华的人，也写不出这等文章。——原注

把它们全禁锢在正义和和平的体内。

伏尔泰是权利的证人、使徒和殉道者。他干净利落地解决了一个自世界诞生以来就被提出的老问题：没有正义、没有人道的宗教是否存在？

## §VI. 三个思想上的王者

孟德斯鸠书写、阐释了权利，伏尔泰为权利哭泣和呐喊，而卢梭则建立了权利。①

当里斯本发生灾难的时候，伏尔泰被这场新的浩劫给震慑住了，泪水模糊了他的眼睛，让他再也看不见上天。此时，是卢梭让他重新振作，让他又相信了上帝，是卢梭在世界的废墟之上宣扬神意的存在。②

因为这并不只是里斯本的毁灭，更是整个世界的倾塌。宗教和国家，习俗和法律，全部都死去了。家园何在？爱呢？孩子呢？未来呢？啊！一个连母爱都已死去的世界，我们对它还能有什么想法？

而你这个贫穷、无知、孑然一身、被人所弃、被哲学家厌恶、被信徒们唾弃的劳动者，在寒冬中贫病交加的你，在雪地上、在蒙特莫朗西四面透风的小楼③里等死的你，只有你一个人还想着反抗，（用墨水已被冻住的笔）书写着，抗议着死亡。

可怜的音乐家，单靠你那把琴和那首《村里的预言者》④，就能为我

---

① 这些关于卢梭的话，是我在1847年写的，也许其中有所夸大。1867年，在写到路易十四时期的时候，我在书里展现了卢梭天才的另外一面。通过另一个视角来批判先前的一个观点，这能让我们更加接近事实本身。——原注

② 1755年，葡萄牙首都里斯本及附近地区发生了相当于里氏九级的大地震；第二年，伏尔泰写了一首长诗《里斯本的灾难》，诗中表达了对神的疑惑：到底是上帝可以防止灾祸而不愿意，还是他想防止却无能为力？卢梭看到此诗以后，给他写了一封信，也就是著名的《论神意书》。——译者注

③ 1756年至1762年6月，卢梭住在蒙特莫朗西一栋小屋中，并在那里创作了《社会契约论》《爱弥儿》《新爱洛依丝》等著作。——译者注

④ 卢梭写的两部音乐歌剧之一。——译者注

们重建一个世界了吗？当你来到巴黎这座遍地都是你的佩戈莱西[1]、音乐和希望的城市时，你有美妙的嗓音、炙烈的活力、热切的语言。许多年过去，你马上快五十岁了，已经老了，一切都完了。你都已经不再年轻，为什么还要在这个正在死去的社会面前谈论新生呢？

是的，即便对于那些没被命运如此残酷戏弄的人来说，当一切都在沉沦的时候，要把腿从深深的流沙和泥泞中拔出来，也非常困难。

强者啊，哪里才是他的支撑点，让他能找个落脚处停下来，稳稳地站住？哪里才能终止他的流亡？

啊，在这个衰弱的世界里，在这些懦弱、颓废的人身上（啊，那些卢梭和大革命的健忘的后人！），哪里才是他的立足地？

他找到了，他在你们最放松和懈怠的一个地方——他的心里找到了。他从自己的苦难最深处，清晰读到了中世纪从来不能读到的东西：**一个正义的神**。一位卢梭的光荣继承者是怎么说的？“**权利就是人间的帝王。**”

这句石破天惊之语，直到世纪末才被说出来；它是一句默启性的揭示，一句漂亮而深刻的口号。

卢梭的这句话通过另一个人——米拉波之口说了出来，但它仍是卢梭思想的精髓。当他挣脱了错误的时代科学，挣脱了同样错误的社会以后，你会看到他的字里行间折射出一道璀璨的光芒——义务，权利！

在《一个萨瓦神甫的信仰自白》[2]中，这束光芒绽放出自己全部的光华，展现出自己温暖、富有繁殖力的力量。连上帝都向正义屈服了，连

① 佩戈莱西（Pergolèse，1710—1736年），意大利作曲家，代表作为宗教音乐《圣母悼歌》和《F调弥撒曲》等。——译者注

② 卢梭在《爱弥儿》中附上了《一个萨瓦神甫的信仰自白》，里面向宗教权威发起了挑战，为自己及自己的主张进行辩护，因此此书遭到教会查禁。——译者注

上帝都向权利让步了！——或者毋宁说，上帝和权利成为一体了。

如果米拉波这句话是卢梭说的，也许反而起不了什么作用。时代不同，需求也不同。直到行动的那一天，米拉波才对这个准备好了的世界说“权利就是人间的帝王”，你是权利的子民。而在一个仍在沉睡、软弱疲乏、死气沉沉的世界，卢梭说了句他能说的话：“普遍意志就是权利和理性。”你的意志，便是权利。所以奴隶们，崛起吧！

“你们的公共意志就是理性本身。”换句话说：你们就是神。

而那些不相信自己就是神的人，能干出什么大事来呢？就是在那一天，你方能无畏地走过阿尔克拉桥①；就是在那一天，你才能以义务为名，将自己最珍贵的爱、将自己的心抢过来。

让我们去做神吧！如此这般，不可能的事也变得可能和简单起来。到那时，掀翻世界又算得了什么？我们可以创造一个世界！

这便解释了为什么一个人吐出的这丝微弱气息、一位潦倒音乐家奏出的这首旋律，把我们都唤醒了。

法国已是暗潮汹涌，欧洲也已是面目一新。德国这个伟岸的巨人，在它古老的基石上踉踉跄跄地站着。他们批判着他，却又遵循着他。“纯粹是在多愁善感。”他们挤出一个笑容，坚持这么说。可是话虽如此，这些梦想家仍然跟着那位音乐家的乐声走了。哲学家们和抽象家们虽然很不情愿，却仍走上了可怜的萨瓦神甫的那条直路。

到底发生了什么呢？上帝的哪道光芒照了下来，竟然导致如此天翻地覆的变化？是一个观念、一个新的神启、一个上天的启示所带来的力量吗？是的，人们受到了天启，然而新生的学说还不是最起作用的。有

---

① 即1796年11月17日法军和奥地利之间的阿尔克拉战役，当时的统帅波拿巴身先士卒，冲到满是奥地利军的阿尔克拉桥上，法军士气大振，最终获得了此战的胜利。——译者注

一个更加神秘、更加奇怪的现象，一股人们读不到、永远理解不到却感知到了的力量。没人知道它来自何处，然而自从这句火一般炽热的话在空中传开，空气的温度改变了；仿佛一股温润的气息吹过人间，不孕的大地又开始结出了果实。

这是什么？如果你想听，那我就告诉你。这是一个将心灵撼动和融化了的东西，这是青春的吐纳；所以，我们才会心甘情愿地放下一切。你若试图向我们表明这话有多么蹩脚、多么生硬，有时甚至只是一种庸俗情感的表达，那你便是在做无用功。青春就是这样，热血就是这样，我们就是这样，即便有时我们也承认年轻总有弱点，但我们更加实在地体会到的，是那段回忆的甜蜜，是一想到岁月一去不复返而产生的心酸。

那股暖流，那股穿透人心的旋律，这便是卢梭的魔力之所在。也许会有人质疑和反对他的这股力量（在《爱弥儿》和《社会契约论》中就是如此），然而在《忏悔录》和《一个孤独散步者的梦》中，通过剖白自己的弱点，卢梭赢了，让每个人都流下了热泪。

那些抱有敌意的外国天才人物可以扭头躲开光芒的照耀，但无法阻挡这股暖流的来袭。他们可以不理会言语的力量，但无法抵抗音乐的魅力。追求深层和谐的神灵、风暴的对抗者，正从莱茵河一路轰鸣到阿尔卑斯山，在一首轻柔的旋律、一声简单的呢喃、一曲第一次在夏梅特[①]葡萄园中唱起的晨曦短歌中，他们也感受到了那句有排山倒海的威力的咒语。

人们听到了，听到了这副稚嫩而又动人的嗓音，听到了这曲发自肺腑的旋律；这颗柔软的心被葬进大地之后的很长时间里，它的歌声依然在世间回荡。卢梭去世之后才得以发表的《忏悔录》，仿佛是一声从坟墓里发出的叹息。他回来了、复活了，变得更加强大，更受人敬仰，得

① 夏梅特是卢梭在《忏悔录》中记载的他和华伦夫人住过的地方。——译者注

到人们前所未有的热爱。

这个神迹，是他和他的竞争者伏尔泰共有的。竞争者？不对！敌人？更不对！这两位人类的使徒，就让他们从此以后并肩站在同一块基石上吧。①

已经八十多岁、被葬在阿尔卑斯的皑皑白雪之间、被岁月和工作压垮的伏尔泰，他也从冥界回来了。伟大的时代思想是自他开创的，也应当由他来画上句号：合唱中是谁唱出了第一句，就由谁接回调子唱完尾音。多么光荣的一个世纪啊！这是思想史上的一个英雄纪元，当被后世永远怀念。一个老者在坟墓边上站着，看着其他人从身边走过，里面有孟德斯鸠、狄德罗、布冯；他见证了卢梭的巨大成功——三年里出了三本巨著，“让世界都沉默了”。但伏尔泰并不灰心，而是迈着青春的强健步伐走进一个全新的领域。那位白发苍苍的伏尔泰在哪里？他已经死了。可是一个声音把他唤醒、把他拉出坟墓，让他得到了不朽：那便是人道的声音。

已经老去的赛跑者啊，这是属于你的桂冠！你依然是胜者中的胜者。在一个世纪中，你经历了一切战斗、走过无数刀光剑影、见识了所有教理学说（对立的，相悖的，这都并不重要），然而你仍然坚定不移地追随着一个目标、一个事业，追求着神圣的人道。他们却把你称作怀疑论者！他们却说你善变无常！他们居然认为，用肤浅的语言说些看似矛盾、实则是一个意思的话，就可以把你蒙骗过去了！

你的信仰，将被信仰本身带来的成果加冕。其他人说起正义，而你，

① 这是乔治·桑女士心中一个崇高而动人的想法，她揭示了天赋是多么重于无用的对立，认为人们应当系统地来看待这些并不是相互对立而是相互对照的伟大的真相目击证人。当时有人提议为伏尔泰和卢梭建立雕像，于是乔治·桑女士挥笔扬扬洒洒写了一封信，请求把这两位已经和解的天才立在同一块基石上。伟大的思想，都是发自于心的。——原注

你实现了正义；你的话就是行动，就是事实。你为卡拉斯和拉巴尔[①]申诉，你拯救了西尔旺[②]，你把屠杀新教徒的绞刑架拆得粉碎。你争取来了宗教自由，随后又争取来了公民自由；为最后的奴隶辩护的你，让我们野蛮的司法程序、罪恶的法律条文（这些法律本身便是罪恶）终于得到改革。

所有这一切，已经是大革命曙光的升起。你创造了它，注视着它。看吧，这是你的勋章！看吧，它已经升起来了！由于心怀坚定的信仰，在没看到大地重回圣洁之前，你是无法离开这个人间的。那么现在，你可以安息了。

**§Ⅶ. 大革命开始**

这两位伟人离开人世的时候，大革命在思想高层领域已经完成。

现在，该是他们的孩子出场了。嫡生的也好，私生的也罢，他们都有义务用各种方法去宣传、推广大革命：一些人靠雄浑激昂的文字，一些人靠入木三分的讥讽，另外一些人负责捶打铜质勋章，一手接一手地将它们传下去。米拉波、博马舍（Beaumarchais）、雷纳尔[③]、马布里（Mably）、西哀士（Sieyès）等人，现在是时候让他们去大展拳脚了。

大革命昂首阔步地前进着，在前面带头领队的永远是卢梭和伏尔泰。各国君主紧随其后，里面有腓特烈、叶卡捷琳娜、约瑟夫、利奥波德，本世纪两大宫廷都聚齐了。伟人啊，世上真正的帝王啊，统治吧！我的国王们啊，统治吧！

---

① 1766年，代表国王的检察官对一位叫拉巴尔（La Barre）的贵族提起控诉，罪名是亵渎神明，因为他诋毁耶稣钉在十字架上的受难形象。这个刑事诉讼程序在法国内外引起广泛关注，伏尔泰也试图用自由主义思想为这个贵族骑士的有罪判决做辩护，然而拉巴尔最终还是被火刑处死，死前被拔舌，伏尔泰为他写的辩护书也被付之一炬。——译者注

② 西尔旺（Sirven），法国新教徒，他的二女儿伊丽莎白患有精神疾病，却被带到修道院中强迫信仰天主教，由于被虐待而精神崩溃。愤怒的西尔旺揭露了修道院的暴行，当局诬陷他虐待女儿、阻止她改信天主教，因此他被判处死刑。伏尔泰代而申诉，在西尔旺死后五年被判无罪。——译者注

③ 雷纳尔神父（Raynal，1713—1796年），法国作家、思想家和教士。——译者注

所有人都转换观念，所有人都渴望大革命的到来；是的，所有人都渴望着它，不是为了自己，而是因为别人。贵族希望用革命来扳倒教士，教士也希望靠革命来压制贵族。

然而，一个杜尔哥就考验了他们的一切：他把这些人叫来，问他们是不是真心希望一切变好。所有人异口同声地回答：不！该发生的，就让它发生吧！

与此同时，我看到革命在四处蔓延，连凡尔赛都没能幸免。所有人都接受了革命，只要它别发展到伤及己身这个上限就行。路易十六都接受芬乃伦和勃艮第公爵的方案了，阿图瓦伯爵都认可《费加罗的婚礼》了[①]，还强迫国王让这出非常了不起的戏剧上映。王后也希望能有一场革命，至少她希望自己的宫廷里能掀起一场有利于那些**暴发户**的革命；这位毫无成见的王后，为了保住自己美丽的密友勃利夫人[②]，可以把其他出身高贵的贵妇们都拒之门外。

**借贷者**内克尔揭露了王国财政的捉襟见肘，却也亲手毁掉了国家借贷。内克尔公开是一位革命派，他也觉得通过建立小小的地方三级会议，自己就算是革命派了。然而该机构中，却是由特权阶层来决定应对特权阶层剥夺什么。

随后上台的是聪明的卡洛纳，他掏空了公共财库，也仍然喂不饱特权阶层，于是便表态抨击特权阶层，把他们交到仇恨的人民手中。

他让革命和显贵阶层之间产生了对立；而哲学家和教士洛梅尼[③]，则

---

① 《费加罗的婚礼》被路易十六所禁，但在私下曾对国王的弟弟阿图瓦伯爵上演。——译者注

② 勃利夫人，即波利尼亚克公爵夫人（Madame de Polignac，1749—1793年），相当受玛丽·安托瓦内特重用，后来还成为王后子女的家庭教师。但当法国大革命爆发的时候，波利尼亚克家族却抛下王后逃往奥地利避难，公爵夫人不久后去世。——译者注

③ 洛梅尼（Loménie，1727—1794年），法国大革命前夕的神职人员，接替卡洛纳担任路易十六的财政大臣，是向1790年《教士民事基本法》宣誓的少数高级神职人员之一。他曾是宫廷宠臣，最后因中风或中毒死于狱中。——译者注

让革命和最高法院之间成了敌人。

卡洛纳在承认财政赤字、公布国库亏空时，说了一句精彩的话：“这个窟窿里还剩什么呢？流弊。”

话已经说得很清楚了。唯一没讲明白的是，卡洛纳是以谁的名义说出此话的？是那个给其他所有流弊提供了养分、在这栋破旧建筑中充当着穹顶基石的最大流弊吗？简而言之，是国王的人把流弊揭露出来，那王权是支持它还是要根除它呢？

教会是个流弊的存在，贵族也是个流弊的存在，这已不消多说。

教会之所以享有特权，是因为曾经的它有教育人民、以身作则的义务。而到了今天，它依然享有特权，这就说不过去了，可教会依然心安理得地享用着。在上一次议会中，教会还大力主张惩办思想家，为了让人开这个口，它还请来了一位无神论者和一位怀疑论者：洛梅尼和塔列朗（Talleyrand）。

贵族阶层的特权同样也是无理可言的。贵族过去不用纳税，是因为他们的宝剑就是赋税。贵族须听从御令、应诏征召军队，然而组织出的却是一群毫无纪律的乌合之众（最后一次还是在1674年）。只有他们才能不断向军队输出军官，却封死了其他阶层在军队的晋升之路，导致军队无法实现多样化。世俗军队、行政管理、官僚机构都被贵族把控着，连教会军队最高位置上都清一色是贵族阶层的人。他们需要做的就是过着养尊处优的生活，换句话说，也就是什么都不干，然而他们又把什么都抓在自己手上。所以，什么事情落到他们那里都再也干不成。

教士和贵族成了这个世界的包袱、国家的诅咒、一个必须被切除掉的坏疽，这已是昭昭在目的事实。

唯一不明朗的地方是王权问题。我们已经反复强调：这个问题不只是个纯粹的表面问题，而是一个基本的、深层的问题，比法国其他任何问题都要根深蒂固。它不仅关乎政治，更关乎爱和信仰。从没有任何民族如法国人民那样，深深地爱过他们的国王。

在路易十五时期，人们睁开过眼，但到路易十六时又把眼睛合上了，所以这个问题依然是不清不楚。人民曾对王权再次满怀希望，杜尔哥期待着，伏尔泰期待着，期待这位出身不好又没得到好好抚养的年轻君主能够大有作为。路易十六抗争过，但被洪流冲走了。出身和教育导致的偏见、家族遗传下来的德行，终让他走向了毁灭——多么悲哀的历史问题啊！有正义人士替他辩言，也有正义人士判他死刑。他错在表里不一又智力有限（当然这并不令人惊讶，因为他是由耶稣派教育成人的）；他罪在向外国求援，导致自己最后走上死路。但即便如此，我们也绝不要忘了，国王曾长期坚定地站在反奥地利和反英国的阵线上，他曾心怀热血，想重振海军实力，他曾在离朴茨茅斯[1]十八古里地修建了瑟堡，他曾和他国联手将英国一分为二，造出了一个于英国不利的英国。卡诺在路易十六逮捕令上签字时流下的眼泪，在历史中一直为他潺潺地流着；评价他的时候，历史甚至正义都无不在哭泣。

每过一天，他离毁灭就更近一步。现在不是讲述这段历史的时候，我只想说，最好的总是在最后（这是上苍留给我们的深刻教训！），好让所有人认识到体制的坏处更甚于个人的缺点，认识到这不是对国王的审判，而是对旧王权的审判。这门宗教已是强弩之末了。无论路易十五还是路易十六，卑鄙也好、正直也罢，神依然是人。哪怕他恶得已经失去人性，但看看他的德、他的善，他依然有人的一面。他有人性与弱点，无法拒绝、不懂反抗，每天都为了廷臣而牺牲人民，就像牧师的上

① 英国南部一港口城市，位置十分显要，长期以来一直是英国最大、最重要的海军基地。——译者注

帝一样，为拯救他的选民而让人民大众堕入地狱。

我们已经说过，只局限于选民的、讲究圣宠的宗教，只照顾宠臣的、讲究恩宠的政府，它们都已是日薄西山。享有特权的乞讨，无论如教会那样腌臜不堪也罢，如凡尔赛宫那样镶金镀银也罢，终归仍是乞讨罢了。这里涉及两大父系权力：以宗教裁判所为特点的教会父系权力，以及以红皮书和巴士底狱为象征的君主制父系权力。

**§Ⅷ. 红皮书**

当奥地利的安妮王后①临朝摄政时，雷斯红衣主教②说过："人类语言只剩下这几个字：王后圣明！"

从那天起，法国就开始走向式微。从那天起，以前在黎世留的铁腕执政下都能蓬勃壮大起来的社会中下层阶级，又跌到了谷底，从历史舞台上消失了。为什么呢？因为"王后圣明"，她把大批优秀俊杰全都集中到宫廷；在黎世留执政时逃离首都的所有外省贵族又回来了，各种要求、各处抢劫，千般巧取、万种豪夺；他们要求至少得把他们的赋税免掉吧。好容易才买了块地的农民，却成了唯一的掏腰包者，一切苛捐杂税都摊在他头上；他只好把土地卖掉，又被打回到当初那个可怜的佃户、农民、仆人的身份。

路易十四开始的时候极其强硬，决不豁免赋税；柯尔贝尔把四万个贵族的名字从免税单上划掉。国家繁荣昌盛起来，四海之内一时一片升平气象。然而路易十四心肠又软了下来，越来越同情贵族阶层的可怜命

---

① 安妮王后（Anne d'Autriche，1601—1666年），法国国王路易十三的王后，路易十四的母亲，17世纪欧洲最著名的女性之一，在路易十四登基后，和马萨林担任路易十四的摄政者和保护人。——译者注

② 雷斯红衣主教（1613—1679年），法国投石党运动领袖之一，因投石党运动失败而曾被捕入狱，创作了17世纪法国文学名著《回忆录》。——译者注

运。他把什么都给了贵族，头衔、官位、年金、俸禄等，还为年轻贵族女子建了圣西尔[①]。贵族繁荣壮大起来，法国却陷入绝境。

路易十六开始的时候也是决不妥协，对贵族的要求嘟嘟囔囔、一再拒绝。廷臣们尖刻地讽刺他的粗俗，说他是**猪突豨勇**。那是因为他身边有一个“奸臣”——固执强硬的杜尔哥。唉！那时王后还做不了什么呢。1778年，国王最终让步了，他再也无法拒绝，无法拒绝王后，也无法拒绝自己的弟弟。法国最长袖善舞、左右逢源的人当上了财政总监；前任财政总监们费尽心思要去规避和拒绝的东西，到了卡洛纳那里，都被他慷慨大方地散了出去。他对王后说：“夫人，当前可能的，我会去做；不可能的，那就以后再做。”王后买下了圣克鲁；之前还无比节俭的国王也动心了，买下了朗布依埃。*阿图瓦伯爵那位大公无私的朋友，沃德勒伊（Vaudreuil），什么都不想要，只把自己在美国的财产以一百万里弗[②]的价格卖给国家，然后又将其收回，攥在手中而已。*谁也不敢说，戴安娜·德·波利尼亚克[③]巧妙指示儒勒·德·波利尼亚克卷走了多少财产。*头戴王冠、后来成为阿尔玛维瓦伯爵夫人的罗西娜是无法拒绝苏珊娜的；那是真的苏珊娜也好，是凯鲁比诺假扮的也罢，她都无法抵抗这个人身上变幻的魅力。*[④]

大革命把一切都打乱了。它粗鲁地揭下了盖在社会废墟上的那层柔情款款的面纱。面纱掉落后，达娜伊特的酒桶[⑤]露了出来。关于普依博林

① 1684年，路易十四在他的第二任妻子曼特农夫人的请求下，在圣西尔为年轻女子创办了一所寄宿学校。——译者注

② 该时期的里弗（livre）是种不足五克重的银币，其价值略轻于初行十进位时的法郎。苏（sou）是一里弗的二十五分之一，锝（denier）为一里弗的二百四十分之一。当时的银埃居（écu）等于三里弗，金路易（路易十三时始铸）约合二十四法郎。——译者注

③ 戴安娜·德·波利尼亚克伯爵夫人（Diane de Polignac，1746—1818年），安托瓦内特的密友，是伊丽莎白的第一女官；儒勒·德·波利尼亚克（Jules de Polignac）是她的哥哥，是一位军官和政治家，其夫人便是勃利夫人。——译者注

④ 罗西娜、苏珊娜、凯鲁比诺都是《费加罗的婚礼》中的人物。——译者注

⑤ 在希腊神话中，达娜伊特的女儿们在婚礼之夜统统杀死了自己的丈夫，她们因此被罚入地狱，每天往无底的酒桶里装水。“达娜伊特的酒桶”现在已成了一句谚语，意为“无底洞”。——译者注

和弗内斯特朗日那件超乎人们想象的事，在饥荒之年、在国家破产之际掷出的那一百多万法郎，一个愚蠢女人丢到另一个女人身上的那一百多万法郎[①]……这已经超过了任何讽刺作品能表达的程度。人们在笑，却是因为恐惧而笑。

财政委员会铁面无私的报告员，告知议会一个秘密："国王，其实就是这些开销的唯一**拨款审核人**。"

这些开销的唯一解释是，国王太过心善了。他过于心软，无法拒绝别人，也见不得别人难过，于是只能受控于人。若稍微牵涉到经济，人们只要在他面前表现出难过或赌气的样子，国王就让步了。有些人胆子更大一点，说话底气十足、态度强硬，来逼国王就范。科瓦尼[②]（由时间顺序来看，他是王后的第一任或第二任情人）拒不接受自己的某一巨额抚恤金被缩减，在国王面前大吵大闹。国王耸耸肩，什么都没回答。晚上，科瓦尼说："说实话，他本可以压倒我的，而且我对此还没有任何办法。"

贵族大家没有任何财政损失，每个姓氏显赫的母亲在子女嫁娶时都从国王那里赚了一大笔。她们能说的不外乎是"这些大家族让君主制更添光彩，它们是国王的颜面之所在"之类的话。国王只好可怜兮兮地签字许可，在他的红皮书上记着：给某某夫人，五十万里弗。这位夫人再带着国王手谕去找部长，部长说："可是夫人，我哪儿来的钱啊？"她就胡搅蛮缠、软硬兼施，哭诉自己都快破产了，威胁说自己在王后那里有多得宠。最后，部长只好给她凑齐这笔钱。他可以像洛梅尼那样，延迟支付小收息者的年金，就让这些人饿死得了。或者，他也可以挪用赈

① 这里米什莱影射了安托瓦内特为了解决自己密友勃利夫人债台高筑的问题，而将普依博林和弗内斯特朗日两块封地以一百二十万法郎的价格送给她的家族来抵债的事情。关于此事可参考戴安娜·德·波利尼亚克的个人回忆录，以及卡洛纳为反对国民议会1791年2月14日法令而写的檄文（卡洛纳对此事持否认态度）。——译者注

② 科瓦尼（Marie-François de Coigny，1737—1821年），国王的御前大骑士、法国元帅，据传是王后的情人。——译者注

灾慈善基金（他也这么做了），甚至还把手伸向了医院的钱柜里。

法国处在仁君的统治之下，万事顺利。一个如此宅心仁厚的国王，一个如此和蔼亲善的王后！撇开凡尔赛宫里那些**可怜的特权阶层**不管，还有一个麻烦，那就是另外一个地位同样尊贵、人数同样众多的阶层——**可怜的外省特权阶层**。他们说，自己什么也没有，什么也没得到；他们的呐喊响彻九天。在人民动手之前，是这群人率先揭开了大革命的序幕。

顺便提一句，别忘了还有人民。凡尔赛宫和外省的那些可怜的特权阶层拿到了钱，而人民呢？人民却被遗忘了。

啊！人民！说起这个，让我们来注意一下税务征收部。要知道，世道已经变了。从前那些最冷血无情的金融家们，如今摇身一变，全都成了慈善家，和蔼、亲善、温柔、好善乐施。没错，他们一只手在播撒饥饿，另一只手又在赈济难民。他们让成千上万的人沦落到靠乞讨求生，又给这些人施舍财物。他们建起了医院，又把里面塞满了人。

伏尔泰在一本短篇小说里是这样写的："波斯波利斯[①]有三十个财务大王，他们从人民那里搜刮来巨额的财富，只把其中一小部分交给国王。"例如，在一亿两千万的盐税中，税务征收部就吃了六千万的回扣，再把剩下的五六千万上缴给国王。

征税不亚于一场有组织的战争，它造出了一支队伍，队伍中有两万张嘴啃食着土地。这群蝗虫飞过之处，片草不留。人民已被吃得骨头都不剩，要从他们身上再榨出点东西来，就需要严酷的法律、高额的罚金、各种徭役酷刑。税务征收部的官员们有权配备武器，他们烧杀抢掠，还只接受税务征收部特别法庭的审判。

① 古波斯帝国都城之一。——译者注

这里面最令人瞠目结舌的地方，便是国王和征收部的心慈手软。国王，还有那三十位财务大王，都把免税名额赠予（或低价出售给）别人；国王的方法是封爵，税务征收官的办法则是晋官（因为税务官员可以免除赋税）。所以，税务征收官在干一件杀鸡取卵的事：他们一方面提高纳税金额，另一方面又在减少纳税人数目。当赋税的担子压在更少的人身上时，它就更加沉重了。

两个特权阶层交税多少，全凭他们的喜好而定：教士阶层是绝不会上缴一分一厘的；贵族阶层会因为某些封建课税特权而交些税，但是缴纳数额取决于他们自己的宣报。税务征收官点头哈腰地做着免税记录，根本不去核实其中的真伪。所以这些人的邻居就得出更多的血了。

*啊！大地啊！苍天啊！正义啊！*哪怕因为奴役、压迫和暴政而走向死亡，人民都依然安分守己地继续过着日子。因为善良，所以死亡！可是，也许他们能忍受黎世留的铁血专制，但面对洛梅尼和卡洛纳之流的好心、金融家们的慷慨、税务征收官的慈善，他们又怎么忍得下去呢？

忍耐、死去，这都不要紧！然而只因**上帝的选择**而必须忍耐，只因**任意的命运**就必须死去；一些人可以享受**圣宠**，而另一些人只能得到死亡和毁灭！啊！不行！这太过分了！

一些善良的人为大革命中的惨剧而哭泣（当然，这么做是非常有道理的），求你们，也为那些导致这些惨剧发生的苦难和悲惨抛洒几滴眼泪吧。

求你们看看吧，看看这个在泥泞之中苦苦挣扎的民族，看看这位可怜的约伯，这个站在他那虚伪的朋友、他的守护神、他的那些大名鼎鼎的拯救者中间，站在教会和王权中间的人民吧。看看吧，看看他无言地向国王投去的悲哀的目光，看看这道目光中诉说着什么！

“王啊，被我当成神一样的王啊，您的身躯就是我的祭坛的王啊，我在上帝面前苦苦哀求他赐给我的王啊，我在死亡的阴影中向您祈求救赎。您就是我的希望，您就是我的爱……什么？您还什么都没察觉到？”

## §IX. 巴士底狱

路易十五和蓬巴杜夫人的侍医，大名鼎鼎的魁奈（Quesnay），在凡尔赛宫蓬巴杜夫人殿中任职的时候，有一天看到国王突然造访，表现得惊慌失措的样子。才华横溢、留下一本很有意思的回忆录的女官杜豪赛夫人（Mme du Hausset），问他为什么如此慌张，他答道：“夫人，每次看到国王的时候，我总在不断告诉自己：这个人能让我人头落地。”“啊！”杜豪赛夫人惊道，“国王人非常好呀！”

女官的这句话，概括了君主国家的所有保障。

国王人非常好，怎么会干出砍掉别人的脑袋这种事情来呢？何况现在已经不时兴砍头这一套了。但仅凭国王一句话，就足以把人打入巴士底狱，让他在那里被世人遗忘。

想想哪种更好点：是一刀毙命，还是缓慢地煎熬了三四十年后再死去？

法国有二十多所坚垒，其中仅仅六所（在1776年）就收押了三百多名囚犯。1779年时，巴黎有三十多所监狱，当局可以不经审判就把人打入大牢。除了监狱之外，还有不计其数的修道院枕戈待命。

在路易十四统治末期，如其他东西一样，所有国家监狱都被掌控在了耶稣会的手中，成了它用来迫害新教徒和冉森派教徒、逼人改换信仰的工具。这里是一处比威尼斯的公爵宫顶监狱还要幽深的秘密巢穴，它就是一座遗忘之墓，将一切都封死在里面。耶稣会会士担任巴士底狱和其他各监狱的忏悔神甫，囚犯若死亡，就被改名换姓、埋葬在耶稣教会的教堂里。

他们掌握着所有恐怖工具，其中以单人囚室为甚，有时还能从里面扫出几个被老鼠啃噬得惨不忍睹的耳朵或鼻子。他们不仅使用恐怖手段，还有各种奉承恭维。这套砒霜加蜜糖的办法，用在可怜的女性囚犯身上可以说是格外奏效。为了让圣宠更有效果，连进食都成了施赈吏的一种手段，让那些选择屈服或继续抵抗的女人饱一顿、饿一顿，用丰盛考究的膳食去腐蚀她们。不止一所国家监狱里曾发生过狱守和耶稣会会士轮番玷污女囚，并致其怀孕的事件。其中一位女性不堪其辱，自缢身亡。

时不时会有警察长去巴士底狱吃个午餐，这也算是一种官方探访监督。可这位官员什么也不知道，偏偏他又是唯一一个给部长做汇报的人。这里已然建立起一个大家族、一个小王朝，从夏多纳夫（Châteauneuf）到他的儿子拉维利耶尔（La Vrillière），再到他的孙子圣-佛罗朗丁（Saint-Florentin）（死于1777年），他们在长达一个世纪里掌管着国家监狱司和密信部。这个王朝要延续下去，就必须有囚犯的存在；新教徒出狱后，就拿冉森派教徒来顶替，发展到后来，进去的便是文人、哲学家（如伏尔泰、弗雷列[①]、狄德罗这样的人）。部长大方地把空白密信分发给地方督办、主教和要员，仅仅圣佛罗朗丁一人就发了五万封。人最宝贵的财富——自由，遭到前所未有的浪费和挥霍。密信代表着一桩有利可图的肮脏勾当，想甩掉亲生儿子的父亲、觉得丈夫太束手束脚的美貌妇人，他们都可以买到它（而后面这种入狱情况则最常见）。

所有这一切，都是好心肠惹的祸。国王人那么好，怎么能够拒绝向一位贵族颁发密信呢？地方督办心那么软，怎么能不同意一位女士的请求呢？内阁官吏、官吏的情妇、情妇的朋友，都是因为热心、出于

① 弗雷列（Nicolas Fréret，1688—1749年），法国著名学者，因为写了《法兰西的起源》一书，教会向政府揭发说他在诽谤君主制，并将其关进巴士底狱。——译者注

尊重、要守礼貌，所以才会拿到可怕的密信，将其交给别人，让一个活人生生被埋在地底下。有人被埋葬，而人们对此类事情却是如此漫不经心！几乎所有那些讨人喜欢、身份高贵的官员，那些上流社会的先生太太，全都只想着如何寻欢作乐，却从不肯花点时间想想那个被埋葬的可怜虫，想想他现在的悲惨处境。

所以在这个讲究*圣宠的政府*中，上至国王、下至小吏都对自由和生命视若无物，将它们任意玩弄于股掌之间。

我们来好好理解一下这套密信制。

为什么它能够大行其道？为什么一切在它面前都要让步？因为它代表了上帝的圣宠、国王的圣宠。

在这个讲究圣宠的世界中，就让那些失宠的人滚蛋吧。就让他们被驱逐、被惩罚、被诅咒吧。

巴士底狱和密信，意味着被国王放逐。

被放逐的人会死吗？不会。死亡，这得由国王决定，而且是一个沉重的、会让国王内心不安的决定，会逼他在他和他的良知之间做裁决。算了，免掉他做裁决和犯杀戮的烦恼吧，毕竟在生与死之间还有一个中间态：被埋葬的活死人状态。那就为这群被遗忘的人专门建立一个世界吧；那就在两个世界之间竖起谎言的大门，让生和死永远保持模糊的界限吧。活死人将再不知道关于自己亲友们的一切。“我的妻子呢？”“她死了，不对，她改嫁了。”“我的朋友们呢？还活着吗？还记得我吗？”“朋友？唉，可怜虫，当初就是他们背叛了你啊。”于是，这个被他们玩弄于股掌之间的不幸人，在嘲笑、诽谤和谎言中苟活着。

被遗忘！多么恐怖的一个词啊！在一群人心中，一个人就这样消逝了。上帝赋予了他生命，难道他没有权利活下去吗？连活在记忆之中都不行吗？将人从记忆里抹杀掉，这是一种比死亡更可怕的死亡，任谁再怎么罪大恶极，也不该受此惩罚啊！

不，别相信这个，任何人、任何事都没被遗忘。曾经存在过的，是无法被抹去的。那一道道静默的高墙不会忘记，那一块块铺路石还将继续传递出声音；空气也不会忘记；通过圣安托万大门下那照着一个正在缝衣服的可怜女人的微弱灯光，人们都看到了，都懂了。还有什么呢？哦，还有，连巴士底狱都被感动了。狱卒虽然铁石心肠，但他们毕竟也是人啊。我在监狱的墙上曾看到一个囚犯写给狱卒的一首颂歌，说他是自己的恩人——多么可怜的一点儿恩惠啊！他就只是随手把一件被坟墓里的虫子蛀得破破烂烂的衬衣赏给了这个可怜的拉撒路而已。

当我写下这些字的时候，一座山峦、一座巴士底狱沉沉地压在我的胸口。唉，为什么我要喋喋不休地念叨着那些已被拆毁的监狱、那些已在死亡中得到解脱的不幸的人呢？世界上到处都是监狱，从施皮尔贝格[①]到西伯利亚，从斯潘道[②]到圣米歇尔山[③]，世界就是一座囚牢！

人间集体的暗默，低声的哀鸣，寂静大地发出的微弱的叹息，这些我已听得太多太多了。在低等生物身上并不存在、在非洲和亚洲的蛮夷之国被人向往着的那个被禁锢的思想，却在欧洲思考着、挣扎着。

法国虽被禁锢起来，但如果不是在法国，思想还能在哪里发言呢？正是在这片土地上，沉默的大地之神寻到了一个表达自我的嗓音。世界负责思考，法国负责发声。

正因如此，在众多监狱中，法国的巴士底狱，或者说是巴黎的巴士

① 即施皮尔贝格堡垒，坐落在布鲁诺城中高处，1783年约瑟夫二世将堡垒一部分改造为囚牢，它变成了奥地利帝国中最恐怖严酷的一座监狱。——译者注
② 柏林的一个区。——译者注
③ 法国著名古迹和天主教朝圣地，位于芒什省一座小岛上。——译者注

底狱（我更愿意称其为思想的囚牢）才显得格外可憎、可鄙、可恶。从上世纪开始，巴黎就已是世界之声了。当时，有三个人在替这个世界发声：伏尔泰、卢梭和孟德斯鸠。可是这些伟大的发言人受到了多少打击和威胁啊！人类痛苦的叹息只能通过一个狭小的洞口发出来，然而即便如此，仍有人竭力想堵死这个洞口。啊！这叫人如何能够忍受？

我们的父辈摧毁了这座巴士底狱，他们用满是鲜血的手扒下一块块石头，把它们扔得远远的。然后，他们又把这些石头捡了起来，用钢铁把它们铸造成另一副模样，叫它们从此以后都被踩在人民的脚下——他们用这些石块建起了大革命之桥。

其他所有监狱都变得越来越人性化，只有这一座的戾气越来越重。在一代接一代的统治之后，巴士底狱的自由——这个令狱卒们闻之发笑的东西，变得越来越少。监狱窗户被逐渐封死，铁栏越来越多、越来越高。在路易十六统治时期，连庭院都没有了，绕场散步的活动也被取消了。

民怨早已沸腾，在此期间，有两件事更是煽起了人民的怒火：首先是林格[①]的回忆录，让人民认识到这里面是多么藏污纳垢、暗无天日；起到关键作用的是拉图德案件[②]，此案没有任何书面记录，却被人们口口相传，奇迹般地散播出去，而且更有决定意义。

必须得说，在读到囚犯的信件时，我常常被其中深重的悲哀和惨痛所震动。虽然我公开反对野蛮的虚幻作品里的那些永恒惩罚，然而在读到这些文字的时候，我却忍不住向上帝祈求：让这些专制者永远待在地狱里不要出来吧。

---

① 林格（Simon-Nicholas Henri Linguet，1736—1794年），法国律师、法学家、文人、大资产者，反对哲学、冉森派和自由经济主义，恐怖统治期间被捕和处死。——译者注

② 拉图德（Latude），一个以越狱闻名于世的囚犯，他第三次被捕以后被关入巴士底狱，仍用床单编织成绳子逃出监狱。再次被捕以后，他讲述了巴士底狱中的恐怖和悲惨，还发表了回忆录，此书在大革命时期获得了巨大成功。——译者注

啊！萨尔丁纳先生[①]！啊！蓬巴杜夫人！你们真是辛苦了！从这段历史中我们清楚地看到，一旦做事没了正义，人是如何一步步越陷越深的；从暴政统治者到奴隶都感受到了的恐怖气氛，是如何把暴政者变得更残暴的。一旦某人只因犯了一项轻罪，未经审判就被打入大牢，蓬巴杜夫人和萨尔丁纳先生就得把他永远关在那里，用一块巨石把出口封死，让他陷入永远死寂的地狱中。

但这是不可能的。总有一天，这块巨石会被掀起来；总有一天，一道低沉、可怕的声音会响起，一簇火苗会烧成燎原之势。1781年，萨尔丁纳已感受到它那可怕的力量；1784年，火已烧到国王身上；1789年，人民什么都知道、什么都看到了，连囚犯越狱的梯子都尽收眼底。1793年，他们把萨尔丁纳一家悉数处死。[②]

于暴政者来说，糟糕的是，他们把一个刚烈如火、令人生惧、无法驯服的人关在了拉图德这个囚犯的身体里，此人的声音足以震动高墙，其思想桀骜不驯，其勇猛所向无敌。他那无坚不摧的钢铁之躯，能够毁灭所有监狱。巴士底狱、万塞讷监狱、夏朗冬监狱，以及令人闻之变色的比谢塔，所有的一切都将被毁灭。

我们暂且不论拉图德其人好坏，他越狱两次，又两次自投罗网，导致自己面临更严重的控诉，而且还不得上诉。第一次他逃脱之后，向蓬巴杜夫人写了一封信，于是后者就派人又把他抓起来了。第二次他去了凡尔赛宫，想面见国王，走到前厅的时候，蓬巴杜夫人再一次把他给逮捕了。没错！国王的宫殿已不再是一片圣地了！

① 萨尔丁纳（Antoine de Sartine，1729—1801年），1759—1774年担任警察总长，路易十六执政时期又担任海军部部长。——译者注

② 1789年发生的一系列大事让萨尔丁纳深感害怕，于1790年逃至西班牙，至死没有回法国，而他的儿子、儿媳则在大革命期间被处死。——译者注

可惜我不得不说，在当时那个萎靡、软弱、垂暮的社会中，虽有许多博爱者、部长、法官、领主在哀悼着未来，却没有一个人真正做出点什么。马尔塞布[①]在哭泣，还有古尔戈（Gourgues）、拉莫瓦农（Lamoignon）、罗昂（Rohan），全都在哭泣。

被关在比谢塔里的拉图德，身上满是自己的粪便和污垢，被虱子和臭虫吮吸着鲜血，他只能睡在地上，经常发出饥饿的哀鸣。他通过一个喝醉酒的狱卒，向某位我不知道是谁的博爱者写了一封诉状。但这封信被狱卒弄丢了，落到了一个女人手中。她读这封信的时候在发抖，但她没哭，而是果断行动起来。

勒格罗夫人（Legros）只是一个小小的裁缝，靠在自己店里缝衣为生；她的丈夫是一个拉丁补习教师。勒格罗夫人并不害怕卷入这桩可怕的案件中；凭着自己沉着冷静的判断力，她看到了别人没看到或者说不愿看到的东西：这个可怜的人并没有疯，他只是一个不得不被牺牲的牺牲品而已，统治政府为了掩饰其中的丑恶，只好将过去的错误再罪恶地延续下去。勒格罗夫人看出了其中的端倪，但既不沮丧也不害怕。她身上充分表现出了真正的英雄气概：有行动的决心、坚持的毅力、时刻牺牲掉自己的觉悟、不惧危险的勇气，还有躲避、挫败暴政者的恶意中伤的智慧和计谋。

在连续三年时间里，她以常人难以想象的坚韧，朝着自己的目标一步步迈近，带着一种猎人或者赌徒般的渴切，追求着权利和正义——一种常人只有在为了满足自己不道德的欲望时才会产生的渴切心情。

一路上的坎坷和不幸，并没有把勒格罗夫人压垮。父母去世了，自

① 马尔塞布（Malesherbes，1721—1794年），法国杰出的皇家行政官和律师，于1744年在巴黎最高法院中担任法官，1750—1763年为出版总监，1775年担任王室内府的国务大臣。马尔塞布在1792年帮助组织了路易十六的辩护工作，次年被捕，判叛国罪，他和他的家人均被处死。——译者注

已的小本买卖也没了；周围的亲戚都在责备她，恶意地揣测她。有人问她，她是不是这个囚犯的情妇，否则怎么会对他如此在意。一个幽灵、一个死人、一个被臭虫跳蚤叮咬着的人的情妇！

而让她走下去的最大动力，让她甘心背负上受难十字架的最大支撑，便是她为其付出一切、牺牲自己也在所不惜的那个人所发出的呻吟、所承受的不公、所遭到的怀疑。

啊！这位贫苦潦倒、衣衫破烂的女人，一户一户地敲着官老爷的大门，求着仆人放自己进去，在那些大人物面前替他申冤，求他们伸出援手。此情此景，教人如何不动容？

警察局害怕了，恼怒了。勒格罗夫人很有可能在某一刻被带走、被囚禁，永远消失。大家都在警告她；警察长把她找来，用语言威胁她。可惜，这是一个意志坚定、毫不动摇的女人，反而让他感到害怕起来。

机缘巧合之下，有人指点她去找公主夫人[①]的女官杜贤纳夫人（Duchesne）帮忙。于是，勒格罗夫人在寒冬腊月里走路前往凡尔赛，还怀着七个月的身孕。当时保护人已经离开，她便急急忙忙地追过去，追的时候扭伤了脚，却仍然跑啊、跑啊……杜贤纳夫人大哭了一场，可是她又能做什么呢？一个小小女官只身去对抗两三位内阁大臣，这其中的力量相差太悬殊了！勒格罗夫人手捧请愿书站在那里，一个恰巧经过的宫廷神甫把这封信抢了过去，告诉她，这是一个疯子、一个无耻之徒自己的事，叫她不要掺和进来。

这样一句话，足以让对此事有所耳闻的玛丽–安托瓦内特的心凉下来。她落了几滴被人笑话的眼泪，然后就没有然后了。

在法国，我们几乎找不到比国王更善良的人了。人们无论有什么事

① 即路易十五的八个女儿，其中大多数终身未婚、留在宫廷。在法国历史中，人们称呼贵族未婚女儿为“小姐”，但称国王的未婚女儿为“夫人”。——译者注

情，最后都会找到他那里去。罗昂红衣主教（他虽好色，却仍算仁慈）三次向路易十六提起此案，但三次都遭到拒绝。路易十六太善良了，不相信萨尔丁纳能做出这种事来。何况萨尔丁纳已经不在位置上了，不能因为这么一件事就让其颜面丧尽，落入政敌手中。抛开萨尔丁纳不论，更大的一个原因是：路易十六以巴士底狱为荣，它不能有错，不能名节受损。

国王太仁慈了。他取缔了沙特莱要塞的底层单人囚室，撤去万塞讷监狱，为因欠债而入狱的人建立了拉福尔斯监狱，把他们和刑事罪犯分隔开来。

可是还有巴士底狱！巴士底狱！它是古老的君主帝国也不能随便去动的一个旧仆，是一个恐怖的神秘所在。就如塔西佗[①]说的那样，那是“君主统治的一个工具”[②]。

当阿图瓦伯爵和王后想让《费加罗的婚礼》上映时，他们给国王读了这部剧，国王只说了一句答非所问的反驳：“接下来就该拆掉巴士底狱了！”

1789年7月，革命爆发，坐立难安的国王似乎已经做出决定。然而当他得知巴黎市政厅下令拆掉巴士底狱的时候，仿佛胸口受到一记重创，说：“啊！太可怕了！”

1781年的时候，国王无法容忍任何人提出任何不利于巴士底狱的请求。他拒绝了罗昂提出的处理拉图德案件的建议，由于上层阶级中一些妇女的大力坚持，国王才尽心尽责地做了案卷研究，阅读了所有文档（他手上几乎只有警察署的人给出的文件资料，而这些人更愿意把受害者一辈子关在牢里）。最后国王的回答是：这是一个危险人物，绝不能放其自由。

---

① 塔西佗（Publius Cornelius Tacitus，56—120年），古罗马元老院议员、历史学家，曾任行政长官、执政官、亚细亚行省总督，主要著作有《编年史》《历史》，分别记述了14—68年及68—96年的史实，现仅存残篇。——译者注

② 原文为拉丁语：Instrumentum regni。——译者注

绝不！听了这话，其他人都要放弃了。可是，国王没有做、不愿做的，仍然有人去做了——勒格罗夫人还在坚持着。她去见了总在嘟囔着、埋怨着的孔岱家族，见了年轻的奥尔良公爵和他那位好心的夫人——好人庞蒂耶富勒（Penthièvre）的女儿，见了许多哲学家，见了法兰西科学院终身秘书孔多塞侯爵、杜帕蒂①、伏尔泰的半个女婿德维耶特（de Villette），还有许许多多其他人。

舆论越来越沸腾，就像波涛一样越来越汹涌、势不可当。内克尔解聘了萨尔丁纳，萨尔丁纳的朋友和继任者勒努瓦（Lenoir）也步其后尘倒台了。坚持马上就能取得胜利，拉图德还在咬牙活着，勒格罗夫人还在努力营救他。

1783年，王后的人布勒特伊（Breteuil）采取了行动——因为他想让王后永垂不朽。他让法兰西学院为勒格罗夫人颁发了美德勋章——唯一的条件是不能言明表彰的理由。

随后，1784年，路易十六被迫释放拉图德。②几个星期之后，一道奇怪的命令颁布下来，要求地方督办不得再应家人请求将人囚禁起来，除非**有合情合理的原因**，而且还要记录下要求拘留的**精确时间**，等等。也就是说，困住法国的那个巨大的专制深渊到底有多深，终于被揭开来。法国已经知道它很深很深，但宫廷进一步暴露了它有多么深不可测。

从教士到国王，从宗教裁判所到巴士底狱，这是一条笔直却漫长的道路。神圣、神圣的大革命，你是多么姗姗来迟啊！我已等了你千年之久，从中世纪一直盼到了现在。什么？我还要再等下去？时间走得何其缓慢啊！我一刻钟一刻钟地数着，你快来了吗？

---

① 杜帕蒂（Jean-Baptiste Mercier Dupaty，1746—1788年），一位以公正清廉著称的法国官员和文人。——译者注

② 除了少量德罗尔（Delort）的引用之外，拉图德其他那些精彩的信件全都未得出版，然而这只进一步反驳了1787年那场毫无意义的笔战。——原注

可以看到最后结果的人却总不愿相信结局。在18世纪中叶，所有人都预料到大革命的发生；可是在世纪末，却没有一个人相信它会来临。真是“远观得全貌，近窥不识山”啊。

1784年，马布里说：“唉！全都结束了！我们已堕得太深，道德已太过败坏。啊！大革命永远、永远不会来了！”

信仰不够坚定的人啊，难道你们没看到大革命就在哲人、演讲家、智者中间，就在你们中间吗？它虽然还什么都不能做，但感谢上帝，它已无处不在了，它就在人民内部、在妇女中间。你看，靠着自己坚忍不拔、不可战胜的意志，撞开了国家监狱的大门的人，不就是一个女人吗？把巴士底狱提前攻下来的人，不就是一个女人吗？当自由和理性从书本中走出来，落到自然、走进心灵（而心灵中的心灵，便是女人）的那一天，一切才结束了，所有的矫揉造作才都被摧毁了。啊！卢梭，现在我们理解你了，你说得没错：“回归自然吧！”

在巴士底狱战斗着的，是一个女人。在10月5日行动起来的，是一群女人。愤怒之神的女儿们早在1789年2月写出的恢宏宣言，叫我读来心潮澎湃：“在看到年轻先生们的作为后，我们宣布，**我们将加入国民之中**，负责照看行李和供给，给予我们能给的宽慰和帮助；我们宁死也不放弃我们的丈夫、爱人、儿子和兄弟。”

啊！法国，你得救了！啊！世界，你得救了！我在空中再次看到了那道熹微的光芒，那道我等待已久的、圣女贞德的光芒。即便女人们改变性别变成了年轻男子，变成了奥什、马索、茹贝尔、克莱贝尔，那于我又有何要紧？

多么光辉的一段岁月！多么崇高的一个时代！那时，最好战的人，却也是最追求和平的人！那时，长期以来人们为其流泪不止的权利之神，终于在最后现身；那时，被暴政借来压迫我们的圣宠，终于和正义达成契合、化为一体。

古老君主制中的旧制度、国王、教士是什么？是暴政，是以圣宠为名义的暴政。

革命是什么？是公正的反击，是永恒的正义之神迟来的加冕。

正义啊，我的母亲！权利啊，我的父亲！你们终于在上帝的手中合为一体了！

我，渺渺苍生中的一员，若不是因为大革命就绝不会被生出来的千万人中的一员，除了你，我还能向谁祈求呢？

原谅我吧，正义！我曾以为你是严酷无情的，没有认识到你就是爱和圣宠的同义词，所以从前我才会对那个永远向世界宣扬着爱，却不曾实践过爱的中世纪一味宽容。

如今，回归自我之后，我胸中那颗心在前所未有地炽热发烫。啊，神圣的正义之神！我谦卑地跪倒，祈求你的原谅。

你才是真正的爱，你才是真正的圣宠。

因为你就是正义，所以在这本以我心为斧劈开道路、不带任何个人利益、不沾一丝俗世杂念的书中，你将支持着我一往无前。你将公正地待我，我也将公正地待所有人。如果我写下的这些不是为了你，永恒的正义之神，那还能是为了谁呢？

1847年1月31日

第一篇

# 1789年4月—1789年7月

# 第1章

## 1789年选举

全民上下被召来选出选民、申诉民怨、表达民意——当局指望着人民无能——大众直觉的可靠性；人民的决心和团结——三级会议和巴黎选举被推迟——国民至上权力颁下的首条法令——选民被一场暴乱所干扰——雷维戎骚乱事件及从中得利者——选举结束（1789年1—4月）

1789年三级会议的召开，是人民诞生的真正纪元，它呼吁着全体人民去行使自己的权利。

他们可以申诉不满、表达民意、选举选民。

我们也曾见过一些小的共和国承认所有社会成员均享有政治权利，但在一个如法国这样的泱泱王国和帝国中，此事还属前所未有。这是一个新的东西，在我们的历史中如是，在世界年历中亦如是。

所以，在世纪的尾巴上，这句话第一次响了起来：所有人都可为选举而聚集起来[①]，所有人将写下自己的不满。此法令一经问世，举国皆震，仿佛一场来

① 参见《总汇通报》第一卷中的《法令集》：二十五岁以上的纳税人有权选择选民，再由选民来选举议员、起草陈情书。因为纳税是面向所有人的，至少每个人都必须缴纳人头税，所以全体国民都可受召参选，只有仆人除外。——原注

自地底深处的大地震在轰隆作响；整块大地都在发抖，连历来默默无闻、默默无语、从没想过会受到外界运动波及的地方都沸腾起来。

如先前三级会议规定的那样，不止是大城市，所有城市都可参选；但这次不止是城市地区，农村地区也可参选。

那么可以确保的是，有五百万人将加入选举之中。

多么伟大、陌生而又震撼的一幕场景啊！全体人民一下子从虚无变成了实际的存在，在这之前它都一直沉默着，却突然之间可以发出自己的声音了。

这个庞大的人群一直受到极不公平的对待，这种不公平不仅体现在社会地位上，更体现在文化、道德层面和思想观念上。然而，他们却收到了公平的吁请。那人民该如何回应呢？这是一个重大问题。一边的税务部门，另一边的封建制度[①]，它们似乎还在做着挣扎，想把人民死死压在苦难的大山下。王权剥夺了他们的市镇政治生命，也剥夺了他们通过参与市乡[②]事务而接受教育的权利。强派给他们的人民教育者——教士，很久以前就不再传授知识了。他们似乎用尽一切办法，把人民变得愚钝、顺默，没了声音，也没了思想。然后又对他们说："赶紧站起来，走路，说话！"

他们指望着、过于指望着人民的无能，否则绝不会冒如此大的一个风险。第一个说出三级会议名字的人——要求召开三级会议的最高法院，承诺召开三级会议的内阁大臣们，以及负责召开三级会议的内克尔，所有这些人都觉得人民没有能力做出什么认真的决定。他们只想把

① 这里的这个词并没有用错。1789年，封建制度格外严酷，苛捐重税已到无以复加的地步。封建社会完全落入了地方督办、检察长等人的手上。唯一不同的只有名字和形式，仅此而已。——原注

② 法语原文此处用词是commune，是1789年12月14日制宪议会创立的行政概念，但当时没有明确提出此词，直到1793年10月31日国民公会才正式颁布法令，用"commune"代替所有市镇、乡镇、村的概念。所以，它含有自治市的意思，并无大小限制，可指最大的城市，也可指很小的村镇。在法国行政划分中，市乡在大多数情况下是最小的行政分划，对应一个村镇或城市。但这里也不可被译为"公社"，否则容易使人误解为1871年的巴黎公社的"公社"之意。为了和"市镇""乡镇"这种并无特定历史背景的行政名词区分开，译者将其译为"市乡"。革命初起时，全国有六万六千多个这样的市乡。——译者注

一大群萎靡不振的人叫到一起，召开一次盛大的会议，来达到震慑特权阶层的目的。本身就是最大的特权阶层、最大的流弊的宫廷，根本无意和特权人士宣战。它只希望通过强迫教会和贵族阶层纳税来填充公共财政的窟窿，顺便让自己的钱包也鼓起来。

王后呢？她想要什么？被暴发户团团围住、被贵族写诗讽刺、日渐受人鄙夷、变得孤家寡人的她，希望能小小地报复一下这些嘲笑自己的人，吓唬一下他们，让他们抱团簇拥在国王身边。当王后看到自己的兄弟约瑟夫拿尼德兰开刀，以挑唆小城镇与大城市、神职人员和贵族阶级之间对立起来后①，她对内克尔的理念无疑也不那么反感了，也开始赞同让第三阶级拥有和贵族—教士群体同样数量的议员席位。

内克尔呢？他又想要什么？他同时想要两个东西：多说，少做。

为了炫耀、为了荣誉，为了在沙龙和广大公众那里受到追捧和赞美，他得慷慨大方地将第三等级议员人数增加一倍。

实际上，他们都只想付出很少的代价来表现自己的仁慈而已。②

无论第三等级人数是多是少，它永远只是三个阶级中的一个而已，永远都是以一对二。内克尔想得很好，打算采用那套曾无数次麻痹过往届三级会议的办法，那就是按阶层投票的投票方式。

而第三等级的人呢？他们一直都那么谦卑、那么恭敬、那么好学，渴

---

① 就这场和我们的大革命极为不同的布拉班特革命，请翻阅加查德（Gachard）（1834年）、杰拉德（Gerard）（1842年）收集的资料，以及格罗斯-霍芬格（Gross-Hoffinger）（1837年）、博尔涅（Borgnet）（1844年）和兰思本（Ramsborn）（1845年）的史记。这场由嘉布遣托钵修会修士扮演恐怖分子的教士革命，欺骗了（法国的）每一个人，包括宫廷和我们的雅各宾派。只有杜穆里埃（Dumouriez）是个明白人，说它最初是由尼德兰有权有势的教士引发的。奥地利大使梅尔西·达尔让多（Mercy d'Argenteau）一开始相信、并让玛丽-安托瓦内特也相信，法国和比利时一样，有危险的是贵族阶层。由此，许多错误开始了。——原注

② 在这方面，我们可以读一读内克尔写的颇为耐人寻味的实情透露，即他为第三等级所写的辩护书（《内克尔作品全集》，Ⅵ，p.419，p.443等）。在这些文字中，以及在他的其他所有作品里，我们所看到的，永远是一位在法国根基不稳的外国人，一位在贵族面前说话时要把帽子放在手上的标准办事员，一位希望教会能大发慈悲的新教徒。为了让特权阶层对可怜的第三等级放下心来，他在特权阶层那里把第三等级描述成一个软弱、羞怯、跪着的群体。他仿佛在偷偷给他们打着手势，想让他们明白：他的客户是个好人，是个随时可被愚弄的好人。——原注

望有朝一日能成为本阶级的代表。他们一直把贵族选为议员，而且其中许多都是新晋贵族、最高法院法官以及其他人士，这些人因为能和贵族[1]一起投票而变得妄自尊大起来，却罔顾把自己选上来的第三等级的利益。

有一件事情很奇怪，却体现了当局并不认真的心态，证明它只想通过举办一场盛大的镜花水月来打压特权阶层的自私主义，让他们的荷包缩一下水而已。什么事呢？在这场本为反对特权阶层而召开的三级会议中，特权阶层的主导地位反而受到了保护。[2]当局觉得，人民选举大会应该是雷声大雨点小。但它万万没想到，在这种选举模式中，在贵族和要员面前，那些小人物居然敢坚定地昂起脖子来，居然会不顾他们的授意，果敢地喊出了其他名字。

内克尔肯定觉得自己号召乡村地区的人参加选举，是做了件非常具有政治意义的事情。城市里民主思想已经觉醒，但农村仍被贵族和教士这两个拥有三分之二土地的群体控制着。于是，数百万人就这样走进选举中，他们要么是依附于特权阶层的农民、佃户等人，要么是间接受到特权阶层影响、屈服于金钱之下的他们的管家、代理人和办事员。瑞士的经验和各个小州的历史让内克尔知道，在某些情况下，普选可以变成贵族阶层的保护伞。他所求教的那些要员显贵也深谙这一理念里面的门道，当然是满心欢喜，恨不得让自己的仆人都去当选民。于是，这场选举全盘操作在了大地主的手上，虽然这是内克尔不愿承认的。

结果出乎了当局的一切计算。[3]人民虽然没怎么准备好，却表现出

---

① 此处的贵族和前面的新晋贵族之类的人有所区别：一个是家世显赫的传统大家族，即佩剑贵族；另一个是多在政府机关中任职、出身与背景也不是那么显赫的贵族，有的甚至是新晋的，即穿袍贵族。——译者注

② 特权阶层从两方面受益：1. 他们不用受到双重选举的限制，而是直接由议员选出；2. 贵族全都是选民，而且不像以往的三级会议那样仅限于有封地的贵族。所以，特权阶层就显得更加可憎了，他们发觉特权范围扩大到了整个贵族群体，于是提的要求也就更加荒谬了。——原注

③ 而且是非常不准确的计算。国王在巴黎召开的会议中承认，他根本不知道城市——更准确地说，是王国——的居民人数，也没有预测到选民人数，等等。——原注

了非常可靠的直觉性。当他们被叫去参加选举、了解到何为自己的权利时，他们发现自己知道的事情还很少很少。在这场有五六百万人参加的浩瀚运动中，由于人民对体制的无知，更因为大部分群众都不懂读写，所以他们也有过一些犹豫。但他们知道去发言，知道当着自己领主的面选出值得信任的选民，再由后者去选出可靠的议员——哪怕这么做的时候，他们依然习惯性地保持着毕恭毕敬、卑躬屈膝的样子。

承认农村地区可参与选举，这产生了一个意想不到的结果：导致大批民主派人士成为特权阶层议员中的一分子，这着实令人始料不及。他们中有两百多个本堂神甫，而且一个个对其主教恨之入骨。在布列塔尼和南部地区，农民们自动把票投给了他们的本堂神甫——这群唯一会写字的人。他们收到选票，主导了整场选举。[①]

城市中的人民准备得更充分一些，他们已经沐浴到了时代哲学的几缕光芒，所以表现出令人刮目相看的热情，对权利也有积极的认识。在选举中，一群毫无经验的人敏捷而又坚定地迈出了自己在政坛上的第一步。在他们的陈情信里，大家万口一词，申诉不满，彼此遥相唱和，让公共意愿成为一股不可抵挡的洪流。这些不满在人们心中积压了那么久！但要把它写出来，却又是那么容易。某个区写的陈情书，其内容几乎涵盖了一部法典，但它却是人们在午夜起草、仅花三小时而成。[②]

一场声势多么浩大、成分多么混杂、准备多么仓促、人民却多么团结的运动啊！这着实是个令人叹为观止的奇观。所有人都参与进来，所有人都抱着同一个想法（只有微乎其微的少数人除外）。[③]

---

① 不过在一些市乡，人们特别设立了评审司书来计票。（杜沙特里耶［Duchatellier］，《布列塔尼的大革命》，Ⅰ，p.281）——原注

② 《巴伊回忆录》，Ⅰ，p.12.——原注

③ 人们在整体的基本问题上是一个想法，然后各行会、各城市再在其中加入一些自己的专门补充。——原注

团结一致！在这种团结中，体现了一种彻底的、毫无保留的赞同。形势非常简单：一边是国民，另一边是特权阶层。在国民那里，没有任何人民、资产阶级之分[①]，唯一的区分就是文化人和非文化人。虽然发言、写东西的都是文化人，但他们写的都是大家的想法。他们明确表达了所有人共同的要求——是那群不会说话的人的要求，更是他们自己的要求。

啊！一想到那特别的一刻，那成为了我们的起点的一刻，谁能不被触动？那一刻时间很短，然而它却成了我们一直渴望企及的理想，成了未来的希望！在高度的协调，正在崛起的各个自由阶层就像一个摇篮里的同胞兄弟一样，无比温柔地拥抱着对方，虽然后来他们彼此翻脸为敌了。啊！如此的和睦之景，我们还能再看到它重现于世吗？

各个阶层的这次联合，人民团结起来后的这次华丽登台，把宫廷给吓住了。它用尽自己的一切努力，想说服国王对人民食言。波利尼亚克贵族小圈子为了将国王置于进退无所的境地，还幻想说动各位亲王，让他们联名写下一封大不敬的信，在信中威胁国王要自立为特权阶层之首、拒绝纳税，几乎有分裂国家、掀起内战的架势。

不过，国王怎么可能躲得掉三级会议呢？税务法庭[②]已有明确表示，最高法院和显要会议已提出要求，布里安[③]和内克尔已先后做出承诺，三级会议必须最迟在4月27日召开。不过，人们仍然将其推迟到了5月4日。这次推迟着实是在冒险！在众多此起彼伏的声音中，有一个声音是不容忽略的。啊！那便是18世纪里人们经常听到的一个声音，是大

---

① 《法国大革命议会史》的作者在这里犯下了一个基本错误：他们认为在当时那个伟大的时刻，存在着人民和资产阶级之分，而实际上并没有。不过这个阶级之分很快就产生了，我们暂且等一等。由于对客观事实的实际发生顺序视而不见，所以《法国大革命议会史》作者事先就被一种刻板的推断预测带跑了，而这正好和历史是相悖的。——原注

② 税务法庭（Cour des Aides），法国旧体制下的一个高等法庭，主要负责审理和特殊（财政事务）或日常（领地纠纷）经济事务相关的，并牵涉到国库局（Chambre du Trésors）的上诉案件。——译者注

③ 布里安（Étienne Charles de Loménie de Brienne，1727—1794年），法国政治家、红衣主教，1787年接替卡洛纳成为财政总监，1788年8月被迫离职。后来他被革命政府逮捕，1794年死于狱中。——译者注

地的声音——那片荒芜、贫瘠、拒绝给人类带来生命的大地！严冬里苦寒难挨，旱夏中赤地千里，什么也产不出来，饥荒开始了。在骚动、饥饿的人群面前，老是首当其冲的受害者——不安的面包商们，跳出来揭露了哪些商铺在囤积粮食。唯一能让人民保持克制、让他们耐心守斋等待的，就是三级会议这个希望。它是一个模糊的希望，却成了他们的支撑。即将到来的三级会议就是他们的弥赛亚，只要它说句话，就能把石头变成面包。

本就被延后的选举活动在巴黎那里又遭到推迟，直到三级会议前不久才得展开。而且当局希望议员不要出席前期会议，希望在他们参与会议之前，三个等级能保持隔离状态。这便是让特权人士成了多数派。

还有一个问题引发了人们的普遍不满，而且在巴黎更是严重。王国上下就数这座城市开化程度最高，可这里的选举却遭到了格外严格的条件制约。选举大会召开以后，一条特殊的规定出台了：并非所有纳税人都是初级选民，只有那些交了六里弗的税的人才是。

巴黎城中到处都是军队，街上到处都是巡逻队伍，所有选举地点都布满士兵。长枪大炮就布在街道上，布在人群面前。

在这些毫无意义的示威动作面前，选民们表现得格外坚决。他们一聚集起来，就立刻解雇了国王派给他们的选举主席。在六十个区里面，只有三个重新起用了由国王委任的主席，并让他们公开表明自己是在当选之后才来主持工作的。这是非常郑重的一步，是国民至上权力颁下的第一道法令。实际上，这是他们必须攻取下来的一座堡垒，也是他们必须建立的一个权利。金钱、改革等问题都可以放到后面去。没了权利，还能有什么保障？还谈什么认真的改革？

各区大会选出的选民们严格按照相同的程序开始选举。他们选律师达尔热[①]为主席，选教会秘书和律师加缪[②]为副主席，选法兰西院士巴伊和有博爱精神的医生吉约坦[③]为秘书。[④]

这两万五千名初级选民在政坛上完全是一群雏鸟，然而他们行事坚决果敢的样子，以及他们行动起来引发的后果，深深震惊了宫廷。他们没有一丝混乱和慌张。他们聚集在教堂里，对自己要完成的那个崇高神圣的使命抱着极大的激情。在迈出最需要勇气的一步解聘由国王任命的主席时，他们中间没有一丝喧闹和喊叫，只有意识到何为自己的权利之后的一种强劲的简单和直接。

在他们自己选出的主席的带领下，选民们坐在大主教府里，将各区陈情书总合起来，草拟出一份共同陈情书。根据西哀士的提议，他们在一件事上达成了共识：在陈情书前再加上一篇《人权宣言》。当人们正紧锣密鼓地着手进行这项棘手而又困难、纯粹属于精神领域的工作时，一个粗暴的声音把他们打断了。一群衣衫褴褛的人怒吼着，要他们交出他们的同僚和选举者、圣安托万区的一个造纸商——雷维戎（Réveillon）的头颅。雷维戎被藏了起来，然而暴乱依然没有平息下来。日子转眼到了4月28日，而当局承诺召开三级会议的时间是27日，随后又拖到了5月4日。如果骚动仍然继续，三级会议就会有被再次延后的极大危险。

暴乱正好就发生在27日。要在饥饿的人群中传播、继续、扩大暴

---

① 达尔热（Jean-Baptiste Target，1733—1806年），法国律师、政治家。——译者注

② 加缪（Armand-Gaston Camus，1740—1804年），法国大革命中的革命派，革命爆发前一位著名律师，1789年被巴黎第三等级选入三级会议。支持冉森运动，和夏普里耶一起创办了布列塔尼俱乐部，后与朗汝内起草、促使议会通过了《教士民事基本法》。——译者注

③ 吉约坦（Joseph-Ignace Guillotin，1738—1814年），医生、共济会成员，在法国大革命时期为了减缓死刑的痛苦而发明了断头台，从此该死刑工具便冠以他的姓氏。——译者注

④ 这个一开始态度就非常坚决的选举大会，却是由显贵、官员、商人和律师组成的。最后面的这群人主导了大会，如加缪、达尔热、农税征收总部的律师特雷哈尔（Treihard）、老拉克雷戴尔（Lacretelle aîné）、德热兹（Desèze）等人。第二梯队便是法兰西院士，如巴伊、杜因（Thouin）、卡代（Cadet）、伽拉德（Gaillard）、苏阿德（Suard）和马蒙特尔（Marmontel）等人。然后便是银行家，如勒古特尔科思（Lecouteulx），以及印刷商、书商和造纸商，如庞库克（Pankoucke）、博杜因（Baudouin）、雷维戎等人。——原注

乱，这着实是件易如反掌的事。有人在圣安托万区宣传一个小道消息，说从前是工人、后来发家致富的造纸商雷维戎曾冷酷地说过应当把工资降低到十五苏一天这种话，还有传言称他将接受黑绶带勋章。这番谣言引来巨大的骚乱。开始是一伙人来到雷维戎的家门口，把他配着黑绶带的头像吊起来，带着这尊雕塑四处游行，走到沙滩广场，在欢呼声中、在市政厅的窗户下、在市政府的眼皮子底下将头像烧毁了。这个先前和其他机关一样还无比机警的政府，现在却仿佛睡着了一般没了动静。警察长、巴黎市长弗雷塞尔①、督办贝尔蒂埃②，这些之前布防兵力把选举大会团团包围起来的政府官员，全都缩着头一动不动了。

群氓高声吼着第二天要在雷维戎家里执行正义，他们说到做到。事前已经得到报信的警察部门没有采取任何措施，反倒是法兰西禁卫军上校派去三十人，展开了这次荒谬的营救；而面对这群由一两千个抢劫者、十万多个好事者组成的人群，士兵们不愿也不能做出什么事来。雷维戎的房屋被强闯进去，里面什么东西都被撕了、砸了、烧了。人们什么也没拿，除了五百个金路易。③许多人待在地窖里大吃大喝，把工厂颜料误以为是葡萄酒，将其灌进肚里。

令人难以置信的是，这丑陋的一幕居然持续了整整一天。请注意，

---

① 弗雷塞尔（Jacques de Flesselles，1721—1789年），法国官员，1789年4月21日被选为最后一位巴黎市长，是法国大革命第一批遇害者。旧体制下的巴黎市长称谓是prévôt des marchands，主要负责领导市镇会议和商业行会，事实上相当于封建制度下的市长，因此译著认为应将其译为“巴黎市长”，而不能如一些译本那样直译为“商会会长”这个容易引发误会的头衔。1789年以后，该职位改称为现在的maire，故弗雷塞尔是最后一任巴黎市长（prévôt des marchands），而巴伊则是首位巴黎市长（maire）。——译者注

② 贝尔蒂埃（Louis Bénigne François Berthier de Sauvigny，1737—1789年），法国官员，1776—1789年担任巴黎督办。1789年7月22日，他和他的岳父福隆（Foulon）一起被暴民吊死在市政厅前的灯柱上。——译者注

③ 根据雷维戎本人的记叙（《证明报告》，p.422，在费里耶尔之后出版）。在这里，《法国大革命议会史》中的记叙又是不准确的。它把这一切都描述成是一场人民对抗资产阶级的斗争，却又没拿出任何证据来。此外，它还夸大了骚乱范围、死亡人数等。巴伊则恰恰相反，他在回忆录第28页里将此事说成一件小事（但这也是错的）：“我不知道其中有人死去。”在雷维戎骚乱事件上，我有一份非常严肃的证词，出自于曾在上帝旅馆中接收了许多伤者的著名外科医生杜索尔（Dussaulx）的见证：“相反，他们纯粹只是一副冲动犯罪的样子，这些巴士底狱的伤者……”（参见《七日之作》，p.411）有件事充分证明了人民根本没有把发生在雷维戎家里的抢劫事件视为一种爱国行为，那就是7月16日，人们差点儿把一个人误认为是罗伊神甫，并将其吊死，指控罪名是煽动了这次骚乱（巴伊，Ⅱ，p.54），以及后来给宫廷提供了屠杀巴黎的理由（《选民实录》，Ⅱ，p.46）。——原注

这就发生在圣安托万区门口，就发生在巴士底狱的大炮下，就发生在碉堡的门前。雷维戎正好被藏在那里，于是他在碉堡上看到了下面的一切场景。

少数几支法兰西禁卫军被时不时派到这里，他们一开始朝人群喷粉雾，随后真的开枪。抢劫者根本不把禁卫军的荷枪实弹放在心上，虽然他们能投回去的只有石块而已。后来——已经是很后来的时候，贝森瓦指挥官派了一些瑞士士兵过来，可抢劫者仍然做着抵抗，还杀了几个人。于是士兵们朝人群开枪，造成街上一部分人死伤。许多死者穿得破破烂烂，兜里装着钱。

在这漫长的两天时间里，在官员们都像睡着了一般的时候，在贝森瓦坚持派去军队控制局势、而圣安托万区却放纵自己跟在那群洗劫雷维戎住所的群氓后面的时候，如果五万名既没有工资又没有面包的工人，在一开始就跟着这些人去打劫富人，事情性质就完全不同了。那时，宫廷就有充足的理由在巴黎和凡尔赛大量驻军，再找个名正言顺的借口推迟三级会议的召开。然而圣安托万区的广大群众依然老老实实、如往常一样约束着自己，他们就在一边看着，却没有行动。于是，只有几百个醉汉和强盗在肆意发泄的这场骚动，让默许它发生的当局丢尽了脸面。贝森瓦最后觉得自己的角色太过可笑，于是快刀斩乱麻地结束了一切。宫廷没有因此对他表示感谢，它不敢责备他，但也没对他说一句话。[①]

不过最高法院就不同了，就算是为了自己的名誉着想，它也不能对此避而不谈。于是它展开了调查，但这场调查很快就草草结束。据说

---

① 参见《贝森瓦回忆录》，Ⅱ，p.347. 德让丽夫人（Mmede Genlis）和其他那些旧制度的追随者，曾希望这份对他们来说过于沉重的回忆录能由塞居尔子爵（Ségur）编写。我也抱此希望，这样他就能对贝森瓦的评注和回忆发表意见了。其实此份回忆录并不属于贝森瓦所创，据我所知，他不擅长写作；但若没得到他的信任，再可爱的行吟歌手也绝对写不出这样一本表面看似浮躁、内里实则充满厚重历史感的书来。在这本书中迸发出来的真相，其光芒是如此灼眼，亮得让我们不敢直视。——原注

（但这个说法没有充分证据），有人以国王的名义禁止调查工作再进行下去。

是谁在煽风点火呢？也许没有人。这场动荡中的大火，完全是恣意为之。还有人不忘去指责“革命派”。这是个什么派呢？要知道，当时还没有任何活跃的组织派别出现呢。

有人宣称奥尔良公爵是这次骚动的幕后出资者。为什么？他又得到了什么？这场如火如荼地展开起来的选举运动给他施展野心提供了那么多的合法机会，那他又何必采用这种手段？没错，他的确被不择手段的阴谋家们牵着鼻子走，但当时这些人的全盘计划都是以三级会议的召开为重心；因为他们的公爵是所有亲王中最受大众爱戴的一位，所以他们坚信他能在三级会议中主持大局。任何一件可能导致三级会议延迟的事情，在他们看来都是个灾难。

谁希望推迟三级会议的召开呢？谁能通过恐吓选民得利呢？谁能从骚乱中受益呢？

只有宫廷，我们必须承认。事情的进展太有利于它了，让我们不得不怀疑它才是背后的策划者。但更有可能的是，它根本没有煽动起这场骚动，而是在一边乐得其见，不采取任何行动来阻止它，并为它的结束惋惜不已。圣安托万区当时还没有恶名昭彰，巴士底狱大炮下发生的这场骚乱看上去根本不具有什么危险性。

布列塔尼的贵族们已经给出例子，教人如何通过煽动农民，让混杂有奴才走狗的群氓与人民之间相互对立，以此干扰地方三级会议的合法行动。同样在巴黎，在雷维戎事件发生前不久，一家名为《国王之友》的报纸似乎也试图采用同样的手段。“这些选举有什么用处？”它虚伪地说，“穷人依然将是穷人，王国中最值得关怀的一群人的命运反被遗忘了。”等等之类的话。仿佛经由这些选举才掀开的革命，它的首要成果，如取消什一税、入市税和间接税，低价售出王国的半数土地等措施，对百姓们的穷苦生活——一种其他任何民族都不曾体验过的穷苦生活——起不到丝毫改善作用似的。

4月29日早上，一切重归平静。选民大会的工作平稳地回归正常。他们一直坚持到了5月20日；宫廷也得到了它打算从这次延迟会议召开中得到的好处——阻止巴黎议员参加三级会议的前期会议。巴黎和法国选出的最后那个人，就是公众心中所有当选者中的第一人，就是提前为大革命开辟出一条直路、第一个在上面留下自己足迹的那个人。一切都按照西哀士给出的计划前进着，如法律一般威严、温和而又坚定。

法律将独自统治世间。在经历了那么多个世纪的专制暴政以后，一个任何道理都不足以对抗理性的时代终于来临了。

那么，就让那个担惊受怕的三级会议聚集起来、召开起来吧！那些曾将其召开、现在却希望自己从没提过此事的人，他们是无法改变形势的。这是一片上涌的大洋：无穷无极、无底无垠的事业，从数世纪前的深渊中崛起，搅动着早已沸腾的海水。我请你去对抗它——是用世间所有军队，还是用孩子的一根手指，这没有任何区别。上帝在推动它，那迟到的正义，正是过去的抵罪，正是未来的救赎！

## 第2章

# 三级会议召开

三级会议游行活动——5月5日会议开幕——内克尔的演讲——等级隔离的问题——第三等级发来联合邀请——大会按兵不动——给第三等级设下的陷阱（1789年5月4日—6月9日）

三级会议开幕的前一天，人们在凡尔赛庄严地诵读了《圣灵弥撒曲》。正是在这一天（永不再有的这一天），大家唱起了预言一般的歌曲："你将创造人，大地的面貌将焕然一新。"

这重要的一天，正是5月4日。一千两百名议员，以及国王、王后、整个宫廷，来到圣母院教堂倾听《伏求造物主圣灵降临》。随后盛大的游行队伍穿过整座城市，来到了圣路易岛。凡尔赛宽阔的街道上到处布置着法兰西禁卫军和瑞士警卫队，地上铺着绣有王室花纹的地毯，到处都是人山人海。整个巴黎城的人倾泻而出，来到这里。窗户前，甚至房顶上，到处都是人。阳台上挂着珍贵布匹做成的窗帘，光彩照人的女士们点缀其间，个个都穿得花枝招展，按照当时的潮流把自己打扮得稀奇古怪，身上装饰着羽毛和花朵。大家既是欢欣鼓舞，又是万分感慨，心中五味陈杂，既有不安，又有希望。[①]这是一个开天辟地的大事件！它将走向怎样的结局？会得到后世怎样的评价？没人能给出回答。那场无比纷繁却又无比庄严的盛典，那响彻一路的音乐声，让人把其他什么想法都抛到了脑后。

多么美好的一天啊，这既是和平的最后奏响，又是广阔未来的崭新篇章！

人们充满一腔炽烈的热情，这种热情是多样的，也是对立的，但它不像不久之后那样是带有戾气的。即便那些对这个新纪元并不看好的人，也情不自禁地被公众的情绪所感染。一位贵族议员承认他当时喜极而泣："这个法兰西，我的祖国，我看见它以自己不变的信仰为支撑，对我们说：停止你们之间的争吵吧！我流下了热泪。我的上帝、我的祖国、我的同胞，全都成了我。"

在游行队伍里，走在前面的是一群身着黑衣的人——这支强大、深沉的军队，便是第三等级五百五十位议员。里面有三百多个法学家、律师和法官，强硬地象征着法律的登基即位。这群人衣着简朴、步伐有力、眼神坚定，团结一致地前进着，没有任何党派之分。他们为这个由自己一手创造出来的伟大日子感到骄傲，这一天就是他们的胜利！

随后走来的是一小群衣着光鲜亮丽的贵族议员，他们戴着有羽毛装饰的帽子、套着假发、佩着金饰。雷鸣般的掌声到了他们这里，突然就停住了。但在这群贵族中大约有四十位议员，和第三等级的人一样，都是人民的挚友。

① 见目击证人费里耶尔（译注：Louis Francois de Ferrières，1762—1814年，法国外交官，米拉波的侄子）和斯塔尔夫人等人的描述。——原注

迎接教士的同样也是沉默。人们清楚地看到这个阶层也被划分为两个等级：贵族和第三阶级。三十多位穿着白色法衣和紫色长袍的高级教士，以及另外两百多名地位低下、穿着低级神职人员的黑色长袍的本堂神甫，两队人被音乐声分隔开来。

看到这支浩浩荡荡的队伍，看到这一千两百位被内心那腔伟大的激情燃烧得热血沸腾的议员，细心的围观者会惊讶于一个特别小的细节：这群议员几乎没有强烈的个人特质。毫无疑问，他们里面不乏正义人士和才华出众之人，但若把才华和为人两方面结合来看，他们中的任何一个人都没有带动群众的能力。这支队伍里既没有伟大的开拓者，也没有任何英雄人物。曾为这个世纪开疆辟壤的强大的革新者，此时已不在人世，只留下他们的思想还在引导国民。这期间也涌现出了阐释、实践先辈思想的伟大演讲家，然而他们却不能加进去任何自己的东西。那时，大革命才呱呱坠地，它不依靠任何人的扶持，只凭理念的传播，独自在纯粹的理性信仰之路上前进着，没有崇拜任何偶像，也没有依靠任何冒牌的神。这是大革命的光荣，但也是大革命的危险，它因此而一路走得踉踉跄跄。

以显赫军功的创造者和守护者而自居的贵族群体，没有贡献出一个赫赫有名的将军来。“所有法国大贵族身上都只残留着往昔模糊的余晖”。只有一个人引人注目，那就是宫廷出身却在美国战争中表现得无比踊跃的拉法耶特，年轻、一头金发的拉法耶特。当时，没人怀疑他的未来会不可限量。

第三等级这个群体虽然默默无闻，然而国民公会的雏形已经孕育其中了。不过，谁当时又看到了它的成形呢？谁又在这群律师队伍里，注意到某个来自阿拉斯的律师[1]那瘦削的身影和苍白的面孔呢？

人们当时注意到两件事：西哀士的缺席和米拉波的现身。

西哀士当时没有来。在这支庞大的队伍里，人们徒劳地寻找着他，寻找着靠个人才智预言了这一天到来的那个人。

米拉波一出现，就吸引了所有人的目光。他茂密的头发、狮子一样的面孔，带着一种极致的丑，一种令人震惊甚至是令人害怕的丑，让人不能从他脸上移开目光。这个人站在那里以后，其他人都成了模糊的背景陪衬。米拉波是一个生错了时代、生错了地方的人。他和当时的上流社会一样堕落，但更惊世骇俗，更臭名远扬，也更放浪形骸——就是这些东西毁掉了他。他的那些罗曼史、艳遇逸事，他的爱情和激情，被传得沸沸扬扬、路人皆知，因为他充满激情，狂烈而又炙热。当时还有谁会有这样一份激情呢？正是因为受控于这份欲壑难填、蚀人心骨的激情，米拉波经常干些卑鄙苟且之事。由于出身于一个冷漠严酷的家庭，他很可怜，是道德上的可怜儿，既有穷人的陋习，又有富人的邪恶。家庭的束缚、国家的束缚、道德的束缚，以及内心激情的束缚……啊！所以再没有谁比他更加热烈地欢呼着这道自由的曙光了！他希望能在这里找到自由，找到灵魂的新生——他是这么跟他的朋友们说的。[2]他将把身上那件陈旧破烂、污渍斑斑的外套丢掉，和法国一道重获青春。但只有一个前提——他必须活下去。在这道大打开来的新生大门口，他虽然强壮、炙热、充满激情，可身体已被深深掏空：他已面目全非，脸颊凹陷了下去。但不要紧！他依然高昂着那颗硕大的头，他的目光依然无比坚定。整个世界都在他身上预感到法国即将爆发出的骇人巨响。

① 即罗伯斯庇尔。——译者注

② 艾吉安·杜蒙（Ét. Dumont），《艾吉安·杜蒙回忆录》，p.27.——原注

第三等级受到群众的普遍欢迎；随后在贵族中，只有奥尔良公爵一人得到了掌声；最后便是国王，人们向他欢呼致敬，感谢他召开了三级会议。这就是人民的公正体现。

当王后经过的时候，人群中有些窃窃私语，有些妇女故意高喊着“奥尔良公爵万岁”，想通过欢呼她的敌人来更加刺痛王后的心。这对王后来说是件很难忍受的事情，她几乎要晕厥过去，得靠人搀扶着①；但她很快就又站了起来，再次高高地仰起那张依然美丽的脸，马上对人群投去坚决而轻蔑的眼神，想以此击垮公众的仇恨。但这只是可悲的无用功而已，而且有损她的美。1788年的王后曾为我们留下了一幅庄重的画像。当时爱着她的画师勒布伦夫人（Lebrun），她对王后满腔的情感本应使画像充满温柔的光芒才对，然而我们只在画中感受到某种排斥、倨傲、冷酷的东西。②

这个属于和平、团结的盛大节日，便这样把战争抛到了一边。人们指定出这一天，是要让法国团结在一个共同思想之下，但同时又有人想方设法地去分裂它。只需看看按照规定必须着不同服装的议员们，我们就能发现西哀士一句冰冷却入木三分的话一下子成为了现实：“三个等级？不，是三个民族！”

宫廷之前令人在旧书堆中苦苦搜寻，想找到一种过时了的礼制，把其中的繁文缛节全都标出来。它们意味着阶级的对立，是本应被埋葬在黑暗中的标志，是等级隔离和社会仇恨的象征。继伏尔泰之后，继《费加罗的婚礼》之后，人们居然还在讲究这些徽章、肖像和符号！这

① 《刚邦夫人回忆录》（Campan），Ⅱ，p.37.——原注

② 我们可以对比一下三幅凡尔赛宫的王后画像。第一幅里的她（穿着白绸）俏丽无比，脸上依然充满温柔，能感觉到自己是被爱着的。到了第二幅（穿着红色天鹅绒和皮革），她身边围绕着她的孩子们，女儿轻轻靠在她身上，但这一切场景都没用，画中的她表情生硬得已无可救药，眼神凝固黯淡，看上去特别令人不快（1787年）。第三幅（穿着蓝色天鹅绒，作于1788年）里只有她一个人，手里拿着一本书，依然王后风范十足，但看上去悲伤而又冷酷。——原注

已经晚了。老实说，宫廷这么做，并不是因为它还迷恋这些已被埋葬的尸骸，而是纯粹想去折磨、贬低这些在选举中居然胆敢制定法律的小人物，想借此敲打、提醒一下他们自己卑微的出身，好得到一点背地里的乐趣而已。弱者在玩一场危险的游戏，在最后一次侮辱强者。

早在5月3日，也就是做圣灵弥撒的前一天，议员们就来到了凡尔赛宫。在当时一片和谐轻松、其乐融融的气氛里，国王却寒了议员们的心——他们来到这里，几乎都是站在支持国王的立场上的。可国王并没有按照行省之分接待他们，而是按照等级之别让他们分别进来：一开始是教士和贵族，随后过了一会儿，才是第三等级。

人们本可以把这些微不足道的无礼之举归罪到官员和仆人身上，然而路易十六执拗于这一陈腐礼节的态度也太过明显。5日出席大会的时候，国王戴着帽子，贵族效仿他也戴着帽子，故第三等级也没想着摘下帽子；然而国王为了不让第三等级看上去和贵族平起平坐，宁愿摘下自己的帽子。

谁会相信这个愚蠢的宫廷依然记得、依然缅怀着那个让第三等级跪下听训的荒谬习俗呢？他们并不愿意一下子就取缔这一礼节，还想让第三等级主席不做任何发言。也就是说，经过了两百年的分离和沉默之后，国王再见到他的人民，居然不让他们说话。

5月5日，大会开幕。会议地址不是国王的宫殿，而是巴黎大街上的皇家娱乐事务总管处大厅。遗憾的是，这栋建筑现已不复存在，但当时它占地面积很大，除了一千两百名议员外，还能容纳四千多位观众。

一位目击证人——内克尔的女儿斯塔尔夫人，当时为了看看父亲众星捧月的神采，也来到了现场。从她口中我们得知，她的父亲当时的确大受欢迎；而米拉波就座的时候，人群中响起了窃窃私语。对一个不守道德的人的窃窃私语？这个表面光鲜亮丽的社会，正在放荡和堕落中死去，正迎来自己最后的节日盛典，它居然还有权对别人指手画脚？①

大会遭到了三个人的轮番发言洗脑——国王、掌玺大臣和内克尔。他们三个的演讲全都在说一个东西，说的话全都不符合当时的形势。国王终于来到全体国民中间，然而他没讲一句温暖贴心的话、没说一个发自肺腑的词来打动人民的心扉。他的开场白是对改革思想的一番愚蠢、畏缩、毫不敞亮的责骂，并表达了自己对前两个等级的同情，“他们表现出了放弃自己经济特权的态度”。三个人的演讲重心都是钱，却很少谈到权利的问题，那个将所有灵魂变得充盈、让所有心灵为之振奋的问题——平等的权利。国王和他的两个大臣夸夸其谈，轮番展现自己的自负和无耻，还以为只需要解决纳税、财政、生计这些让人民填饱肚子的问题就够了。他们觉得，只要特权人士将纳税平等作为一种施舍让给第三等级，一切问题都将迎刃而解。②于是，三份演讲，三首颂歌，赞颂愿意放弃特权的前两个等级做出了多么大的牺牲。这些颂歌在内克尔那里更是唱到了高潮——他觉得这样的英雄主义在历史上是无人能比的。

这些赞歌看上去更像是一种劝说，它清楚地表明：这些被大加歌颂、令人钦佩的牺牲，都还没有落到实处。那就让它赶紧落实吧！对于像召唤猛兽一样把第三等级叫了过来、心底却恨不得把他们赶紧打发走的国王和内阁大臣们来说，这样做就够了。但说起这个伟大的牺牲，他们却只得到了一部分人暧昧的保证：某些领主做出承诺，但其他人对此都是嗤之以鼻。一些教会成员也给了希望——但这和三级会议中教士表

① “当国王走到大会中心、坐在王位上时，我第一次感到了一丝不安。一开始我就注意到王后情绪十分激动，她来得比指定时间要晚，脸也变了。”（斯塔尔夫人，《论法国大革命》，I，第十六章）——原注

② 首先，即便只谈经济问题，他们所说的赋税也只是在拿总体赋税中的一小部分来做文章而已，也就是人们交给教士和贵族的各种名目的赋税，如什一税或封地进贡等税收。其次，金钱已不是全部问题之所在。对于人民来说，问题并不在于捡起别人扔给他们的几个苏，他们是要求得到自己的权利：不多拿，不少要，只求这个。——原注

达的意见是相反的。两个等级都不急着就此作最终表态，把那句决定性的话始终吊在嗓子眼儿里，就是死活不说出来。两个月后，在最紧张、最严峻的形势逼迫下（也可以说是在第三等级胜利的逼迫下），6月26日，被打败了的教士阶层终于松口，而直到那时贵族也只做出放弃特权的*承诺*。

内克尔花了三小时，谈财政，说道德。他说："没了公共道德，没了个人道德，就什么都没有。"和国王为了甩掉三级会议、继续施行专制统治而说的话一样，他的发言中全在枚举不道德的种种事情。从那一刻起，三级会议就成了一份平平常常的赠予，一份送出来但又可收回去的恩赐。

内克尔一不小心透露说国王很*不安*。他表达了自己的意愿，希望两个孤立自由的上层等级能够履行他们的承诺做出牺牲，除非他们想和第三等级坐到一起，一起商讨公共利益问题。多么危险的暗示！只要首相在这群富得流油的人身上拿到了赋税，那就够了，他就再不会坚持要求等级联合了。特权人士将继续保持他们那虚假的多数派的地位，两个等级将结盟起来对抗一个等级，阻止改革的进行。不过在他看来，这有什么大不了的？反正银行破产已得到避免，饥荒已得到控制，舆论已重新睡着，权利问题、保障问题已被拖延，不平等的专制统治将更加稳固。内克尔将继续统治国家，或者换句话说，是宫廷继续统治国家，因为当宫廷从危险中安然脱身以后，它就把这位感情用事的银行家遣回日内瓦了。

5月6日，第三等级议员们走进大厅；一开始就坐在门口、已经等得不耐烦的人群，看到他们之后也马上冲了进去。

这一边的贵族，和那一边的教士，还依然待在他们各自的议事厅里，抓紧时间做出一个决定：一切职权必须经过各等级的审核，而且是各等级单独审核。由于贵族派占多数，而教士只占少数，所以大部分神甫都希望和第三等级联合起来。

人数众多、占着大厅的第三等级，宣布他们等着另外两个等级。巨大而空荡荡的会议厅似乎也在谴责他们的缺席。

等级联合成了牵一发而动全身的一个问题。人数已经加倍了的第三等级，可以借此获得大约五十名贵族和一百多位教士的选票，一跃成为多数派。到那时，它就可以对另外两个等级发号施令，在一切问题上成为他们的审判者。它本来是特权的受害者，如今却有机会成为特权的审判官！人们不动脑子，也可以想见日后他们会做出怎样的判决。

所以，第三等级等着教士和贵族；它在自己积攒起来的力量中等待着，就像每一个永恒的事物一样耐心。特权人士慌了神，他们转变风向，赶紧朝之前被他们自己亲手撼动的大特权者、朝他们那个世界的中心——国王跑过去，可为时已晚。于是经过了这一个多月的等待之后，大家按亲缘关系站好了队伍：特权阶层选择了国王，第三等级选择了人民。

它和人民同声同息，它的大门全向他们大敞着，中间没有任何障碍。巴黎人守在凡尔赛，和议员们待在一起。所有消息都通过各种渠道传来传去。人们在罗亚尔宫[①]举行了一场乱哄哄的临时大会——巴黎选民大会，以方便随时了解议员们的消息，大家迫切而无用地问着每一个从凡尔赛回来的人。宫廷的愤怒情绪逐渐升高，并派来重兵防守，第三等级把这一切都看在眼里，而它只有一道防御，那就是倾听它说话的人群，把它说的话传遍全国的报纸。然而就在三级会议开幕的那一天，宫廷还企图遏制报纸言论：法院颁布了一条法令，禁止米拉波出版的三级

① 罗亚尔宫（Palais-Royal）如果直译就是“王宫”，但它并不是。为了避免误会，故选择音译。这座著名的建筑最初是为黎塞留所建，曾被称为红衣大主教官，后为奥尔良公爵的府邸。宫前有大花园，地处巴黎中心，革命时期是群众的聚集之地。——译者注

会议刊物再做发行；另外一条法令则明令，任何报纸杂志上的文字都必须经过允许方能出版。于是，当着聚集在一起的国民上下的面，已经消停了好几个月、几乎形同虚设的审查制度被重建起来——为了议员和把他们推为议员的群众之间必不可少的沟通而被重建起来。米拉波对此不以为然，依然发表了题为《致我的委托人的信》这篇文章。本在忙着撰写陈情书的巴黎选民大会，（5月7日）停止了工作，众心协力反抗法院的法令。[1]这是巴黎第一次介入国家事务之中。就这样，出版自由这个很重要、很基本的问题一下子被挑了起来。现在，宫廷可以召集军队、预备大炮了；然而也正是从这时起，一支更强大的队伍——新闻界，在人民的耳边点燃了炮火，让整个王国都听到了它的炮声。

5月7日，在马鲁埃[2]和穆尼耶[3]的提议下，第三等级让他们中的一些人邀请教士和贵族前来出席会议。贵族一意孤行，继续抱团。更分裂也更有危机感的教士，还想看看事态进展再做决定；此外，主教们仍然以为自己尚有时间去赢得神甫们的选票。

六天时间就这样被浪费了。5月12日，来自尼姆的新教徒、赛文殉教者的后人——拉博·圣-艾蒂安议员[4]，提议展开商议以实现联合。而布列塔尼的夏普里耶[5]则希望“出一份**通告**，表达第三等级对其他两个等级缺席的震惊，明确除了共同联合之外、对其他任何一种商议形式的拒绝，强调每个议员有审判所有人头衔的权益和权利；三级会议一旦召

---

① 《选民实录》，由巴伊和杜维里耶（Duveyrier）编写，Ⅰ，p.34.——原注

② 马鲁埃（Pierre-Victor Malouet，1740—1814年），法国政治家，主要活跃于法国大革命期间，是制宪议会中的保皇派。——译者注

③ 穆尼耶（Jean-Joseph Mounier，1758—1806年），法国政治家和法官，曾参与法国宪法的制定工作。——译者注

④ 拉博·圣-艾蒂安（Paul Rabaut de Saint-Étienne，1743—1793年），法国新教徒领导人，法国大革命中的温和派。——译者注

⑤ 夏普里耶（Jean Le Chapelier，1754—1794年），法国大革命时期的一位法学家和政治家，恐怖统治时期和马尔塞布在同一天被处死。——译者注

开，议员之间就再没有等级和行省之分，大家都是国民代表；特权阶级的议员也能从中受益，他们职务范围会被扩大”。

拉博那个更温和的意见占了上风。人们举行了商讨会议，然而它只加剧了事态的恶化。5月27日，米拉波把他之前说过的一个观点又拿了出来——将教士从贵族那边拉过来，“以上帝和和平的名义”向他们发去联合邀请函。这是一个非常有政治头脑的想法，因为许多神甫都迫不及待地等着一个可以和他们团结合作的契机。这份新的邀请几乎吸引了整个教士等级，然而主教们依然非常艰难地争取到了一定的拖延时间。晚上，他们跑到了王宫中，跑到了波利尼亚克贵族圈子那里。经王后之手[①]，人们从国王那里拿到了一封信，信中他“要求需当着掌玺大臣及皇家委员会的面重新开始商讨会议”。所以，国王在阻止教士和第三等级联合起来，公然成为了特权人士的代理人。

这封不怎么有国王风范的信，是一个张开的陷阱。如果第三等级接受，那国王——商讨会议的审判长，就能通过法院的一道法令把问题压下去，等级依然保持隔离现状。如果第三阶级单方面拒绝，而其他两个等级接受了，它就背上了不作为的恶名——在贫穷和饥荒相交困的这个时候，只有它不愿意迈出拯救国家的那一步。米拉波指出这个陷阱，向议会提议装傻充愣，接受商讨会议，同时发表一封吁请信表示抗议。

另一个新的陷阱又来了。在这些商讨会里，内克尔呼吁着爱、宽容和信任。他提议每个等级将自己的职权交给其他两个等级去审核，如果出现分歧，就**由国王来裁判**。教士毫不犹豫地接受了他的这个提议。如

① 德罗兹（Droz），p.189. 德罗兹先生的做证在同辈人中非常具有权威性，从他那里，我们经常了解到马鲁埃以及其他大革命重要人士的一些文字上的消息和内情。——原注

果贵族也接受，那第三等级又变成了以一对二的孤家寡人。是谁带它逃出了这场危机？是贵族阶级，愚蠢、自寻死路的贵族阶级。波利尼亚克贵族圈子根本不愿接受它的敌人——内克尔提出的这个办法。甚至在读到国王信件之前，为了阻断一切和解道路，贵族就已经做出决定：按等级议事、各等级对其他等级的决定有**否决权**，这两点必须是君主制的基本构成原则。内克尔的计划本来引诱住了许多温和派贵族成员；然而两个才华出众，但为人冲动、意志软弱的新晋贵族——卡扎莱斯①和德普雷梅斯尼尔②，在那里混淆视听。贵族最终没能抓住最后的救命稻草，在这场船难中拒绝了国王抛过来的救命木板（6月6日）。

一个月的耽搁，大会召开遭到了三次推延！这一个月，是饿殍遍野的一个月！我们得注意一点，在这漫长的等待中，富人们蛰伏不动，把一切开销都推掉了。什么工作都没有了。只有自己一双手、只能靠今天干活来养活明天的人去找工作，但什么都找不到；去乞讨，但什么也讨不到；那就只好去偷去抢了。全国到处都是饥饿的群氓，如果遭到抵抗，他们就变得狂暴起来，杀人放火无恶不作。恐怖气氛蔓延开来，交通中断，饥荒加剧。成千上万种荒谬的谣言在坊间流传开来。有人说，这些强盗都是宫廷雇来的；宫廷则把这个罪名推到了奥尔良公爵身上。

议会的处境十分艰难。它必须按兵不动，然而人们报以希望的治国良药却都在它的行动中。所以，它必须捂住自己的耳朵，不去听法国痛苦的呐喊，但这是为了拯救法国、为了给它建立自由！

---

① 卡扎莱斯（Jacques Antoine Marie de Cazalès，1758—1805年），法国演讲家和政治家，三级会议议员。——译者注

② 德普雷梅斯尼尔（Jean-Jacques Duval d'Éprémesnil，1745—1794年），法国政治家、官员，在大革命开始时就迅速转变了自己的革命观点，支持君主制。——译者注

此时，教士阶级的一个做法更是令形势雪上加霜，它想出一套绵里藏刀的计谋，向第三等级发出一份假惺惺的邀请。一位主教来到议会，哭诉着百姓的贫苦、农村的悲惨。当着四万名议会听众的面，他从口袋里掏出一小块让人很难有胃口咽下去的黑面包，说："看，这就是农民吃的面包。"教士提议行动起来，组建一个特别委员会，共同商议如何解决百姓的温饱、穷人的生计。

这是一个危险的陷阱。议会要么选择放弃，开始行动起来，但这就意味着接受等级隔离；要么它表明态度，对人民的不幸无动于衷，可骚乱已经蔓延开来，那时造成骚乱的责任就直接落到了它的身上。一般的演讲家们在这个牵连甚广的问题上沉默下来；然而一些籍籍无名的议员，如博普鲁斯（Populus）、罗伯斯庇尔[①]等人，以笔为剑，发起了猛烈的反击，表达了总体的观点。人们邀请教士前来**公用大厅**[②]，一起讨论一下公众的苦难——人们不是说第三等级不如教士们那般怜悯苍生吗？

这个回应并没有减轻形势的紧张。对于宫廷、贵族、教士来说，从今以后，转变人民的想法不就成了件易如反掌的事情了？那个自命不凡、野心勃勃的律师团组成的议会，它曾承诺要拯救法国，却宁愿任其在贫困交加中死去，也不愿放弃一丁点儿自己不公平的诉求。这是一份多好的说辞啊！

于是，宫廷急切地抓住了这个武器，认为可以借此铲除议会。教会主席来到宫中，就生计问题向国王献上本阶级提出的仁慈的建议，国王则说

---

① 罗伯斯庇尔成功做出了反击。他有一句话说得非常好："从前的教规为了拯救百姓于水火，可以下令卖掉最神圣的花瓶。"由于《总汇通报》上的消息通常都是不完整、不准确的，所以这里很有必要从艾吉安·杜蒙那里得到完整信息。（《艾吉安·杜蒙回忆录》，p.60.）——原注

② 在三级会议布置上，当局替第一、第二等级的议员准备好了地方，让他们分等级议事，却没管第三等级议员，随他们在会场内一间公用大厅里办公。——译者注

“他很乐意看到一个能帮他出谋划策的三级会议特别委员会的成立”。

所以，教士在替人民考虑，国王也是，贵族更是。那么，第三等级将变成孤家寡人。那时人们就会确认一件事：所有人都在替人民着想，只有第三阶级不管他们的死活。

# 第3章

## 国民议会

6月10日，第三等级最后一次发出催告——第三等级采用下议会的名字——6月17日，下议会采用国民议会为名号——议会夺取了赋税权利——国王关闭大厅——1789年6月20日，议会在网球场召开

6月10日，西哀士走进会场，说："时候已到，斩断绳索吧。"从这天起，大革命这艘饱经风雨、姗姗来迟却从未停航的大船，终于朝未来驶了过去。

这位伟大的理论家，之前就曾做出无比正确的判断，如今又表现出一位真正政治家该有的样子：他指出人们当前应该去做什么，并当机立断，马上行动起来。

任何事都只有一个对的时机。在当时，这个时机就是6月10日，不能早也不能晚。早了，国民不会相信特权阶层能冷酷无情至此地步，于是议会便给了国民上下一个月的时间，让他们看清了特权人士的丑恶嘴脸。晚了，就要担心两件事情了：或者被逼上绝路

的人民会为了一片面包而出卖自己的自由，特权人士便宣布放弃赋税特权而结束一切；或者贵族和教士联手组建一个上议院（正如有人给他们建议的那样）。这样一个议院，在今天只是王权一个称手的工具而已，然而若放在1789年，却能靠自己组织起一股势力来，可以把当时拥有王国一半，甚至是三分之二土地的那部分人集中到一起。凭着手上的钱，以及手下不计其数的佃农和仆人，这些人可以有无数方法来左右农村地区。我们不才在尼德兰看到这两个等级组成强大结盟之后，是怎样引诱人民、驱逐奥地利人、撵走皇帝的吗?

1789年6月10日，星期三，西哀士提议最后一次催告教士和贵族，通知他们议会将在**一小时之内**发出通告，届时，他们的不出席**将被视为弃权**。

这次以法律形式发出的催告是一场让人始料不及的突袭。在那群和他们为了平等争吵不休的人面前，这些下议员占领了上风，在某种程度上坐到了审判官的位置上。

这是一步妙棋，议会冒着巨大的风险在韬晦待时，但这么做是需要胆识的。人们总在反复说，那些议员身后有全部人民做支撑、有巴黎这座城市做后援，他们没什么可害怕的，他们是强大的，他们前进的路上毫无危险可言。事后诸葛亮地来看，既然一切都成功了，这个论题倒也站得住脚。迈开这一步的那些人的确感到背后有一股强大的力量，但这股力量是混乱的、毫无章法可言的。当时，人民并没有像后来那样，拥有战士一般的素质。而一支军队就驻守在凡尔赛边上，其中一部分是日耳曼人和瑞士人（十五个军团中，这样的军团至少有九个）；一尊大炮就放在议会前面。然而我们有一位伟大的逻辑学家点明了何为国民思想，又有一个议会接受了这一思想，在他们的万丈光芒下，人们其他什么都看不见了，只相信逻辑的必然联系，只抱着信仰勇往直前。

优柔寡断的宫廷不知如何是好，只能在倨傲的沉默中故步自封。两次，国王对下议会主席避而不见。人们要么说他在打猎，要么说王太子不幸去世让他伤心不已。但大家知道，他每天都有接见主教、贵族和最高法院的人。这些人开始感到惴惴不安，跑到国王那里献忠去了。宫廷听着，和他们讨价还价着，利用他们的不安来投机。然而显而易见，被这些人团团缠住的国王，其实在某种程度上成了他们的俘虏，完完全全地属于他们，而且其表现也越来越向他的本来身份——特权阶层中最大的特权人士靠近。形势变得简单明朗起来，现在只剩两个东西了：一边是特权，一边是权利。

议会曾高声疾呼过，希望能采取措施让它和一部分教士联合起来。神甫们觉得自己也是人民出身，希望坐在人民边上，这里才是他们真正的席位所在。然而教会的从属惯性思想，再加上主教们的阴谋、权势和威逼，还有另一边的宫廷和王后，他们仍被拴在凳子上。一开始只有三个神甫大胆过去，后来又有七个，再后来总共有十八个。第三等级取得的这个漂亮成绩，真能让宫廷笑话死。

议会要么死，要么继续前进，迈出第二步。它必须勇敢面对我们刚才指出的这个简单而严峻的形势：权利和特权的对峙。那个权利，便是凝聚在议会身上的国民权利。而且只有议会看到这一点还不够，还应该让别人也看到，应该把它彰显出来，得给议会取一个真正的名字：**国民议会**。

在西哀士那本被所有人烂熟于心的著名小册子里，他说了这一引人注意、没有落空的话："有人说，单单只有第三等级不能组成三级会议。那更好！它可以组建一个**国民议会**。"

取这个名字，就是在自谓为国民，就是在实现西哀士提出的革命信条——**第三等级就是全部**。得需要怎样的勇气，人们才能迈出这大胆的一步啊。人们得在思想上做好准备，得一步一步朝这个目标缓慢前进。

一开始，“国民议会”这个词根本不是在议会里说起，而是在巴黎、在那些选了西哀士、大大方方宣传着他的理念的选民中间广为流传。

5月15日，当时还是无名小卒、没有任何影响力的博瓦西·德·安格拉斯[①]说了这个词语，但他提到它，是为了避开它、延后它，是为了警告议会应当警惕任何急于求成的做法，以避免什么“轻率冒进”的指控落到自己头上。第一步都还没有迈出，安格拉斯就在想着怎么减速了。

议会采用了“下议会”[②]的名字。这个名字虽有地位低下的含义，定义也并不明确，却让议会摆脱了“第三等级”这个可怜的、不准确的专指的称呼。对此，贵族表示强烈抗议。

6月15日，有勇有谋的西哀士要求将下议会更名为“经**法国国民**了解和检验的代表之议会”。这句话看似只在表达一个绝无争议的事实：下议会议员们已经将他们的权力交给公众去检验，而且是在群众面前公开、认真地做了检验。其他两个等级只肯紧闭大门，在他们内部检验自己的权力。“经其检验”这个词看上去简简单单，却暗含一个意思——其他阶层的议员都是**内推**的。内推议员能阻止其他议员的行动吗？缺席的人能阻止**出席者**的动作吗？西哀士还提醒说，**这些人已经代表了**（至

① 博瓦西·德·安格拉斯（François Antoine de Boissy d’Anglas，1756—1828年），法国大革命、第一共和国和法兰西帝国期间的一位政治家。——译者注

② 原文是“les Communes”，本应译为“下议院”，但考虑到它是英国的行政机关，故稍加改动后译作“下议会”，第三等级用这个新名词即表示它要行使英国下议院权力的意图。——译者注

少）**百分之九十六的国民**。

人们太了解西哀士了，可以肯定，他的这个提议只是一个过渡而已，其真正目标是另一个更大胆、更有决定意义的主张。米拉波一开始就指责他“把议会推进跑道，却不告诉它该往哪个方向跑”。

然而实际上，在战役打响的第二天，端倪就已初现。两位充当西哀士的先锋军的议员行动起来——勒格朗（Legrand）提议将议会组建为**全体议会**，而且任何脱离了**国民议会的不可分割性**的事物都不能将其叫停；加朗（Galand）则提出，教士和贵族仅仅只是两个行会，而国民是一体的，是不可分割的，议会应当组建**法国国民代表**之现立法议会。西哀士剔除了其中语意不明、拐弯抹角的词语，提议直接取名为**国民议会**。

从10日的会议开始，米拉波看着西哀士在暗地里一步步前进，感到害怕起来。西哀士直接朝着一个方向逼近，最终将与王权、贵族制度直面相抗。他会对这尊已经被虫蛀得千疮百孔的偶像保持敬畏之心，因而停下自己的步伐吗？显而易见，绝无可能。米拉波追求自由，是因为他受到了专制条条框框的可怕束缚，然而我们得说，这位著名的护民卫士在习性和爱好上仍属于贵族派，在心底仍是个保皇党人。这可以说是由他的出身和血缘所决定的。两个原因——一个卑下，另一个高尚——也在驱使着他：第一是因为他身边都是贪财的女人，所以米拉波需要钱，而在他眼里，君主制政府出手阔绰大方，四处撒钱、广布恩泽；第二是因为，即便这个王权制度曾冷酷待他，米拉波对它依然是热情不减——也许他认为，拯救一个当初曾给自己频频签下逮捕法令的国王，这是件崇高的事情吧。这位可怜而又伟大的人就是这样宽宏高尚、不计前嫌，让人几乎想把他的一切恶习都归根于他身边那个乌烟瘴气的环境、归根于把他逼出家门的那个暴戾恣睢的父亲。米拉波的父亲迫害了他整整一生，可他死前却仍然要求葬在他父亲的坟墓旁边。[1]

10日，当西哀士提议**将过错推到**未出席的议员身上时，米拉波赞同采用这样严厉的措辞，态度强硬坚决。但是到了晚上，察觉其中的危险之后，他想去见见自己的敌人内克尔。[2]他希望替内克尔点透局势，用自己一口辩才来帮助王权。但即便在那里遭到冷待和冒犯，米拉波也没有打消阻碍西哀士之路的念头。他身为护民卫士，不久前才通过革命崛起，只靠着革命才拥有了力量，现在却想亲身站在大革命的面前，去螳臂当车。

换作其他任何一个人，一旦倒台，就绝不可能再爬起来。然而即便米拉波多次大失人心，却总能东山再起，这便是辩才对法兰西民族——这个对语言才华最为敏感的民族所产生的巨大影响。

没有什么能比米拉波的主张更难实现了！面对骚动的人群，面对在大危机中以己之力站起来的人民，他居然敢阐述这么一个观点：人民对这类讨论是不感兴趣的，他们的唯一要求就是缴纳自己该缴的税，再安安稳稳地继续过自己的苦日子。

在这番低劣、蹩脚、通篇谬论的说辞之后，他又立即抛出了一个原则性问题："是谁把你们召集来的？是国王。你们拿着授命函、陈情书，就有权宣称自己是唯一经过了解和检验的代表议会了吗？如果国王拒绝批准，后果很明显——你们会引发抢劫和屠杀，甚至连内战这样糟糕的殊荣，都轮不到你们的头上。"

那他又主张采用什么名号呢？

---

① 《米拉波回忆录》，由卢卡斯·德·蒙蒂尼（Lucas de Montigny）编辑，第十卷，第八章。——原注
② 可比较一下艾吉安·杜蒙和德罗兹两个不同却说法一致的版本描述（后者是根据马鲁埃的口述所作）。——原注

穆尼耶和亲英派提议命名为“少数派缺席下的国民多数派之代表”。这就是把国民一分为二，最后将导致两院的建立。

米拉波更青睐于“法兰西人民之代表”的称谓。他说，这是一个富有弹性的词，其中内涵可以很少，也可以很多。

正因如此，他受到了两位杰出的法学家——（巴黎的）达尔热和（鲁昂的）图雷[①]的指责。他们问，是否“人民”一词指的就是“庶民”或“下层人”？这种模棱两可的话遭到了层层剥皮。国王、教士和贵族肯定会把“人民”解释成庶民、下层人，也就是国民中的一部分人。

许多人本来没理解到这话中模棱两可的意思，也没意识到它将令议会丧失多少阵地。然而当内克尔的朋友马鲁埃都接受了“人民”这个词时，他们全都明白过来了。

米拉波搬出了国王的否决权，企图借此让众人心生顾虑，然而这只激起了他们的愤怒。议会中性格最为刚烈的冉森派教徒加缪激烈地反驳说：“我们就是我们。否决权能阻止真理的唯一性和不变性吗？国王的批准到底能改变事物的规律还是它们的本质？”

众人一致的辩驳把米拉波激怒了，让他昏了头脑、失了谨慎，甚至说出这样的话来：“我认为国王否决权是极为必要的，如果没有它，我宁愿活在君士坦丁堡，也不愿待在法国。没错，我就要说，我不知道还有什么比那六百个高高在上的贵族更可恶的了；他们明天可以享有终身制头衔，后天就可能将其变成继承制，到了最后就跟世上所有国家的贵族阶层一样，把什么都侵犯了。”

---

① 图雷（Jacques Guillaume Thouret，1746—1794年），法国大革命期间的一位政治家，才能出众，参与了《人权和公民权宣言》的编写工作，四次拒绝担任议会主席，恐怖时期因为先前赞同吉伦特派一些主张而被处死。——译者注

所以，在两大恶果——一个可能发生，一个已经出现——之中，米拉波更愿意选择现在这个已经出现的恶果。他说，也许这个议会未来某一天想让自己永世长存，变成一个继承制的暴政体制。所以，他就要把那个人们想要改革、却已无可救药的宫廷，装备上阻止任何改革发生的专制暴权。**国王！国王！**为什么老要滥用这个古老的信仰呢？谁不知道自从路易十四开始，法国就再无国王了。这是两个阵营之间的战争：一边是议会的阵营，这里有最伟大的时代思想，有一群最优秀的公民，这里就是法国的落脚地；另一边是流弊的阵营，里面的人在戴安娜·德·波利尼亚克的家中，在杜波瓦、蓬巴杜、杜巴莉的阴暗小屋里，秘密地谋划着诡计。

米拉波的演讲引来人们排山倒海的愤怒、诅咒和谩骂。他凭自己一张三寸不烂之舌来反驳人们没有说出来的话（“人民”这个词是低贱的），但完全于事无补。

已是晚上九点钟，人们结束争论、准备投票。现在矛头直接指向了王权本身，人们担心宫廷会采取自己唯一的办法，来阻止人民第二天登基为王。宫廷手上控制着一股野蛮的力量，那就是一支驻在凡尔赛边上的军队——它可以利用这支军队驱逐要员，解散三级会议；如果巴黎骚动，也可以围困巴黎。这样铤而走险的犯罪是它的最后一搏，人们也相信它会这么做。于是，大家想当夜组建议会，防止这样的事发生。这是四百多名议员的提议，另外一百多人则持反对意见。这一小群人用喊叫和过激的行为拖了整整一晚，导致人们连点名都无法正常进行。但是，看到大多数人被胁迫的这可耻一幕，想到议会因为被一再拖延而会有夭折的危险，再时不时联想到自由的果实、未来的希望将被抹杀，挤在看台上的人群一片狂热，现场骚乱到了白热化的程度。这时，一个人跳了出来，抓住了马鲁埃——这群固执叫嚣者的主要带头人的衣领。[1]那个人溜走了，而喊叫声依然没有平息。主持大会的巴伊说："面对会上的喧闹，议会依然保持着坚定、严肃的态度；耐心而又强大的它，在沉默中等待这群闹事者在叫喊中精疲力竭。"午夜一点钟，议员人数渐少，于是人们把投票推迟到了早上。

第二天早上，到投票的时候，大会主席被掌玺大臣宣见，后者宣布要转交国王的书信一封。国王在信中提醒他们：除非三个等级同时在场，否则他们就什么也不能做。这封信来得恰是时候，它可以为那一百多个反对者提供书面支持，拉长讨论时间，扰乱许多本就立场不坚的人的心态，让他们失去勇气。然而大会带着王者之范，拖住了国王的信，阻止主席在会议结束之前离开大厅。它想投票，也投票了。

各条提议可以归结为三点，准确说是两点：

1. 西哀士的提议：**国民议会**。

2. 穆尼耶的提议：少数派缺席下的国民**多数派**的代表之议会。米拉波那套模棱两可的风格又出现在穆尼耶的口号里，"人民"一词可以有狭隘的意思，"国民多数派"也是如此。

从表面上看，穆尼耶的动议带着法律上的字斟句酌和算术上的精准无误，然而在根本上却和正义相悖。它刻板地把两个差异巨大的值放在一个水平上来做观察对照。议会代表国民，除去特权阶层，就是百分之九十六对百分之四（根据西哀士的统计）或百分之二（根据内克尔的统

① 主要证人巴伊根本没有记下当时的任何场景，所以这里只有德罗兹的一家之言——当然，是根据马鲁埃的叙述。——原注

计）的数据。为什么这百分之二或者百分之四的人能拥有如此重的地位呢？肯定不是因为他们靠精神力量去守护了某个东西（他们已经没有精神可言了），而是因为王国的大部分财产、三分之二的土地都被实际操纵在他们的手上。穆尼耶鼓吹的是用资产替代人口、用地替代人的对照法，是封建的、英国的、物质的观点；而西哀士提出的却是真正的、法国的表达用词。

若真采用穆尼耶这种并不公平的公平计算，再加上米拉波模棱两可的词语，国民将组成**一个阶层**，而大资产者和大地主将组成独立于国民之外的**另一个阶层**。我们又将回到古代的不公平社会，中世纪统治将继续，地重于人的野蛮体制将得延续，土地、肥料、泥土将成为精神上的封建君主。

投票之后，西哀士的提议得到了近五百张选票，只有不到一百名人反对。[①]于是议会取名为**国民议会**，许多人高喊着："国王万岁！"

为了阻止会议顺利进行，其间发生了两次干扰事件——一次是一个贵族议员寻着某个借口挑起的，另一次是因为一些议员希望首先能有一位主席和固定办公厅。议会突破了阻挠，来到了庄严的宣誓环节。当着四千个群情激昂的观众的面，六百位议员起立，将手举起，在静默中，凝视着他们主席那张正直、严肃的面孔，聆听着他宣读口号，然后呼喊："我们发誓！"那一刻，每个人心中都洋溢着敬畏和虔诚之情。

议会建立起来了，活下来了；但它还缺少实力，缺少活下去的保障。于是，它通过控制赋税特权，保证了自己活下去的机会。它宣布，所有课税**直到现在为止依然是违法的**，但临时准其照常征收，"直到现

① 四百九十一票对九十票。米拉波既不敢投赞成票，也不敢投反对票，弃权待在家里。——原注

议会解散为止”。也就是说，它在批判所有过去的同时，也把未来夺取了过来。

它公开接受了一个事关名誉的问题——公共债务，并对其做了担保。

而且所有这些国家法令都是用王室用语写成，还用了只有国王才用的惯用语：“议会欲……且颁诏……”

更重要的是，它还关心着公共物资这个问题。行政权和其他各权已经式微，故当时唯一还受人尊重的立法权不得不担起重任。它替归自己所管的物资委员会提出要求，要求得到过去国王赐给教士代表团的一个东西——物资方面的情报资料。国王给过这个东西，可他现在却不想给了。

最吃惊的人当属内克尔，他天真地以为自己能够领导世界，然而世界却甩开他独自前进了。他一直以为这个年轻议会是自己收养的一个孤女，告诉国王她总会老实听话起来的。然而突然之间，在没有咨询她的监护人意见的前提下，这个孤女就独自上路了，她翻过了陈旧的篱栏，看都懒得看它一眼。惊愕失色的内克尔收到了两条建议。这两个提议人，一个是保皇党人，另一个是共和党人，两人都是为同一件事而来。那位保皇党人是旧制度之下的一名地方督办，贝尔特朗德·德·莫尔维依（Bertrand de Molleville），为人偏激、目光短浅；共和党人则是杜罗维莱（Durovray），是1782年被国王从日内瓦驱逐出去的民主人士中的一位。

这位外国人在当时如此紧张的局势之下，还忧心法国内政，大胆提出自己的意见。这样一个人，我们当然得知道他的大名了。杜罗维莱定居在英国，拿英国的年金，从思想理念上是个十足的英国人，后来没过多久，他就成为了流亡贵族的领袖。与此同时，他还是一个日内瓦小帮派中的一员，而对我们不幸的是，这个帮派操纵了米拉波。英国似乎在包围法国自由的主要喉舌。[1]在此之前对英国人少有好感的这位大人物，现在却听任这些以自由殉道者自居的前共和党人来诓骗自己、笼络自己。杜罗维莱、杜蒙之类的人，以及其他那些平庸却勤勉不懈的行动者们，时刻想着要让他沉溺在懈怠之中。当时米拉波已是病弱之躯，却还在做一些极度影响健康之事。他的夜晚吞噬了他的白天；到了早上，他想起还有议会的事情，便在那里绞尽脑汁地思考，不过这些日内瓦人已经把亲英思想的文章写好，交到他的手上。于是米拉波闭着眼拿了过来，再用自己的才华将其美化一番。他就是这般取巧、这般轻率，所以无论米拉波在庭上的发言是多么精彩纷呈，他也只是在转述这些日内瓦人时不时转交给他的笔记而已。

和内克尔根本没有往来的杜罗维莱，在这样的紧张时刻，却毛遂自荐，当上了他的正式顾问。

他和贝尔特朗德·德·莫尔维依一样，希望国王能让**议会法令夭折**，剥夺它"国民议会"这个名字，命令三个等级联合，公开宣布自己才是**法国临时立法者**，并动用**王权**去做议会在他不在场之时所做的事情。贝尔特朗德正确地做出判断，认为此举之后，议会定会被解散。杜罗维莱则认为在国王特权的施压下，被摧毁、被挫损的议会将会接受安排给自己的小角色，甘心充当一部制法机器。[2]

17号晚上，教士领袖——拉罗什福柯（Laroche Foucauld）红衣主教和巴黎大主教，急急忙忙地跑到了马利，央求国王、王后施以援手。

① 这些日内瓦人其实严格来讲并不是英国的人，但是他们拿着英国政府的年金，英国政府给他们送去了超过一百万（法郎）的巨额大礼，目的是建立一个爱尔兰式的日内瓦（这还尚在纸面上）。故他们有义务为英国效劳。此外，该组织还分裂成了两个部分。依维努瓦（Yvernois）站到了英国这边，并成了我们最凶残的一个敌人，只有克拉维尔（Clavière）还是亲法立场。至于艾吉安·杜蒙，那个恨不得米拉波的所有演讲都是这些人帮他写出来的艾吉安·杜蒙，于他我们又该说什么好呢？他的回忆录表现了他本人对一个天才是多么寡情负义，而当初正因为和后者的友谊，他才坐收了无数荣誉。——原注

② 通过《贝尔特朗德回忆录》和《艾吉安·杜蒙回忆录》，我们可以对比一下这两个方案。杜蒙承认，日内瓦人非常小心地没有把他们这套漂亮的计划告诉米拉波；米拉波是事后才知道的，并说了一句意味深长的话："人们就是这样把国王带上绞刑架的。"——原注

19日，贵族院中举行了一场毫无意义的辩论；奥尔良提议和第三等级联合，孟德斯吉乌（Montesquiou）提议和教士合作。但是教士阶级内部已是人心大乱。在同一天里，神甫议员们说服他们中间大多数人同意和第三等级联合，于是教士等级就从内部被一分为二。当天晚上，红衣主教、大主教又去了马利，跪在国王的脚下，哭喊着宗教已死。随后，最高法院的人来了，说：如果三级会议不被解散，君主制将亡。

这是一个危险但已没有机会实施的建议。当时已是风云四起，凡尔赛和巴黎在颤抖。内克尔说服了两三个内阁大臣，甚至还说服了国王，让他们相信只有自己的办法才能挽救局势于危亡。19日星期五晚上，人们在最后的决定性会议中重新研究了他的方案，然后一切都被敲定下来，方案被批准通过。"连文件夹都已经合上。"内克尔说，"而这时国王一位内侍突然走进来，低声对国王说了什么。陛下立刻站了起来，令大臣待在原地。坐在我身边的蒙莫兰先生[①]对我说：'我们什么也做不了；仅仅王后一个人就能中断参事院会议，那些公爵亲王明显已经把她骗住了。'"

一切都被叫停，这也在人们的意料之中。毫无疑问，国王正是因此才被带到了马利，远离了凡尔赛，远离了人民，只身和王后在一起，在她面前变得更加感情用事、暗弱无断，两人沉浸在共同的丧子之痛中。这为教士提供了多好的契机和口实啊！国王居然赞同一个新教徒大臣提出的危险改革方案，王太子之死不正是上苍对他的严厉警告吗?

国王还在举棋不定，但几乎快被说动了。为了阻止教士和第三等级合手，他下令在第二天星期六（6月20日）关闭会议大厅，理由是要为星

---

① 蒙莫兰（Armand Marc de Montmorin，1745—1792年），法国政治家、外交家，1789年2月12日被任命为外交部长，随后又被任命为海军国务秘书，1789年7月12日和内克尔一道被辞，7月14日巴士底狱事件后被召回，后在9月2日的屠杀中在亚伯叶监狱被杀害。——译者注

期一在那里举办的一场御前会议做必要的准备工作。

这一切都是在当夜定下的，宫廷早上六点钟才在凡尔赛贴出告示。国民议会主席无意中方才知晓了议会不能召开这个消息。在已是早上七点多钟的时候，他才收到了一封信，此信不是来自国王的手书（国王习惯亲笔写信给最高法院主席，这是再自然不过的事），而仅仅是礼仪部主司小布雷泽（Brézé）的一份通知函。这封信函不是写给还在家里的主席巴伊看的，而是写给议会看的。巴伊无权自作主张，到了昨日规定的开会时间，也就是八点钟，他和许多议员来到大厅门口。被哨兵拦下后，巴伊对阻拦他们进入的这一做法提出抗议，宣布大会将继续召开。许多年轻议员企图强行进入，军官便下令将子弹上膛，宣布违令者杀无赦。

于是，我们的新王就像不服管教的学生一样站在门口，淋着雨徘徊在人群里、徘徊在巴黎大街上。大家都同意议员们必须聚集起来，召开大会。有些人吼着："我们去达尔姆广场！"有的人说："去马利！"还有的人说："去巴黎！"最后这个主意太极端了，这么做无异于把火种丢进炸药堆里。

议员吉约坦给出一个不那么冒险的意见：去老凡尔赛，在网球场中先安置下来再说。这个地方破旧、简陋、穷酸、可怜，但这样最好不过了——反正议会也是一无所有，这个样子不是更能代表人民吗？议员们站了整整一天，几乎连一条坐的板凳都没有。这里就是新的信仰诞生的那个马槽，这里就是伯利恒的那处马厩。

在那群决定与第三等级联合的勇敢神甫中，其中一位便是大名鼎鼎的格雷古瓦尔[①]。在很久以后，当法兰西帝国无情地将它的母亲——法

① 格雷古瓦尔（Henri Grégoire，1750—1831年），法国天主教教士，法国大革命代表人物之一，坚决主张废除特权和奴隶制度，支持普选，参与了法兰西学院的创立。——译者注

国大革命忘记了的时候，格雷古瓦尔还经常来到凡尔赛附近，去凭吊波尔·罗亚尔修道院的断壁残垣。有一天（当然是在回来的路上），他走进了网球场[①]——修道院已经坍塌，网球场也已被废弃——这位如此坚强、从不示弱的男人流泪了。他是在为两个信仰而恸哭，于个人而言，这种双重痛苦实在是不能承受之重！

我们也是如此，我们在1846年又看到了这座网球场。这里曾见证了自由，曾回荡着自由的第一声啼哭，曾响起那个永垂青史的自由誓言——那个誓言如今依然被珍藏在这里。可是我们能对这个地方说什么呢？关于那个由它孕育出来的世界，我们又能告诉它些什么呢？啊！光阴的步伐并不匆匆，一代代人新老更替，然而几乎没怎么前进。当我们踏在它年久失修的方砖上时，心中只会为我们现在的样子、为我们的一事无成感到羞愧。我们觉得自己无颜站在这里，只能掩面匆匆离开这块圣地。

① 《格雷古瓦尔回忆录》，I，p.380.——原注

第4章

# 网球场宣言

1789年6月20日，网球场宣言——游荡的议会——政变；内克尔的方案；1789年6月23日国王宣言；议会拒绝等级隔离——国王请内克尔留任，但根本不撤销自己的宣言

就这样，他们来到了网球场，不顾国王的旨意聚集在了一起。不过他们要做什么呢？

请不要忘记，当时议会上上下下都是保皇倾向，只有一个人除外。①

请不要忘记，在17日，当它给自己冠以国民议会的头衔时，议会喊的口号是“国王万岁”；当它赋予自己投票纳税之权、宣布暂时维持当前并不合法的赋税的时候，反对者们宁可离开议会，也不愿出席会议以表示认可这次侵害王权的行动。②

---

① 请看后面7月22日一份和罗伯斯庇尔有关的注释。——原注

② 这是我通过对比投票数据得出的结论。大厅里剩下的四百二十六位议员一致投票，认定了未经批准的赋税是不合法的，并做了其他补充。（王国档案馆，《国民议会会议实录》）——原注

国王——这个过去的阴影，这个古老的崇拜，在三级会议大厅中还如此强大的它，到了网球场时却黯然失色。看看这个寒碜无比、四壁萧然的地方，往昔的幻象在这里找不到一处容身之所。这里的统治者是未来的王者——纯粹的思想、理性、正义！

这一天里，再没有什么反对者了①，议会从思想到心灵都结成了一体。这时，温和派中的一个人，穆尼耶，向议会提出以下这个著名宣言：无论议会被迫在何地聚集召开，它永远都是国民议会，**什么也不能阻止它**继续议政；在宪法得到完善和巩固之前，它**发誓决不散会**。

巴伊第一个宣誓，清楚、大声地念出誓言，所有挤在外面的人民群众都听到了，瞬间群情鼎沸、欢呼雷动。"国王万岁"的呼声在大会和人群中回响。这是旧法国激动之下发出的呼声，但其中已然混入了反抗的声音。②

1792年，当时正流亡在外的穆尼耶，只身一人漂泊异乡。他拷问着自己，苦苦寻思着：自己6月20日的提议是否正确，自己身为保皇党人和国家公民，前者的忠诚和后者的义务是否并存不悖。但即便处于流亡之中，即便因为被流放出去而心怀愤懑，他的回答依然是："是的！"

"是的。"他说，"宣言是正确的，他们想解散议会，如果没有宣言，这件事就会真的发生。甩掉了三级会议的宫廷，是绝不会再重新召开会议的；到那时，我们就只能放弃制定宪法——这个众人在陈情书中翘首以盼的东西了。"这就是一位保皇党人、一位温和派中的温和派、一位已经习惯在实证中寻找道德裁决的法学家，对我们大革命第一个行动的表态。

---

① 只有一个。6月17日的那九十个反对者也加入了多数派中。——原注

② 议会并没有走得太过极端，它拒绝了夏普里耶强硬但却最有效的动议——其实，夏普里耶只是错在把所有人心中所想直接说出来了而已。他提议向国王呈文，"向陛下告知，祖国的敌人把王位死死缠住，他们的谋士意图让君主成为某个党派的出头鸟"。——原注

与此同时，其他人又在马利做什么呢？星期六和星期日，被国王推出去了的内克尔在和最高法院的人作斗争，和那些凉薄到有时只有疯子才会如此冷血的人作斗争。最高法院推翻了内克尔的计划，把所有能让计划得以通过的路都堵死了，删除了里面的折中方案，它只想学路易十五，突然制造一场纯粹的政变，一场简单的御临国会，就像最高法院无数次遭遇的那样。人们一直争论到晚上，直到午夜时，主席才在床上得知：御前会议无法在第二天早上召开，它被延迟到了星期二。

贵族们在星期天闹哄哄、乌泱泱地来到马利。他们在一封信里再次向国王指出，现在干系到的是国王本人而不是贵族阶层。英勇的骑士精神让宫廷感到热血沸腾，觉得似乎只要自己一声令下，佩剑的人就要去和握笔的人拼命。在这样虚张声势的阵仗中，傲慢不逊的阿图瓦伯爵被冲昏了头，甚至对议会说第二天他要用网球场打球。

于是，星期一早上，议会又流浪在了凡尔赛的马路上，无火暖身，无处可去。宫廷对此当然是幸灾乐祸！会厅主人害怕了，畏惧着那些亲王贵胄。议会敲响了方济各会的门，但是大门紧闭不开，修道士们也害怕惹祸上身。这些流浪儿是谁？这群众人对其避之不及的危险人士是谁？是国民啊！

那为什么不在露天议政呢？哪里的华盖比得上苍穹那般庄严？不过在当天，教士中的多数派希望能和下议会坐在一起谈一谈。该在哪里接待他们才好呢？幸好，这一百三十四位神甫和为首的一些主教，早上在圣路易教堂中开教堂会，于是把议会成员也请了过去，带他们来到了教堂中殿。原本在一起唱诗的教士们走了出来，和他们坐在一起。在那美好的一刻，人们个个都是欢欣鼓舞！一个激动的演讲者说："宗教的圣地，成了祖国的神殿。"

也就是在同一天，22日星期一，内克尔还在做无益的争辩。内克尔那套因为温和而反有害于自由的方案，被另一套更直接、更露本性的方案所代替。内克尔完全成了善与恶中间的那个有罪的调停人，在正义和非正义之间维持着表面的平衡。他既成了人民的侍臣，又成了人民的敌人。在星期一于凡尔赛举行的最后一次会议中，受邀而来的亲王贵胄们，把这个阻止理性和非理性做正面对决、本身立场暧昧不明的中间调停者给赶走了，此举可以说是为自由立下了汗马功劳。

在御前会议开始之前，我想比较一下这两个方案——一个是内克尔的方案，另一个是宫廷的方案。对于第一个方案，我只相信内克尔本人的亲笔所述。

## 内克尔方案

内克尔在那本于1796年负气之下所写的书中，向我们全盘托出了自己的方案。他指出，这个方案是*在冒险，而且非常冒险*——为了特权阶层的利益而冒险。要做出这番坦白很难，但他终于做到了。“我的方案的不足之处就是风险太大，我把自己能赌的一切都赌上了——‘请您解释吧！’——我会解释，也应该解释。请您且将听一听。”[①]

这番话、这句道歉，是说给流亡贵族们听的。然而没用！他们怎么可能原谅他，原谅他把人民召唤起来、给了他们政治生命、生出来五百万选民？

第一，宫廷一直都在拒绝进行不可避免、刻不容缓的改革，最后它在迫不得已之下才勉强接受了改革。内克尔通过国王发布改革。而在付出了惨痛的代价之后，他才意识到国王只是王后和宫廷手中的玩偶而

① 《内克尔作品全集》，Ⅵ，p.194.——原注

已。改革完全成了一纸空文，他也只能听任这场可悲的闹剧继续演下去。

自由，以及因为自由才得以存在的神圣的权利，在他那里变成了国王的馈赠，变成了一张**恩赐的契据**——1814年的那个侵略性质的宪章[①]也是如此，只不过在经过了三十年的战争，在所有欧洲国家都入主巴黎之后，法国才接受了这个满是谎言的宪法。

第二，完全没有立法一体性可言，至少设有**两院**。效仿英国，这便是他向法国羞羞怯怯地提出的一个建议。这可以带来两大好处：首先，可以巩固从此聚集在上议院里的特权阶层、教士和贵族的地位；其次，能让国王更容易地去哄骗人民，国王本人不用出面，就可以通过上议院来拒绝通过某条法令，这样国王一人就拥有两个**否决权**了（正如我们今天所看到的那样）。

第三，国王允许三个等级就**总体事务**进行共同议事，但如若牵涉到个人特殊待遇、荣誉之类的**特权**，以及**和封地相关的权利**，则绝不共同议事。然而，法国恰好就把这些问题视为典型的**总体事务**。说到底，谁敢在荣誉问题上琢磨什么特殊事务呢?

第四，这是一个瘸了脚的三级会议，一会儿联合，一会儿又分成三个等级，一会儿活跃，一会儿又在三股力量的拉扯中静止不动。即便如此，内克尔还想通过**地方三级会议**去平衡它、束缚它、压制它。这么做是在加剧分裂，而法国只渴望团结。

第五，他能给的只有这些，然而他才给出，马上就又收了回来。没人看到这座漂亮的立法机器运转过，内克尔将其勉强给我们看了一眼，然后就把它封存、遮掩起来，根本**谈不上什么会议的公开性**。法律也将

① 即由路易十八颁布的《1814年宪章》。——译者注

如此制成，远离阳光，在黑暗中制成，仿佛人们不是在制定法律，而是在策划某个见不得人的阴谋似的。

第六，法律？没了个人自由，这个词还有什么意义？当人都不知道自己能不能在自己家中安然入睡的时候，谁还能自由地行动、选举、投票？自由，这是社会生命的首要条件，它先于政治行动存在，是后者的必要前提。而内克尔却不能保障自由。国王会在将来邀请议会**商议如何取消密信**。然而在此期间，他手里依然拿着密信，依然握着监禁的专制权力，依然保管着巴士底狱的钥匙。

这便是在天时地利人和均占的条件下，在一位深得人心的内阁大臣的推动下，古老王权能够做出的最大让步了。而且，它最多也只能让步到这里。名义上的国王做出承诺，而那个真正的王，也就是宫廷，却在嘲笑这个承诺。就让他们在自己的罪孽中走上穷途末路吧！

## 国王宣言（1789年6月23日）

宫廷的这个计划里，有一个地方比内克尔的折中方案要强：它至少坦坦荡荡、毫不遮掩。在这个宣言里，内克尔方案中所有坏的东西全都被保留下来，而且坏得更加彻底。

这道法令——我们也可以称其为专制政府的遗嘱——被分为两部分：第一，议会担保的禁令，题目是《针对三级会议当前会议发表的宣言》；第二，他们所谓的改革和福祉[①]：《国王意愿之宣言》讲了他对无关紧要的将来抱有的愿景和希望。坏处肯定有，而好处却也可能会有。我们且来详细看看：

① 而且派头和内容保持了一个水准，言辞间夸夸其谈、大肆鼓吹，却只让人觉得这是在打肿脸充胖子："哪位国王都不曾做过这么多事！"宣言最后还有一句鲁莽、蠢笨得令人叹为观止的话（内克尔将此话收回，第九卷，p.196）："想想吧，先生们，没经过我的特别批准，你们的任何草案都没有法律效力。"——原注

一、国王宣布五百万选民提出的要求仅供考虑，让他们的希望破灭了。

国王撕碎了第三等级议员的决议，称它们“无效、违法、违宪”。

国王希望各等级保持隔离状态，希望用一个等级去约束另外两个等级（意图让国民中百分之二的人去左右整个国民）。

*如果他们想要*联合，他会允许，*但只此一次*，也只限于*总体事务*——在这些总体事务中，还不包括三个等级的权利、下届三级会议的组建、领主和封建大地主的资产、金钱或荣誉方面的特权……也就是说，他把整个旧体制都排除在了总体事务之外。

这些便是宫廷的作品。根据种种表现来看，它其实就是国王的宣言。这里面所写的，正是他心里憋了很久的话。在任何涉及宗教、教规、世俗及*教权*等级的规章制度的地方，教士阶层拥有特别*否决权*（否决贵族和第三等级）。因此，一个修道士都没少，一场改革都没干。所有这些日渐可憎、日渐无用的修道院，所有这些人们再不想供奉的教堂，教会想把它们统统保留下来。贵族们个个火冒三丈，因为他们失去了最美好的希望。他们曾想着将来某一天，掉出去的肥肉能再回到自己嘴边；最糟糕的也大不了是在国王和人民逼得太紧、要他们做出某些牺牲的情况下，他们和教会一起慷慨地出点血。

*否决权*对*否决权*。但为什么要这样做呢？这是在处心积虑地采取预防措施，确保一切结果都将落空：在三个等级的共同议政中，只要一个阶层中*三分之二*的议员投票反对议政之事，决议权就落到了国王手里。更可怕的是，哪怕事情已经定了下来，只要有*一百个*议员要求收回，那就什么也决定不了。也就是说，议会、议政、决议这些词，完全成了一套骗局、一出闹剧。不过谁演这出戏的时候能不笑场呢？

二、 现在再来看看*好的地方*。第一，财政公开化，纳税投票，限定开支，并由三级会议指定相关限定方法，陛下“将接受它们，只要它们符合王室威仪，能推动公共事务迅速办成”。

第二，国王将承认赋税平等——只要教士和贵族愿意放弃他们的经济特权。

第三，财产将得到尊重，尤其是什一税、封建课税和封建义务。

第四，个人自由？不，不是。国王请三级会议寻找、提出一些办法，既能取消密信，又能和那些为照顾贵族大家的荣誉、压制已经抬头的骚乱而必须采取的预防措施不相冲突。

第五，出版自由？不，不是。三级会议将寻找办法，让出版自由和尊重宗教、尊重习俗、尊重公民荣誉等方面不相冲突。

第六，所有人均可担任公共职务？不，不是。而且还明文强调了军中尤其不可如此。国王用最明白直接的方式宣布，他要全权掌管军队体制的组建，这点不可更改。也就是说，平民百姓绝不可能拥有军衔。所以，愚蠢的立法者把事情推到了要靠暴力、靠动武来解决的地步。也就是从这一刻开始，他毁掉了自己的去路。他想召集士兵、包围议会，让军队朝巴黎进发？随便。反正这么做只会创造出更多的大革命卫士而已。

在这个重要日子的前一天午夜，三位贵族议员——艾吉勇[①]、梅努[②]和蒙特莫朗西（Montmorency）来了，向主席告知当晚正在凡尔赛举行的最新参事会议结果：“内克尔不会出席和接受这个完全与他的方案相悖的计划，他不会参加会议，而且走定了。”御前会议在十点开始，巴伊还有时间把当天的这个大秘密告诉其他议员，再由议员们将其传开。如果人民看到那位广受爱戴的大臣坐在国王边上，舆论就会产生

---

① 艾吉勇公爵（Armand-Désiré de Vignerot du Plessis de Richelieu, duc d' Aiguillon, 1761—1800年），法国贵族、军人，在1792年之前是大革命的忠实拥护者。——译者注

② 梅努（Jacques-François de Menou, 1750—1810年），法国大革命和帝国时期一位将军。——译者注

分裂，风向就会发生转变。但他缺席的话，国王就变成了孤家寡人，将被舆论舍弃。宫廷曾想着牺牲内克尔，以他为遮掩，把这套把戏玩下去；所以，它决不能原谅内克尔没有乖乖听它摆布，任它利用自己、抹黑自己。

当国王走出王宫时，周围人群安静下来，这便足以证明此事已是众人皆知。[①]事情已经败露，那这出悉心准备的大戏就再没什么看头了。

然而宫廷依然带着那点可怜的、骄傲的小心思，让前两个等级走在前面、通过大门进入会议大厅，而下议员们先挤在一个漏雨的棚子下，最后再走进会场。它以为通过这样，受到侮辱、浑身又脏又湿的第三等级，将埋着头走进来，接受教训。

没人把他们领进去，大门紧闭，警卫也都在里面。米拉波对主席说："先生，请把国民带到国王面前！"主席敲了敲门，里面的警卫回答："稍等！"主席问："先生，那请问礼仪部主司在哪里？"得到的回答是："我们什么都不知道。"议员们大怒，说："很好！我们走吧，走！"最后，主席终于找来了警卫队队长，让他去请布雷泽。

议员们走进会场，看到教士和贵族阶层已在大厅就座，似乎在等他们的样子，一个个看上去就像法官似的。而除他们之外，空荡荡的大厅再无他人。人民从这里被驱逐出去后，这所巨大的会议室看上去是多么凄凉和阴暗啊！

国王带着他一贯的爽直，直截了当地宣读了别人替他写的演讲稿，这些专横的句子从他嘴里念出来，听上去无比奇怪。他没怎么感觉到这篇演讲中带有一种粗暴的挑衅，因为他似乎对议会的反应感到有些讶异。贵族们对那些将封建特权神圣化的条款表示热烈赞同，有人在高声

① 杜蒙（目击证人）的《艾吉安·杜蒙回忆录》，p.91.——原注

地喊着："肃静！"

沉默、惊愕的一刻过去后，国王用一句严重到让人忍无可忍的话结束了演讲："如果你们在这个如此崇高的事业中抛弃了我，那么我就只好独自为我的人民谋取幸福，**就只好独自将自己视为他们的真正代表。**"这么做，就相当于把手套扔在议会的脸上，宣告战斗的开始。

最后一句话是："**诸位，我令你们即刻散去**，明天早上各自到指派给你们的会厅中去重新开会。"

国王离开会场，随后贵族和教士也走了。下议会议员们依然坐着，脸色平静，一言不发。①

当时还在那里的礼仪部主司低声对主席说："先生，您听到国王的命令了吧？"后者回答："议会已被推迟到御前会议之后；我不能解散议会，除非先就此议政。"然后，他转向身边的同僚们，"我认为，国民议会不能接受命令。"

这句话得到了米拉波的大力赞同。他表情凛然、声音洪亮，咄咄逼人地质诘着司仪部主司："对于有人给国王提的建议，我们已经有所耳闻。而你，先生，你只是他安插在国民议会身边的一个工具罢了，你在这里没有说话的地方，没有地位，也无权开口，还轮不到你来提醒我们国王刚才做了什么演讲。走吧，去跟那些把你派来的人说，说我们是因为全国人民的民意才坐在了这里，说只有兵刃相逼我们才会离开。"②

布雷泽惊慌失色、呆若木鸡，闻到了一个新王权的气息。他像对待另一个王权那样对这个王权行礼，倒退着离开大厅，仿佛自己面前站着

---

① 不管杜蒙怎么说（他当时并不在场），但实际上大家既没有犹豫，也没有沮丧。如格雷古瓦尔（《格雷古瓦尔回忆录》，Ⅰ，p.384）那样的激进派，以及如马鲁埃那样的温和派，大家都完全达成一致。格雷古瓦尔就此事说了这番简单却崇高的话："我们没有其他的路要走，我们要给法国一个宪法。"（马鲁埃，《给委托人的汇报书》）——原注

② 这是唯一一个最可信的版本。米拉波是保皇党人，他绝不会说出"去告诉你的主子"或者其他那些后来加上的话。——原注

的是国王似的。[①]

宫廷还以为可以用另一套办法打发走下议会议员们，一套曾对三级会议用过并管用的粗暴方法：清空大厅、拆毁阶梯会议室和国王讲坛。工人们都已经进来了，然而主席一句话就让他们停了下来，他们放下手中的工具，满是敬佩地望着全体议会冷静严肃的样子，聚精会神、毕恭毕敬地听着他们说话。

一名议员提议第二天讨论一下国王的决议，但没人听取他的意见。加缪大力阐述并声明："御前会议说的只是内阁法令而已，议会要坚持自己的决议。"年轻的多菲内议员巴纳夫[②]说："我们已宣扬过自己是谁，无须得到任何人的批准。"来自布列塔尼的格雷赞（Glezen）则说："到底怎么了！君主在应该听取意见的时候，却摆出主人的口气。"佩蒂翁、比佐、加拉[③]、格雷古瓦尔也都在激动地大讲特讲。这时西哀士说了一句简短的话："先生们，你们昨天也是这样的。"

根据米拉波的提议，议会随后宣布：议员是不可侵犯的，任何一个逮捕议员的人都是卑鄙、该死的叛徒。

这条法令并非毫无意义，因为亲卫队已经在大厅前列队，大家觉得当夜六十位议员就会遭到逮捕。

贵族议员在他们主席的带领下，径直前去感谢他们的保护者——阿图瓦伯爵；然后去了大亲王[④]的府邸，但是他十分谨慎小心，并没在家里。许多人去觐见了王后，她兴高采烈、得意扬扬，牵着自己的女儿、

① 这是目击证人弗洛肖（译注：Nicolas Frochot，1761—1828年，塞纳省省长，1789年选入三级会议）向米拉波的儿子所做的转述（《回忆录》，Ⅵ，p.39）。事情发生了四十四年之后，布雷泽的家人却对这件广为人知的事情中某些细节表示质疑。——原注

② 巴纳夫（Antoine Barnave，1761—1793年），法国政治家，和米拉波一起并称为法国大革命早期的最有影响力的演讲家，曾写信给安托瓦内特，试图建立君主立宪制，是斐扬俱乐部的建立人之一。——译者注

③ 加拉（Dominique Joseph Garat，1749—1833年），法国政治家、律师、记者，1792年代替丹东担任司法部长，判处路易十六死刑，热月政变后投票反对罗伯斯庇尔。——译者注

④ 即路易十六最大的弟弟普罗旺斯伯爵，也就是后来的路易十八。——译者注

抱着王太子，对众人说：“我把他托付给贵族阶级了。”

但国王没有感到丝毫喜悦。人民的沉默于他而言是陌生的，让他感到喘不过气来。当布雷泽前来告知他，第三等级议员依然静坐着、等着他的命令时，他来来回回走了几分钟，最后用倦怠的语气说：“算了！随他们去吧。”

国王说得很对。形势已危如累卵，多走一步，就能让巴黎朝凡尔赛逼来。而凡尔赛已经动荡不安。当五六千人闯进王宫时，王后惊恐地看着这个陌生的朝廷一下子塞满了花园、露台、房间。她乞求着，求国王收回她之前所做的一切，求他召回内克尔。他并没走多远，他回来了，就站在那里，如往常一样觉得没了自己什么也做不了。路易十六一派老实敦厚的样子对他说：“老实说，我心底根本不想坚持这个宣言。”

内克尔也没想要更多，也没再做什么努力。他的虚荣心已经得到满足，听到人群呼喊着自己的名字时，他陶醉了，大脑一片空白。狂喜的他走了出去，走进王宫庭院中，径直走到人群中间去安抚他们。疯狂的群众朝他跪了下来，吻着他的手。已经迷失了心智的内克尔反复说道：“是的，我的孩子们，是的，我的孩子们，我留下了，你们放心吧……”回到房间里的时候，他已是泪流成河。

可怜的宫廷工具啊！他留了下来，却再没要求什么；他留了下来，是为了用自己的名字去遮掩阴谋，充当他们的幌子，让他们安心去对付人民。他让这些衣冠楚楚的人又重整旗鼓，给了他们继续召集军队的时间。

第5章

# 巴黎骚动

6月25日，选民大会——法兰西禁卫军骚动——罗亚尔宫四面风起——奥尔良派的阴谋——6月27日，国王下令等级联合——6月30日，人民救出法兰西禁卫军士兵——宫廷进入备战状态——巴黎要求武装起来——1789年7月11日，内克尔被解职

形势变得有些非同寻常起来——但很明显，这一切都是暂时的。

议会仍然没有听令，但国王也没有再撤销什么。

国王召回了内克尔，但是仍把议会当作囚犯一样用军队看管起来，并且要求公众不得旁听会议。会议大门紧闭着，议员只能从侧门进出，在高墙深院中议事。

议会软弱无力地抗议着。23日的斗争似乎已经用尽了它的所有力气。

然而与此同时，巴黎并不是无力的。

它决不愿束手无策地看着自己的议员在监狱中为它造出法律来。

24日，局势动荡不安，动乱一触即发。

到了25日，三类人群同时骚动起来——选民、群众和士兵。大革命的本营被转移到了巴黎。

选民在选举之后承诺还会聚集起来，向那些由他们选出来的议员完善指令。虽然内阁没有允许选民聚会[①]，但23日的政变让选民们无视禁令，组织了一场自己的政变，于25日聚集在了多菲内大街。那里有一间当时正在举办婚礼的简陋厅堂，这就是巴黎选民最开始的会议场所，这就是他们的网球场。在这里，巴黎通过自己的喉舌，发誓要支持国民议会。他们中有一个人，图里奥[②]，建议前往市政厅，到圣让大厅去，说那里没人敢拒绝他们。

这些选民大部分都是有钱人和显要资产阶级，贵族阶层在里面也为数不少。不过其中一些人过于狂热，为首的两个激进革命者还带有神秘主义倾向——其中一个是能言善辩、不屈不挠的神甫佛歇[③]，另一个是他的朋友博内维耶[④]（莎士比亚著作的译者）。两人若是生在13世纪，肯定会被当成异教徒烧死。而18世纪的他们，率先喊出了没人料到是由资产阶级组成的选民大会喊出来的反抗口号[⑤]。6月6日，博内维耶提议武装巴黎，第一个喊出了这句口号："拿起武器！"[⑥]

佛歇、博内维耶、贝尔托里奥（Bertolio）和作风强硬的记者卡拉（Carra）提出了一开始就该在国民议会中提出来的大胆动议：一、组建

---

① 可将《巴伊回忆录》和由巴伊、杜维里耶起草的《选民实录》对照来看。——原注

② 图里奥（Jacques Alexis Thuriot, 1753—1829年），大革命到帝国时期的一个将军，政治家，先后被选入立法议会，国民公会，属于山岳派。——译者注

③ 佛歇（Claude Fauchet, 1744—1793年），主教、革命者，攻占巴士底狱的主要领导人之一。——译者注

④ 博内维耶（Nicolas de Bonneville, 1760—1828年），书商、印刷商、记者和作家，在法国大革命中也扮演着一定的政治角色。——译者注

⑤ 可将巴伊的回忆录和由巴伊、杜维里耶编写的《选民实录》对照来看。——原注

⑥ 其实，巴黎是个最让人以为人民软弱可欺的地方。世人皆知巴黎是多么追求温文尔雅，这里有许多决不愿在暴乱中破产的公职人员和金融资本家，还有许多靠特权阶层才能活下来的人，这一切让人在选举之前以为，巴黎非常守旧、懦弱和畏畏缩缩。见《巴伊回忆录》，pp.16, 150.——原注

市民自卫队；二、下一步展开每年一选的真正的市乡组建工作；三、写信给国王，要求撤离军队、保障议会自由、废除23日政变决议。①

在选民首次聚会的那一天，“拿起武器”的呼声似乎也在军营中回荡着。被关了好几天的法兰西禁卫军士兵违抗军令，走出军营，来到巴黎城中，和人民如兄弟一般紧紧拥抱着，然后和他们直奔罗亚尔宫。这段时间以来，他们中间已经秘密建立了几个小团体，发誓决不听从任何违背议会决议的命令。国王在23日法令中无比强硬地宣布：军队机制绝不改变。也就是说，所有军衔将永远归贵族持有，平民百姓在军中永无出头之日，士兵到死都只能是士兵。国王本应借机安抚民心，终止已经蔓延开来的革命情绪，这个愚蠢的宣言却把这些机会都给毁了。

法兰西禁卫军的这些士兵住在巴黎，其中大多数已经结婚，不久之前，他们的上校杜沙特莱（Du Châtelet）——一个冷酷无情的人——取缔了一个让部队孩子可以得到免费照看的托管所。当局对军队机制做出的唯一改变，便是一个对他们不利的改变。

要正确理解“军队机制”这个词，我们就得了解一下当时的军队预算。拨给军官的预算是四千六百万（法郎），而给士兵的只有四千四百万。②我们得知道，茹尔丹、茹贝尔、克莱贝尔这些人一开始都在国家军队中效力，后来却全部离开了，因为这是一条看不到任何希望的死路。奥热罗③当时只是一个步兵士官，奥什在法兰西禁卫军中担任中士，马索还是士兵。这些年轻人充满雄心壮志，却只能永远被束缚在这些低级岗位上。当时二十一岁的奥什，为了有朝一日能够当上将军而孜孜不倦地学习。文学、政治，甚至是哲学，都被他如饥似渴地吞了进去。这位

① 杜索尔，《七日之作》，p.271（1822年版本）。——原注
② 内克尔，《论法国的财政管理》，Ⅱ，pp.422, 435（1784）。——原注
③ 奥热罗（Pierre Augereau，1757—1816年），法国将军，后来的帝国大元帅，并被封为公爵。——译者注

伟人为了能买几本书，甚至曾靠给军官背心做刺绣，再将其卖给咖啡馆为生！[①]士兵的军饷本就微薄，还被发饷的军官以种种借口克扣侵吞。[②]

法兰西禁卫军骚动事件根本不是一桩事先策划的军队哗变，也不是士兵发起的暴乱——他们只是在向选民和人民的宣言表示支持而已。这支真正的法国军队里大部分都是巴黎人，他们忠于巴黎、忠于法律、忠于一个活生生的律法——国民议会。

他们来到了罗亚尔宫，被人群欢呼着、挤压着、拥抱着，几乎都要窒息了。士兵这个群体，在旧君主制中受尽排斥、被贵族百般虐待，在人民那里却受到了热烈的欢迎。不过军装之下的那副身躯，不就是人民的身躯吗？士兵和公民这两个一母所生的兄弟重逢了，他们紧紧拥抱着彼此，肆意地流着眼泪。

因为仇恨和派系争斗之风，这一切遭到了蒙尘，这一幕幕伟大的场景被人歪曲，这一段历史被随意地涂抹。这样那样的无稽传言，反而受到人们的追捧。真是小人之乐！这样一场浩浩荡荡的运动，竟被人说成是为了某些我所不知的微不足道的卑鄙目的才发动起来！可怜啊可怜！这些人竟然用随波的浮萍来解释大海的躁动！

不！这场运动是全民的运动，是一场真实的、纯粹的、浩大的、团结的运动。法国参与进来了，巴黎参与进来了，大家（每人用自己的方式）都行动起来了，有的人用的是自己的双手和声音，有的人用的是自己的思想、炽热的渴望和赤子之心。

不过为什么要说是法国参与进来呢？更准确地说，是整个世界都参与进来了。连一个敌人、一个嫉妒者、一个满脑子都是英国那些一孔之

---

① 鲁斯林（Rousselin），《奥什的一生》，Ⅰ，p.20.——原注
② 人们认为，单单博思军团这一个，就有二十四万七百二十七里弗的军饷被侵吞。——原注

见的日内瓦人，也不得不承认，在这个重大时刻，整个世界都在看着法国；而他也又是同情又是不安地关注着我们大革命前进的步伐，觉得法国为了人类事业，在拿自己冒险一搏。[①]

一位务实派的特殊人士，英国农学家亚瑟·扬（Arthur Young），为了研究法国农业而在那个时候心血来潮来到法国。巴黎周围深深的寂静震住了他，那里没有任何车辆往来，也几乎看不到什么人影。那场大运动把所有人都集合到城里去了，所以城外变得荒无人烟。他走进城中，被里面蜩螗羹沸的场景给吓住，瞠目结舌地穿行在这座喧嚣的城市中。他被带到罗亚尔宫，来到动乱中心——这场烈火烧得最旺的那个地方。一万多人在同时说话，一万多盏灯在窗前闪烁；这一天是人民的胜利之日，人们放烟火庆祝，四处点燃篝火。在这座正活动着的巴别塔前，他感到晕头转向、不知所措，只得匆匆离开。然而这个团结在同一个思想下的民族掀起的这场如此迅疾、如此骤烈的运动，立刻感染到了这位游客。尽管他不愿承认，却已经渐渐把自己和自由的希望连在了一起——连英国人也在为法国祈祷！[②]

所有人都忘记了小我。这一刻，这场大戏上演的那个奇怪的舞台——罗亚尔宫，也再不是往日的罗亚尔宫了。在一种伟大的、真心相付的激情中，在热情的火焰的燃烧下，邪恶突然也变得纯洁起来。最堕落的人也昂起头来，仰望着天空；他们罪恶的过去就像一场噩梦一样化为烟云——至少在这一天里是如此。正直？他们并不算正直，但在为了世界自由的这个口号下，他们觉得自己也成了英雄！大家都是人民的朋友，都是彼此的兄弟，人们再没有什么一己私念，愿意把自己的一切都拿出来分享。

① 《艾吉安·杜蒙回忆录》，p.135.——原注

② 当然这也是有所保留的祈祷，而且条件是法国采取英国宪法。（见《1787、1788、1789的法国之行》第一卷中各处）——原注

毫无疑问，人群中肯定有一部分煽动闹事分子。贵族中一小撮野心勃勃、唯恐天下不乱的人，例如拉梅特[1]和杜波尔[2]等，用他们的文字、他们的人去迷惑人民。而且更恶劣的是，他们还渗入了人民中间。我必须说清楚一点：这一切就发生在奥尔良公爵的窗下，就发生在这个玩弄权术、贪得无厌、卑鄙下流的宫廷的眼前。唉！这场天真、无私、崇高的运动，却被那些觉得革命有朝一日能成为自己牟利工具的人监视着、窥探着！唉！一想到这里，谁能不对我们的大革命心生同情呢？

我们去看看这些窥探的窗户吧。我透过这些窗户径直看到的，是一个圣洁的女人和一个龌龊的男人。此二人便是亲王的谋士，是善与恶的化身——德让丽夫人[3]和肖德洛·德·拉克洛[4]。两人的角色分得很明确：在这间一切皆是虚假的房间里，德让丽夫人扮演的是善——是呆板，也是温情，是涓涓的眼泪，是潺潺的墨水，是模范教育的骗术，是漂亮的帕梅拉不停的作秀。[5]宫殿这一边成了慈善家们的办公厅，在选举前夜高调地举办着慈善事业。[6]

对于那位亲王来说，骑马赏花、在饭后打赌赤裸从巴黎跑到巴加戴

---

① 拉梅特（Alexandre de Lameth，1760—1829年），军人、政治家，1789年三级会议中的贵族阶层议员，和他的两个哥哥一起支持第三等级，同时也是8月4日晚要求废除特权的主要呼吁人之一。1792年和拉法耶特被关于奥地利同一所监狱中时，人们在一个铁盒子里发现了一份是他笔迹的日记，里面表达了对流亡贵族和教士的支持，所以米什莱在此书中对他做出如此评价，并说是他让米拉波和国王暗地里传信。被释放以后，拉梅特三兄弟流亡国外。——译者注

② 杜波尔（Adrien Duport，1759—1798年），早期大革命的重要人物，1778年进入巴黎最高法院，后与最高法院大多数人决裂，与第三等级联手推动增加第三等级议员席位、按人数投票的工作；1789年作为贵族议员进入三级会议，在6月17日第三阶级宣布更名为国民议会的时候，拒绝在贵族阶层反对第三等级该决议的抗议书上签字，并赞同攻占巴士底狱的行动。1792年失势后不久被捕，被拉梅特的长兄泰奥多尔（Théodore）所救，然后流亡国外。——译者注

③ 德让丽夫人（Mme de Genlis，1746—1830年），法国女作家，曾担任过奥尔良公爵家中的教师，还承担过路易-菲利普的教育职责，写过多部有关教育的作品。——译者注

④ 肖德洛·德·拉克洛（Choderlos de Laclos，1741—1803年），法国作家，著有《危险的关系》，此书在当时因被评价为"内容淫秽、有伤风化"而被列为禁书，作者因此也声名不彰。——译者注

⑤ 最后甚至发展到在一个穿着奥尔良家族号衣的仆人的陪同下，让帕梅拉骑马进入骚乱中心。请看亲眼见到这一场景发生的《勒布伦夫人回忆录》第一卷，p.189. ——原注

帕梅拉是德让丽夫人的养女，而德让丽夫人与奥尔良公爵有地下关系。根据《勒布伦夫人回忆录》描述，帕梅拉在骚乱中身穿骑马服出现在暴动人群中，后面跟着两个奥尔良公爵的仆人，人群自动给她让路，并高呼着："这才应该是我们的王后！"——译者注

⑥ 布里索也在这里工作了一段时间。（《布里索回忆录》，Ⅱ，p.430.）——原注

尔的日子已经一去不复返，现在的他首先是一名政治家、一党之首，他的情妇们也希望他是如此。她们盼望着两个东西：一部完善的离婚法律和一个朝代的更替。亲王的政治密友就是那个脸色阴郁、寡讷少言的人，他的样子似乎就在告诉别人："我在密谋，我们在密谋。"这个深不可测的拉克洛，凭借一本小书《危险的关系》声名鹊起，还因为自己让小说从邪恶走向犯罪而感到扬扬自得，在书中旁敲侧击地暗指：罪恶的风流秘事便是罪恶政治的有效前奏。这就是他所贪求的名声，他甘心扮演的角色。所以许多人为了取悦亲王，都跟他说："拉克洛是个龌龊之人。"

不过，要把这位奥尔良公爵打造成一党之首，这也并非易事；当时他已经被榨干，从身体到心灵都被掏空了，人又软弱不堪。一些骗子唆使他在罗亚尔宫的顶楼造金币，让他和魔鬼结识。①

要扶持这位亲王，还有另外一个困难之处。除了已知的这些恶习之外，他身上还有一个长期以来从未改变过的、绝不会因为身体和精神的衰竭而减灭的、根种在亲王骨子里的天性——我所说的，便是他的贪得无厌。他说："只要六十法郎，我就可以卖了舆论。"这话可不是凭空捏造，当他不顾舆论的一片哗然坚持修缮罗亚尔宫的时候，就把这句话贯彻到底了。

亲王的政治顾问们没有足够的才智去扶持他，反倒让他不止一次地犯下错误、栽下跟头。

1788年，德让丽夫人的弟弟——一个没有任何头衔、只在奥尔良府邸

① 亲王像人们一直做的那样，用金子打造金币。不过除了其他配料外，还必须掺入一副下葬了有些年份的死人骸骨。人们从已去世的知名人士中挑选，发现帕斯卡的遗骸正好符合要求。他们贿赂了圣埃蒂安教堂的守墓人，可怜的帕斯卡就这样进了罗亚尔宫的坩埚。不管此事是真是假，这都是出自一个和德让丽夫人长期生活过的人的口中，她也是从后者那里才听说了这个离奇的传闻。——原注

中担任军官的年轻人写信给国王，此信无他目的，只为请求担任首相一职、去坐内克尔和杜尔哥坐过的那个位置，说他愿意站出来力挽狂澜，重建国家财政。这封让人觉得匪夷所思的书信，其带信人正是奥尔良公爵。他把它转交给了国王，而且表态支持，导致自己成了宫廷的笑柄。

亲王身边那些还算聪明的谋士，曾想过逐步将政权平稳转交到亲王手中。希望破灭之后，他们就干脆甩开顾忌，企图把亲王打造成一个像吉斯[①]、克伦威尔这样的人物，转头向人民奔去，可惜又碰到一个大钉子。并非所有人都是傻瓜，奥尔良选区并没有选择亲王。于是作为报复，他一下子撤走了所有慈善事业——他本以为可以用这些来收买选民的。

不过，该撒的钱仍得撒，该继续的阴谋仍得继续，什么都不能少。谋士们曾想过，在公爵分发给本选区的选单中，把西哀士写的一份传单上的所有内容都复制进去，这样他们的主人就可以被罩在这位大思想家的光环之下了——可这位当时极受爱戴的思想家和奥尔良公爵一点关系都没有啊。

当下议会议员们迈出决定性的一步、更名为国民议会的时候，人们告知奥尔良公爵：现在轮到他登场、说话和行动的时候了，作为一党领袖，他不能一直默不作声。他们劝说他至少要背几行发言，督促贵族阶层和第三等级联合起来。奥尔良公爵这么做了，但是在背台词的时候，他的内心出卖了他，让他觉得很不舒服。当他解开扣子的时候，人们看到这位亲王因为害怕被宫廷刺杀，居然谨慎地穿了五六件背心来当护甲。[②]

在政变失败的那天（6月23日），公爵以为国王已经完蛋，自己当晚

---

① 第三代吉斯公爵（Henri I de Lorraine le Balafre，duc de Guise，1550—1588年），法国军人和政治家。法国宗教战争中天主教和神圣联盟公认的领袖。十三岁时其父被刺，他便完全继承了父亲率领天主教力量反对胡格诺派的事业。他一心想向胡格诺派报复，1572年8月23日曾出席策划圣巴托罗缪惨案的秘密会议。——译者注

② 费里耶尔，《1790巴黎回忆录》，Ⅰ，p.52.——原注

或者第二天就可以登基为王了，简直是喜不自胜。[1]从晚上一直持续到第二天的那场可怕的巴黎骚乱，宣告着一场伟大的运动即将爆发。25日，贵族少数派觉得如果巴黎先发制人，自己的地位和声望就会大大下降。于是，以奥尔良公爵为首的这群人想和下议会联合。亲王的人希尔里（Sillery），也就是德让丽夫人那个凡事都好商量的丈夫，代表大家做了一篇演讲，而作为调停者、作为被众人接受的国王和人民中间的仲裁者，他说的这番话似乎不太得宜："绝不要失了对这位最好的国王该有的尊重。他把和平给了我们，难道我们反要拒绝接受吗？"

当晚，因为高尚的人民之友联合起来，整个巴黎城都是一派欢欣鼓舞的景象。人们在弗依咖啡馆写了一封献给议会的信，所有人都在上面签了字，签名者达到三千人之多，许多人在仓促之间甚至都没有细细读它。这份写得妙笔生辉的文书，里面关于奥尔良公爵有句奇怪的话："这位亲王，这位**万众敬仰**之人。"这样一句话用在这样一个人身上，看上去真是充满嘲讽。说得真好啊，连敌人都说不出比这更刻薄的话来！很明显，亲王那帮愚蠢的手下还以为自己如此大胆、不留余力地赞美亲王，肯定会得到丰厚的回报呢。

感谢上帝！这场伟大而又浩瀚的运动，替大革命把那些没用的调停者们都给赶走了。从25日开始，大家勠力同心，发出排山倒海的呼声，连煽动者们也被卷进人民的洪流中，无力地放弃了任何企图主导局势的想法。巴黎的闹事者们反被巴黎给闹进去了，喀提林[2]的客厅和咖啡馆被挤到了一边去。一个人们先前以为它既没领袖又没方向的新的权力机

---

① 亚瑟·扬当时与他和其他议员一起用餐，吃惊地看到他在掩袖而笑。——原注

② 喀提林（约前108—前62年），罗马共和国政治家，曾是苏拉的追随者，公元前64年和公元前63年两度竞选执政官未成，便结合同党，准备组织没落贵族和以前苏拉手下士兵发动武装政变。公元前63年执政官西塞罗在元老院发表演说，反对喀提林的阴谋，并予以镇压。公元前62年，在伊特鲁利亚境内发生战斗，喀提林失败被杀。——译者注

构，突然在巴黎冒出头来，它就是选民大会。而另一边，法兰西禁卫军也开始表明态度。也就是说，这个新生的权力还有军队做加持。简而言之，热心的调停者们可以消停下来了。即便议会在凡尔赛被捕，它在这里、在法国的心脏之处也有了自己的庇护所。如有必要，巴黎也可以动武。

宫廷气得浑身发抖，更吓得六神无主，只好在26日晚上同意等级联合。国王请来贵族，但为了对正在发生的一切表示抗议，有人让阿图瓦伯爵写下了这句不慎的（也是错误的）句子："国王有生命危险。"

27日，人们盼望已久的等级联合终于到来了。凡尔赛已经狂喜到了疯狂、失去理智的地步。人民点燃篝火，呼喊着"王后万岁"。王后只好出现在阳台上，群众又请她让王太子露面，作为彻底和解的标志。她同意了，和孩子一起出现在众人面前。然而，王后更加蔑视这群轻信好骗的人，她还请来了军队。

王后完全没有参与等级联合的工作。况且，这又算是什么联合呢？虽然这些人聚在同一所大厅里，相互接触、相互打量，然而他们依然是彼此的敌人。教士明显有所保留。贵族的抗议信一封接一封地到来，它们就像一份份挑战书，把会议时间全都占用了。来了的人也不敢坐下，就在那里站着、来回走着，好像自己纯粹只是围观的无干人员而已。其实他们已经开过会了，只不过是在别处、在他们自己的秘密会议室中。许多人嘴上说着要走，但仍留在凡尔赛。很明显，他们是在静观其变。

议会浪费了许多时间。与会者大多数都是律师，唠唠叨叨地做着长篇大论。他们太相信别人的承诺了，觉得只要宪法创立，一切都将得救。仿佛在那个阴谋诡计不断的政府面前，宪法真能发挥出几分作用来似的！当专制者握着军队和宝剑的时候，还在那里纸上谈兵地说什么自由？这是在说根本没用的废话！

但是，无论宫廷还是巴黎都不愿妥协，大家都把自己的武器亮了出来。宫廷的军队已经摩拳擦掌，整装待发。十一个士兵因为发誓决不遵守任何违背议会法令的命令，被法兰西禁卫军上校杜沙特莱送进了亚伯叶监狱。这还不够，他想把他们从军事监狱中移出，转送到一所专门关押小偷和强盗的监狱，送到一个骇人听闻的渊薮中，那里既是监狱又是医院，里面的苦工和性病患者都被鞭子抽打着。[①]被关在那里等死的拉图德用自己的可怕遭遇揭露了比谢塔的内幕，把里面的情形第一次暴露在光天化日之下。之后，米拉波的一本书再次震惊世人，激起人们的愤怒。[②]当局把这十一个人关进这样一个地方，可他们犯了什么罪过呢？他们只想当法律的战士而已啊。

他们被转送到比谢塔的当天，人们将这个消息告诉了罗亚尔宫。一个年轻人站在椅子上高喊："去亚伯叶！去解救那些不愿向人民开火的人！"士兵们也想同去，但公民们谢过他们，独自上路了。一路上人群不断壮大，工人拿着铁棍也加入进来。到了亚伯叶，队伍足足发展到了四千多人。人们撞破边门，用槌子、斧子、棍子大力砸开里面重重的厚门。受害者们被解救出来了。在出去时，人群遭遇了正拉紧马缰、高举刺刀的骠骑兵和龙骑士。群众冲到马下，慌不迭地解释着。士兵们不愿意对这些解救者展开屠杀，于是收了刀，摘下头盔。大家捧来了葡萄酒，所有人都开怀痛饮，为国王和国民干杯。

所有关押在监狱里的人都被同时释放。人群把他们抢回来的囚犯带着，众人一起来到了罗亚尔宫。这群被释放的囚徒里有一名高龄老兵，

① 你们相信吗？直到1790年的比谢塔监狱里，人们依然沿用着一些古老野蛮的医方，例如以鞭打为开始对这类病人展开治疗。这个事实是我的一个朋友从著名的医生库洛里耶（Cullérier）那里得到确认的。——原注

② 这是一个英国人写的一本关于比谢塔的书，后由米拉波翻译和评注，1788年.——原注

他被关在亚伯叶里好多年，都已经不会走路了。这个可怜的人长期遭受到了严酷虐待，此时激动不已。“我要死了，先生们。”他说，“这么多人的好心会要了我的命的！”

这些人里只有一个人是真正的罪恶之徒，于是他又被带回了监狱。其他所有人，公民、士兵、囚犯，杂乱的人群组成一支巨大的队伍，来到了罗亚尔宫。人们在花园里布置桌子，请他们就座。如何安置这些人是个难题：人们让他们第一晚在综艺剧院里过夜，并在门口设了守卫；第二天，他们住进了商廊下面的一家旅馆里，吃住费用都是人民负责。巴黎两岸度过了一个不眠之夜，亚伯叶和罗亚尔附近都是灯火通明。资产阶级、工人阶级、富人、穷人、龙骑士、骠骑兵、法兰西禁卫军，大家全都走到了一起，人群中只听到一个呼声：“国民万岁！”所有人都为兄弟同胞联合起来而感到欣喜若狂，所有人都对自由的未来抱着初生牛犊才有的自信。

第二天一大早，年轻人就来到了凡尔赛，来到议会大门口。然而在那里，他们的热情只遇到了寒流。军队哗变、监狱被攻破，这一切在凡尔赛看来都是最可怕不过的事情。米拉波避重就轻，提议向巴黎人发布诏书，让他们保持克制。最后人们达成一致，宣布此事只和国王有关，人们只想得到国王的宽大处理（不过在那些要求议会介入此事的人看来，此举甚不保险）。

这天是7月1日。2日，国王写了一封信，不是给议会写的，而是给巴黎大主教写的。信中内容是：如果罪犯回到监狱，他可以宽恕他们。大家对这个承诺半信半疑，于是便回到市政厅，问选民们自己应该相信什么。各位选民很久也没有给出回答，然而人民依然坚持着，围观群众也越来越多。到了午夜一点，选民们承诺第二天就去凡尔赛，没有得到特赦就绝不回来。听了这番话，囚徒们才回到了监狱，并马上得到了释放。

但这根本不是和平。战争依然在巴黎上空酝酿着，所有外国军队都已就位。当局把旧君主体制的赫拉克勒斯、阿喀琉斯——老元帅布罗格力①召来统率军队。王后也找到了自己的心腹、前维也纳大使布勒特伊②，他是个舞文弄墨之人，但若论名气和表面的气势，倒可以和任何一个舞刀弄枪的人相媲美。“他嗓音亮如洪钟，仿佛体内有无穷的能量，走起路来虎虎生风，仿佛能从地下召唤出一支部队似的。”

当局磨刀擦枪之势终于让议会清醒过来。米拉波27日曾宣读了一份求和书，但会上没人接受。后来他又重新写了一封，请求当局撤离军队。这封悦耳、夸夸其谈的献词，国王听来极为受用，并得到了议会的热烈欢迎。其中最在理的地方就是请求组建一支市民自卫队，而这也是唯一被拒绝的地方。③

巴黎选民第一个提出了组建市民自卫队的这一请求，结果遭到议会否决。7月10日，他们又一次强烈表达了自己的这个诉求。

卡拉给西哀士写了一封极为抽象的论述，其中提出了市乡的权利，认为它永不失效，且“先于君主制的权利而存在”，这一权利就尤其包含了市乡自卫权。博内维耶用他本人和朋友佛歇的名义，要求实践这一权利，组建市乡，并暂时保留所谓的市镇机构。而夏尔敦（Charton）更愿意将六十个巴黎行政区重新集合起来，把它们的决定转达给国民议会，同时努力取得王国中的所有重要城镇的响应。

---

① 布罗格力（Victor-François de Broglie，1718—1804年），出身法国贵族军事世家，1759年被封法国元帅，1789年担任国王军队的大元帅。——译者注

② 布勒特伊男爵（Louis Charles Auguste Le Tonnellier，1730—1807年），法国政治家、外交家，在大革命爆发前期，曾向国王建议镇压6、7月份暴动，结束骚乱。他是法国大革命前的波旁王朝最后一任首相，1789年失势之后逃至国外，成为了国王的密使，于1802年返回法国。——译者注

③ 也许奥尔良公爵发现根本没有人请他前来调停，于是督促米拉波站出来说话，借此在宫廷为宣战做好准备之前为难宫廷，这种事情也不是不可能的。德罗兹认为米拉波和拉克洛便是在这时开始有了联系，并从后者那里获取钱财。——原注

所有这些大胆的提议都是在市政厅的圣让大厅中当着群众的面提出来的，巴黎似乎紧密团结在这个由它一手创立起来的权力机构周围，再不相信其他任何机关了。它想借该权力之手，得到组建自己、武装自己、依靠自己拯救自己的权利。

软弱无能的国民议会不能让巴黎放下心来。7月11日，议会从国王那里得到回复，满意而归。不过，这又算是什么回复呢？信中说，军队驻扎在那里是为了保护议会自由，如果因此引发不安，国王可以把议会转移到努瓦永或者苏瓦松——也就是说，要把议会夹在两三支军队中间。米拉波没能说服众人坚持要求撤军。很明显，五百名贵族议员和教士议员的联合让议会紧张起来。它不去管最重要的事，转头聆听拉法耶特的《人权宣言》去了。

一个非常温和的温和派——博爱者吉约坦特意赶到巴黎，告诉选民大会风波已经平息下来了。吉约坦肯定是个老实人，但他被骗了，所以才言辞确凿地告诉大家一切安好，内克尔比任何时候都要坚定。大家为这个好消息雀跃不已，和议会一样上当受骗了的选民们，也和议会一样，沉醉在那份何其可贵的《人权宣言》里——恰好，这份宣言也刚从凡尔赛宫被带了过来。然而也正是在同一天，当善良的吉约坦安抚着群众时，被辞的内克尔早就离开，在去往布鲁塞尔的路上了。

当内克尔收到命他即刻动身离开的令函时，正是三点钟，他正在桌前就餐。这位可怜的人在内阁中一直兢兢业业、鞠躬尽瘁，却总是不得不含泪离开。他必须在众宾客面前强忍自己的情绪，表面装出泰然自若的样子。晚餐后，他甚至来不及告诉自己的女儿，便抄一条往尼德兰方向的最近路程，和妻子离开法国了。王后身边那群小人还想赶紧逮捕他，他们太不了解内克尔了，居然担心他会不遵守国王命令折回到巴黎去。

在受召的第一天里，布罗格力和布勒特伊两人就看出自己即将去做的事情是何其凶险，于是他们被吓住了。布罗格力不愿内克尔被辞，据说布勒特伊是这么说的："那就给我们十万个人一亿法郎。"王后的回答是："你们会有的。"于是，当局开始秘密印刷起纸币来。[①]

被突然召来的布罗格力，当时已是七十一岁高龄。他忙上忙下，但其实什么都没做，就在那里一会儿发布命令、一会儿又收回命令。他的办公处被设为总部，里面飘满了各种文牍法令，副官们随时准备骑马传报。"他们列出一份主要军官名单，还做了战役部署。"[②]

军方内部并非完全意见相合。统帅至少有三位：即将出任部长的布罗格力，仍然还是部长的比瑟居尔[③]，以及八年来一直统领国内各省军队的贝森瓦——现在他被硬性要求必须听从老元帅的命令。贝森瓦向布罗格力解释了目前的形势和危机，说他们不是在农村，而是在一所有八十万人口、骚动到了极点的城市里。但布罗格力不愿听这些。他太相信自己在七年战争中积累下的经验了，只知道用士兵和蛮力去打仗，对普通市民无比轻视，觉得他们只要一看到穿军装的人就会一哄而散。他觉得没有必要向巴黎派军，只遣了几支外国军队围在外面，根本不考虑这么做会进一步加剧民怨的沸腾。所有那些日耳曼士兵看上去像是瑞士或奥地利的侵略军似的；他们军团那外国腔的名称听上去也非常刺耳：驻在夏朗冬的皇家骠骑兵团，驻在赛弗勒的雷纳克军团和迪斯巴赫军团，驻在凡尔赛的纳索军团，驻在伊西的萨利-萨玛德军团，驻在军事学院的贝尔歇尼骠骑兵团，此外还有夏多维耶、埃斯特拉泽、罗梅尔等军团。[④]

---

① "我的许多同僚告诉我，他们曾看到印刷纸币的场景。"（《巴伊回忆录》，Ⅰ，p.395, p.331.）——原注

② 《贝森瓦回忆录》，Ⅱ，p.359.——原注

③ 比瑟居尔（Louis Pierre de Chastenet，comte de Puységur，1727—1807年），法国旧制度下的一位将军，在内克尔组建的内阁中担任军务部长，后被布罗格力替代。——译者注

④ 以上驻军地名均是巴黎城中的市乡。——译者注

被铜墙铁壁保护得严严实实的巴士底狱，也得到了一支瑞士军队的增援。监狱弹药充足，还屯有一堆多得可怕、足以把整座城市都炸飞的炸药。从6月30日起，碉堡上一座座大炮就被架了起来。它们虎视眈眈地对准巴黎，随时准备张开血盆大口朝下面的羔羊扑过去。

## 第6章

# 巴黎起义

巴黎的危险——1789年7月12日，巴黎怒火爆发——凡尔赛毫无行动——军队的挑衅；巴黎拿起武器——7月13日国民议会上书国王，无果——巴黎选民下令武装起来——市民自卫队的组建——选民们犹豫了——人民截获弹药、寻找枪支——宫廷的安危

从6月23日到7月12日，从国王的威胁到人民的爆发，期间有一段奇怪的休战期。根据当时一位旁观者所说，这是一段动荡、压抑、灰暗的日子，它就像是一场痛苦的梦境，里面全是幻象、混乱和挣扎。虚假的警报消息到处都是，种种奇闻怪谈在坊间流传。人们什么都知道，又什么都不知道。无论什么事，大家都想找出其中的理由、猜出背后的谜团。再无足轻重的事，都能被人看出什么深意来。骚乱自发而生，没有什么策划人，也谈不上什么策划，人们全都在怀疑，在沉默中酝酿着怒火。大地都在燃烧，土壤仿佛炸开了似的，你都可以听到下面的岩浆在奔涌咆哮。

我们已经看到，早在第一次选民大会中，博内维

耶就发出了“拿起武器”的呼喊。在这个由巴黎显贵组成的大会中，这声呼喊显得那么格格不入，所以它很快就被湮没下去了。当时，听了这话之后，有的人在瑟瑟发抖，还有的人一笑了之，其中一个人像先知一样说：“年轻人，十五天后再来提你的这条动议吧。”

拿起武器？去对抗那支全副武装守在门口的军队？拿起武器？你没看到城中饥荒开始严重起来、面包店门口已经排着长队，而这支军队可以轻轻松松就困死巴黎吗？乡下的穷人从四面八方拥进城来，个个瘦骨嶙峋、衣衫褴褛，拄着长长的拐杖。两万多名乞丐被安置在蒙马特高地，悬在城市上空。只要巴黎一有动静，这支乞丐大军就会立马冲下来。已经有人开始在城门口烧杀抢掠了。

人们打赌宫廷会采取先手，真若如此，那国王就必须把他那小心谨慎的天性，以及他对和平的渴望全都丢到一边，把先前所有的妥协全都收回。真若如此，那他就必须有非赢不可的把握。

骠骑兵团里的一些年轻军官，例如从松布依和波利尼亚克家族出来的一些人，甚至闯到罗亚尔宫去挑衅群众，手拿军刀大摇大摆走进走出。很明显，宫廷太过自信了，希望能发生点暴力事件。①

7月12日星期日，直到早上十点钟之前，巴黎人对内克尔已被免职的消息都是一无所知。第一个把这件事传到罗亚尔宫去的人，还被当成贵族派受到了威胁。然而消息很快就得到了证实，和人们的怒火一道蔓延开去。中午时分，罗亚尔宫的大炮响了起来。《国王之友》说：“这个消息给人们内心带来的那种可怕的恐惧感，是用什么语言也无法表述出来的。”一个年轻人卡米尔·德穆兰走出弗依咖啡馆，跳到一张桌子

① “小心，”博爱者、医生马拉在一本小册子里说（当时这种小册子不计其数），“小心，想想一场骚乱会带来怎样的可怕后果。如果你们被不幸卷入其中，就会被当成反叛分子来处置；到时将血流成河。”当时许多人都是抱着这样十分谨慎的想法。——原注

上，拔出剑和手枪，喊道：“拿起武器！战神广场上的日耳曼人今晚就要杀进巴黎，屠杀城中百姓了！让我们把自己的帽徽佩戴起来吧！”他扯下一片树叶贴在帽檐上，所有人都照着他这么做，导致树枝都被扯得光秃秃的了。[①]

“不要戏剧！不要歌舞！今天是哀悼的一天！”人们从蜡像馆里搬来了内克尔的塑像，其他一些总想浑水摸鱼的人还把奥尔良公爵的塑像也混在其中。人们用黑纱盖着塑像，穿过巴黎；这群游行队伍手拿棍子、刀剑、手枪、斧头，一开始走上黎世留大街，绕街游行一圈后又去了圣马丁大街、圣德尼斯大街、圣奥诺蕾大街，最后来到了旺多姆广场。也正是在那里，在税务征收部前面，一支龙骑兵分遣队正等着人民。他们驱散了人群，把内克尔像给砸碎了；一个手无寸铁的法兰西禁卫军士兵站在那里不肯退后，因此惨遭杀害。

军队仓促之间在税务征收部前面搭起了街垒，这些笨重可笑的防御工事在那个星期日遭到人们持续的攻击。军队几乎守不住阵地，却也杀了一些人。大火烧了整整一晚。

离巴黎只有数步之遥的宫廷对这些不可能一无所知，然而它按兵不动，既不下达命令，又不派遣军队。很明显，它在等着骚乱升级成暴动和战争，而不要像雷维戎事件那样被过早镇压下来，无法成为解散议会的借口。于是，它任由巴黎在那里肆意妄为。凡尔赛、塞弗勒桥和圣克鲁桥全都戒备森严，与外界的一切通路都被斩断。宫廷以为，只要情况进一步恶化，它就能困死巴黎。而它，在三分之二都是日耳曼人的军队的层层保护之下的它，有什么可怕的？它什么也不怕，只怕失去法国。

---

① 由于当时内克尔深得人民爱戴，而绿色是内克尔家中仆人号衣的颜色，所以人民戴上了绿色的帽徽。——译者注

巴黎的大臣（当时还留有一个）待在凡尔赛。其他当权者，警察长、巴黎市长弗雷塞尔、督办贝尔蒂埃，全都不吱声了。宫廷召见弗雷塞尔[①]，但他没办法前往；不过他很可能收到了相关指令。

只能根据布罗格力的命令行事的统帅贝森瓦无事可做，懒懒散散地待在军事学院。他不敢调用法兰西禁卫军，于是便给他们发下了禁出令。但他还有其他几支分遣队可用，手上还握有三个军团——一个瑞士军团和两个日耳曼骑兵队。中午过后，贝森瓦见冲突升级，就让他的瑞士军团带着四门大炮守在香榭丽舍，把骑兵队也调到了路易十五广场上。傍晚，人们做完礼拜、经过香榭丽舍大街回家，杜伊勒里花园里人群攒动、熙来攘往。人群中基本上都是毫无攻击力的散步群众，和一些“听到风声后”想赶紧回家的一大家子人。然而一看到这些日耳曼士兵严阵以待地守在广场上，人群不由自主地骚动起来。大人们骂着脏话，孩子们扔着石块。[②]也就是在那时，贝森瓦害怕凡尔赛会责备他无所作为，于是下了一道愚蠢、野蛮但以他莽撞的性格绝对干得出来的命令：让龙骑兵驱逐人群。然而龙骑兵们在如此密集的人群中行动，必然会踩踏到一些人。龙骑兵上校朗贝斯克亲王（Lambesc）进了杜伊勒里花园，但开始也靠走路才进去的。他碰上了一排椅子做成的路障，酒瓶、石头也纷纷向他砸了过来，于是他开火了。女人们发出刺耳的尖叫，男人们忙着把朗贝斯克关在杜伊勒里花园外面。于是他觉得走为上策。在此过程中，一个人被踩踏，还有一名老人在逃跑时受了重伤。

惧愤交加的群众尖叫着离开了杜伊勒里花园，这次暴行事件立刻传

① 这是我们从国王那里了解到的。请参见他（7月14日）对国民议会的首次回答。——原注

② 如果真像贝森瓦坚称的那样，人群有向军队开枪，造成龙骑兵受伤，那他那位非常聪明的辩护人德赛兹绝不会在他的《指控报告意见书》中漏掉这一点（请看《法国大革命议会史》，Ⅸ，p.69；及德赛兹在贝森瓦之后的记录，Ⅱ，p.369. ）。德赛兹宣称贝森瓦没有下达任何命令，而贝森瓦在审判之前却承认他非常想驱逐人群并下了冲锋令。那么，我们该相信谁呢？（《法国大革命议会史》，Ⅱ，p.89.）——原注

遍了整个巴黎城。大家都说这些日耳曼兵骑马冲向老弱妇孺，亲王甚至还伤了一位老人。人群跑到军火商那里，随手操起他们能够找到的东西，然后冲向市政厅，要求敲钟配武。然而，当时没有一个政府官员在岗。晚上六点钟的时候，一些好心的选民回到市政厅，努力安抚人群。然而，除了这群闯进来的群众之外，还有另外一群人站在广场上高喊着："拿起武器！"他们觉得这座城市中有一处秘密军火库，其威力足以毁掉整座城市。他们突破哨岗，强行闯进大厅，推倒障碍，把选民们一直逼到了办公厅，把刚刚发生的这件事给他们讲了上百次。选民拒绝把市警卫队的武器交出来，但是人们开始到处乱翻，最后找到武器，拿起来冲了出去。一个只穿着衬衫、脚上鞋袜皆无的人占领岗哨，肩上扛着枪，骄傲地在大厅门口充当哨兵。①

选民们不愿背上煽动作乱的责任，他们只同意召集各个行政区，并派了他们中的一些人"来到哨岗，以祖国的名义，劝那些拿着武器的市民各自散去，并停止暴力行动"。然而在当晚，暴力冲突就已经正式开始了。一些法兰西禁卫军士兵逃离军营后在罗亚尔宫集合，朝那些日耳曼士兵冲了过去，发誓要为他们的战友报仇。他们当街杀害了三名骑兵，随后来到路易十五广场，却发现这里的士兵已经撤离了。

7月13日星期一，议员吉约坦和两位选民一起来到凡尔赛，请求议会"同意建立一支市民自卫队"。他们描述了巴黎在这万分紧急的时刻正上演着如何可怕的场景。议会派出两个使团，一个去找国王，另一个赶去巴黎。前一个使团在国王那里只得到一个干巴巴的、根本没用的回复："已经采纳的措施不可再改，只有他才知道这些行动是否必要，至

① 《选民实录》，I，p.180. 同时可比较杜索尔的《七日之作》。但因为杜索尔的回忆录写在事发一段时间以后，所以存在颠倒事情前后发生顺序的问题。——原注

于议员前往巴黎，此举绝对无济于事。”怒气冲冲的议会颁令：一、国民为内克尔的离去深感痛惜；二、议会坚持撤军；三、除了内阁大臣之外，还有国王的参事员，无论其位分高低，都对当前发生的不幸事件负有直接责任；四、任何权力机关都无权说出破产这样可耻的话。很明显，第三条直指王后和各位亲王，最后一条更是对他们的严厉斥责。议会又拾起了自己的骄傲；它手无寸铁，被军队团团围住，手上只有法律做支撑，当晚还有解散、逮捕的威胁，然而它依然勇敢地当面指认出了自己的敌人，把他们真正的名字喊了出来：**破产者**。[1]

这次投票之后，议会就只有一个地方可去了，那就是它所占据的那间会议大厅。除了这里，世上再没有一寸属于它的土地；任何一个议员都再不敢回家过夜。此外，它还担心宫廷会把手伸向它的归档文件。前一天，也就是星期日，秘书格雷古瓦尔把所有文件都包封好、盖上印章，藏在了凡尔赛的一处宅子里。[2]星期一的时候，他**临时**主持大会，用自己的勇气鼓励那些快打退堂鼓的人，让他们想想网球场宣言，用罗马人的一句话来给他们打气：“即便世界倾塌，我仍一无所惧。”[3]

人们宣布议会继续，大会开了七十二小时。拉法耶特对这道态度强硬的法令贡献不小，因此被任为副主席。

然而，巴黎那边仍是十万火急。从圣奥诺蕾区能时不时看到有军队开进城中。虽然选民们整晚都在忙上忙下，努力说服群众放下武器，然而大家都紧握刀枪不放，没有人打算和和气气地迎接那些克罗地亚人[4]、那些丘八，把城市就这样拱手交给王后。星期一早上，才六点钟，所有

① 他们用纸币去还款，还没有其他任何保障，只有一个没有任何清偿能力的国王的签字。（参见《选民实录》，V，p.87.）——原注

② 《格雷古瓦尔回忆录》，I，p.382.——原注

③ 原文为拉丁语：“Impavidum ferient ruinae.”——译者注

④ 即皇家骠骑兵团，里面都是由克罗地亚骑兵组成。——译者注

教堂的钟声突然和警钟声一起敲响，一些选民赶到市政厅，发现群众已经聚集在那里，便劝他们回到各自的行政区。八点钟的时候，见人群依然坚守在那里，选民们只好宣布允许建立市民自卫队。然而这还不够，人民一直喊着“要武器！”选民们反复强调：即便城中有武器，也只能通过市长才能获得。“那好！”他们喊着，“那就去找市长！”

在同一天里，市长弗雷塞尔被王后和人民同时召见，要么去凡尔赛，要么去市政厅。也许是不敢拒绝群众的呼声，也许是觉得待在巴黎能够更好地为国王效劳，于是弗雷塞尔去了市政厅。在沙滩广场受到了热烈欢迎的他，如慈父般说：“朋友们，我就是你们的父母官，我会让你们满意的。”他在大厅中宣布：只有通过人民的选举，他才愿主持事务。热烈的气氛在那里又一次达到了高潮。

虽然当时巴黎还没有军队，然而人们已经在讨论谁能出任将军一职。选民主席美国人莫罗·德·圣-梅里[①]，指了指一座拉法耶特的雕像，这个名字立刻得到了众人的热烈拥护。还有一些人提议将统领权交给道蒙公爵（d’Aumont），然而后者经过一天的思考后，婉拒了该职。副指挥是德拉撒勒侯爵（de la Salle），一位久经考验的战士和爱国作家，为人忠诚无比，一身正气。

这些工作拖了很长时间，不耐烦的人群骚动着，迫不及待地想要武装起来，而且这个要求并非毫无道理。蒙马特的乞丐们把铁锹扔到一边，已经奔下城来；一大群身份不明的流浪儿在街头徘徊。农村地区可怕的贫穷，从四面八方把这群饥饿的牲畜赶到了巴黎；饥荒往这座城市塞满了人。

---

① 莫罗·德·圣-梅里（Moreau de Saint-Méry，1750—1819年），美国著名史学家、律师，参与了法国大革命，反对专制主义、殖民地黑奴制和种族隔离主义。——译者注

一大早，就有传言说圣拉撒路那里有粮食，大家都冲了过去，也确实在那里找到了大量的面粉。这些面粉足足超过了五十车，都是“善良”的托钵修会修士囤起来的，他们正准备将其运到市场上卖掉。人群把屋里的所有东西都撕开，吃着、喝着他们在这里能找到的一切食物。然而除此之外，他们没有带走其他任何东西，第一个企图这么做的人被人民亲手给吊死了。

圣拉撒路的囚徒逃了出来，拉福尔斯中那些因为欠债而被关押在此的人也获得了自由。沙特莱要塞的罪犯也想借此越狱，把监狱门都给撞破了。守门人向一群正好经过这里的人民群众求助，他们走进监狱，朝越狱者开火，强迫他们回到了自己该待的地方。

储藏室里的武器被借走，但后来全都物归原主。

选民们不能再阻止人民武装，于是便努力采取限制措施。他们发起投票，并由市长宣布：六十个行政区，每个行政区可挑出两百人配备武器，其他人等一律缴械。这一支由**一万两千名**要员组成的队伍去负责治安是最好不过，然而要他们保卫巴黎，这实在是强人所难。巴黎将被攻陷。人们在当天下午做出决定：巴黎自卫队将扩展至**四万八千人**；他们的帽徽将采用这个城市的颜色——蓝色和红色。[①]这道法令当天得到了所有行政区的一致认可。

人们指定了一个常设委员会，由它来昼夜监督公共秩序，这个委员会由选民组成。“为什么只有选民呢？”一个人站出来问道。“怎么？你还想推荐谁？”“我。”于是他在一片喝彩声中得到了任命。

市长又赶紧提出一个严肃的问题：人们应该向谁宣誓？一个选民激

① 然而，由于这两个颜色同时也是奥尔良家族的颜色，所以根据拉法耶特的提议，将法国一个古老的颜色——白色也加了进去。参见《拉法耶特回忆录》，Ⅱ，p.266. 他说：“我给你们一个将会传遍世界的帽徽。”——原注

动地说："向集合起来的公民们宣誓。"

除了武装问题，生计问题也是刻不容缓。由选民选出来的代理警察长说，粮食供应已经完全超过了他的管辖范围。城市必须正视这个问题。城市周边已经被军队层层封锁，农民和商人要把食物带进来，就必须冒险穿过只会说德语的外军岗哨和兵营。而且就算他们能够到达城中，回去路上也是困难重重。

巴黎要么饿死，要么打败敌人，而且必须在一天之内打败敌人。谁敢相信这个奇迹？何况连城中都布着敌人，他们就在巴士底狱，在军事学院，就在所有障碍物的后面。法兰西禁卫军中除了一小部分人以外，其余全都待在兵营里，尚没有做出决定。如果这个奇迹只靠巴黎人独自完成，那无异于痴人说梦。他们从来都被视为是顺从的、软弱的，被视为一个*乖孩子*。要让这群人突然变成一支军队，而且还是一支久经沙场的军队，这简直是天方夜谭。

那些冷静的显贵要员，那些组成了城市委员会的资产阶级，他们当然是这么想的。他们希望争取时间，不愿自己背负着本就很重的责任变得更重。他们从12日开始统治巴黎。以选民的身份统治巴黎吗？选民权什么时候变得这么大了？他们似乎看到布罗格力老元帅随时率领全部军队进入巴黎、找他们问责的场景。正因如此，他们犹豫着，一直摇摆不定；正因如此，人民心生疑窦，觉得他们成了自己的一个主要障碍，于是把他们丢到一边，独自开干起来。

在接近中午的时候，被派去凡尔赛的选民们回来了，带来了国王威胁性的答复和议会新颁布的法令。

战争的阴霾已经笼罩了下来。派出去的选民们在路上碰到了戴着绿色帽徽的人，这是阿图瓦伯爵的颜色。他们一路上还遇到骑兵队，看到穿着奥地利白色外套的日耳曼军队全都驻扎在大道上。

形势已是危如累卵，物资方面已断了供给，希望几乎已全部破灭。但是，人民有着无穷无尽的勇气，每个人都感觉胸膛里的那颗心脏在不断膨大。所有人都来到了市政厅，投身战斗之中，志愿军是清一色的行会和街区的人。火药坊的人前来帮忙，以博耶[①]为首的医学院的人也来了，司法宫的书记官们想打前锋冲在最前面；所有这些年轻人都誓要战斗到最后一个人。

打仗？用什么打？没有武器，没有枪炮，也没有火药！

当局说军火库是空的，但人民对这个回答并不满意。一个残疾人和一个理发匠在四围放哨，很快就看到一大批火药被运出，准备装车运到鲁昂。他们赶紧跑到市政厅，让选民们截获这批弹药。一个勇敢的神甫自告奋勇，承担起这项危险的任务，负责这批弹药的保存和分发工作。[②]

那就只差枪支了。人们知道，巴黎城中有一处巨大的军械存放处。督办贝尔蒂埃已经运进来三万支枪，还下令制造另外二十万发枪弹。督办的这个大动作，市长不可能对其一无所知。弗雷塞尔被大家逼问军械存放在何处，就说夏勒维耶制造坊已经向他承诺提供三万支枪，而且另外一万两千支也在加紧赶制之中。为了让这个谎言看上去像真的一样，他还派了一队装卸车经过沙滩广场，车上刷着几个大字：“炮兵队”。那这里面铁定是枪支无疑了。市长派人将它保管起来，但他希望由法兰西禁卫军来分发武器。大家跑到军营，然而正如人们事先所料的那样，

---

① 博耶（Alexis Boyer，1757—1833年），法国解剖学者和外科医生。——译者注

② 勒费布福勒·多尔梅森神甫（Lefebvre d’Ormesson），他就是那个为大革命和巴黎城做出了不可磨灭的巨大贡献的英雄。他在这座火山上守了四十八小时，周围全是愤怒的、为弹药争吵不休的人群。人们好几次朝他开枪，还有一个醉鬼在打开的火药桶边上抽烟，此类事情不一而足。——原注

军官们没有派出一个士兵。于是选民们只能自己亲手操办这件事了。他们打开箱子，猜猜里面是什么？是破布片！人民愤怒到了极点，高吼着叛徒。弗雷塞尔不知如何辩解，只能把他们引到则勒司定修会和查尔特勒修会那里，说修道士们藏有武器。然而人民又一次失望了。查尔特勒修会大敞其门、任其搜寻，人们挖地三尺也没能找出一支枪来。

选民们下令各行政区制造五万支长矛出来，人们在三十六小时之内做到了。三十六小时很短，然而对于这场危机来说，这段时间仍然太长了。一夜之间，万一横生枝节，那就什么都完了。人民对此一直是心知肚明，而他们的领导人却没意识到这点。当天晚上，群众了解到荣军院中有一个大的枪支存放室。某行政区代表当晚便找到统帅贝森瓦和城市警备司令松布依（Sombreuil），贝森瓦冷淡地说："我会就此写信给凡尔赛的。"然而实际上，他却给布罗格力元帅发出警告。可最奇怪的是，后者居然对此没做出任何回答！

我们说过了，布罗格力之所以保持这种于理不合的沉默，无疑是因为参事院中已是一盘散沙的缘故。人们什么都不同意，只在一点上达成一致：解散国民议会。我还认为，这也是宫廷的错误认识所致。它太过狡猾、太钻牛角尖，认为这场大运动是因为一个小阴谋的缘故才掀起来的，以为一切都是罗亚尔宫在背后搞鬼，是奥尔良家族在兴风作浪。多么幼稚的解释啊！谁有能力去收买百万之众？里昂和多菲内两地同时宣布拒绝纳税、掀起暴动，难道这也是公爵出资策划的？布列塔尼各大城市揭竿而起，难道这也是他谋划的？雷恩的士兵拒绝向市民开枪，难道他们也收了他的贿赂？

没错，亲王的塑像是被张扬地竖立起来。然而连亲王本人也赶到凡尔赛向他的敌人投降，说他和大家一样，在这场骚乱中害怕起来，甚至比任何人都要害怕。人们请他安心歇息在王宫，宫廷把他捏在手上，还以为自己控制了一切阴谋的策划人，从此就可以高枕无忧了。当时手握全部兵权的老元帅，在自己身边布下重重兵力，要保护国王周全，把当时根本没人关心的凡尔赛置于防御之中，看着巴黎城中烽火四起却坐视不理，觉得只需要等火势自己慢慢熄灭、化为青烟就可以了。

# 第7章

## 1789年7月14日，攻占巴士底狱

攻占巴士底狱的困难之处——人民产生了攻打巴士底狱的想法——人民对巴士底狱的仇恨——世界听到巴士底狱被攻占后的欣喜之情——人民从荣军院拿走枪支——巴士底狱进入防御状态——图里奥要求交出巴士底狱——选民派使团谈判，无用——卑劣的攻击；艾黎和于林——推迟攻击的危险——人民觉得被背叛，威胁市长和选民——市政厅中的胜者——巴士底狱是如何交城投降的——典狱长之死——处死俘虏——俘虏被赦——人民的宽恕

凡尔赛有一个组织严密的政府，有国王、大臣、将军、军队，然而却畏首畏尾、瞻前顾后、举棋不定、士气松散。

而一片狼藉的巴黎，虽然被所有法律意义上的权力机构所抛弃，表面上看处于动荡和混乱之中，却在7月14日开始变得万众齐心、斗志昂扬起来。

7月13日，巴黎还只想着自卫，而14日，它便发起攻击了。

13日晚，人们尚且有些迟疑和观望，然而在第二天早上的时候，再没了什么犹豫和踌躇。那一晚，八方风雨来袭，狂暴的怒火搅动着一切；但在早上，已

是日月重光、万物清旷，一切都平静下来。

一个想法和太阳一起在巴黎城上空升起，大家沐浴在同一束光芒的照耀下。拨云见日之后，每个人心中都响起同一个呼声：走！去攻占巴士底狱！

这个想法说出来是那么疯狂、荒谬、不可实现，然而所有人都信了，所有人都去做了。

巴士底狱这座防御堡垒虽然修建已久，却易守难攻，至少要用炮火猛击、围攻好几日才有可能拿下。然而在这样一个紧要关头，人民既没有时间又没有手段去打正规的围攻战。如果他们采取这个办法攻城，那巴士底狱完全不用担心，它有足够多的兵力来支撑到近在咫尺的援兵的赶来，而且还有大量的弹药补给。监狱城墙坚实无比，碉堡高处的城墙有十尺厚，墙角更是有三四十尺厚，即便有炮弹袭击也无须担心。但如果它在炮台上对准巴黎开火，炮火的射程足以覆盖整个玛莱区和圣安托万区。它的碉堡上密布着窗扇和枪眼，上面封着两三道铁栏，可以让守军大开杀戒，自己又能毫发无损。

攻打巴士底狱绝对不是理智的选择，然而它关乎信仰。

没人提出这个建议，但所有人都信了，都行动了。在长街、码头、大桥，人群在对人群呼喊："去巴士底狱！去巴士底狱！"在敲响的警钟里，所有人都听到了：去巴士底狱！

我再强调一遍，没有人，没有人在推动此事。罗亚尔宫的演讲家们花时间列出一张通缉名单，把王后、勃利夫人、阿图瓦伯爵、市长弗雷塞尔以及其他许多人都判了死刑。然而这些忙着列名单的人，却没有一个提出攻占巴士底狱的动议。罗亚尔宫根本不是革命的起点，胜利的群众也再不把缴获的战利品和囚犯带到那里去了。

市政厅里的选民们更是没有攻打巴士底狱的打算，不仅没有这个想法，他们还要阻止它，同时又要预防巴士底狱的大肆屠杀，他们甚至还向典狱长承诺：只要他收起大炮，人们就不会攻打巴士底狱。人们后来指控选民们背叛了人民，然而他们根本没有，因为他们没有信仰。

谁还有信仰呢？是那些为了实现自己的信仰而保持着一腔忠诚和热血的人。是谁呢？是人民，是每个人。

这半个世纪里所发生的事，是过去好几个世纪都没法完成的。那些有幸、却也不幸经历了这段风雨飘摇的岁月的老一辈人表示，后来共和国和帝国期间所发生的每一个大事件，究其本质，依然带有部分人的特征，而不是全民上下齐心协力的结果，只有7月14日这一天才是全体人民共同的一天。那就让这一天、这伟大的一天保留下来，让它成为人类永远传唱的一个节日吧，不仅因为它是人类打响拯救枪声的第一天，更因为它是人类达到和谐最高境界的一天！

那个无人能眠的一夜究竟发生了什么？竟在第二天早上，让一切纷扰、一切犹豫都和夜色一起消失得无影无踪，让所有人都抱起了同一个理念。

罗亚尔宫和市政厅里发生的一切，我们都一清二楚；然而普通百姓家里经历了什么，这却更值得我们深挖。

我们可以根据后来发生的事情来推测当时的情景：当时，每个人都在心里对过去做着最后的审判，在惩罚它之前，每个人对它都做出了不可推翻的判决。这一晚，在人民复仇的本能中，历史复现出来，那段长长的苦难历史被复刻出来。在无数个世纪里受尽折磨、无声无息地死去的父辈的灵魂，在儿子的身体中复活了、说话了。

强大的人啊，耐心的人啊，在此之前温顺无比的人啊，你们就要在那一天里奋起反抗天意了。作为家庭唯一支柱的你们，可曾因为家人的目光而软弱下来？根本没有！再看看自己仍在熟睡的孩子，这些其命运即将被这一天所改写的孩子，你的思绪越飘越远，你看到自由的一代人正从他们的摇篮中站起来，觉得那一刻每个人都是在为未来而战！

未来和过去都给出了回答，它俩都在说：去吧！那个超脱了时间、超脱了过去和未来的神，那个亘古不变的权利之神也在说：去吧！不朽的正义为人们躁动的内心打了一剂强心针，对他们说："安心去吧，有什么要紧的？无论发生何事，我都和你们在一起，是赢是死都在一起！"

其实，巴士底狱对人民来说算什么呢？他们几乎从没有进去过。但是正义在对他们说话，一个声音在对人的心灵呼喊——那是人道和慈悲的声音。这个温柔的声音听上去声如细丝，却把碉堡都掀翻了——巴士底狱在它的震动下，十年前就开始摇摇晃晃。

说实话，如果真要把推翻巴士底狱的这个荣誉归功于谁，那便是长期以来一直为拯救拉图德而上下奔走、不惧得罪各方权贵的那位勇敢的女性。国王拒绝将其释放，而国民强迫性地使他得到了特赦。这位女性，或者说这位英雄，在公众面前得到了神圣的加冕。加冕这位几乎可以说是强行打开了国家监狱大门的人，这么做就意味着把这些监狱全都贴上昭彰的恶名，让它们接受公众的唾弃，让它们在人的精神上和愿景中被拆毁，所以是这位女人攻陷了巴士底狱。

从那时候起，城市和郊区中那些要经常路过这个地方、在它的阴影下来来往往的人民群众①，一刻不停地诅咒着它。人民对它的仇恨不是毫

① 用林格一句铿锵有力的话来说："它挤压着圣安托万区。"（《记忆中的巴士底狱》，p.147.）在攻下巴士底狱的人群中，最出名的是来自郊区、圣保罗街和圣凯瑟琳区的群众。——原注

无缘由的。巴黎城中还有其他许多监狱，然而这一座却是肆意妄为的专制暴政建起的堡垒，是教会和官僚主义扶起来的裁判所。在这个世纪中几乎不怎么信教了的宫廷，把巴士底狱打造成了一所囚禁自由精神的地牢、一座思想的囚笼。在路易十六统治时期，巴士底狱中的囚徒已经没那么多了，然而监狱却越来越森严、越来越压抑（囚犯们甚至被剥夺了散步的权利），却又一如既往地毫无正义可言：其中一位囚徒所犯之事，是将一条有用的秘密消息透露给了我们的海军，当局害怕他再泄露给他人，就将其打入大牢！单单说出这件事，都让我们为法国感到脸红！

整个世界都知道巴士底狱，都仇恨着巴士底狱。在所有语言中，巴士底狱和暴政就是同义词。听到它倾塌的消息后，各个民族都觉得自己也得到了解放。

消息一传到俄国，传到这个神秘静默的帝国中，传到这个盘踞在欧亚大陆中间的怪物一般的坚垒里，各个民族在公共场合中欢呼着、哭泣着；他们彼此紧紧地拥抱着，嘴里念叨着这个消息："我们怎能不喜极而泣呢？巴士底狱被攻占了。"[1]

在那个重大的日子里，人民直到早上都还没拿到武器。

他们昨天晚上在军火库拿到火药，并交给了市政厅，然而整个晚上只有三个人在分发火药，进度十分缓慢。在近两点钟的时候，火药停止分发，绝望的人群用榔头砸着仓库的大门，连门钉都在敲打中溅起了火花。

没有枪！可是必须拿到枪！那就去荣军院抢！这么做太冒险了。没

① 这个场景是由一位可靠的证人——当时的驻俄大使塞居尔伯爵（Ségur）所描述的，他根本不被这股热情所感染："即便在讲述的时候，我都很难理解当时那种疯狂。"（《塞居尔回忆录》，Ⅲ，p.508.）——原注

错，荣军院是四敞八开，然而警备司令松布依——一位年迈却不失勇敢的军人，已经收到了一支强大的炮兵分遣队和许多大炮，还不包括他手上本来就有的兵力。只要点燃大炮，人群就会在侧面遭到驻在军事学院的贝森瓦军队的攻击，轻而易举地就被驱散。

这些外国军队会拒绝行动吗？不管贝森瓦怎么说，其中依然有怀疑的空间。然而更好的事发生了：由于没有收到指令，贝森瓦本人非常犹豫，仿佛头脑停止运转了一般。当天早上五点钟，他接见了一个奇怪的来客。此人走进他的府邸，他面容苍白，眼睛却如两簇燃烧的火苗一样，说话急促简短，动作举止充满勇者之气。这位年迈却又自负、算得上是旧制度中最肤浅但却不失勇气和冷静的军官，看着眼前的来客，心中敬佩得五体投地。“男爵先生。”来客说，“我来是为了警告您：不要抵抗。城门今天将被烧毁[①]，我很肯定它会发生，却无力阻止，您也不能——所以不要做无益的尝试了。”

贝森瓦并不害怕，然而他依然被震住了，在思想上被征服了。他说：“我发现他身上有一种我说不清楚的摄人心魄的东西在向我袭来……我大可以将其逮捕，然而我居然什么都没做。”这是旧体制和大革命之间一场面对面的交谈，结果是后者把前者震惊得目瞪口呆。

早上还不到九点钟，三万民众就聚集在荣军院大门前，为首的正是市检察官[②]——选民委员会是不敢拒绝他的。人群中，还可以看到几支从兵营逃出来的法兰西禁卫军、穿着旧红衫的司法宫教士，以及圣埃蒂安

① 通过这番话，我们可以知道：五点钟的时候，什么计划都还没有成形。这个可疑的人并不来自人民，很明显，他只是把罗亚尔宫的流言重复了一遍。——长久以来，乌托邦主义者一直都在讨论摧毁巴士底狱带来的益处，并制作了方案。然而在一日之内将其攻占的这个英勇的、疯狂的想法，却纯粹是从人民内部生出来的。——原注

② 即马格利特-路易-弗朗索瓦·杜波尔-杜特尔特（Marguerite-Louis-François Duport-Dutertre，1754—1793年），大革命期间的一位律师，1789年成为公共检察官，后在拉法耶特的推荐下成为司法部部长，1793年与巴纳夫同时被处决。——译者注

教堂的神甫——他被聚集到自己教堂里的群众选为主席，所以此次领导武装群众的这个危险任务，自然而然也就落到了他的头上。

年迈的松布依可以说是老奸巨猾，他出现在栅栏后面，说自己手上的确有一批枪，但这批枪是受人所托、代为保管，作为军人和贵族，为了荣誉，自己不能背信于人。人群没料到他会如此辩解，一下子停住了——在大革命初期的这段日子里，人民便是如此天真。松布依还说他已经送信至凡尔赛，现正等着回信；言语之间反复强调自己对市政厅和整座城市都是心存感情和友谊的。

大部分人愿意再等等，幸好当时人群中有一个没那么多顾虑的人[①]，才让人群没被如此糊弄过去。时间一分一秒过去，再也浪费不得；况且这些武器如果不属于国民，那又属于谁呢？人们跳进壕沟，占领大厅，在地窖里发现了两万八千支枪，将其悉数抢走，还带走了二十门大炮。

这一切发生在九点钟到十一点钟的时候。不过现在，我们再回过头来看看巴士底狱是何情形吧。

典狱长德劳内（De Launey）从13日半夜两点钟开始，就布下兵力。他没有疏漏掉任何东西，除了碉堡上的大炮之外，还从军火库中调来其他大炮安置在院子里，里面塞满了弹丸。在碉堡塔楼上，他放了六车石块、炮弹和碎铁，誓要把进攻者压成肉泥。[②]在低处的射击窗那里，他放了十二门重型防御枪，每门枪都装了一斤半的子弹。再低处，他派了最信得过的三十二名瑞士士兵去防守——他们可以毫不手软地朝法国人开枪。他的八十二名伤残老兵则被分配到各个岗位，被派到离大门很远的

① 集合起来的公民中的一个人。（《选民实录》，Ⅰ，p.300.）——原注

② 《米肖古今名人传》中有关于德劳内的一篇文章，根据他的家人提供的消息所写。——原注

地方或碉堡上。连遮住堡垒墙角的外围建筑，也被一一拆去。

13日，无事，只有一些路过的行人在对着巴士底狱又叫又骂。

14日，接近午夜时分，七声枪响，目标是碉堡哨兵。警报！典狱长带着参谋赶紧登塔，在那里守了半小时，竖起耳朵听着远处城中的喧嚣声；待一切重归平静后，他又下去了。

早上来了许许多多的人，时不时还有（来自罗亚尔宫或其他地方的）年轻人喊着要他们交出武器。但没人理会他们。十点钟的时候，市政厅的和平使团被放了进去。他们请求典狱长撤下大炮，承诺只要他不开火，就不会受到攻击。没有收到任何开炮命令的典狱长非常乐意地接受了这个提议，满心高兴的他还强留下特使们和他一起共用午餐。

当他们离开以后，另一个人来了，用另一种语气展开了对话。

这是一个狂暴、莽撞的人，他没有人该有的敬畏之心，无惧也无情，不知何为阻碍、何为延迟，体内装着炽热的大革命守护神。他来，是责令巴士底狱迅速交出武器的。

恐惧和他一起闯了进来。巴士底狱害怕了，典狱长不知道为什么也乱了心神，说话都结结巴巴起来。

这个人就是图里奥，一只和丹东同属一类的可怕的守门犬。我们碰见了他两次，一次在开始，一次在结束。在这两次，他的话都成了死神吐出的信子：他杀死了巴士底狱，杀死了罗伯斯庇尔。①

他本不可能通过吊桥进入城堡，典狱长不允许，可是他进来了。从一庭走到二庭，他再被拒绝，但照旧被放了进去，并通过吊桥越过了第二个壕沟。然后他面前是巨大的铁栏杆，后面就是三庭了。与其说这是一个庭

① 他从两方面杀死了巴士底狱。是他把分裂带了进去，导致巴士底狱士气涣散；当巴士底狱被攻下后，又是他提议将巴士底狱夷为平地。在热月9日时，图里奥正担任国民公会主席，他拒绝让罗伯斯庇尔为自己辩护，所以说杀死了他。——原注

院，更不如说是一口可怕的深井，周围有八座碉堡相环绕，组成了高高的井壁。这些可怕的巨人根本不看院子这边，内侧墙壁上一扇窗户都没有。在它们脚下的阴影里，是囚犯们唯一的一条散步小道；他们被囚禁在渊薮的深处，被压在这些巨大怪物的脚下，眼前只有光秃秃的墙面。庭院的另一边，两个被镣铐锁起来的俘虏雕像中间立着一盏时辰仪，仿佛它把时间也给锁住了，让人更加感到时间在这里流逝得何其缓慢。

这里便是大炮的放置地，也是守军和参谋的驻守之处。但图里奥是个天不怕地不怕的人。"先生，"他对典狱长说，"我以人民的名义，责令你撤去大炮、交出巴士底狱。"然后他再转向守军，把同一句话又重复了一遍。

如果德劳内是一位真正的军人，断不会让这个军事谈判代表这样进入城堡，更不会让他这样跟守军说话。但是我们须得注意到，巴士底狱里的军官大部分都是警察长那边的人，里面甚至不做事的人也有路易十字勋章。上至典狱长、下到厨房杂役，他们的职位全都是自己花钱买来的，并从中谋到了不少好处。典狱长的薪水是六万法郎，每年还能通过巧取豪夺得到许多额外的收入。他侵吞囚犯们的开支，削减供给他们取暖所用的炭火，克扣他们的酒水[①]和可怜巴巴的一点家具，中饱私囊。更令人发指的是，他还把巴士底狱的小花园租给了一个花匠；为了这点小小的收入，他就剥夺了囚犯们的散步权和放风权，也就是剥夺了他们接触空气和阳光的机会。

当然，这个卑鄙贪婪之徒终日惶惶如丧家之犬：他也知道大家都认识自己——林格那份令人不忍卒读的回忆录，让德劳内在整个欧洲都

① 典狱长有权采购一百桶免税葡萄酒，他把这些酒卖给了一家酒馆，再从它那里买来醋发给囚徒（林格，《记忆中的巴士底狱》p.86.）。另外请看《面纱之下的巴士底狱》中一个有钱囚犯的故事，德劳内经常晚上把他带到一个自己偷养但又不愿再为其掏钱的女人那里。——原注

已是臭名昭著。巴士底狱被人仇恨着，典狱长个人也被人仇恨着。他听到了人民的怒吼，觉得他们是在对着自己怒号，所以内心无比惶恐惊惧。

图里奥的话在瑞士人和法国人身上起到了截然不同的效果。瑞士人并不理解他所说的，他们的队长德福律（De Flue）决定坚持到底。然而参谋和伤残老兵们都被深深说动了。这些老兵和郊区人民有着密切的联系，决不愿向他们开枪。于是守军中间产生分裂，两派各自会怎么做呢？如果他们不能达成共识，会产生内斗、向彼此开枪吗？

可怜兮兮的典狱长带着辩解的语气，说刚才和巴黎已经达成协议了。他发誓，并让守军也发誓，只要对方不发起攻击，他们就决不会率先动手。

图里奥并没有就此离开，他还想登上碉堡，看看大炮是否真的撤走了。德劳内已经非常后悔让图里奥深入巴士底狱的腹地中，因此是拒绝的；然而在身边军官们的督促下，他只好和图里奥一起登上了塔楼。

大炮已经后移，盖上了罩子，但炮口依然朝着巴黎。在这个足足有一百四十尺高的地方，视野开阔得简直吓人。街道、广场上密密麻麻挤满了群众，军火库庭中全是拿着武器的人。而另外一边，一大群人正在挺进，那里正是圣安托万区。

典狱长脸色惨白，他一把抓住图里奥："你都干了什么？你滥用了谈判特使的权力！你背叛了我！"

两人正好都站在栏杆边上，德劳内在塔上还有一个哨兵。巴士底狱里的每一个人都对典狱长发有誓言，在这座堡垒中，他就是王，他就是法！他还有机会报复！

然而，反倒是德劳内在图里奥面前害怕起来。图里奥说："先生，我可以向你发誓，你再说一个字，我们俩中的一个人就会被丢到壕沟里去。"①

同时，和典狱长一样困惑不解的哨兵也走了过来，问图里奥："开开恩吧，先生！您看，没有时间浪费了，他们正冲过来。如果没看见您，他们会攻击我们的。"于是图里奥把头伸了出去，群众看见他还活着、高傲地站在塔上，发出了雷鸣般的掌声和欢呼声。

图里奥和典狱长一起下来，重新穿过院子，又对守军们说："我要做报告去了，我希望人民不会拒绝组成一支市民自卫队，和你们一起守卫巴士底狱。"②

人民想的是：图里奥一出来，他们就进入巴士底狱。当他们看到他仅仅为了给市政厅写报告而离开后，便把他当成了叛徒，对他各种威胁。他们的不耐发展成了愤怒，人群抓住了三个伤残兵，想把他们撕成碎片。他们还俘虏了一个年轻女子，认为她是典狱长的女儿。有的人想，如果典狱长拒绝交城投降，就把她活活烧死；另外一些人把她抢了过来。

他们说："如果巴士底狱天黑之前攻不下来，我们怎么办？"大个子的桑泰尔（Santerre）——一个被推选为指挥官的酿酒人，提议把人们晚上照明所用的松子油浇到地上③，与磷粉混合，放火去烧巴士底狱。他还派人找油枪。

一个以前当过兵的车匠对讲废话没有任何兴趣，自告奋勇要去做点实事。他拿着斧子，冒着枪林弹雨，爬上了第一座吊桥边上一所小哨所的屋顶，悄然无声地砍断了锁链，把桥放了下来。人群跑过吊桥，冲进

① 图里奥的行为报告被刊登在杜索尔文章之后（《七日之作》，p.408.）。同时我们可以将其与《选民实录》相对比，Ⅰ，p.310.——原注

② 这番骄傲而又放肆的话转述自当时被围困者，请看刊登在杜索尔文章之后的他们的宣言，p.449.——原注

③ 他本人还为这个愚蠢的提议扬扬自得。（《选民实录》，Ⅰ，p.385.）——原注

院子里。

人们一边朝着碉堡开火，一边向低处的射击窗发起攻击。进攻者大片大片地倒下，却对守军没有造成任何伤害。在那天的所有交火中，群众的子弹只射中了两个人，导致被包围的守军中一人受伤而死。

选民委员会看见伤者被抬进市政厅，听着他们哭诉现场的血流成河，便想去阻止这一切。然而当时只有一个办法：以市政厅的名义责令巴士底狱交城并让市民自卫队进入。市长非常犹豫，佛歇大力主张[①]，其他选民们也在催促着。他们以代表的身份前往巴士底狱，然而硝烟之中根本没人看得见他们。无论巴士底狱还是人民，双方谁都没有停火的意思，使节们面临着严重的生命威胁。

第二支特使团由市检察官带头走在前面，敲着鼓、举着旗，在广场上终于被人发现。高台上的士兵竖起白旗，收起武器，人民也停止射击，跟着特使团走进院中。可一走进去，迎接他们的便是猛烈的炮火，特使团边上的好多人倒了下去。很有可能是因为这些瑞士士兵和德劳内待在下面，并没注意到伤残兵打给他们的信号。[②]

人民心中的愤怒无以言表。从早上开始，就有人说典狱长是为了向人群扫射才把他们引至院中；他们觉得自己被欺骗了两次，决意要么赴死、要么向叛徒报仇。他们朝警告他们后退的士兵们冲了过去，狂怒地呼喊着："至少我们的尸体可以把壕沟填平！"他们前仆后继、奋不顾身，冒着枪林弹雨冲向射击塔，仿佛靠累累的尸体就能将高塔掀翻似的。

在那个时候，看到这场毫不公平，纯粹只是屠杀的搏斗，许多先前毫无动静的正义人士越来越感到义愤填膺。他们也想加入进来。再

① 如果他说的话是真的，那佛歇便光荣地成为第一个做此提议的人。（佛歇，《1789年8月6日于圣雅克所作的论自由的演讲》，p.11.）——原注

② 被围者和特使团所说的话明显是矛盾的，而这是让两方说辞都能成立的最好解释。——原注

想控制住法兰西禁卫军已是不可能的事情了，他们全都和人民站在了一起。士兵们找到了巴黎选出来的指挥官，强迫性地交给他们五门大炮。人们组织起了两支纵队，一支由工人和资产者组成，另一支由法兰西禁卫军组成。前一支纵队选了一个伟岸孔武的年轻人当队长，他就是于林（Hullin），他原先是一位日内瓦钟表匠，后来成了康福兰侯爵（Conflans）的仆人和打猎跟班。于是，他那打猎跟班所穿的匈牙利服装自然而然就成了军服——穿着仆人号衣的人在领导人民为自由而战。另一支纵队的队长是艾黎（Élie），是一个归王后军团所管的临时军官，他脱下布衣，披上金光灿灿的军装，勇敢地暴露自己，让自己成为战友们前进的旗帜，也成了敌人扫射的活靶子。在他的队伍里，有一位骁勇善战、年轻有为、品行无瑕的士兵，日后成为了法国之光，那就是渴望上阵杀敌、对胜利的荣耀又默默无争的马索。

当他们到达巴士底狱的时候，事情几乎没有任何进展。人们推来三车稻草，将其点燃后，一把火烧了营房和炊事房，然后就不知道该怎么办了。人民把绝望发泄在市政厅身上，指责市长和选民，用威胁的语气督促他们正式下令包围巴士底狱。然而，他们根本无法令市政厅发下这些命令。

为了夺取城堡，人们向选民提出了许多奇怪的，甚至是古怪的方案。一个木匠提议造个罗马式的木制弩炮，投石攻击城墙。巴黎各位指挥官说应该靠常规攻击战，打开一条战壕。这漫长而无用的争辩被有人刚刚截获的一封信所打断——这封信是贝森瓦写给德劳内的，要他坚持到最后一滴血。

在当时的危急时刻，我们要知道每时每刻都有错误的警报拉响，这样方能明白时间的宝贵、理解一切推延造成的恐惧。有人猜测，昨晚两点钟的时候，宫廷就得知正午群众要攻打巴士底狱的消息了，借着这段时间，它可以将瑞士军队和日耳曼军队逼向巴黎。军事学院的驻军在这天会按兵不动吗？看上去不太可能。贝森瓦话中显示他对自己军队少有信心，但这听上去似乎只是一个借口罢了。瑞士人在巴士底狱中表现得非常顽强，就好像是从修罗场上下来的似的；日耳曼龙骑兵在12日开了几次枪，杀了一些法兰西禁卫军士兵，而后者也杀了几个龙骑兵，双方已然深深结怨。

在圣奥诺蕾区，连铺路石都被拆了去做街垒，人们觉得敌人随时都可能发起攻击；拉维耶特[①]也过着提心吊胆的日子，而且实际上真有一支军队奔赴过来，将其攻占，只不过它到的时候太晚了。

一切拖延看上去都是背叛。市长的推诿之词让人民心生怀疑，选民的含糊躲闪更是让他们疑窦丛生。愤怒的群众觉得自己是在和他们浪费时间，一位老者疾呼道："朋友们，我们和这些叛徒在一起做什么呢？还不如去巴士底狱！"人群一下子消失得没了踪影，只剩下惊愕的选民们站在那里面面相觑。其中一个人赶紧离开，脸色惨白得像个鬼似的，边走边转头说："你们要是还待在这里，就只有十分钟可活的了。沙滩广场上挤满了怒气冲天的人群，看，他们快来了！"但他们并没想着逃跑，也正因如此才躲过一劫。

人民把怒气全都撒到了市长一人身上。各行政区代表相继前来，当面斥责他的背叛。一部分选民觉得因为他的不智和谎言而导致自己在人民面前地位大减，因此也翻脸指责他。另外一些议员，例如老好人杜索尔（尤维纳利斯作品的译者）、勇敢的佛歇，不管弗雷塞尔清白与否，都在努力替他辩护，想救他一命。在人民强迫下，他们从办公厅来到了

① 现巴黎第十九区的一条街。——译者注

圣让大厅以后，把弗雷塞尔团团围住，佛歇就坐在他身边。弗雷塞尔脸上浮现出对死亡的恐惧。杜索尔说："我看他嚼着自己最后一块面包，一直嚼了两小时，到最后也没有咽下去。"他身边堆满文书和信函，还有许多人过来找他，在"去死"的吼声中，弗雷塞尔强打精神，和和气气地回答人们的提问。其中逼得最紧的当数罗亚尔宫和圣洛克区的人，佛歇实在看不下去了，跑过去请他们发发善心。各区人员都聚集到了圣洛克教堂里；佛歇两次登上讲台，哭着、求着，说着自己伟大的心灵在这样的危急时刻中能够想起来的所有炽热的话；他的长袍上全是巴士底狱射过来的子弹留下的累累弹痕[①]，它也在疾呼，也在求着人民，为了替这伟大的一天保住荣誉，为了让自由的摇篮保持纯洁、不沾鲜血，它也在哀求着。

市长和选民们留在圣让大厅，在生死之间摇摆，好几次枪就指着他们的脸。据杜索尔所说，那里所有的人都像野人似的，他们有时候也会听人讲话，沉默地看着对方；有时候，人群中会冒出可怕的窃窃私语，好像闷雷响起一般。许多人说着、喊着，然而更多的人在逆转的局势面前茫然无措。喧哗声，呼喊声，警报声，新传来的消息，新截获的信件，抽丝剥茧后的真真假假、虚虚实实，那么多被揭穿的秘密，那么多被带到庭上的人，这一切把人们的思绪和理智全都打乱了。其中一个选民问道："这不就是最后的审判吗？"人们如此茫然、如此混乱，他们已经忘记了一切，甚至忘记了市长和巴士底狱。[②]

五点半的时候，沙滩广场升起一声呐喊。巨大的喧嚣声传了过来，开始很远，然后声音越来越近、越来越急，犹如暴雨中隆隆的雷声一般打了过来。巴士底狱被攻下来了！

---

① 佛歇，《铁嘴钢牙》，NO.XVI，1790年11月，第九卷，p.244.——原注

② 不过《选民实录》指出，人们已经组织了一个新的特使团，而指挥官德拉撒勒侯爵最后也愿意参与行动。——原注

在这个本就被挤得水泄不通的大厅里，一下子跑进来一千多个人，后面还有一万多人在拼命往前挤。房屋地板咯吱作响，板凳全被推倒，门口的路障被推在办公桌上，办公桌又被推在主席身上。

所有人都是全副武装，打扮得千奇百怪，有的人几乎全身赤裸，有的人穿得五颜六色。有个人头戴桂冠被大家抬了起来，身边全是战利品和俘虏，他就是艾黎。在这片足以和雷声相抗的喧嚣中，为首走来的是一个表情肃穆的年轻人，他的刺刀上正挑着那个被人百般诅咒的东西——巴士底狱的规章条例。

巴士底狱那些巨大的、丑陋的、沉重的、被岁月和人的痛苦打磨得锃亮锃亮的钥匙，它们也被带了过来。不知是出于偶然还是因为天意，它们最后落到了一个对它们再熟悉不过的人手里——先前被关在那里的一个囚犯。后来，国民议会把钥匙放在了档案处，古老的暴政机器和撕碎了暴政的律法被锁到了一起。直到今天，我们在法国档案馆的铁柜子里仍然可以看到这些钥匙。啊！要是这个铁柜子能把世上所有巴士底狱的钥匙都锁起来，那该多好啊！

正确说来，巴士底狱并不是被攻占的，而是自己开城投降。它自感良心不安，所以内心惶惶，最后失去理智、走向疯狂。

有些人希望开城投降，另外一些人仍在继续开枪，尤其是那些在五小时里毫无损伤，甚至都没有可能受伤的瑞士人，他们仍在肆意扫射、大开杀戒。他们杀了八十三人，伤了八十八人。其中二十名死者是贫苦家庭的顶梁柱，他们走了，把只能被活活饿死的妻孩留在了世上。

自己在战场上毫不涉险所带来的耻辱感、杀害国人的恐惧感，这些几乎没有打动瑞士人半分，最后却让伤残老兵们丢掉了手里的武器。四点钟的时候，士官们请求德劳内停止杀戮。德劳内很清楚等着自己的是什么，是以命换命。曾有一刻时间里，他生起了疯狂的念头，想点燃巴士底狱里的炸药，将三分之一的巴黎夷为平地。他有一百三十五桶炸药，足以把巴士底狱炸到半空去，将整个郊区、整个玛莱区、军火库的整条街全都炸得粉碎。他抢来一门大炮的引火线，但两名士官阻止了这桩犯罪行为，他们用刺刀拦住了他，不让他去弹药库。德劳内当时意欲自尽，抢了一把刀过来，然而人们把刀夺走了。

他已经完全失去理智，再也发不出任何命令了。[①]当法兰西禁卫军装上大炮，对准开火的时候（根据某些人所言），瑞士军官很清楚应该谈判了。他写了一张小条子传下去[②]，信中要求出城后能保持军人的名节。请求被拒。随后他要求活命，于林和艾黎答应了。

难的是如何兑现承诺。要阻止积攒了几个世纪的报复心切，要阻止巴士底狱刚才造成的那么多死伤的怒火爆发，这谈何容易？这支队伍一小时前才刚刚诞生，刚从沙滩广场赶来，只是两支小小的前锋队而已，它根本不足以控制后面跟着的十万大军。

群众愤怒而又盲目，被危险冲昏了头脑。即便如此，他们也只当场杀了一个人。他们放过了自己的敌人，把穿着长罩衫的瑞士士兵当成仆人或囚犯放走了，却伤害和虐待了他们的朋友——那些伤残老兵。人群想彻底消灭巴士底狱，他们用石头将那两个俘虏组成的时辰仪砸得粉碎，登到塔楼顶上踩踏大炮；有些人对着石块又踢又踹，拖动它的时候把手都弄伤了也毫无察觉。大家跑到黑牢释放囚犯，其中两个已经疯了：一个被吵闹声所惊吓，想要自卫，当大家破门而入、把他抱在怀里恸哭不已的时候，他完全惊呆了；另一个胡子都长到了腰际，还在问别

① 根据图里奥的证词，他从早上开始便这样了。请见《选民实录》。——原注

② 为了传信，人们在战壕上搭了一条木板。第一个冒险上去的人倒下了，第二个（是阿尔内Arné还是马亚尔Maillard？）更幸运一点，带回了这张条子。——原注

人路易十五怎么样了，以为现在仍是他统治的时候，当别人问起他的名字时，他说别人都叫他无量少校。

胜利者还没完，他们在圣安托万街上又展开了另一场战斗。在朝沙滩广场前进的时候，他们碰到了一大群人。这些人没有参加过战斗，却又想做些什么事情，至少杀几个俘虏也行。其中一个俘虏在图内尔大街遇害，另一个在码头被杀。披头散发的女人跟在队伍后面，在死者中辨认自己的丈夫，然后她们把尸体一放，朝杀人者冲了过去。一个女人口吐白沫，追着所有人要一把刀，好为丈夫报仇。

德劳内也被带了过来。在这样的危急时刻，两个从内到外都少有相同之处的人——于林和另外一个人，寸步不离地守着他。这另外一个人一直陪他走到了小安托万，然后一股人潮把他从德劳内身边冲走。于林死死抓着德劳内，把他从那里一直带到了沙滩广场。虽然两地相隔很近，然而这段路走得比赫拉克勒斯要完成的十二项任务还要艰难。于林不知道该如何是好，又发现人们只靠一个东西辨认德劳内——只有他是没戴帽子的。于是于林产生了一个勇敢的想法：他把自己的帽子给了德劳内，结果自己马上就遭到好几枪射击。①他们终于平安经过了圣让门，如果他能让德劳内登上台阶，把他推向楼梯，那就大功告成。然而群众发现了他的意图，并狂暴地阻止两人的去路。于林空有一身伟力，却在这里起不到任何作用，人群的旋涡组成一张巨大的网，一次又一次地困住他。他脚下一个踉跄，被人往后面一扔，摔在了石板路上。他站起来

① 保皇党人有一个艰难的任务，那就是把没那么引人关注的人变成众人瞩目的焦点。于是他们有一个说法，宣称德劳内比于林更有英雄气概，他把帽子还给了于林，宁愿自己去死，也不要拖累他。几天之后，同一件事有了另一个版本，英雄人物换成了巴黎督办贝尔蒂埃。后来有人讲，巴士底狱的副官在沙滩广场被之前一个囚犯认了出来，由于副官对他一直很好，这个囚犯保护了他，把他放走，并说："如果之前没救过我，你已经是个死人了。"最后这个真实的叙述，很有可能启发了另外两个故事。关于德劳内和贝尔蒂埃，根据他们的后人描述，我们看不出他们在最后一刻有什么英勇的表现。《米肖古今名人传》中那篇根据德劳内的家人提供的信息所撰写的文章，里面对此也保持缄默，这足以说明他们也不相信这则流传故事。——原注

两次。第二次的时候，于林抬头一望，看到一杆长矛的尖端挂着德劳内的头颅。

圣让厅里则上演着另外一幕场景。那里的俘虏生命危在旦夕，人们尤其坚持要处死三名伤残老兵，认为他们是巴士底狱的炮手，而且其中一位已经受伤。指挥官德拉撒勒付出巨大的努力，甚至把自己指挥官的头衔都抬了出来，终于成功救下了这位伤者。当他带着伤者往外走的时候，另外两个被拖走，吊死在市政厅对面瓦内利街角的灯柱子上。

这一场巨大的运动似乎让人忘了弗雷塞尔，然而他正因此才走向死亡。来自罗亚尔宫的一小撮无情的控诉者，看到群众的注意力全被引向其他地方而大感不满。他们坚守在办公厅附近，威胁他，勒令他跟他们走。弗雷塞尔向他们屈服了，也许是因为等死时间太长，让他宁愿来个干脆；也许是因为他认为大家都在关心这一天发生的大事，所以自己也许能够侥幸逃命。“好吧，先生们。”他说，“我们去罗亚尔宫吧。”可还没有走到码头，一个年轻人就朝他的头开了一枪，弗雷塞尔当场丧命。

聚集在大厅里的人民群众并没想着要见血；目击证人说，当他们看到鲜血横流的场景后，全都惊呆了。所有人张大嘴巴，目瞪口呆地看着这个荒谬、怪诞、疯狂、不可思议的场景。中世纪和其他年代的武器混在一起，仿佛所有世纪都在眼前复活了。艾黎站在一张桌子上，戴着头盔，手里握着一把已经变形了的剑，看上去就像罗马战士一样。他把俘虏围在自己身边，为他们说情；法兰西禁卫军也要人们赦免俘虏，以做回报。

此时，人们带来了——更准确地说是拖来了一个男人，后面跟着他的妻子。此人就是前内阁大臣蒙巴雷亲王（Montbarrey），在街垒那里被捕。他的妻子已经晕了过去，他被扔在办公桌上，上面被十二双手压制着，差点没被折成两节。这个可怜人便在这样古怪的姿势下，辩解说他很久以前就不是内阁大臣了，说他的儿子还在本省中踊跃地参与革命。德拉撒勒指挥官替他说话，使得自己也性命堪忧。不过，人们总算心软了一下，松开了手。体格强壮的德拉撒勒一把把亲王抓起，直接扛走了。这场力量的展示很是讨人民的欢心，大家都鼓起掌来。

与此同时，勇敢善良的艾黎终于找到办法，快刀斩乱麻地结束掉一切诉讼和审判。他看到了来自巴士底狱的孩子们，然后大喊：“宽恕吧！为了孩子！宽恕吧！”

你可以看到，那些脸色黝黑、手上满是尘土的人，当时全都流下了大滴大滴的眼泪，就仿佛在滂沱大雨中淋了雨一样。人们再不去想什么正义，什么报仇了。法庭倒塌了。艾黎战胜了那些战胜了巴士底狱的人。人们要求俘虏宣誓忠于国民，然后带着他们走了；伤残老兵平平安安地回到了他们的驻地；法兰西禁卫军控制了瑞士士兵，让他们排队安全地回到自己的军营里，还给他们提供了住宿和食物。

最令人钦佩的是那些孀妇，她们也表现出崇高的一面。本就贫困潦倒、还要抚养孩子的她们，不愿将分给自己的那点可怜的抚恤金独吞，而是把它拿出来和一位阻止巴士底狱被炸、自己却被误杀的贫穷老兵的未亡人共享。包围者的妻子们，就这样把被围者的妻子接纳进了自己的怀中。

第二篇

# 1789年7月14日—1789年10月6日

# 第1章

## 虚假的和平

7月14日的凡尔赛——7月15日，国王来到议会——巴黎的哀悼和悲惨——7月15日，议会使团来到巴黎——虚假的和平——7月17日，国王来到巴黎——阿图瓦、孔岱、波利尼亚克等首批贵族逃亡——国王陷入孤境

议会在双重担忧中度过了14日一整天，它害怕宫廷采取暴力行为，又害怕巴黎采取暴力行为。一场失败的举事，就有可能把自由扼杀了。大家留意着所有动静，把耳朵紧紧贴在地面上时都听到了远处一声炮击的回响。这也许就是最后一场运动了；许多人希望立即建立宪法基础，如果议会被驱散、被毁灭的话，至少它还留下了这份遗嘱、这束光芒，来为日后的抵抗指引方向。

宫廷无所疏漏地组织了攻击方案。两点钟，督办贝尔蒂埃还向军事学院发下了详细指令。他的岳父、军务阁外大臣福隆（Foulon），也在凡尔赛做好了一应准备。若无意外，巴黎将在午夜同时遭到七处攻

击。[1]参事院讨论着晚上要逮捕哪些议员，这个应被通缉，那个可以放过；布勒特伊替巴伊辩护，说他是清白无辜的。而王后和勃利夫人则前往橘园去鼓舞士气，向那些围成一圈载歌载舞的士兵分发葡萄酒。为了让军队狂醉得更彻底一点儿，勃利夫人这位美人中的美人，还把军官们请到自己家中，用美酒、温言软语和柔情似水的双眸打乱他们的心神。这些已经盲目了的军队一旦拿起武器，这个夜晚将会血流成渠。人们截获了他们的信，信中写道："我们向敌人走去。"哪个敌人？是法律，是法国！

看，巴黎大街上人喊马嘶、尘土飞扬，那是一大队骑兵，是朗贝斯克亲王带着自己的所有军官在逃命，巴黎人民在后面穷追不舍。不过他碰到了凡尔赛的群众，要不是双方群众担心误伤彼此，人们早就朝他开枪了。

诺阿依（Noailles）到了："巴士底狱被攻占。"温普芬（Wimpfen）到了："典狱长被杀，他亲眼看到了，而且自己差点也没逃出来。"最后到的是两位选民特使，他们把巴黎的可怕情形告诉给了议会。大家怒气冲冲，发誓要为上帝和人民向宫廷和内阁大臣复仇。米拉波说："我们要把这些账算到布罗格力头上！"[2]

议会代表去找国王，然而只得到了两句模棱两可的话：他已派了军官去取得市民自卫队的指挥权，并向战神广场的驻军下令撤退。很明显，这个动作被理解成了全面攻击的信号。

议会火冒三丈、吵吵闹闹，又派去了第二批代表。"国王心都碎了，然而他再也无能为力。"

---

① 《巴伊回忆录》，I，pp.391，392.——原注

② 费里耶尔，《1790年巴黎回忆录》I，p.132.——原注

我们经常为路易十六的软弱而悲叹不已，可是更令人悲叹的是，他此时反倒表现得强硬起来。

贝尔蒂埃和他在一起，在内室里安慰他①，说当前的骚乱只是小事一桩。现在巴黎虽然陷入动乱，但晚上还有机会发起大进攻。当时，巴黎城已处在他的戒备之下，蒙马特高地上已经架起了大炮，射程足以覆盖维耶特，震慑圣德尼斯。

由于各方情报矛盾重重，国王没有下达任何命令，根据自己的作息习惯早早睡觉去了。里安古尔公爵②出于职责所在，即便晚上也能随时出入宫门。他不愿看见国王在懈怠和不知情的情况下，就这样白白送命。于是闯进去，把国王叫醒。他爱戴国王，想要救他。里安古尔告诉他当前面临着一场多么危险浩大的运动、它的力量有多么不可抵挡，告诉他应该赶在奥尔良公爵之前承认这一运动，向议会靠拢。睡眼惺忪的路易十六（他从来就没真正醒过）问："怎么了？那是暴乱吗？""陛下，那是革命。"

国王把一切都一五一十地告诉了王后，阿图瓦伯爵一家也都知道了。他身边的奴才走狗陷入巨大的恐惧中，因为王室一族很可能会为了自保而牺牲掉他们。其中一个很了解亲王，知道他的弱点就是恐惧，便跟他说：他和弗雷塞尔、德劳内一样，都已经上了罗亚尔宫的通缉名单；此时他应该稳定众人情绪，与国王联手采取一些得民心的必要措施。这个人又是议员，他跑到议会那里（当时已是午夜了），发现不敢去睡的老好人巴伊还在那里，于是以亲王的名义，要求他写一封国王第二天要发表的演讲词。

---

① 《指控报告》，出自《法国大革命议会史》，Ⅳ，p.83.——原注

② 里安古尔公爵（Rochefoucauld-Liancourt，1747—1827年），法国社会改革家，1789年选入三级会议，7月18日被选为国民制宪议会主席。——译者注

凡尔赛城里还有一个人，对此事的痛心程度不亚于任何人——我说的就是奥尔良公爵。7月12日，他的塑像在大张旗鼓地被人扛起来游行的时候，突然被摔碎了。然而没有一个人对此在意，就任这滩碎片放在那里。13日，有人提议选举监国，然而大家仿佛聋了似的，没有一个人听见，或者说是没有一个人愿意听见。14日早上，德让丽夫人做出一个大胆、令人难以置信的动作，把她的帕梅拉和一个穿红色号衣的仆人送进暴乱的旋涡中心里去。[①]里面有一些人在喊："这难道不是王后吗！"但是这话马上就随风消散了。什么可笑的阴谋伎俩，全都湮没在这场浩瀚无际的运动里；什么可怜的私心杂念，全都泯灭在这个神圣之日的洪流中。

可怜的奥尔良公爵15日早上来到宫中，参加参事院会议。然而他在宫门停了下来，等了一会儿，然后写了一封信。他写这封信，不是为了得到监国一职，也不是为了进行调停（他、米拉波和其他几个人已经同意进行调停），而是以一个忠诚臣子的身份向国王保证：如果局势变得更加恶劣，他愿意前往英国。他一整天都没离开议会、离开凡尔赛，晚上来到王宫[②]；面对策划阴谋的一切指控，他拿出了**不在场证据**，在攻占巴士底狱一事中把自己洗得干干净净。米拉波大怒，从那时起就疏远了奥尔良公爵。他说（我已缓和了措辞）："他在犯罪时就是个阉人，想做但做不了。"

当公爵像请愿人一样等在参事院门口时，他的手下希尔里-德让利誓要为其报仇。此人宣读了一个阴险、暗含圈套的请愿书草案，并使其得到采纳。这份请愿书将弱化掉国王亲临议会造成的效果，让它失去那种突然造访带来的恩典感，还提前给大家的心上泼了盆凉水。里面说："来吧，陛下，陛下将看到议会是多么惊愕，但议会可能也会震惊于陛

① 《勒布伦夫人回忆录》，Ⅰ，p.189.——原注
② 费里耶尔，Ⅰ，p.135；德罗兹，Ⅱ，p.342.——原注

下是多么平静。”等等之类的话。同时，他又宣称运往巴黎的面粉在赛弗勒被拦下了。“如果这个消息传到首都，那将如何是好！”

此外，米拉波也声势吓人地发泄了一番。他对派去与国王对话的议员们说：“很好！告诉国王，那群把我们团团包围起来的外国匪帮昨天受到了亲王、王妃、宫廷宠臣们的接见，得到了他们的示好、激勉和礼物。告诉他，整个晚上，这些肚里灌满了美酒、手里抓满了金子的喽啰们，在唱着亵渎神灵的、预言法国将被奴役的歌，发下粗野的、直指国民议会将被毁灭的誓约。告诉他，就在他的宫殿里，廷臣们在和着鄙俗的音乐跳舞，这就是圣巴托罗缪大屠杀之夜的前奏。告诉他，那位流芳百世、被永世传诵的亨利国王，那位他宣扬说要效仿其后的祖先，下令把食物送往愤慨的巴黎，送往这个被他亲手围困住的城市；而给饥饿而又忠诚的巴黎送过去的这批面粉，却被他那些凶残无情的手下给运回来了。”

代表团出发后，国王却来了。他和他的兄弟们走了进来，身边一个护卫都没有。国王在大厅里来回走了几步，然后站住脚，面向议会，宣布已经下令军队撤出巴黎和凡尔赛，并请议会就此事通知巴黎。真是可悲啊！要不是议会一心相信国王没有撒谎，他的这番话根本得不到多少人的买账！然而他又说了句高尚而又很聪明的话：“居然有人胆敢对外宣称说你们的人身安全没有得到保障。我的为人自能打破这些错误的谣言，那又怎须多做安抚？再者说了，我自己早已把自己和国民连成了一体，也早已把自己托付给了诸位！”

把军队从巴黎和凡尔赛撤出，但又没说明撤至离城多远的距离，这又是一个含混不清、模棱两可的承诺，让人很难放下心来。然而眼前无尽的迷雾已经够让议会上下坐立不安了，巴黎的胜利更是让它傻了眼，它太渴望重建秩序了，所以才对国王如此轻信、如此狂热，甚至忘了自己应该争取什么。

他们所有人围着国王上下打转、寸步不离。他是走路回去的，议会和百姓则紧紧围着他、贴着他。国王体形非常肥胖，在这样炎热的天气里穿过达尔姆广场，这已经耗尽了他所有体力。议员（其中也有奥尔良公爵）在他身边围成一圈。抵达之后，军队奏响军乐，唱着“哪里比得上家里好？”可是这个家有太多限制了，而且人民又不属于其中一员，家门始终朝他们紧闭着。国王说，家门将重新打开。然而他又借故拒绝接见那些想再看他一眼的议员，转身到教堂感谢上帝去了。[①]王后带着她的孩子和阿图瓦伯爵的孩子们一起出现在阳台上，他们都在强颜欢笑，不知如何应对民众这份自己受之有愧的热情。

整个凡尔赛都是欢天喜地。而巴黎虽然夺取了胜利，却依然处于警备和哀悼之中。他们让死者入土为安，其中许多人撒手人寰，把嗷嗷待哺的家庭丢在身后。对于没家的人，同胞也为他们尽到了最后的义务。他们把帽子放在死者身边，对过路的行人说：“先生，为了这个替国民而死的可怜人，行行好吧！夫人，为了这个替国民而死的可怜人，行行好吧！”[②]朴实简单的葬礼祈祷声响起，替那些为了法国得生而慷慨赴死的人而祈祷着。

所有人都在保护巴黎，没有一个人在工作。再没有活计；食物短缺，而且价格居高不下。市政厅保证说巴黎的存粮可以坚持十五日，实际上却只够吃三天。为了让穷苦百姓不被饿死，就得纳捐，然而供应的面粉在赛弗勒和圣丹尼斯那里又被军队拦了下来。当局承诺撤军，然

① 《黎明报》，No.35，第一卷，p.207.——原注
② 《从法国写给一位朋友的信》，p.29，引用在了杜索尔的注释里，p.333.——原注

而同时又派来两支军队。骑兵回来了，街垒又重新竖了起来。谣言四处传开，说当局企图夺回巴士底狱。人心惶惶已到如此地步，两点钟的时候，选民委员会再无法拒绝人民的要求，下令巴黎进入戒备之中。

两点整的时候，一个人跑了过来，上气不接下气，几乎都要晕倒了。[1]他是从赛弗勒那里跑过来的，那里的军队还想把他拦住。“一切都结束了，革命结束了。国王去了议会，说：‘我把自己托付给了你们……’议会派出了一百名议员，此刻已经从凡尔赛出发，正朝巴黎城赶来。”

这些议员是立马上路的，巴伊连饭都顾不上吃。选民们几乎都没有时间跑去迎接他们，何况巴黎本来就已经乱成一团，人们好几个晚上都没有休息了。人们想鸣炮欢庆，然而大炮全都还在炮座上，没法立即就位。不过也着实没有必要去这样隆重庆祝，7月的烈阳、骚乱，还有所有这些拿起武器的伟大的人民，便是巴黎最好的装饰。开道的是法兰西禁卫军、瑞士军队、市民自卫队军官以及选民代表，后面跟着一百名议员。这支队伍经过圣奥诺蕾大街，在喇叭声中往前走着。所有人都在向他们挥舞着双臂，所有心灵都在欢喜地跳跃着。所有窗户都打开了，鲜花在盛放，人们在祈祷、在流泪……

国民议会和巴黎人民、网球场宣言和攻占巴士底狱事件、胜利和胜利终于拥抱在了一起！

许多议员流泪亲吻着法兰西禁卫军的军旗。他们说：“这就是祖国的旗帜！这就是自由的旗帜！”

到了市政厅之后，人们请拉法耶特、巴伊、巴黎大主教、西哀士和克

① 《选民实录》，由杜维里耶编写，I，p.431.——原注

莱蒙-托内尔[①]在办公厅就座。拉法耶特冷静沉着地做了讲话；随后拉利-托伦达尔[②]站出来，带着爱尔兰人的急躁脾气，声泪俱下地发表演讲。三十年前，正是在这个沙滩广场上，拉利的父亲被旧体制堵上嘴，拖出去斩首。他的演讲非常感人，然而里面却只在呼喊着宽恕旧体制，可这真的是操之过急了，当下巴黎仍在军队的重重包围之中呢。

然而聚在市政厅里的民众被深深打动了。“软心肠的人里最胖的那个胖子”——人们是这么称呼拉利的——戴上花环，被带到或者说是被抬到窗户那里，扔到下面的人群中。他极力推托，把花环戴到了国民议会第一任主席巴伊的头上。巴伊也在推辞，然而大主教用手托住他的头，让他没法再动。多么奇怪、不可理喻、却直指出当时粉饰太平的本质的一幕场景啊！网球场宣言的主席，居然被大主教的手授以桂冠，而正是这位大主教提议发动政变，把巴黎逼上梁山夺取胜利的。然而几乎没有人察觉到这其中的不妥，所以大主教才厚颜无耻地提议去听《感恩曲》，一行人就跟着他浩浩荡荡地来到了圣母院。而一手造成了无数死伤的大主教，其实更应该向这些死者奏一曲《从我深处》[③]才对。

虽然大家都很激动，然而人民依然保持了理智，绝不会乖乖地让别人乱动自己赢取的胜利果实。但我们必须得说，夺取人民这个胜果诚然是不对的，但也是无用的：这场胜利还没完结到有人要去牺牲它、遗忘它的地步。它带来了巨大的精神影响，然而其物质作用却是微乎其微、不可确定的。从圣奥诺蕾大街开始，市民自卫队（当时里面清一色由人

① 克莱蒙-托内尔公爵（Charles Henri Jules de Clermont Tonnerre，1720—1794年），国王亲卫队总司令官，多菲内省统帅，1794年在巴黎被处死。——译者注

② 拉利-托伦达尔伯爵（Gérard de Lally-Tollendal，1751—1830年），法国政治家、文人，1789年代表贵族选入三级会议，随后又担任了国民制宪议会的制宪委员会会员。——译者注

③ 《从我深处》（*De Profundis*）这篇诗从中世纪开始就被用作教会的忏悔诗篇。——译者注

民组成）在军乐声中带出来的第一个人，不是议员，而是第一个抓住了巴士底狱典狱长的法兰西禁卫军士兵。他在欢呼声中被领到了德劳内的马车上，头戴桂冠，身上佩着人民从狱卒那里抢来献给胜利者的圣路易十字勋章。他不愿留着这个勋章，然而在还回去之前，当着议员的面，他戴上了它，骄傲地把它展示在自己的胸前。[①]人群在欢呼，议员在鼓掌，用掌声把自己昨天干下的事情盖了过去。

另外还发生了一个小插曲——一个足以说明问题的小插曲。在市政厅发表演讲的时候，善良却昏了头的里安古尔说国王会从心底**原谅**法兰西禁卫军。参与行动的许多禁卫军士兵当时都在那里，闻言马上逼了上去。“我们不需要原谅，”其中一个说，“我们为国民效力，为国王效力；今天他表现出的意愿足以向法国证明，我们是忠于国王和祖国的。”

巴伊被任命为市长，拉法耶特则担任市民自卫队统领。大家出发，一起去听《感恩曲》。大主教亲切地握住了勒费布福勒神甫的手——当初正是这位勇敢的神甫负责看管和分发弹药，今天他才第一次从地下室走出来，浑身上下都是黑乎乎的。巴伊被于林带着，欢呼若狂的人群拥挤着他，都快让他窒息了。他后面跟着四个步兵；虽然这一天里大家都是喜气洋洋，自己还意外而光荣地有了新的头衔，然而他却忍不住觉得“自己看上去就像被押解着走向监狱似的”。如果他预言能力更好点的话，应该说的是“走向死亡”才对！

这首《感恩曲》不是谎言，又是什么？谁会相信大主教会因为攻占

---

① 四处贪玩的卡米尔·德穆兰，他也用自己的方式赢得了胜利：“我拔出剑来，向前走着……”（《卡米尔·德穆兰未发表的书信集》，p.28，1836）他从荣军院里拿了一支好枪、一把刺刀和两把手枪，可惜都没用上，因为巴士底狱居然那么快就被攻占了！他跑了过去，不过到的时候为时已晚。就算这样，一些人仍然说是他引发了大革命（p.33）；而德穆兰那么谦逊的一个人，肯定是不会接受这个说法的。——原注

巴士底狱事件而真心感谢上帝？什么都没变，人没变，理念也没变。宫廷永远是宫廷，敌人依然是敌人。

木已成舟，米已成炊。无论是国民议会还是巴黎选民，不管他们如何万能，都不能改变过去。在7月14日里，国王是败者，人民是胜者。他们怎么可能洗刷掉这一切，让它变得不复存在？他们怎么可能删去历史，改变已经发生的昭昭事实，让国王和人民接受这样的颠倒黑白，让前者满足于被打败的地位，让后者毫无戒心地把自己交到一个遭此挑衅的主人的手中？

穆尼耶16日在国民议会讲述了一百名议员到访巴黎城的场景，还做了一个颇为奇怪的提议（第二天该提议被复提，并在市政厅举行投票）：在被摧毁的巴士底狱原址上竖立一座路易十六的雕像。为一个败者竖立雕像？这还真是新奇！可以想见，这是多么可笑，而且它能骗过谁呢？让一个败者获胜，这样就真能窃取掉胜利的果实吗？

14日一整天里国王的固执表现，让最没头脑的人也能看出他15日的行为绝不是出自本意的。甚至当议会将他送回王宫的时候，在一派假装也好、真心也罢的狂热气氛中，一个女人抱住了他的膝盖，大胆问道："啊，陛下！您真的是真心的吗？他们不会再让您变卦了吧？"

巴黎人民做着最阴暗的揣测。他们无法相信，宫廷在凡尔赛周围布上四万军队，却什么都不会做。他们觉得国王的举动只是一种麻痹手段而已，然后会有猛烈的攻击。他们也不信任选民：15日有两个选民给派去凡尔赛，但都被带了回来，而且被安上了叛徒的帽子，遭到威胁，险些没命。法兰西禁卫军害怕自己军营里设有埋伏，所以也不愿归营。人民坚持认为，即便宫廷不敢打仗，它也会通过某些卑鄙龌龊的谋杀行为来复仇，也许它在某个地方设有一座火药库，要把巴黎炸得粉碎。

这些担心并不是无稽之谈，而是关乎到信任问题。人们凭什么放下心来呢？国王承诺撤兵，可是军队依然驻扎在那里。圣德尼斯的统将法尔克南尔男爵（Falckenheim）说自己根本没有收到撤军命令，而人们又在路障那里逮捕了他的两个侦察兵。更严重的是，警察长辞职了，督办贝尔蒂埃逃跑了，所有负责物资管理的行政职员也跟着他不见了。大概再过一两天，市场上就会再没粮食。人民来到市政厅，要面包，也要官员的项上人头。选民派了许多人去找吃的，把桑丽斯、维尔农，甚至阿弗尔都翻了个遍。

巴黎在等国王。它觉得，只要国王说的话是发自内心的，他就会离开自己的凡尔赛、离开身边那些歹毒的参事员，转身投入人民的怀中。15日是最好的时机，如果他在那时离开议会后来到巴黎，走出议会，满怀信任——不是口头上的信任，而是真正的、身体上的信任——大胆走进群众中，和这些拿起武器的人民融为一体，就能造成最好的效果。到那时，群情激动，大家都会倒戈到国王那边。

这就是人民所盼的，这就是他们所信的，这就是他们所说的。他们把这个请求告诉了市政厅，并在大街上反复宣传。国王犹豫了，到处问人，往后拖了一天。然而只因这一天之差，一切就都变了。

这不可弥补的一天里究竟发生了什么呢？15日晚上和16日早晨，他都还和那些大臣待在一起，而当初正因为这些人的愚勇，才导致巴黎血流成河，才让王位遭到前所未有的动摇。在这次参事院会议中，王后想逃跑，想让国王离开，想由他率领军队掀起内战。可是军队可靠吗？如果军队内部、法国士兵和外国雇佣兵之间爆发战争，那会导致什么后果？采用迂回手段去哄骗人民、争取时间，这样不是更好吗？双方争持不下，夹在中间的国王没有任何主意和想法[1]；觉得无论哪个决定都行。会中大部分人倾向于第二种方案，于是国王留了下来。

一个巴黎市长，一个巴黎统领，两位都是未经国王同意由选民选任的。把这样的位置交给如巴伊、拉法耶特这样重要的人来担任，而且议会在根本没有问过国王意见的前提下就直接同意任命，这就再不是暴乱，而是一场组织完善严密起来的革命了。拉法耶特“毫不怀疑所有市乡都愿意把它们的防卫工作交到武装市民手中”，提议将市民自卫队改名为**国民自卫军**（这个名字早就被西哀士提出来了）。这个名字似乎有推广的意味，将武装从巴黎扩大到了全国，正如他在这个城市的蓝红帽徽中加上了白色这个古老的法兰西的颜色，让其成为了整个法国的象征标志一样。

如果国王留在凡尔赛继续拖延时间，他就是在试探巴黎。时间一刻一刻地过去，巴黎人民的敌意也越来越重。各行政区被邀派出代表和市政厅一起去感谢国王，然而一些人的回答却是：“现在尚没有感谢的必要。”

直到16日晚上，巴伊意外碰到了国王身边的御医维克·达奇尔（Vicq d’Azyr），才有机会告诉他巴黎城正渴望着国王、等待着国王。国王做出承诺，并在当晚写信给内克尔，请他回来。

17日早上九点钟，国王启程上路了，脸色极为严肃、凄凉而又苍白。他去听了弥撒、领了圣体，下令如果自己被杀或被囚，将由大亲王出任监国一职。他不在的时候，王后提起颤抖的手，写了一篇如果国王被扣，她要在议会中发表的演讲词。

---

① 《法国大革命议会史》错误地引用了一封所谓的路易十六写给阿图瓦伯爵的信（Ⅱ，p.101），一封假冒、荒谬的信，信的大部分内容都由维莲斯小姐（Williams）发表在《未出版的信》中，遭到了巴比耶（Barbier）和博肖（Beuchot）有理有据的批判和指责。——原注

没有任何侍卫护送，只在三四百名议员的陪同下，国王于三点钟抵达城门。市长给他呈上钥匙，说：“从前，市民送给亨利四世的正是这把城门钥匙，那时候是他征服了他的人民，而如今是人民征服了国王。”最后这句如此切切实实、如此掷地有声、而巴伊甚至都没清楚察觉到其中深意的话，得到了大家热烈的欢呼。

路易十五广场上，军队呈弧形排成一圈，法兰西禁卫军在中间排成一个方阵。然后方阵打开，士兵排行，露出了里面的大炮（从巴士底狱运来的？）。禁卫军走在仪仗队最前面，后面拖着它的大炮——再后面跟着国王。

走在国王座驾前面的是统帅拉法耶特，他骑马而行，身着便衣，手执宝剑，帽子上别着帽徽和翎饰。他一个小小的动作，众人便纷纷从命。秩序是井然的①，但沉默也是森然的；没有一句“国王万岁”的口号响起，偶尔有人在喊“国民万岁”。从黎明之门到巴黎，从城门口到市政厅，一路上有二十万人拿着武器——三万多人带着枪，五万多人背着长矛，剩下其他人拿着长枪、军刀、长剑、钉耙、钐镰。谁都没穿军装，但密密匝匝的人群三五成群地排作两行，站在道路两侧。

这是武装起来的人民多么盛大的一次登场啊！国王不敢小觑他们，因为他们不属于某一个党派。乱七八糟的武器和服饰下，是同样的灵魂，同样的沉默！

所有人都在那里，所有人都想来，没有一个人错过这场庄严的阅兵式。甚至妻子和女儿也拿着武器，站在各自的丈夫和父亲身旁。还有一

① 只发生了一件不幸的意外事故：一支枪走火，导致一名妇女身亡。人们对国王没有任何恶意，大家都是保皇倾向，议会是，人民也是。马拉直到1791年都还是保皇立场。在罗伯斯庇尔一封未出版的信件里（德·乔治先生在阿拉斯跟我说过这封信），从他讲述国王到访巴黎城中就可看出，他当时似乎也相信路易十六是诚心实意的（1789年7月23日）。——原注

位女性被列入巴士底狱的胜利者行列中。

教士们也认为自己是人、是公民，也加入到这支十字军中。圣三会教士们在象征圣三会的旗帜下站成一列，嘉布遣会修士们肩上扛着剑和火枪。莫贝尔广场的修女们祈求着圣-吉尼维耶芙保佑巴黎革命，并在前一晚献上一幅画，画中圣女在鼓励毁灭天使掀翻巴士底狱，这座监狱和破损的王冠、节杖一起，马上就要分崩离析了。

有两个人得到了人们的掌声和欢呼，他们便是巴伊和拉法耶特。其他人再没受此待遇。议员们围在国王的车驾周围往前走着，神情沮丧不安。这场庆典里，带着一种阴郁的东西。那些原始低级的武器，那些钉耙、钐镰，绝对不是赏心悦目的。沉睡在那里的大炮像哑巴似的，身上装饰着鲜花，似乎不能好好入眠一般。在这表面的和平下，战争在上空盘旋，它的阴影清清楚楚地投在了地面上，巴士底狱那面被撕得粉碎的旗帜破布在飘扬。

国王下车，巴伊走上前来给他介绍已成为法国象征的新帽徽，请求国王接受“法兰西人的这个特殊记号”。国王把帽徽别在自己的帽子上，人群将他和随行人员隔开后，他登上了市政厅昏暗的台阶。头顶上，军刀十字相交，形成了一个钢铁铸成的华盖；这是从共济会那里借鉴来的一个奇特礼仪，它似乎有双层意思，让人觉得国王是从轭架下走过似的。

人们绝对无意去引国王不快，也没有故意要去侮辱他的意思。恰恰相反，国王的来临使得大家都软下心来。大厅里挤满了显要人士和各个阶层的人，还出现了这样奇怪的一幕场景：大厅中间的人都保持跪姿，好不遮挡后面人的视线，让他们也能有幸看到国王。所有人都朝王位的方向举着手，众人无不饱含热泪。

巴伊在他的演讲中，宣布国王和人民组成同盟。选民主席莫罗·德·圣-梅里（此人在这段重要时间里担任要职，三十小时内就发布了三千个命令）大胆说了一句似乎要约束国王的话："您前来向您的子民承诺：提出那些灾难性的决议的人再不会出现在您左右，长久被流放在外的道德将是您永远的支柱。"这里的道德，指的就是内克尔。

也许因为胆怯，也许因为谨慎，国王什么也没说。市检察官提议在巴士底狱广场上竖起雕像，得到全票通过。随后，向来能言善道但太过感性、太多眼泪的拉利，坦承了国王的悲伤，说他需要得到安慰。这就是在把他指认为败者，而不是如大臣们四处散播的那样，把他和人民的胜利联系起来。"公民们，你们可曾满意了？请看，这就是国王！"之类的话。这句"请看"被重复了三遍，听上去就像一句悲哀的讽喻："Ecce homo[①]"。

当巴伊请国王头戴帽徽在市政厅窗前现身的时候，促成此次调节的人觉得大功告成，事情已经完美落幕了。国王在那里站了十五分钟，表情肃穆一语不发。离开时，有人低声提醒他得说点什么。然而人们能从他嘴里得到的只有对市民自卫队、市长及统帅的确认，以及这句非常简洁的话："你们可以永远相信我的爱。"

选民们很满意，但是人民并非如此。他们原想着国王离开那群歹毒的参事员之后，能够和巴黎市民们亲如一家。但是结果呢？他居然什么也没说！什么也没表示！不过，人群依然在他回去的路上欢呼着，他们似乎需要把一个在心底积攒得太满的情感宣泄出来。所有武器都被收了起来，以表示和平。在众人"国王万岁"的呼声中，他被带上马车。这

① 拉丁语谚语，是本丢·彼拉多（罗马帝国犹太省的执行官，耶稣基督在其任内被判钉十字架）描述耶稣基督的话，意为：瞧这个人（带有极度的轻蔑意味）！——译者注

时，一个集市上的女贩子跳起来搂住他的脖子，抱着酒瓶的人们拦住马车，给他的马车夫和仆人们灌酒，与他们一起为国王的健康干杯。国王微笑着，但仍然什么都没说。其实在这一刻，只要他说一句示好的话，就会得到人们的传诵和庆贺，就能取得巨大的效果。

直到晚上九点钟的时候，国王才回到王宫。走在台阶上的时候，王后和他的孩子们声泪俱下地奔向他的怀里。难道国王前去探望他的人民会有如此大的危险？这些人民，难道是敌人不成？再者说了，对于一个获得释放的国王，对于走出伦敦的约翰王、走出马德里的弗朗索瓦一世，人们还会再对他们做什么呢？

就在同一天， 也就是17日星期五，仿佛是为了抗议国王在武力和挟持下被迫来到巴黎、说了什么、做了什么似的，他的弟弟阿图瓦伯爵、孔岱家族、康蒂家族、波利尼业克家族、沃德勒伊、布罗格力、朗贝斯克及其他许多人，纷纷逃离法国。逃亡过程中当然不可能一帆风顺。他们发现自己的姓氏在各地都是引人憎恶，激起民愤。波利尼亚克家族一路上只好宣称自己反对沃德勒伊，沃德勒伊则宣称自己反对波利尼亚克，因此才能逃了出来。

在千百个离奇可怕的流传版本中被越传越夸张的宫廷阴谋，引发了人们的关注，人们因此对它更加疑神疑鬼。凡尔赛的骚动程度并不亚于巴黎，它整日整夜地盯着王宫，就像盯着叛徒的巢穴一样。这座巨大的宫殿变得门可罗雀，许多人都再不敢前往了。北翼，也就是孔岱家族府邸，几乎人去楼空；南翼，也就是阿图瓦伯爵的大院和勃利夫人七座巨大的宫殿，也一直大门紧锁。国王的许多仆人都想离开他们的主子，开始对他打起了奇怪的主意。

贝森瓦说：“在这三天时间里，国王身边几乎只有我和蒙莫兰先生。19日，所有内阁大臣都不在了，我来到国王房中请他签署命令，给一位正在回来路上的上校配马。当我呈上这道命令的时候，一个男仆站到我和他中间，想去探头看看国王在写什么。国王转过头，发现这个仆人的无礼之举，立马拿起火钳。我拦住了他，没让他在这非常正常的愤怒驱使下做出什么事来。国王握住我的手表示感谢，我注意到他眼中泛着泪花。”

# 第2章

## 人民的审判

人民再不信任任何权力机关——对司法部失去信任——布列塔尼俱乐部——律师，司法宫书记官们——丹东和卡米尔·德穆兰——法律之严酷，刑罚之残暴——罗亚尔宫的审判——沙滩广场和饥荒——1789年7月22日，福隆和贝尔蒂埃之死

王室成了孤家寡人。特权阶层要么逃亡，要么归顺，公开宣布从此以后自己将在国民议会中投票、服从大多数人的意愿。王权陷入孤立无援、四面楚歌之境，它长期深埋起来的本质也就暴露出来——它根本就什么都不是。

这个什么都不是的东西，却成了法国从古至今的信仰；而人民因为这份被欺骗了的信仰，如今已对其失去了信心和信任，于是变得更加不安和多疑。他们曾信过、曾爱过，然而自己因为这份爱而被欺骗了整整一个世纪，这足以令他们再不愿相信什么了。

如今信仰会在哪里呢？一提到这个问题，我们就像深居在那座荒凉宫殿中的路易十六一样，感到恐慌

和孤独。信仰再不存在于任何一个必亡的权力中了。

立法机构这个曾为法国人深爱的议会组织，现在已经蒙尘，它不幸把自己的敌人——五六百个贵族和教士吞了进去，把他们遏制在自己的腹中。它另一个不幸是：它太占上风了，即将发展成一个权力、一个政府、一个王——可如今，任何王都已再不可存。

至于当初被迫出来执掌行政权力的选举机关，已经时日无多。它也发觉到了这一点，于是求着各行政区给它找继任者。在巴士底狱的炮声中，它在发抖，它在怀疑。是因为它信仰不坚定，还是因为它背信弃义？不，不是。1789年时候的资产阶级在伟大的哲学世纪里汲取了营养，肯定不像我们现在的资产阶级这般自私自利。可是它是飘忽的、动摇的、犹豫的，它是信念上的勇士、实践中的懦夫。这就是它长期以来的束缚！

再来说说司法权力机关。当它还未遭削损、实力强大的时候，尚能代替其他所有权力行事；唯有它，是不可代替的。在最危难的时刻里，它就是我们古老法国的中流砥柱。在14世纪和16世纪，它都坚如磐石、岿然不动，所以在风浪中几乎折戟沉沙的祖国才能恢复元气，抬起头时蓦然发现，原来自己一直都受着那所不可侵犯的公民司法圣殿的庇护。

而现在呢？这股力量也被摧毁了。

司法权被毁，是由于它的反复和矛盾所造成的。它既有奴性，又有勇气；既拥护国王，又反对国王；既支持教皇，又抵制教皇；既捍卫法律，又维护特权；既为自由疾呼，又在一个世纪里阻碍自由的一切进步。它和国王一样，都把人民的希望给辜负了。路易十六登基后，当最高法院流亡回来时，人民是何等欣喜、何等激动啊！然而他们对这份拳拳信赖之心的回报，就是和特权阶层联手，阻挠一切改革，赶走了杜尔哥！1787年的时候，人民依然支持着它，而最高法院居然要求三级会议必须沿袭1614年的陈旧体制，也就是让三级会议变得毫无意义、毫无作用、毫无地位！这就是他们对人民信任的回报！

不！人民不愿再去相信司法权了！

奇怪的是，这个权力机关、这个秩序和法律的守护人，反倒成了骚乱的掀起者。每次召开御临国会，最高法院都在各种闹事，庭长对此又是一笑了之，这就更加纵容了它。年轻的法官们，例如德普雷梅斯尼尔和杜波尔，满心缅怀着从前的投石党运动，只想效仿博鲁塞尔①和助理主教②。组织起来的司法宫书记官们形成了一支书记官大军，他们有自己的国王、自己的判决长、自己的司史官，里面有年老如雷恩的莫罗那样的学生，也有杰出如格勒诺布尔的巴纳夫那样的演讲家和好斗之人。书记官们不得佩剑，然而这只让他们变得更加好战。

第一个俱乐部是法官杜波尔在玛莱区肖姆街自己的家里建起来的。他那里云集了最高法院中最前卫的一群人，有律师、议员，里面的人大多数都来自布列塔尼。转移到凡尔赛以后，这个俱乐部就被称为“布列塔尼俱乐部”。和议会一起来到巴黎之后，它性质大变，在雅各宾派中安扎下来。

米拉波只去过杜波尔家里一次，他把杜波尔、巴纳夫和拉梅特称作“三恶执政③”。西哀士去了那里之后就再不想第二次登门。“这是一个政治土匪的兽穴。”他说，“闯入的冒险者会被里面的人给宰了。”更有一次，他用了这句尖刻的话来形容他们：“他们可以说是一群歹毒

① 博鲁塞尔（Pierre Broussel，1575—1654年），路易十三、路易十四时期的巴黎最高法院法官，因为反对马扎然的新税政策，故在投石党运动中声名大振。——译者注

② 即雷兹红衣主教贡蒂（Jean-François Paul de Gondi，1613—1679年），1643年开始担任巴黎大主教的助理主教，出于野心驱使，一开始就加入了投石党运动。——译者注

③ 西哀士把古罗马“三雄执政”的单词（triumvirat）改成“triumgueusat”，讽刺此三人是卑鄙之徒。——译者注

的恶人，永远在行动、在呼喊、在搞阴谋，永远在目无法纪、不顾后果地兴风作浪，为自己一手造成的不幸哈哈大笑……我们可以说，他们是大革命中最神经错乱的一群人。如果这第一批闹事者里的下层人员根据长期革命中的一般继承制而当上领袖，然后抛弃他们这种躁动不安的心态，法国该是何其幸运啊！”

西哀士所说的这些后来继承了他们领袖（同时也是他们上级）位置的下层人员，尤其指的是两个人、两股革命力量——卡米尔·德穆兰和丹东。这两个人在进入国民公会之前，是传单之王，是罗亚尔宫咄咄逼人的演讲家，不过这里我们先对此二人不做讨论，因为在后文中，他俩会形影不离地跟着我们，再不离开。除了他们两人，谁还能更加淋漓尽致地展现大革命中的悲喜沉浮呢？

没过多久，他们的领袖组建了雅各宾俱乐部，而他们则建立了科尔得利俱乐部。不过目前所有俱乐部仍混在一起，在咖啡、棋牌和女人中间打发时日的罗亚尔宫，依然是一个由数百个俱乐部组成的大型俱乐部。就是在这里，德穆兰在7月12日吼着：“拿起武器！”就是在这里，人们从13日晚到14日展开了对弗雷塞尔和德劳内的审判。原先是阿图瓦伯爵、孔岱家族、波利尼亚克家族的人，也向他们投奔了过来；而令人震惊的是，他们居然让这些人离开了法国，人们哪怕打几场仗都没想到会有这种结果。同样也是在这里，一个关于日后恐怖统治的不详却精准的预言冒了出来。在一篇论沙滩广场灯柱的演讲中，德穆兰如此说道：“站在它面前的外国人会觉得神摇魂荡；惊叹于这盏灯柱在两天之内所做的，竟比他们所有英雄一百年里所做的还要多。[①]”

① 卡米尔·德穆兰，《在灯柱下向巴黎人发表的演讲》，p.2. 不过他也巧妙地映射了这些仓促的审判并非毫无弊端，可能会造成一些误会。——原注

有一个笑话在整个中世纪反复拿绞架、绞绳、绞死者等东西来作笑点。而今，这个老掉牙的笑话又被德穆兰兴致勃勃地重新翻了出来。这个丑恶、残忍、把死亡变得可笑的刑罚，却成了最令人捧腹的故事里的常见题材，成了大众的娱乐，成了司法宫的创作灵感。司法宫的所有特点，都淋漓尽致地体现在了卡米尔·德穆兰一人身上。这位年轻、荷包轻飘飘、性格更是轻飘飘的庇卡底律师，本是一个在罗亚尔宫里无所事事的闲荡人士，而大革命让他一跃走上了罗亚尔宫的辩论台。由于带点口吃，他说起话来尤其好笑。可他那结结巴巴的嘴里吐出的断断续续的话，却如一把把飞刀一样锋利。他激情四射地表演，却从没认真想过它会不会以悲剧收场。司法宫审判的那些著名案件，给古老宫殿带来无数笑声的那些司法滑稽剧，并不比罗亚尔宫的审判来得更加欢乐①；不同之处在于，后者经常在沙滩广场上执行审判。

可奇怪而又令人嗟叹的是，德穆兰这个在开死亡玩笑上很有天赋的调皮鬼，还有那个厉喊着要杀人的公牛丹东，四年后却是因为提议建立**宽恕委员会**而被处死！

米拉波、杜波尔和拉梅特，以及其他更温和的人，都对暴力行动表示支持，许多人说他们甚至还给出了相关建议。1788年，西哀士要求处死阁臣。7月14日，米拉波吼着要布罗格力的人头。他让德穆兰住进自己家里，自动走到了德穆兰和丹东的中间。对那些日内瓦朋友生厌以后，他倒是更喜欢这两个人了，前者可以帮他动笔头子，后者可以帮他动嘴皮子。

一个非常温和、非常睿智、头脑非常清醒的人，达尔热，也和德穆兰私交甚密，并对他那篇灯柱小册子赞赏不已。

唯一能解释这一现象的是：已经没有人相信司法裁判了，除了人民

① 参见由C.德穆兰在他的信中关于审判杜瓦尔·德普雷梅斯尼尔的记叙。——原注

的裁判。

法学家们尤为蔑视当时和时代理念格格不入的律法和法学。他们非常清楚法庭是怎么回事，也知道大革命最凶狠的敌人不是别人，而是最高法院、沙特莱法庭、总体的法官群体。

一个这样的法官，就是敌人。把审判敌人的工作交到敌人手中，让敌人们在大革命和反革命派中做出决定，那就是在宽恕反革命派，把他们变得更加自傲、更加强大，那就相当于把武器送给他们去掀起内战。他们会这样做吗？当然，哪怕巴黎发生动乱、巴士底狱被攻占，他们还有外国军队做支撑，还有所有军官的效忠；更重要的是，他们手中握有一个庞大、有法国之光这个美誉的群体——海军军将。

在这场迅猛袭来的危机中，只有人民才有本事逮住这些如此强大的罪人，狠狠地抽打他们。“但如果人民犯了错呢？”这种异议根本难不住暴力的信徒，他们反驳道：“最高法院、沙特莱法庭，它们又犯了多少次错啊！”他们列举了卡拉斯和西尔旺的著名冤案，提醒大家不要忘了杜帕蒂替三个被判车裂的人写的那份言辞激昂的陈情信——最高法院对此信根本无力反驳，便干脆烧了它。

他们还说，要论残忍，人民的审判怎比得上正规法庭的诉讼程序那般残忍？而且它们到了1789年都仍是如此。这些案件的审判工作全是秘密进行，被告人根本看不到审判所依据的证词文卷是什么样子；文件之前都被密封起来，证人也绝不会上堂对质。被告人直到最后一刻才能看到这些证人证词，而那时他刚走出黑暗的囚牢，无比惊惶地来到阳光下。他坐在受讯者的小木凳上，回答也行，不回答也行——反正他来到那里坐个两分钟，只是为了听听法官们宣读审判结果而已。[①]诉讼程序

① 杜帕蒂一段极有说服力的话，出自《为三个被判车裂的人辩护陈情信》，p.117（1786年）。——原注

十分野蛮，但审判结果更是野蛮。我们简直不敢回想达米安被凌迟、炮烙、灌铅而死的过程。而就在大革命爆发之前，还有一个人在斯特拉斯堡被判火刑。1789年8月11日，本身就已经死了的巴黎最高法院仍然判处一个人车裂。

这些连看客们都不忍直视的酷刑，深深扰乱了人们的心神，令人惊愤、叫人疯狂，让人对一切正义理念产生怀疑，甚至颠覆了正义。遭受如此刑罚的罪人，看上去也不再有罪了；有罪的反而变成审判者，无数的诅咒如山一般倾泻在他们头上。人们因为怜悯而变得愤怒，因为同情而走向残暴。历史已经给出许多类似的例子，同情演化成义愤，使人民变得无敬无畏，让他们在罪犯处决场上把司法官员们给车裂了、烧死了。

这个事实很少被人注意到，却能让我们明白许多东西：我们很多恐怖分子心中都抱着这种激荡的、病态的同情心，他们痛苦地感知到人民的不幸，而这种同情往往会转变成蚀人的火焰。

这个值得注意的现象主要体现在神经过敏、思想脆弱而暴躁易怒的人，以及各种类型的艺术家身上——艺术家就是一个男女混合体。[①]精力最为旺盛的人民追逐着这股情感的激流，但在一开始，他们并不是推动者，从来都不是。暴力是从罗亚尔宫走出来的，从一个由资产阶级、律师、艺术家和文人统治的地方走出来的。

甚至在这群人中，责任也不能完全落到某一个人头上。卡米尔·德穆兰这些人吹响号角，开始围猎；丹东之流再把猎物逼到死角，大肆屠杀——当然，是以笔为刀来展开屠杀。但是，这里面不乏没有台词的行动者，还有苍白、愤怒的人负责把猎物带到沙滩广场，再由那里的丹东

① 我想说的是，一个身体完整的、在思想上却是双性者的人富有旺盛的创造繁殖力，然而，他们几乎总是被一种暴躁易怒的同情心所主宰。——原注

一伙人来推波助澜。围在这些人周围的穷人中间，有一些人看上去十分奇怪，仿佛是从另一个世界逃出来的似的，他们如同魑魅魍魉一般，在饥饿的刺激下变得兴奋、狂热起来——他们已经不再是人了。有人言辞确凿地说，在7月20日，许多人已经有三天没吃上饭了。有时候，他们会听天由命、于世无害地死去。然而女人们无法认命，她们还有嗷嗷待哺的孩子啊！她们就像母狮一样巡视着。在每一次暴乱中，女人的反应都最为激烈、最为疯狂；她们像疯子一样叫喊着，让男人也羞愧于自己的迟钝和拖沓。沙滩广场速战速决的审判，对她们来说也太长太久了。她们要把人吊死，立刻！马上！①

在这个世纪，英国有反映本国饥荒的诗歌。②可又有谁来讲述法国的饥荒史呢？上个世纪里那段令人谈之色变的历史，被历史学家们忽略了，他们只肯把自己的同情心施舍给饥荒的主使者们。我尝试着走下来，走进这个地狱，走得越近，里面的凄厉叫喊就越是历历在耳。我已说过，由于税务部门抓走了牲畜、毁灭了畜牧业，大地已是越来越贫瘠，失去肥料滋养的土地受着永恒的饥饿之罚。我也说过贵族、不用纳税的人群是如何壮大起来的，越来越重的赋税沉沉压在了越来越穷的大地的身上。但我没有详细指出的是，由于粮食越来越金贵，粮食供应已经成为一个极有油水可赚的黑市交易。这其中能有几分获利是再清楚不过的事情，所以连国王也想来分一杯羹。于是，世人震惊地看到堂堂一个国王居然拿自己子民的性命来做买卖，居然借饥荒和死亡去做投机倒把的生意，居然成了人民的刽子手。饥荒再不只是时节造成的粮食歉收，再不只是一个自然现象，再和旱涝雨雪没有关系了。它成了行政命

① 10月5日，她们还把7月14日英雄之一——英勇的勒费布福勒神甫推上了绞刑架，幸好绳子被及时切断。——原注

② 埃比尼泽·埃利奥特（Ebenezer Elliot），《谷物法之歌》（曼彻斯特，1834年），等等。——原注

令造成的一个结果：百姓是**因为国王**才被活活饿死的。

这里的国王，指的便是体制。在路易十五统治下，人民过着忍饥挨饿的日子；到了路易十六，他们依然是啼饥号寒。

所以，饥荒成了一门学问，一个行政、商业上的复杂门道。它有自己的父母，那便是税务部门和囤积居奇之徒。它孕育出一个独特的阶层，一个由商人、银行家、金融家、税务官、地方督办、法官、部长杂糅组合起来的阶层。用一句意味深长的话来形容这个由投机者和政治家组成的、掏空了人民五脏六腑的联盟，那就是：**饥饿契约**[①]。

*在这些人里面，有一个人一直都是大名鼎鼎。早在1756年，他的名字就已经在百姓口中流传开来，这个人就是福隆（一个非常形象传神的名字[②]，他也通过自己的表现充分证明了这一点）。他一开始在敌国担任军需官，这于德国来说真是件糟心事——他给德国造成的损失，更甚于我们的战士对这个国家造成的伤害。他所提供的军资，其杀伤力简直堪比罗斯巴赫战役[③]。他靠着压榨军队让自己富得流油，其中有两次发家致富的机会——一次让法国人挨饿，一次让德国人挨饿。*

福隆一方面是一个投机分子、金融家、包税人；另一方面又属最高法院一员，而唯有法院才有权审判包税人。他打着算盘，想要当上部长。如果银行破产不是经由他亲自实现，福隆还真的会抑郁至死。特雷神甫[④]的桂冠并不能让他消停下来。但他错在过度鼓吹自己的财政体系，

---

① “饥荒契约”（pacte de famineâ）是18世纪许多法国人都相信的一个阴谋理论，现在许多学者却认为这是法国在短暂地尝试贸易自由化。杜尔哥在重农派的影响下，于1774年颁布了《谷物自由贸易法》，想通过提高竞争、取消商贸特权来取消谷物固定价格，以为可以降低粮价。然而法令出台的时候遭到贵族、特权阶层等的反对，同时遇到饥荒，粮食价格不降反升，因此引发了“饥荒契约”的谣言传得漫天飞舞。第一个提出“饥荒契约”的人是勒普雷沃·德·博蒙特，他认为粮食投机分子和某些贵族，甚至和路易十五及他的大臣联合起来，以谷物自由贸易为掩盖，囤积粮食、牟取暴利。在各方压力之下，杜尔哥只好放弃该法案，重新固定粮食价格。——译者注

② 福隆的法语名Foulon和法语foulons谐音，后者意为：来压榨吧。——译者注

③ 七年战争中普鲁士与法国神圣罗马帝国联军在1757年11月5日的战役，以普军大胜作结。——译者注

④ 特雷神甫（Joseph Marie Terray，1715—1778年）是路易十五最后一任财政总监。——译者注

反而起了反作用，让这个体系再不可行。宫廷非常喜欢借钱不还的这个想法，然而它又想继续借钱，那么为了吸引放贷者们，就绝不能把银行破产的使徒召进内阁[①]。

*福隆当时已经年迈，经历过了路易十五统治之下的“好日子”，是这所以掠夺为荣的学校中走出来的优秀学员。路易十五厚颜无耻地把自己抢劫的东西炫耀出来，在大街上修建了汉诺威阁来展示自己的战利品。而福隆呢？他也修了一栋建筑，在城市中最车水马龙的地方——汤普勒大街街角建了一座精致的府邸，这栋建筑直到1845年都还被人交口称赞呢。*

*他相信在法国，正如费加罗-博马舍说的那样：“一切都以一首歌为结束。”所以他就得厚着脸皮，去挑衅和嘲笑公众舆论。*这些冷血的话，据传都出自他口：“如果他们饿了，就让他们去吃草。等着吧，等我当上了部长，会让他们吃上草的，就是我的马吃的那种草。”据说他还说过这句令人发指的话：“应当割掉法国。”

*这个老人觉得通过这样的英勇之举，自己就能取得年轻军官阶层的欢心了。为了那个他看着正在到来的一天的实现，他觉得自己应该毛遂自荐；而想再做垂死挣扎的宫廷，也在找一只勇敢的出头鸟。*

福隆有一个称心如意的女婿，一个被保皇党人坦诚评价为“能干却冷血”的人[②]，那就是巴黎督办贝尔蒂埃。*此人并不怎么谨慎，因为他竟然用这么一种方式来获得财富。贝尔蒂埃出身寒门，祖上是检察员或者小小的外省法官，做事勤勉、积极不懈。在五十岁的时候，虽然他已有*

---

① 1789年7月12日，福隆接替内克尔，被路易十六任命为财政总监，引发人们的仇恨和愤怒。——译者注

② 他的家庭对此表示极大的抗议。而一份非常严肃的研究文件向我们证明，如博留（Beaulieu）等具有保皇倾向的作家和革命立场的作家一样，对福隆和贝尔蒂埃秉持着严厉的批判态度。路易·勃朗在做这个研究的时候，也得出了同样的结论。如果贝尔蒂埃的家人向档案馆或其他机构披露了某些与大众观点相反的证据文件，那大可以将其公布出来。——原注

*众多妻室，却依然纵欲无度，据说还四处买来十二岁左右的小女孩供其淫乐。*他非常清楚巴黎人有多憎恶自己，也非常开心能找到机会向他们开战。他和老福隆一起，是三日内阁的核心成员之一 。布罗格力元帅对这个内阁并不看好，只是表面服从而已。[①]但是福隆和贝尔蒂埃却表现得格外卖力，尤其是贝尔蒂埃，他仿佛从魔鬼那里借来了无限精力似的，不留余力地征集人力物力去生产枪支炮弹。要说巴黎为何硝烟四起、血流成河，贝尔蒂埃绝对第一个脱不了责任。

让人惊讶的是，这些腰缠万贯、消息灵通、经验老到的人，居然会走上这样一条疯狂之路。究其个中原因，是因为大金融投机商个个都是赌徒，全都想捞上一笔。而他们发现最有利可图的一个办法，就是亲手炮制一场因为军事行动而引发的银行破产。这么做固然会有风险，然而干哪件大买卖没有风险呢？既然他们可以发洪水财、火灾财，那为什么不可以去发战争财和饥荒财呢？不入虎穴，焉得虎子！

饥荒和战争，在我这里对应指的就是福隆和贝尔蒂埃。他们以为自己迅速掌控住了巴黎，结果却在巴士底狱被攻占之后惶惶如丧家之犬。

13日晚上，贝尔蒂埃还试图打消路易十六的顾虑：只要他一句话，就能让日耳曼军队乖乖听命，向巴黎城开炮。

路易十六什么都没说，也什么都没做。从那一刻开始，这两个人就很清楚自己已经是死人了。贝尔蒂埃朝北方潜逃，在夜色的掩护下从一个地方窜逃到另一个地方，他足足有四个晚上都没敢合眼，甚至没敢歇脚，但也只逃到了苏瓦松而已。福隆没有想着逃跑，一开始他让人四处散播消息，说自己当初根本不想当什么部长，然后又说自己中风了，最后甚至连假死这一招都使了出来。他还煞有介事地给自己办了一场葬礼

① 亚历山大·德·拉梅特，《制宪议会史》，I，p.67.——原注

（他的一个仆人正好在这时死亡）。一切办妥之后，福隆神不知鬼不觉地躲在了自己一个信得过的朋友家里，他就是前任警察总长萨尔丁纳。

他的确也应该害怕，因为此时已是风潇雨晦、飙举电至。我们再把目光抬高一点，看看先前的情景。

早在5月份，饥荒已经逼得百姓流离失所、四处逃亡。在卡昂、鲁昂、奥尔良、里昂和南锡，人们为了粮食而争得你死我活。马赛城门前躺着近万饥民，他们要么抢劫，要么等死。虽然政府和艾克斯最高法院反对，然而全城都拿起武器，保持戒严状态。

6月份的时候，形势稍有缓和。法国上下都把目光投到国民议会身上，希望它能得胜，这是人们唯一得救的希望。就算有天大的苦难，人们也咽下去了，大家都被同一个想法支撑着。

当内克尔被遣走的消息传来的时候，希望破灭的众人是何等愤怒和恐惧，任谁都无法描述其中一二。内克尔算不上一个政治家，正如我们所看到的那样，他优柔寡断、爱慕虚荣、性格古怪。然而在民生问题上，我们必须得中肯地说一句，他确实是一位尽心尽力、材优干济的治世能臣。①更令人称道的是，他还行事秉持良心，乐善好义。当时没人愿意借钱给国家，所以他就用自己的名义、自己的信誉借来两百万法郎，这已是他自己的半边身家了。即便被辞，他也没有收回自己的抵押家产，而是写信告诉借贷人，承诺会继续负责这笔借款。简而言之，即便他不知道何为统治之道，但他会养活人民，用自己的钱养活人民。

内克尔这个名字，在人民听来就等同于可以让他们活下去的福音。所以在6月12日，内克尔被辞就意味着饥荒，一场没有希望、没有办法熬过去的饥荒，这就是当时法国人所想到的。

① 请看《内克尔作品全集》，Ⅵ，pp.298—324.——原注

巴黎的巴士底狱被攻打下来以后，外省监狱，例如卡昂监狱、波尔多监狱要么被强行攻破，要么自动开门投降。在雷恩、圣马洛、斯特拉斯堡，军队和百姓已是亲如一家。在卡昂，士兵发生内斗：阿图瓦军团的一些人佩有爱国徽章，而波旁军团一些士兵看他们没有武器傍身，就把徽章抢走了。有人认为是贝尔赞斯少校（Belzunce）雇用这些人来侮辱他们的战友。贝尔赞斯少校英俊潇洒、风趣幽默，但又鲁莽放肆、性烈如火、自视甚高。他直言不讳地表达自己对国民议会、对人民、对下层人的鄙夷之情；走在城市里的时候，他永远是全副武装，身边跟着一个凶神恶煞的仆人[1]，眼里满是挑衅。人民失去耐心了，威胁着包围了军营；一位军官一不小心开了枪，于是人群便冲上来抢夺大炮。贝尔赞斯投降，或者说是被俘，人们准备押往监狱。可是他没能走到监狱门口，就被几颗子弹结束了性命，尸首也遭到损毁，心脏被一个妇女剖出来生吞了。

鲁昂和里昂都有流血事件发生，圣日耳曼的一个磨坊主被斩首，普瓦西一个囤积粮食的面包商差点儿被杀，多亏一众仁慈而又大无畏的议员挺身而出，向人民跪下苦苦央求，才救下了他的性命。

要不是集万怨于一身，福隆也许本能躲过这场风暴。他之所以遭此厄运，是因为身边最了解他的人，也就是他的佣人也恨他入骨。他们对福隆的去向了若指掌，不会蠢到相信他真的下葬了。他们四处追查，发现这个应该下土的人还好好地在萨尔丁纳先生的花园里散着步："你想给我们喂干草，那你就啃草去吧！"于是他背着一捆干草，以荨麻为头冠，以蓟草为项圈，赤脚被押往巴黎、押往市政厅。人们向当时那里唯一的政府机关——选民提出要求，要求审判福隆。

① 《杜穆里埃回忆录》，Ⅱ，p.53.——原注

当时选民大会肯定后悔了，后悔自己当初没能当机立下、督促人民建立一个真正的市政机构，在找到接班人后退下王位。没错，他们就是权力。连法兰西禁卫军也只有在收到巴黎选民的命令之后（这件事颇为奇怪），才能在凡尔赛国王宫殿附近负责警备工作。

这个并不合法的权力机构，人们什么事都找上它，然而它对什么事都无能为力，因为与前行政长官们意外地产生纠葛，因此它更是软弱不堪。它只有一个头领，那就是新市长、好好先生巴伊；它只有一个臂膀，那就是在不得已之下仓促建起来的国民自卫军的统领拉法耶特。

选民们得知贝尔蒂埃在贡比涅被捕这个消息的时候，群众也把福隆带到了他们跟前。为了贝尔蒂埃，选民们拿出严肃、勇敢的态度（有时候，人因为害怕才勇敢），告诉贡比涅的人：贝尔蒂埃没有任何理由被拘留。而贡比涅人的回复是：贝尔蒂埃留在贡比涅则必死无疑，若要救他，就只能把他带到巴黎。

至于福隆，他们又做出如下决定：以后此类被告人将一律被关押在亚伯叶，牢门上要写着"国民特审囚犯"几个字。这个笼统的做法其实只为了保护一个人，保证这位前法官由他的朋友和同僚来审理，由旧制度的法官来审理，因为当时只有他们才是审判员。

整件事前前后后都是清清楚楚，但仍有人在死死盯着事情的走向，他们是聪睿洞察的检察长和司法宫书记官，是和这位破产部长有深仇大恨的食利人，是许许多多买了公共证券、却因为亏蚀本金而走向破产的普通人。一位检察长递上来一份调查记录，控告贝尔蒂埃储存枪支。司法宫书记官们坚持认为贝尔蒂埃在蒙马特修道院中还藏有一座弹药库，要求立即展开调查。沙滩广场上挤满了一群打扮和人民群众完全不同的人，"看上去端庄得体"，某些人一身珠光宝气。整个证券交易所都转移到沙滩广场上去了。

与此同时，人们还来到市政厅，揭发一个金融家博马舍从巴士底狱侵吞了一部分证券票据，要求追回这笔款项。

有的人以为，只要填饱了穷人的肚子，他们就不会再吵吵闹闹了。于是他们压低面包价格，以每天损失三万法郎的代价，把面包价格稳定在了每四斤十三点五苏（相当于今天的二十苏）。

可沙滩广场上依然一片喧嚣。两点钟时，巴伊走了下来，所有人都吼着要付诸司法。“他陈述了办事原则。”在那些愿意聆听他说话的人身上起到了一定效果。而其他的人仍在吼着：“绞死他！绞死他！”巴伊小心起来，躲进了物资办公室里。他说，当时虽然警卫森严，然而拉法耶特觉得他影响力大，所以草率地减少了警卫。

人群陷入极度恐慌之中，害怕福隆已经得救出逃。有人把福隆推到窗前展示给众人看，仍止不住众人砸门而入：他们得让福隆坐在圣让大厅里，坐在办公厅前面才行。选民们在那里又开始苦苦哀求众人，“给他们讲他接受审判应遵循的原则”。群众的回答是：“马上审判，然后绞死！”他们当即任命了众审判官，其中两位神甫拒绝了人群的委任。此时有人喊道：“让一让，拉法耶特先生来了！”拉法耶特来了，发表了自己的意见，承认福隆*罪有应得*，但也觉得应该让世人知道他犯下了何等罪行，“应该把他押到亚伯叶去。”站在前面几排的人听了此话表示没有意见，而其他人不干了。“您开什么玩笑。”一个穿戴奢华的人说，“我们为什么要花时间去审判一个早在三十年前就该被审判的人？”同时，又有呼声响起，又有人群涌了进来。有的人说这是郊区的人，还有的人说这是罗亚尔宫的人。福隆被抢走，吊在市政厅正前方的灯柱上。人们要他向国民道歉，然后拉起了绳子。绳子断了两次，但众人很坚持，找来了一根新绳子。终于，福隆被吊死在灯柱上，随后被斩首，头颅被人拎着在巴黎游城示众。

此时，贝尔蒂埃刚刚经过圣马丁门，穿过最躁动不安的示威聚集地，走进了巴黎城——在被人护送二十古里的前提下。他坐在一辆马车里，不过马车顶盖已被掀去，好让人随时能监看到他。陪在他身边的是选民艾吉安·德·拉利威尔（Étienne de la Rivière），他为了保护贝尔蒂埃，用自己的身体护着他，许多次险些被杀。人群发疯了似的，在前面跳着舞着，还有些人把黑面包扔进马车里："拿着，你这个强盗！这就是你给我们吃的面包！"更让人民出离愤怒的是，人们发现在如此饥荒之下，贝尔蒂埃和福隆居然还召集来了一大群骑兵，任他们糟蹋、啃食了无数庄稼幼苗，这无疑是在巴黎周围地区人民的怒火上浇了一桶油。人们把这些损失归结到督办下达的行政法令头上，认为他铁了心不让农民有任何收成，要把人民活活饿死。

为了让这幕恐怖死亡的胜利戏目演得更绚丽一些，人们还像古时对待凯旋的罗马战士那样，在贝尔蒂埃前面举着牌子，上面写着他所创下的荣誉："他抢劫了国王和法国。""他侵吞了人民活命用的物资。""他喝着孤儿寡妇的血。""他欺骗了国王。""他背叛了他的祖国。"……[①]

在莫布耶喷泉那里，人们干下了一件令人发指的惨事——向贝尔蒂埃展示福隆那颗灰白的、嘴里塞满干草的头颅。看到岳父被割下来的头，贝尔蒂埃的眸子滞暗下来，脸色如死人般苍白，然后哧哧地傻笑了起来。

人们在市政厅强迫巴伊对贝尔蒂埃展开拷问。贝尔蒂埃说自己只是在

① 出自《1789年大革命史》，第二卷，p.130. 此书由两位自由卫士——克尔维索（Kerverseau）和克拉夫林（Clavelin）所写，他们写到了第七卷。同时请看《选民实录》中艾吉安·德·拉利威尔的叙述。——原注

遵循上级的命令，也就是部长的命令。而部长就是他的岳父，两人穿着同一条裤子。此外，即便圣让大厅里的人对他的话能相信一二分，但沙滩广场上的人可是一个字也听不进去的。人群发出骇人的吼叫，连市长和选民们也越来越慌乱了。又有新的一群人冲了进来，局势已然完全失控。市长听取了办公厅的意见，说："去亚伯叶！"然后又补充说，由警卫队负责保护囚犯安全。警卫队根本保不住他，但贝尔蒂埃想自卫，紧紧抓住了一把枪。一百多把刺刀向他刺了过来，一个认为是他害死了自己父亲的龙骑兵将他的心脏剖了出来，把它带去亮给市政厅看。

沙滩广场上的一些围观者，透过窗户看到了闹事者们是如何巧施手段来唆使、煽动人群的，觉得贝尔蒂埃的共犯在施展浑身解数，不让他有时间把什么都抖出来。也许，他身上藏着那派人的真正打算。人们在他的钱包里发现一份列有许多自由卫士的名单，毫无疑问，一旦宫廷掌握了这份名单，他们绝对在劫难逃。

不过无论如何，杀死贝尔蒂埃的那个龙骑兵的大部分战友和他公然翻脸，说他抹黑了龙骑兵兵团，必须以死谢罪，说他们所有人都要和他一决死战。当晚，这名龙骑兵被杀。

## 第3章

# 拿起武器的法国

议会的困境——7月23日，议会呼吁信任——人民的猜疑；巴黎的忧虑；各省的惊恐——布雷斯特阴谋；7月27日，宫廷受英国大使连累——新旧贵族的愤怒；威胁和阴谋——乡村地区蔓延开来的恐怖气氛——农民拿起武器反抗流寇，焚烧封建地契，许多城堡被付之一炬（1789年7月至8月）

旧制度的吸血鬼们，活着的时候附在法国身上敲骨吸髓，死了以后还在祸害国家。

被米拉波形象地比喻为“受公众鄙夷的渣滓”的那些人，似乎在重刑之下得到平反，绞刑架成了他们光荣的殉难台。他们摇身一变，成了值得关怀的受害人，成了君主制的烈士；他们的故事还会不断被神化，最后成为一部哀婉凄绝的传奇。伯克[①]不就把他们封为圣人，在他们的坟头为其祈祷吗？

巴黎的暴力事件，以及各省同时爆发的诸多冲突，让国民议会深陷泥潭、难以脱身。

---

① 伯克（Edmund Burke，1729—1797年），英国辉格党政治家、下议院议员，反对法国大革命。——译者注

如果议会什么都不做，它似乎就是在鼓励冲突升级，对屠杀表示认可。如此这般，议会就会落人把柄，将永远蒙受别人泼来的脏水。

如果议会尝试拨乱反正、重树王威，它便是在修复那支被人民亲手折断的剑，而且修好之后不是把它还给国王，而是交到王后和宫廷的手中。

无论议会采取哪种做法，都必将导致专制统治重新建立起来，要么是旧王朝的王权，要么是街头乱民的专政。人们刚刚摧毁了专制统治一个面目可憎的代表建筑——巴士底狱，然而另一个专政统治、另一座巴士底狱又要崛起了。

英国则在那边拍手称快，对那盏灯柱感激不尽。“感谢上帝。”它说，“巴士底狱永远不会消失了。”

你们想怎么样？说说看，你们这些好管闲事的顾问，你们这些摆出亲近姿态的敌人，你们这些欧洲贵族精英，你们这些一手种下仇恨的种子、用污蔑和诽谤来浇灌它的人，说说看，你们想怎么样？在爱尔兰、意大利、波兰的累累尸体上坐得心安理得的你们，请老老实实回答：你们在为了利益而发起的那些革命里牺牲的人命，难道比我们在为了理念而掀起的革命中流的血要少？

你们想怎么样？肯定是如拉利-托伦达尔、穆尼耶和马鲁埃在7月22日前后两天提出的建议那样：为了拨乱反正、重建秩序，他们希望将权力还给国王。拉利突然一下子又对国王的品德抱有信心了；马鲁埃希望人们求着国王利用自己的权力，向市政机构伸出强有力的援手。国王可以有武装，而人民则不行，绝不能有一丁点儿国民自卫组织。人民若要抱怨，那就让他们抱怨去吧，他们可以向最高法院、向总检察长申诉。我们不是还有法官在吗？

福隆也是法官，马鲁埃却把福隆交到了福隆的法院里。

他们义正词严地说：必须镇压骚乱。

我们来好好理解这句话，其中包含许多层意思：

抢劫、其他普通犯罪事件、饥民偷盗行为、杀害囤积居奇者事件、对人民敌人的非常规处置手段、对敌人阴谋的反抗行为、合法的抵制行为、针对武力行动的对抗行动，所有这些都被“骚乱”一词给概括了。难道他们是要一刀切地去镇压吗？如果真让王权去镇压骚乱，对它来说最大的骚乱无疑就是攻占巴士底狱，它肯定会拿这件事第一个开刀。

这正是比佐和罗伯斯庇尔在7月20日，也就是福隆被杀两天前做出的回答。而即便已是事后，米拉波在他的报纸上也是这么说的。他向议会解释了这桩惨案之所以发生的真正原因——当时巴黎所有政府机关都关门大吉，选民们虚软无力，没有得到合法授权，却要不断担负起市政府的职能。米拉波希望组建各市政机关，让它们拥有实权，可以自行维持治安；当中央机构明显靠不住的时候，除了巩固地方权力，还能有其他什么办法吗？

巴纳夫说，当务之急是处理好三件事：组建完善的各市政机关、市民自卫队，以及一个能够安抚人心的法定司法机构。

这个司法机构会是怎样的呢？

一位被巴黎行政区派来的临时代表——杜夫雷斯努依（Dufresnoy），提议让六十个行政区各自派出六十名陪审员。这个建议得到了佩蒂翁的支持，不过被另一个议员修改了一下，他希望在陪审团中能再加上法官的席位。

议会仍没有做出任何决定，大家各执一词、争论不休。凌晨一点钟的时候，人们都累了，于是议会采纳了一个办法，它发布公告，宣布要严惩危害国家的犯罪行为，再在适当时候颁布法规、指定由哪个法庭进行审判。这么做，是在把事情无限地后延。议会呼吁和平，理由不外乎是在说因为人民的信任，国王得到了前所未有之多的权力，说一种完美的和谐已经建立起来了，等等之类的话。

信任？当时信任已经再不复存了！

当议会还在大谈特谈信任的时候，一抹凄凉的白光洒了下来，人们看到新的危险正在逼近。

错的是议会，对的是人民。

不论人们如何自欺欺人，告诉自己一切都结束了，然而被打败的旧制度仍想着东山再起，这是一个不争的事实。数世纪以来，这个权力把国家所有力量——行政、财政、军队、司法——全都攥在自己手上，而且它到处都有效忠自己的信徒、军士、法官的支持（这种情况在当时没有任何改变），还有二三十万掌握着国家半数，甚至是三分之二土地资产的贵族和教士在背后撑腰。这么一个巨大、盘根错节、覆盖了整个法国的权力组织，怎么可能像普通人那样一击毙命？一颗7月的子弹，就能让它僵死了？这个道理连最简单的小孩子都懂。

它还没死，只是遭到重创，在精神上死了。然而它的肉体还依然活着，还能再苟延残喘一阵。它会怎样借尸还魂呢？这是人民提出的全部问题之所在，也正是让他们感到坐立难安的一个地方。此时，再清楚不过的道理披上人民大众的迷信外套，呈现在人们面前。

每个人都曾见过巴士底狱，看到那个当初拉图德爬下高塔所用的大得惊人的绳索时，大家无不心生恐惧。人们都参观过这些阴森的塔楼，这些黑暗、幽深、散发着恶臭的监牢——这里就是囚犯们住的地方，里面如下水沟一般藏污纳垢、污秽不堪，爬满老鼠、蟾蜍和臭虫。

人们在一处台阶下发现埋有两具尸骸，还有一副锁链、一对脚镣，毫无疑问，这些东西原本拴在其中一个不幸儿的身上。这些尸骨，是对罪恶的赤裸裸的指证。因为囚犯们死后从来不会被埋在监狱里，而是在夜色的掩护下被葬在耶稣会教堂的圣保罗墓地里（耶稣会教士是巴士底狱的告解神甫）。他们全都以仆人的名字被埋在此处，这样外人就永远不知道这些人到底是死是活了。发现这两副骸骨的工人，让死者得到了他们唯一能够得到的弥补：十二名工人用工具毕恭毕敬地把遗骸拾起，将其带到教区墓地里正式下葬。

在这座历代国王的古老洞穴里，人们总希望还能有其他什么发现。仁心遭到冒犯之后，开始展开报复了；人们品尝着一种仇恨、害怕、猎奇夹杂在一起的复杂情绪，这是一种无法拔除、难以满足的好奇。即便人们已经看到了一切，但仍然探索着、搜寻着，希望能够挖掘得更深一点，怀疑下面还藏着什么东西，觉得监狱之下还有监狱、囚牢之下还有囚牢，一直延伸到大地最深处。

一想到巴士底狱，人们就觉得恶心。岁月缓缓地流逝过去，一代又一代的囚犯被相继送了进来，那些因为绝望而破碎的心灵、因为愤怒而流下的热泪、因为撞墙恸哭而在额上留下的累累伤疤，居然就这样了无痕迹地消失了？除了非常费劲、非常艰难地辨认囚犯们用钉子刻下的几不可识的模糊字迹，人们就再做不了什么了？时间这个残忍的暴政帮凶，和后者狼狈为奸，就这样把受害者存在过的痕迹统统都给抹去了！

人们什么都看不到，但人们还能听，而且确确实实听到往昔的杂音、呻吟和奇怪的叹息声在那里回荡。是幻听吗？可是明明所有人都听到了啊！会不会还有一些不幸儿仍被埋在某个地牢深处，被关在只有死了的典狱长才知道的某个地方？圣路易岛以及其他一些行政区都要求查清这些哀叹声的来源。一次、两次，不对，是许多次，人们许多次重提此事；虽然大家做了一些调查，但一直没有下定决心彻查到底：对于这些也许是被生生活埋的不幸者，人们有太多的忧虑和担心了。

如果这里面关着的不是囚犯，保不齐会是敌人？在街区的下面，保不齐会有地道把巴士底狱和万塞讷监狱连在一起？保不齐会有人把火药从一座高塔运到另一座高塔，把德劳内起过的念头付诸实践，把巴士底狱炸到空中、把自由之区夷为平地？

为了安抚众人情绪，人们进行了一些公开搜索，还展开了一次郑重其事的调查。当时人们已经把注意力投射到了其他地方，他们的地雷、他们的恐惧被放到了巴黎的另一边，放在我们那些古老建筑的地下室中，放在卢浮宫、圣母院和其他教堂的深穴里。1786年，已经死了上千年的巴黎城被上上下下翻了个遍，一大堆尸骨被翻出来扔在这些洞穴里，做下这些事的人都没有现身（因为这些地下通道实在是太过庞大了）。这一年的每个晚上，教士都带着灵车里的这些死者搜寻着，从无罪者墓地找到伊索尔墓园，寻觅着一块永远的安息场所、寻觅着一片彻底的遗忘之地。

毫无疑问，这些亡者在呼唤，地底的熔岩在奔涌，一场火山在这里酝酿。这个地雷足以把先贤祠炸到半空，把巴黎整个掀翻，再让它重重地摔下，里面的人不论是死是活，全都被炸得面目全非、分不出你我，尸身、骨骸散落一地，夹杂着零碎的、抽搐着的肢体残骸。

这样的大毁灭似乎并不必要，只要来场饥荒就能达到同等效果。荒年之后又是荒年，种在巴黎城周的那点可怜的小麦被糟践、被浪费，被驻扎在这里的大军吃掉。不对，粮草的消耗并不关军队的事。人们看到或者觉得自己看到了流寇在夜间出没，割掉麦苗。福隆已经死了，但他似乎又还魂人间，只为一丝不差地贯彻自己说过的话："必须割掉法国。"割掉麦苗、毁掉麦田，那么到了荒年的第二个年头，就该轮到人被割掉了。

恐惧在蔓延，不断喊叫着这些传闻的邮差们，每天把它们从王境的一端传到另一端。他们并没看到强盗流寇，但有的人看到了：这些强盗无处不在、流动作案、人数众多、全副武装，基本上是在夜里摸进来，如果夜里没有出现，那第二天早上铁定跑不了；吓得已经失去理智的苏瓦松地方政府写信给国民议会请求援助，说有人在光天化日之下的某个地方砍去麦苗，说有整整一支匪军在这座城市里肆意横行，可是当人们要去找它的时候，它却消失在夜色或晨雾之中。

另一件更真实的事情是：有些人起了心思，要在这场可怕的荒灾中再添上个东西，一个让人谈之色变的东西，一个让人联想到14、15世纪里那场让整个法国生灵涂炭的百年战争的东西——这些人想引狼入室，把英国人带进法国。有人对此表示怀疑。为什么要怀疑呢？它看上去极为可信啊，因为后来在基伯隆，不就有人尝试了吗？只不过遭到失败罢了。①

但是这一次他们要做的，不是引导英国人乘坐舰艇在一处没有守卫、堪称天堑的险滩登陆，而是要攻下一个守卫森严的核心腹地，把法国用了整整一个世纪、耗费大量人力物力方得建成的海军基地交给英国人。那里是我们国家重型战舰的舰头和钉子，是一道遏制英国舰艇的暗礁。没错，他们要把布雷斯特交出去。

因为法国参与了解放美国之战，导致英帝国被分解，所以英国想的不是看着法国怎么多灾多难，而是希望它被彻底毁灭，希望某次秋潮大涨、滔天海水倒灌而至，把北起加莱、南至比利牛斯山、东到阿尔卑斯

① 即基伯隆半岛之战。1795年6月27日，流亡在英国的法国贵族和保皇派约三千六百人，乘坐英国战船抵达布列塔尼，并在基伯隆半岛登陆，和旺代叛乱队伍一起与法国革命政府军作战。几经激战，旺代叛军被革命军摧毁。——译者注

山和孚日山的地方全都漂漂亮亮地淹没了。

然而，英国更想看到另一幅要漂亮得多的场景，想看到一片汪洋血海，里面涌动的是法国的血，是法国自己割喉切腹流出来的血。

那么，布雷斯特阴谋会是个很好的开始。但有一点值得英国担心的地方：如果因为扶持那些把祖国卖给它的恶棍，结果反导致整个法国群情愤慨，抛弃党派之争合力反抗自己，那可就弄巧成拙了。

还有一个原因让英国政府有所顾虑，那就是在最开始的时候，英国虽然仇恨法国，却对我们的大革命摆出一副和气的样子。在这场蔓延法国乃至波及欧洲的、标志着永恒权利之神拿起权杖的伟大运动里，英国根本不担心自己会受牵连，觉得它只是在模仿自己那个无足轻重、因利而生的17世纪岛国革命而已。它鼓励法国，就像母亲鼓励努力跟在后面学步的孩子一样。真是一个性格古怪的母亲啊，它根本就没从心底弄明白，自己到底是希望孩子前进，还是希望它摔断脖子。

所以，英国只好拒绝了布雷斯特的勾引。它表现出正气凛然的样子，把事情告知给路易十六手下的大臣，但又没说出具体策划者的名字。英国不把话说透，是因为它觉得这么做大有好处：这种半吞半吐的披露，能把法国搅得不得安宁，让人们更加疑神疑鬼。它抓住了这个本就羸弱不堪的政府的痛处。法国当局肯定不想仔细调查此事，害怕挖出太多东西来，害怕自己的人因此遭到打击。但如果它什么也不查，把这个可怕的秘密死死封在嘴里，英国那边肯定也会把它抖出来的。所以，这把宝剑就这样悬在了路易十六的头上。

英国大使多西特（Dorsett）是一个讨人喜欢的人。他一直都在凡尔赛，没有离开一步。许多人都说他是王后跟前的红人，在宫廷那里混得风生水起。尽管受此礼遇，在巴士底狱被攻占以后，尽管他很清楚国王遭到怎样的重创，多西特仍然抓住一切机会，把路易十六往深渊里又推了一步。

多西特给阿图瓦伯爵写了一封言辞模棱两可、后被人无意截获了的信，信中他告诉部长，有人误以为他在造成巴黎骚乱的行动中扮演了某种角色。他温和地辩解说："事实根本不是如此，贵国陛下很清楚，*早在6月初*我就急匆匆地把可怕的布雷斯特阴谋告诉给他了，并让他知道此事在我国宫廷里引发了何等慌乱，我也再三保证了英国对法国国王和国家的真挚友谊。"他还请求部长把此信转交给国民议会。

换而言之，多西特是在请求部长把脖子套进绳索里。他这封写于**7月26日**的信是在明明白白地昭告天下：宫廷把这个秘密隐瞒了足足两个月之久，既没有采取任何行动，也没有进行后续跟踪；很明显，它是要把这个阴谋拿来当作最后一把内战的武器，这就是中世纪里人们总藏在身上的所谓的*慈悲之刀*——如果到了剑断人败的地步，他趁着请求饶命的机会，可以偷袭胜者、将其一刀毙命。

被英国人拖到明面上来的部长蒙莫兰，在国民议会那里只能无力地解释着，说当局并没有拿到罪犯名单，所以没法再继续跟踪。议会没有再坚持，然而罅隙已经产生，而且是一道深得无法消除的罅隙。整个法国都感觉到了。

人们可以把多西特的这番话视为谎言和子虚乌有之事，认为这只是我们的敌人随便扔过来的一个火药引子。然而鲁莽的布雷斯特驻防军官们证实了他所言不虚——当巴士底狱被攻占的消息传来以后，他们第一反应是在城堡前面筑壕布防，威胁说只要城中略有骚动，军队就会采取武力行动。军官们无济于事地鼓动着士兵，给他们许以钱财，然而下层士兵们依然站在了人民这边。海军贵族圈子虽然贵族派十足，但肯定没有任何亲英倾向，可是他们依然成了怀疑的目标，人们的怀疑范围甚至扩大到了布列塔尼贵族身上。布列塔尼贵族们对此怒不可遏，力证自己对国家的忠诚，然而无人相信他们的话。

贵族虽然愤怒到了极点，却反而更让人觉得他们背后有着什么不可告人的阴谋。长期以来，贵族都一直坚持要求在三级会议里和第三等级分庭议事，而此时，他们又在大大小小各个城市村镇里、在同一个屋檐下，语出尖刻、吵闹不休，这就更给人民留下一个不可磨灭的印象：贵族就是敌人。

上流贵族圈子中许多后来名垂青史的人，做了必须做的一切，来证明人民的这个想法是错误的。他们并不怎么害怕大革命的到来，并相信无论革命怎样发展，它都不会抹杀历史。然而其他一些门楣没有这么高大、头衔没有这么显赫、更虚荣、或者说是更坦率的人，看着人民逐渐崛起、几乎快和自己平起平坐了，心里越来越不舒服、越来越觉得脸上无光，便鲁莽地公开表明自己和大革命的敌对关系。

其中最怒气冲冲的，当属新晋贵族和最高法院这群人；文官比武将还要激动，张口闭口就是开战，誓要用死亡、鲜血和毁灭来偿还一切。他们中间的一些人，先前还冲在反抗宫廷意志的最前线，品尝到受人疯狂拥护和爱戴的那种销魂滋味，如今发现自己突然一下子或者变得无足轻重，或者成了众人的仇恨目标，于是他们震惊了、愤怒了，心中升起了无尽的恨意。他们经常用私敌的阴谋诡计来解释这一突然转变，因为家族恩怨而你争我吵，导致政治仇怨更加白热化。在康佩，一位既是布列塔尼最高法院法官、又是拉夏洛泰[①]生前朋友的科尔萨劳人，不久前才是最高法院反对王权的一群人中一马当先的勇士，突然摇身一变成了保皇党人、贵族分

① 拉夏洛泰（La Chalotais，1701—1785年），法国法官，1752年任布列塔尼最高法院的总检察长。——译者注

子，没变的倒是当初那份勇猛。他大无畏地走在冲他一阵嘘声、却不敢动他一根指头的人民群众中间，指名道姓地高声念出自己敌人的名字，庄重地说："他们很快就会被我审判了，我要在他们的血液中洗手。"①

最高法院一位法官、弗朗什-孔泰的领主芒眉·德·昆西（Memmay de Quincey），一直都出语不逊。很有可能是因为附近村民们憎恶他，让他怀恨在心的缘故，或许因为他已经丧心病狂，又或许是想效仿德劳内（一桩著名的犯罪事件通常都会引发其他人的效仿），他真去做了德劳内没有做到、巴黎人民害怕发生的那件事情。昆西在沃苏勒和周边地区四处宣扬，说为了庆祝盛事，他要广邀宾客、大摆筵席。农民、市民、士兵，所有人都来到他家中，大家尽情畅饮、载歌载舞。然而脚下的大地突然裂开一条口子，火药爆炸了，一瞬间轰天震地、血肉横飞，地上到处都是断臂残肢。这一切，都有替劫后余生的幸存者做祷告的神甫证明，有宪兵队的人证明，人们在7月25日把一切上报给了国民议会。义愤填膺的议会从国王那里得到的指示却是：若要申请引渡罪犯，则需向所有权力机关写函。②

还有一个消息越传越广、越传越烈，说那些毁去麦苗、要把人民饿死的流寇，根本不像人们之前所想的那样是外国人，根本不像马赛5月份时所认为的那样是来自意大利或西班牙，他们就是法国的内贼，是大革命不共戴天的死敌手下的走狗、仆人，是被这些人雇来的盗匪。③

---

① 杜查特里耶（Duchatellier），《布列塔尼的大革命》，I，p.175.——原注

② 后来，德·昆西在古尔瓦西（Courvoisier）的辩护下被平反，他坚称是因为下人不小心把一桶火药放在了几个醉鬼边上，才导致惨剧发生。但这里面有三个疑点让人很难不作他想：第一，德·昆西在摆宴庆祝的那天居然不在家中，按照他自己的说法，他那天不想露面，是为了让来客玩得更加尽兴；第二，他事后消失得无影无踪；第三，最高法院（德·昆西曾在里面任职）不允许普通法庭展开相关侦讯、提审工作，而由它自己来审判此案。——原注

③ 历史学家没有任何证据、却言辞确凿地说，这些警报、这些控诉、这些大动作，全都是从巴黎蔓延出来的，全都是由某某人掀起来的。诚然，领导人影响了罗亚尔宫，罗亚尔宫影响了巴黎，巴黎又影响了法国。然而，像大部分保皇党人那样把一切归于奥尔良公爵头上，像德罗兹那样把一切归于杜波尔头上，像蒙特盖拉尔（Montgaillard）那样把一切归于米拉波头上，这些都是不对的。我们可以看看亚历山大·德·拉梅特对此说得极其在理的一个回答。不过我们还要再加一句：米拉波、杜波尔、拉梅（转下页）

恐惧气氛在升温，每个人都觉得自己身边藏着一个毁灭之魔。一到早上，人们就赶紧跑到地里，去看粮食有没有遭到蹂躏；到了晚上，人们又提心吊胆，害怕夜里有人来烧房子。一听说流寇来了，母亲就恨不得把自己的孩子抱得紧紧的，把他们藏起来。

因为对他们的王抱有信仰，所以在过去那么久的时间里，人民能够安心大睡。而此时，王的庇护何在？曾经是弱者的人民，因为有王的存在而感到安心；尽管他们现在已经壮大起来，却依然觉得自己是他的孩子。而此时，这位保护人何在？人们开始觉得，王已经成了人民敌人的亲密朋友，这和路易十六为人如何再无关系了。

在从前，国王军队会从天而降，护人民周全，然而现在它却成了人民心中的恐惧。人们所看到的军队头领，都是些最目中无人、把自己的仇恨不加掩饰地表现出来的贵族。他们教唆（必要时候还出钱雇用）士兵和人民作对，挑衅那些日耳曼士兵保持亢奋状态——他们似乎在酝酿一场进攻。

人们不得不靠自己，而且只能靠自己了。当本该是公众保护伞的权力机构统统缺席时，男人们作为一家之长，就只好承担起保护家园的责任。在家中，他就是法官、国王、法律，他就是执法的宝剑，就像一句古谚语说的那样：穷人在家就是王。

对于这位王来说，如果没有枪，他能有的东西，他的镰刀、锄头、犁耙，这些就是正义之手、司法之剑。来吧，强盗们！不过他才不会守株待兔地等着他们到来，每家每户、每村每庄都联合起来，拿着武器在乡里巡视，看那些坏蛋还敢不敢来。前面一支军队来了！等等，别开

（接上页）特兄弟、奥尔良公爵，以及该时期的大部分人，他们并没有人们想象中的那么坚毅，但他们愿意让人觉得自己有坚毅的魄力、有广泛的影响力。对于别人对自己的指控，他们也只以微笑作为回应，随便那些愿意相信这些传言的人怎么想，哪怕别人觉得他们一个个都是恶贯满盈的坏蛋也不做反驳。——原注

枪！这是另一个村子的人，是朋友，是亲人，他们也在找强盗。[①]

整整一个星期，法国都处于警备之中。对于革命中的这些神速进展，国民议会每时每刻都掌握得一清二楚；在这支自十字军东征以后最壮大的队伍中，国民议会原本以为自己是领路人。然而每个报信人带来的消息都让它大惊失色，甚至是胆战心惊。头一天，邮差说："你们有二十万人。"到了第二天，传来的消息又是："你们有五十万人。"紧接着另一个邮差到了："这周有一百万、两百万、三百万人武装起来……"

这支突然从农田里冒出来、全副武装、浩浩荡荡的人民之师，向议会请求准许自己去做该做的事。

不过，传统的正规军队又去哪儿了呢？它仿佛凭空消失了一般。这支新的威武之师根本不用动手，只需紧紧地靠在一起，就可以把传统军队碾死。

有人说过，从这天起，**法国就长成了一个士兵**。在这一天，一个新的种群破土而出。这个种群里的孩子一生下来，就长着一口能把敌人的炮弹咬得粉碎的利齿，生着一双不知疲倦、能一口气从开罗走到克里姆林宫的大脚，有着不吃不喝、仅靠精神力量就能行军几百里、血战三四天的神力。

他们所依赖的，就是自己的乐观、快乐和希望。如果连这个心系世界解放事业的民族都没有了希望，那谁还有资格去希望呢？

在这一天之前，法国存在过吗？我们可以给出否定的回答。然而，它突然变成了一把剑、一个理念。拥有了这样的武装，便是拥有了*存*

① 见《蒙特洛耶回忆录》（Montlosier），Ⅰ，p.233，《杜龙荣回忆录》（Toulongeon），Ⅰ，p.56. 等等。——原注

在。任何民族，如果既没有思想又没有力量，那就只能靠别人的施舍和同情才能活下去。

他们在事实上*存在*，但他们想在权利上*存在*。

野蛮的中世纪并不承认他们的存在，否认他们人的身份，只把他们当成东西来对待。那些可笑的经院哲学还在告诉人们，说灵魂可以用同样的价格得到赎买，它们全都配得上拥有上帝之血；然而这些如此宝贵的灵魂却被它贬为牲畜，被它拴在农田上耕种，永世为奴、不得翻身。

这个毫无法理可言的特权以胜者为王为支撑依据，也便是以从前的不公为支撑依据。它说，贵族、领主之所以是贵族、领主，是因为他们赢了。西哀士说过："如果光凭这点就够，那将轮到我们赢了。"

封建特权还在援引那些虚伪的条条款款，以期人们订下于己不利的契约。在这些条款中，弱势群体在胁迫之下，不得不毫无保留地交出一切——未来、希望、待出生的孩子、子子辈辈……这些写在羊皮纸上的罪恶条款，这个自然的耻辱，千百年来一直安然躺在城堡深处。

有人大力强调路易十六以身作则、让自己领地上最后一批奴隶获得自由的行为。可是这个牺牲太微不足道了，根本没花国库多少钱，而且在法国基本没引来他人的效仿。

什么？有人说1789年的那些领主铁石心肠、冷酷无情？

绝非如此。这个群体成分混杂，但基本上个个都软弱胆小、手无缚鸡之力，又轻浪浮薄、耽于声色、神经敏感。然而他们那么敏感，却看不到近在咫尺的悲剧。①他们只在诗歌、戏剧、故事、小说中读到悲剧时，洒下几滴泪水；他们和贝尔纳丁·德·圣-皮埃尔、格莱特里、瑟

① 这是迈斯特尔在他的《大革命之思》（1796年）一书中的评论。——原注

丹尼、贝尔坎、弗洛里安[1]一起哭泣，动不动就在抹眼泪，然后自言自语道：“我真是个好人。”

由于心软、耳朵软，又大手大脚，遇到花钱的时候，他们总是无法拒绝，所以他们需要钱、很多钱、比父辈更多的钱。如此这般，就必须大力压榨土地的价值，就必须把农民交到放贷者、地方督办和生意人的手中。许多领主都有一副好心肠，但是他们在巴黎越是轻财好施，就有越多的奴仆被活活饿死。于是，他们很少住在城堡里了，好让自己不用亲眼见到这样的惨况——这种场景是他们那颗柔软的内心根本无法承受的。

这就是那个软弱、垂暮、倦怠的上流社会里的普遍情况。它不愿看到压迫，于是只通过代理人去实施压迫。当然，外省也不乏一些贵族，在封地上依然保留着严酷的封建传统并引此为傲，冷血无情地主宰着自己的家人和奴仆。想想那位大名鼎鼎的“人类之友”、米拉波的父亲，他是家庭的敌人，把自己的所有仆人，自己的妻子、儿女全都关起来；他把国家监狱塞得满满的，对自己的邻居提起诉讼，让身边的人活在绝望之中。这样一个人却在自己的书里说，某次节日的时候，他震惊于自己领地上的农民那种凄惶和粗野。我很能理解这种凄惶——那些可怜人极有可能是在害怕“人类之友”会为了自己的孩子而把他们抓起来。

所以，农民只要拿起武器，就立马揭竿而起展开报复，对此我们没有什么可惊讶的。他们曾受到许多领主的欺凌，这些日子依然历历在目。有个领主在村子的泉水边上修了一堵围墙，将水源征为自己私人所有，还有一个侵吞了公共土地。他们都被杀害了。另外还有几例谋杀案件被记录在档，毫无疑问，这些行为都是农民在报复泄恨。

---

① 贝尔纳丁·德·圣-皮埃尔（Bernardin de Saint-Pierre），法国作家、植物学家；格莱特里（Grétry），法国剧作家；瑟丹尼（Sedaine），法国悲剧作家；贝尔坎（Berquin-Duvallon），法国作家；弗洛里安（Jean-Pierre de Florian），法国作家。——译者注

城市普遍拿起武器的行为，很快得到了农村地区的效仿。巴士底狱被攻占后，农民也受到鼓励，去攻打他们那里的监狱。当了解到他们受着怎样的折磨时，我们应该吃惊的，是他们那么晚了拿起武器。那些苦难、那些憎恨，因为迟迟不得喷发而堆积着，慢慢积攒到了一个令人生骇的高度。一个越滚越大、常年伏在冰雪之下的雪球突然崩塌，变作一场雪崩。单单这样一个庞然大物滚下来，就足以毁灭一切。

不过，在这一幕乌乌泱泱的大戏中，哪些因素和盗匪流寇、和那些因为饥荒而流离失所的难民有关，又是哪些因素逼得安分守己的农民揭竿而起、反抗领主，我们应练出眼力，把它们区分开来。

领主们干下的恶行被人牢牢记着；他们当然也有善行，但不够。某些领主在奴仆中还能找到一些愿意保护自己的人 例如蒙特费尔梅侯爵（Montfermeil），他在上一年曾借给仆人十万法郎帮助他们渡过难关。有时面对老弱妇孺，最愤怒的人群也会选择罢手——例如多菲内的一座城堡就安然无恙，因为人们只在里面发现一位抱病在床的夫人和她的几个孩子，于是只毁了一些旧文件就走了。

总体而言，农民一开始冲进城堡是为了拿到武器，后来他们胆子更大了，就焚烧文书。其实这些奴役工具中的大部分契据，以及那些最有时效、最具压迫性的法令文件，都藏在领主的爪牙手上，放在代理人、公证人家中，可是农民很少去这些地方。他们更愿意去破坏古董，烧毁原始契据。这些写在精美的羊皮纸上、盖着胜利者的印章的文书，属于城堡的家传之宝，只在重要日子里才会拿出来示人。它们平时被保存在装饰华丽的小匣子里，夹在天鹅绒做成的公文包中，放在栎木门拱的最里面——那里是塔楼的颜面之所在。每一个有地位的小城堡，都会在封建鸽舍边上建立文书之塔以示炫耀。

我们的人民就这样直接杀向塔楼。对于他们而言，它就是监狱和暴政的标志，象征着人类的傲慢、不逊和蔑视。无数个世纪里，塔楼一直站在高处嘲笑着山谷，使其贫瘠、令其悲苦，它那黑压压的影子，沉重得令山谷喘不过气来。这些蛮荒时代的国家卫士和地方哨兵，后来却化身为人们恐惧的幽灵。到了1789年，它们全然成为奴隶制度的可笑见证者，成了一个永恒的侮辱标志，每天早上都在对那些要在古老的土地（土地已经成了这个阶层要永远扛着的耻辱象征）上耕种的人反复喊道："劳动吧！劳动吧！奴隶的后代们！赶紧多干点！劳动吧，永无希望地劳动吧！"

千百年来（也许时间还要更久一些），在每个晨曦和日暮，塔楼都被诅咒着。如今，它轰然倒塌的那一天终于到来了。

这一天来得那么迟、那么迟！我们的父辈们等了多久，盼了多久啊！正是因为抱着看到这一天到来的希望，他们的子子辈辈才能咬牙活下去，否则他们再没有生存下去的意愿，在贫困之中凄惨死去。而他们的同胞——我，在他们旁边、在历史的沟渠中耕种着的我，饮着他们的苦酒的我，是什么在激励着我重现中世纪的这段苦痛、不因为它的沉重而抑郁身亡呢？啊！莫不是你？这光荣的一天，自由的第一日？我活着，就是为了讲述你的历史！

第4章

# 8月4日之夜

人权和公民权宣言——法国的动荡与危险——7月27日，议会创立调查委员会——宫廷企图阻止审判贝森瓦；保皇派想利用公众的慈悲之心——革命派贵族放弃封建课税特权——8月4日之夜，等级特权被摒弃，教士的抵抗；外省放弃特权

在这次浩流之上，在一个更宁静但每时每刻都能听到外面喧嚣和吵嚷的地方，国民议会正在苦思冥想着。

先前某些派的暴力冲突事件导致议会内部产生分裂，如今这一现象看来已经在大讨论中得到控制和遏止，议会也通过这种讨论展开了自己的工作。我们看到当时有多少贵族，论出身阶层，本该站在革命的对立阵营中，然而他们却从心底受到了革命理念的感染。毕竟大家都是法国人，都是18世纪的孩子，都受到了本世纪的哲学熏陶。

议会的两方人马虽然仍处对立之势，却带着庄重的使命感，共同做了一次神圣的设计——起草人权宣言。

他们所做的，绝不像英国那样，起草**权利请愿书**，旨在呼吁落实一些能写进法律的权利、一些存有争议的基本法，旨在呼吁中世纪的自由——无论这种自由是真是假。

他们所做的，也绝不像美国那样，一个州一个州地挨个探寻能让每个州都点头认可的方针，再将其概括总结，从中构建出一个**归纳性**的、能被联邦接受的总体套式。

他们所做的，是根据一个如罗马教宗制度一般神圣的最高权力，着手制定一部新时代的**信经**。什么权力？是理性，是整个世纪里所有哲学家和思想家都在讨论的、被每个心灵所接受的、深深渗透进了社会风俗中的、经制宪议会的逻辑学家之口表达出来的理性。他们所做的，是经过深入、自由的探讨和检验，把他们找到的东西立为理性的权威和标杆。

它就是这个世纪的哲学、立法者和摩西，它从山上走下来，额前闪烁着灿烂的星光，手里拿着《摩西十诫》。

对于这部人权宣言，人们争论不休、众说纷纭，但这些都是无意义的争论。

首先，面对边沁和杜蒙，面对功利主义者和经验论者，面对只会纸上谈兵、认为权利只有和法律及绝对理性相一致的时候才可被称为权利的那些人，我们不想浪费唇舌和他们多做争执。这些人披着哲学家的壳子，实际只是个代理人的身份而已，其他什么都算不上，那他们又有什么资格去鄙视实践者呢？如他们那种人，所做的无非是把法律写在羊皮纸上而已；而我们想做的，是把我们的法律刻在永恒的权利之石上，刻在承载着整个世界的巨石上。这块巨石，便是坚稳不移的正义，是坚不可摧的公平。

至于怎么回应敌人的嘘声，我们只需要以子之矛、攻子之盾就可以了。他们嘲笑人权宣言，后来又屈服于它；他们一边和它打了三十年的仗，一边又向自己的人民许以自由，一个被战争毁掉了的自由。1814年的胜者对法国说的第一句话，不就是从法国喊出来的大标语中借来的吗？[①]胜者？不，毋宁说他们是败者，是精神上的败者，因为他们最有代表性的法令——《神圣联盟契约》，完全是在鹦鹉学舌，复述那部曾被他们大加嘲讽的法律罢了。

**人权**宣言证明了存在的至高无上性，而这正是人类道德的保证。它还表现出了**义务**观。义务虽不被宣之于口，却无处不在；无论哪里，人们都能感受到义务的神圣庄严性。单凭从孔狄亚克[②]那里抄来的几句话，根本不足以阻止我们从整体上认识到大革命的精髓——一种古罗马式的庄严，以及一种克己的思想。

在这样一个时候，人们应该谈论的是**权利**[③]，应该替人民引证和追回的还是权利。因为在此之前，他们一直以为自己只有**义务**而已。

无论这道法令是多么高大和笼统，但人们创造了它，是希望它能永存于世。而它出台之时，正是四面风来、山河巨变之际，倘若还要求它绝不带一丝风暴的气息，那不是强人所难吗？

早在7月14日攻占巴士底狱之前，议会就写下了法令的第一行话；最后一个句号，则画在了人民将国王带到巴黎（也就是10月6日）的几天前。所以，人权宣言本就是在风暴和风暴之间庄严登场的。

再没有比当时更加紧张的时候，再没有比当时更加严肃的讨论，哪

① 而且是心甘情愿地借来的，因为这就发生在所有欧洲君王和八万将士面前。他们承认，任何人民都有权选择他们自己的政府（请看亚历山大·德·拉梅特的回忆录，p.121.）。——原注

② 孔狄亚克（Condillac，1715—1780年），法国哲学家，与狄德罗、卢梭、达朗贝等交往甚密，并为《百科全书》撰稿。——译者注

③ 也只有权利和自由：一开始，这部解放宪章里就只有这些，再无其他。我在导言和其他章节里有作更多的阐释。——原注

怕大家个个都争得面红耳赤。身处旋涡之中的时候，双方反而提出了许多独到的论点。

“可要当心。”有人说，“你授人权利，而他自己非常清楚权利；你把他带到了山顶，给他指点脚下那片属于他的无边疆土。那当他走下山来，却发现自己被你制定的特别法律所阻拦、每走一步都会碰到束缚时，则将发生什么事呢？”（马鲁埃演讲词）

答案有许多，然而最有力的反驳肯定要在当前的处境中去寻找。在一场输赢尚未分明的斗争中，人们每走一步都是万分凶险。你没法找出一处高峰，在上面插上旌旗。但如有可能，还是得尽力把旗子插到一个你能找到的最高处，让全世界都能看到它，让它的三色火焰把各个民族全都团结起来。若这面旗帜被视为人类共同的大旗，那它就会变得无人能敌、所向披靡。

还有一些人认为，这场大讨论震醒了人民，把他们武装起来，是它给他们递去了火种，是它酿成了战争、点燃了火苗。然而首先一个问题是，暴力行动在大讨论之前就已经开始了。农民们并不需要这类玄奥的理论做支撑，直接揭竿而起。即便到了后来，它的影响也是微乎其微的。我们也已经说过，农村地区之所以武装起来，是因为百姓们觉得有必要击退流寇，是因为城市武装之风传到了农村地区，更是因为巴士底狱被攻占以后，所有人都躁动起来。

这幅画卷太过辽阔，其中的插曲变故又比比皆是，于是我们看待这段历史的视角往往受到干扰，常常混淆了在该期间同时发生的三件各有不同、相互对立的事情。

第一件事：在夜色下出没不定，像蝗虫一样割去麦苗、毁掉农田的流浪汉和饥民的行劫。这些匪帮在势力强大的时候，还强闯民屋、农场，甚至攻打城堡。

第二件事：农民为了击退盗匪，就必须要有武器，于是才向城堡要求配武器。而拿到武器、控制局势之后，他们又毁掉了被其视为压迫工具的文书契据。那些被人们所仇恨的领主也真是可怜！他们不但保不住自己的羊皮卷，还保不住自己的性命。

第三件事：城市武装行动鼓舞了农村地区，于是农民们也拿起武器，然而城市却不得不去镇压农村。国民自卫军当时没有任何贵族倾向，因为它的队伍里各个阶层的人都有。而这样一支军队却被派往农村去安稳秩序，去援助那些他们憎恶不已的城堡。自卫军经常把作乱的农民逮捕押往城市，不过很快又把他们都给放了。①

我所说的都是平日里对邻里一团和气的老实农民。至于那些无法无天的匪帮强盗以及人们所说的流寇，则通常被法庭、甚至市政当局处以严刑，许多人都被处死。农村又恢复了稳定和安宁，耕种得到了保障。但如果骚乱继续，种植业将被迫停止，法国第二年就会被饿死。

这个世界已经着火，而站在世界之巅的议会还在法案细节上讨论、盘算，反复斟酌，这种情形还真是有些奇怪。当时议会是左右两难，若想镇压骚乱，似乎就只有一个办法——重建旧制度。然而真这么做，只会让骚乱进一步升级。

人们普遍猜测，也许议会迫不及待地想要夺取权力。对于里面某些人而言，事情的确如此；然而对于大部分议员来说，这样的揣测是错误的，而且大错特错。这个议会通过大多数议员，表现出了一个和它所处时代相同的秉性和特点，那就是对思想力量的崇拜。它坚定地相信，真

① 那些偏听偏信的历史学家在这些事情上混淆视听。我曾咨询过老者，尤其是我那些声名显赫、德高望重的朋友们，例如贝朗热先生和德拉芒内（de Lamennais）先生。——原注

理一旦被发现、一旦写成法律，那将是不可战胜的。只要两个月（这个数字是人们非常认真计算出的结果），就在两个月里，宪法果真被写出来了。这部宪法将凭靠自己的全能之力，把权力和人民全都包容进来。到那时，大革命将宣告完结，世界将回到万物生长的春天。

可是在等待的过程中，情况变得越来越不对劲了。权力时而被摧毁，时而又变得极为强大；它在这个地方被组建，在那个地方又被完全肢解；对于定期发生的一般性行为，它的约束力很弱，但对于腐败、阴谋（也许还有暴力）仍有很大的震慑力。例如，后来被公布出来的这几年的账目，清清楚楚地指出宫廷有哪些收入，又是怎么支配这些收入的——包括如何收买出版界和报纸杂志，甚至如何向议会行贿。流亡贵族和宫廷里应外合，开始向外国、向敌人求援，开始坚持不懈地、有组织地背叛和诽谤法国。

议会觉得自己坐在一个火药堆上。为了公众福祉，它的确应该从当初制定法律的高台走下来，走进人间去看看地面发生的一切。然而从高台落到尘埃之中，中间是多么巨大的落差啊！梭罗、吕库古、摩西，全都沦落为可悲的公众监视者，不得不去秘密监视奸细密探，生生把自己变成了警察！

多西特写给阿图瓦伯爵的信里那令人惊心的解释，被宫廷遮掩了很久的布雷斯特阴谋的曝光，让人们第一次觉醒过来。7月27日，杜波尔提议创立一个由四人组成的调查委员会，并说了这些不详的话："请别再让我纠缠于讨论之中了。有人在策划阴谋，可是若到了庭上，这些肯定又会被驳回。我们必须知晓那些可怕但必须知晓的东西。"

"四"这个数字，很容易让人想到由三人组成的宗教裁判所法官团。于是调查委员会被扩展到了十二人。

不管该委员会是何其必要，议会的初衷也绝不是扮演警察或裁判所的角色。议员们展开了一次极为认真严肃的讨论，弄清委员会是否要窥探信件隐私、是否要拆开这些可疑信件，哪怕它的收件人是一位已经匆忙逃走、公开宣布自己是议会敌人的亲王。古伊·达西（Gouy d' Arcy）和罗伯斯庇尔主张拆信。议会听取了夏普里耶、米拉波，甚至杜波尔各方的意见（后者不久前还主张建立一个类似于国家裁判所这样的机构），宽宏大量地宣布信件隐私是不可侵犯的，拒绝将其打开，并把它们还了回去。

这个决定给了宫廷拥趸者勇气，让他们冒险做下了三件事。

西哀士已被提名为主席，但他们搬出了另一个竞争者来和西哀士抗衡。此人极有声望，在议会里极受欢迎，他便是鲁昂一位非常优秀的法学家——图雷。他们之所以挑中图雷，是因为他在6月17日投祟反对由西哀士提出的、包纳了大革命的“国民议会”这一简单明确的用语。在主席人选的问题上，让这两个人处于对立中，或者更准确地说，让两个体系处于对立中，这么做就是在对大革命发起诉讼，试图把它扭回6月16日之前的样子。

第二个举动，就是阻止审判贝森瓦。这位听命于王后、和巴黎作对的将军，在逃跑路上被捕。审判他、给他定罪，就是在给他所效力的旧制度定罪。内克尔被召回后，在回来路上看望了他，给了他一线希望。让心地善良的内克尔在巴黎城中为他积极斡旋，这并不是件多难的事情。[①]对于虚荣的内克尔来说，在一片欢欣鼓舞中回归，拿到普赦令，结束大革命，平息风波，洪水之后让天幕挂上一道彩虹，还有什么比这些

① 他非常明确地强调自己是在为国王说话。（请看他被收入《1789年大革命史》的演讲，Ⅱ，p.235.）——原注

更有诱惑力呢？

他来到了市政厅，得到了在场所有人能给的一切——里面有选民、各区代表、普通市民，还有复杂、混乱、无法从法律上界定身份的乌乌泱泱一大群人。大厅里、广场上，人们激动狂热到了无以复加的地步。内克尔出现在窗前，他的夫人站在右边、女儿站在左边，流着泪吻着他的手。他的女儿斯塔尔夫人，甚至因为过于幸福而晕厥了过去。[1]

除了帮助贝森瓦脱罪，内克尔什么也没做。巴黎各区的抗议非常合情合理——这般宽大处理，是从已经心神俱乱的选民大会中骗来的，是一群根本没有得到授权的人以巴黎的名义承诺的。一个国家性的问题，就这样被区区一个城市、城市中区区几个人给了结了，而且它就发生在国民议会建立调查委员会、正准备组织法庭展开审判的时候。这太荒谬，也太放肆了！虽然拉利和穆尼耶极力主张赦免贝森瓦，然而米拉波、巴纳夫和罗伯斯庇尔等人仍然坚持对其进行审判。宫廷本已一败涂地，但它居然还害得内克尔名誉扫地，毁掉了一个本有机会拯救它的人在人民中间的威望——不过这么做倒符合它一贯的智商。

与此同时，宫廷还在主席人选的问题上逃避闪烁着。图雷惊然于民心的骚动和巴黎的威胁，最后对主席之位辞而不受。

保皇派的第三个动作就非常认真了，其行动者是马鲁埃。大革命一路上经历了无数艰难险阻，每一步都有敌人布下的圈套，每一天都有对手设下的埋伏。而保皇派此举，却是大革命遇到的最危险、最可怕的一个考验。

我们都还记得，当初等级联合尚未实现的时候，教士把人民所吃的黑

① 斯塔尔夫人，《论法国大革命》，上册，第23章。同时也请参考内克尔文集中的第六卷和第九卷。——原注

面包虚伪地展现给第三等级，以慈善的名义，劝告第三等级暂且放弃那些无益的争执，和它一起考虑考虑穷人们的生计问题。现在，那个在其他地方上令人尊敬、却盲目拥护着王权的人——马鲁埃，也是这么做的。

马鲁埃提议建立一个广泛的“穷人税”，设立救援工作办事处，该机构的第一笔启动资金将由各慈善组织提供，其他部分则通过对所有人征税和借贷来实现。

这个提议很动听、很说得过去，也的确是形势所迫之下的一个必要手段，然而这却让保皇派获得了一个可怕的政治先手。它可以让国王得到一笔由三部分组成的资金，而最后一部分借贷资金则是取之不尽的；它可以让国王变成穷人的领袖甚至是乞丐的将军，有底气和议会抗衡。它使得国王走下王位，却又让他坐在另一个更加极权、更加稳固的宝座上，让他成为饥荒之王，利用面包和粮食这些最重要的东西去统治国家。

那自由呢？它该怎么办？

为了让情况看上去不那么吓人，为了让人觉得这只是一件小事，马鲁埃将穷人人数缩减到了四十万人，而这个数字明显是假的。

即便这步棋没能成功，其中的利益也是巨大的——慈善的名誉能让人民对他那一派、对国王心生好感。谁若拒绝，那就是在冒天下之大不韪，所以大部分人将不得不赞同他、依附他，把民心这个庞大的机器拱手交给国王。

在最后一步，马鲁埃建议向商贸公会和各制造业城镇咨询意见，目的是帮助工人“增加就业、提高工薪”。

于是，两派人马之间即将开展一场类似于竞拍的活动，此举关系到民心得失。要对付**救济**穷人的这个提议，那就只有一个办法——提议让劳动者**不再纳税**，或者至少让农村地区的劳动者免去各种奇奇怪怪的封建课税。

这些课税本就已经走向衰亡了。为了进一步摧毁它们，为了消灭那些承认课税的合法文书契据，人们把城堡都给付之一炬。议会中的大地主们个个提心吊胆、寝食难安。一笔如此遭人记恨、如此危险、足以把他们其他家产全都拉进去陪葬的财产，成了他们手中的一个烫手山芋。若要挽救这些课税，那就要么弃卒保车放弃其中一部分，要么就直接动武，把盟友、拥护者和仆人联合起来捍卫这些课税，直接对全体人民开战。除此之外，再无他路可走。

而我们的贵族中，只有少数几个老人曾参加过七年战争，还有一些年轻人曾投身到美国战争中，其他大部分人只在卫戍军队中有过战斗经历。不过，他们在个人的私斗中倒是表现得十分勇敢。旺代和布列塔尼的小贵族们先前还籍籍无名，突然一下子冒了出来，表现得无比英勇。还有许多流亡贵族在帝国战争中崭露头角、一鸣惊人。如果他们当初彼此融洽相处、团结一致，也许还有机会遏止住大革命。然而贵族内部却四分五裂，大家单打独斗，难成气候。他们之所以一盘散沙，其中一个原因（也是一个非常光荣的原因），就是因为里面许多人都从心底反对本阶层、反对古老的封建暴政。他们是它的继承者，却也是它的敌人。由于受到当代哲学思想理念的熏陶，他们拍手欢迎这场伟大的人类复兴运动，从心底拥护着它，哪怕要付出毁灭自己的代价。

若论封建资产，国王身边最富裕的领主当属艾吉勇公爵。[①]他在南部两省中都享有王室特权，而这些特权的来路却不怎么光彩，是他那个伟大的叔叔黎世留传给他的。他的父亲是破产部长特雷的同僚，此人与其说是被人憎恨，倒不如说是受人鄙夷。年轻的艾吉勇公爵发觉自己极有

① 亚历山大·德·拉梅特，《制宪议会史》，Ⅰ，p.96.——原注

必要争取民心，于是他和杜波尔、夏普里耶一起，成为了布列塔尼俱乐部的领袖人物。他在里面提出许多政治意见，在这场大火上又加了几把柴，想通过推倒大厦的一部分来保存其主体结构。他希望的不是放弃封建课税（许多贵族根本再没有其他什么经济来源），而是**以温和的条件让农民们进行赎买**。

诺阿依子爵[1]并不属于俱乐部一员，但他听到了相关风声，于是先下手为强，窃取了这个光彩的提案。他并非家中长子，又没能继承到什么封建特权，所以诺阿依比艾吉勇公爵还要慷慨大方。他不仅提议允许赎买封建课税权利，更提议以非赎买的方式废除属于领主的徭役权、农奴制和其他个人劳役。

这被视为一场纯粹的攻击和威胁。两百多名议员赶了过来。人们不久前才读到一份提案，议会还在里面呼吁大家有义务去尊重财产、缴纳租金等。

艾吉勇公爵的提案产生的效果，与先前他所设想的目的完全不同。他说，在投票严厉惩罚那些城堡攻击者的前一天，自己心中犹豫起来，扪心自问这些人是不是真的那么罪大恶极。他继续说着，激情四射、火力全开，他攻击着封建暴政，也攻击着他自己。

8月4日晚上八点，在这个神圣的时刻，统治长达千年的封建制度终于禅位，弃绝了自己的主张，宣告了自己的有罪。

封建制度发了言之后，就该轮到人民说话了。一个一身地方打扮、默默无闻、之前从没说过话、后来也再没发过言的下布列塔尼议员——勒刚·德·克朗加尔先生（Le Guen de Kerengal）站到台上，念了大

① 诺阿依子爵（Louis Marc Antoine de Noailles，1756—1804年），大革命时期的军人及政治家，拉法耶特的妻弟。——译者注

概二十行咄咄逼人、满是控诉的发言词。他大力谴责议会，谴责这个特殊权力机构没能预防焚烧城堡事件的发生。他说，议会本可以事先毁掉城堡藏有的凶残武器——也就是那些罪恶的契约文书，是它们把人变作牲畜，将人如同牛马一般拴在车上，一而再，再而三地勾起人们的羞辱感。“诸位，公平一点儿吧！让他们把这些文书、这些我们祖辈留下的野蛮遗物带到我们面前来吧！我们中谁不愿架起赎罪的柴堆，把这些罪恶的羊皮卷统统烧掉呢？你们没有一刻时间去浪费，只要往后拖一天，就会造成新的火灾；帝国覆灭都不会有这么大的轰隆声。难道非得以法国的毁灭为代价，你们才肯制定法律吗？”

这番话给人留下深刻的印象。但另一位布列塔尼人说的话更是吓人，他提起一些荒谬、残暴、匪夷所思的权利：例如领主在打猎回来后，有权将他两个仆人开膛破肚、从他们流着噗噗鲜血的尸体上踩过去！

大领主们率先展开了这场艰难的讨论。此时，一位名叫福柯（Foucault）的外省贵族对他们发起了攻击。他要求首先让大领主放弃他们的年金和优待，以及从国王那里得到的数额庞大的馈赠。这些东西从两方面把人民逼上了破产之路。靠巧取豪夺得来的钱财，再加上外省懒散的风气，于是所有有钱人都纷纷效仿他们，放着自己的土地不管，一窝蜂拥到宫廷中去了。

吉什（Guiche）和摩特玛尔（Mortemart）认为这纯粹是个人攻击，尖刻地回应说，这些遭到含沙射影的批评的贵族愿意献出一切。

现场一派热火朝天的气氛。博阿尔内[1]提议，以后刑罚均要一视同仁，无论是贵族还是平民，一应没有例外。有人要求司法无价；还有人

---

① 博阿尔内子爵（Alexande de Beauharnais，1760—1794年），法国政治家，军人、代表贵族阶级进入三级会议，后进入雅各宾俱乐部，并担任过制宪议会的主席，后以叛国罪被处死。——译者注

要求废除领主裁判权，说他们的下属官员都是乡村地区的毒瘤。

居斯汀（Custine）说，艾吉勇公爵提出的赎买条件很难实现，说应该省去这些麻烦，实实在在地去救助农民。

拉罗什福柯把慈善对象从法国扩大到了全人类的范围，要求改善黑人奴隶的生活条件。

在他们泛滥的同情、热情的冲动和大方的挥霍中，法国人的精神绽放出前所未有的迷人光芒。这群人花了无数时间和精力去讨论人权宣言，在每个小地方上反复推敲权衡。而当别人要求他们拿出大公无私的气概来时，他们立刻做出了回应，没有丝毫犹豫。他们把钱财扔到自己脚下，甚至把那些事关荣誉、他们爱之甚于爱金钱的权利也丢到了一边。这便是正在咽气的贵族为我们那些市民贵族留下的伟大楷模！

这热烈感人的气氛中透着一种昂然自若的骄傲，人们像一掷千金的赌徒一样豪气冲天。富人和穷人都是同样的欢乐，有时还带点狡黠（例如福柯的提议），在万丈激情中一起做出所有牺牲。

“那我呢？我能拿出什么来？”维里约子爵（Virieu）说，“最少也得是卡特卢斯的那只小麻雀①吧？”他提议将封建城堡鸽舍里毁灭性的鸽子都处理掉。

年轻的蒙特莫朗西要求将所有这些誓言当场转化为法律形式。勒佩乐吉尔·德·圣-法尔若（Lepelletier de Saint-Fargeau）提出人民应当立即享有这些福利。他本人无比富裕，却希望富人、贵族和免税特权阶层合力达成这个目的。

主席夏普里耶被众人督促着赶紧展开投票工作，但他却敏锐地注意

① 卡特卢斯（Gaius Valerius Catullus）是罗马著名抒情诗人，尤其以写给情人莉丝比娅的爱情诗闻名。他的一首诗是《莉丝比娅的小麻雀》，大意是诗人心爱的姑娘有一只可爱的麻雀，姑娘喜欢它至极，因为死亡带走了它而伤心不已，诗人因此而咒骂着黑暗的死神。——译者注

到教士先生们还什么话都没说，便为自己没能让他们在庭上有机会开口而表示抱歉。[①]

南锡主教以教士领主这个群体的代表身份，站出来说话了，表示自己衷心认为封建权赎买得到的钱财不应再回到这些权利的现拥有人手中，但可以拿去做投资、让圣俸也能得益。[②]

这番话不像是善心的流露，更像是一种经济的盘算。随后发言的是聪明的沙特尔主教，他想到一个办法，让自己的话听上去诚意十足，但其实是在慷他人之慨，拿贵族阶层做人情。他朝对贵族而言极为重要，对教会而言却微不足道的狩猎权开刀了。

贵族们不甘示弱，认为如果要放弃这一权利，那就干脆做得彻底点。对许多人而言，这一招会让他们大伤元气。沙特莱公爵（Châtelet）笑着对旁边的人说："主教想剥夺我们的狩猎权，那我就要让他的什一税也没了。"于是他发言说，什一税应该从性质上转变为一种随时都可被赎买的金钱上的债务。

教会没去管这句火药味十足的话，继续自己那套把贵族推出去做出头鸟的战术策略。艾克斯大主教猛烈地抨击着封建制度，呼吁今后任何封建习俗都应被禁。

"我倒是想要一片土地。"于泽斯主教说，"这样我就能从容地把它还给劳动人民了。然而，我们只是土地保管人而已。"

尼姆主教和蒙彼利埃主教什么都没出，只在那里强调应该免去手工业者和制造者的捐税。

---

① 《总汇通报》和《法国大革命议会史》抹去了这段史实，请看《1789年大革命史》，Ⅱ, p.321.——原注

② 在《总汇通报》以及某些想要掩饰教士的自私嘴脸的历史学家那里，这段史实遭到了编排和扭曲。《选民实录》只说，他以自己和教会大多数成员的名义，赞成这个封建权赎买方案，同时（通过圣俸者）听从从圣俸者身上得来的这笔资金的安置和使用去向。（王国档案馆，《国民议会1789年8月4日实录》，B.2.）——原注

只有最穷的教士们表现得大大方方。一些神甫表示，他们的良心只允许自己领取该拿的那份圣俸；还有一些人说："我们可以把教徒送给我们的谢礼交出来。"杜波尔反对让这些人来填补教会的漏洞。议会也被他们所感动，拒绝接受这种称得上是寡妇最后一笔钱的奉献。

人们越来越感动、气氛越来越热烈，最后高潮奏响。议会里只听得到鼓掌声、庆贺声，以及流露彼此好意的发言声。出席会议的外国人士被震惊得哑口无言，他们方才第一次认识到了法国，发现它的内心是何其富有。他们在几个世纪里都不为所动，却在这短短几小时里被国人表现出的大公无私的牺牲精神深深震住了。金钱和自傲如草芥般被人弃掷到一边，还有所有那些陈腐、世代相承的封建专制、那些旧派作风、甚至传统都被颠覆了。封建制度的巨大锁链一下子崩断；那棵被诅咒的大树，它茂密的枝条曾严严实实地覆压着大地，留下一片阴冷森然，它深长的巨根曾在地底深处探寻和榨取着生命，不让它们冒出地面沐浴阳光，而今那棵大树终于轰然倒地了。

这边一切似乎刚刚尘埃落定，而另一边毫不逊色的大戏又上演了。

在阶层特权之后，接下来便是外省的各种特权。例如我们所说的在自由贸易和纳税方面享有诸多特殊照顾的自治省（pays d'état），也为自己只顾自己的做法感到羞愧不已。它们想成为法国一份子，哪怕这会触碰到它们自己的利益，触碰到它们那古老却又珍贵的历史记忆。

多菲内省从1788年开始，就高尚地表示放弃自己的特权，并建议其他自治省也这么做。后来，它又对其做了补充。最固执的布列塔尼人虽然受到委任统治令以及其他那些他们省和法国之间签订的古老协约的束缚，但依然表现出归入大家庭的迫切愿望。普罗旺斯也表达了这样的意愿，随后是勃艮第、布雷斯、诺曼底、普瓦图、奥弗涅、阿图瓦。洛林的话更是感人肺腑，它说自己不会缅怀往昔那些受它爱戴的君王、那些人民之父的统治岁月，只要它能有幸和兄弟们手挽手，一起踏进法国母亲的家门，走入这个光荣的大家庭就够了！

随后便是各城镇，它们的代表成群结队来到祖国的圣坛上，递交出自己的特权。

法庭上人头攒动，司法官员们甚至都无法穿过人群，去拿大家交上来的贡赋。巴黎最高法院的一位成员也加入这股浪潮中，宣布放弃官位继承制和可转让的贵族头衔。

巴黎大主教要人们在这盛大的一天里念着上帝，要大家唱《感恩曲》。

拉利说："先生们，国王呢？隔了足足两个世纪之后终于召见了我们的国王，他难道不应该得到一些报答吗？那就把他呼唤为法国自由的重塑者吧！"

夜还在继续，已经两点钟了。在这个夜里，中世纪数千年那个漫长的、痛苦的梦魇，终于被永远驱散。即将到来的黎明，将是自由的黎明！

从这个神奇之夜开始，再没有阶层之分，只有法国人；再没有行省之别，只有一个法国。

法国万岁！

第5章

# 教士和人民

佛歇预言性的演讲——无用的调停——古老教会大厦将倾——教会弃人民于不顾——8月6日，比佐要求替国民收回教会财产——8月11日，取消什一税——宗教自由得到承认——教会、贵族和宫廷组成联盟——巴黎被放弃——没有任何公共组织，少有暴力行为——爱国奉献——忠诚与牺牲（1789年8月）

死而后生的民众终于把埋葬他们的坟墓推倒了，封建制度也亲手移开了用来封印他们的印石，千百年来的努力在一夜之间取得了成果，这是新福音书创下的第一个奇迹，一个真正的不可思议的奇迹！

当初人们在巴士底狱中找到几具尸骸后，佛歇曾就此发表了演讲。他的那些话，此时放在这里是多么应景啊！“把他们封印在这些黑牢高墙里的暴政统治，还以为阳光永远不会照进这里面来。**启封之日来临了！**在法国自由之声的呼唤下，那些白骨站了起来，对满是压迫和死亡的世纪发起指控，预言着人类的新生、国民生命的新生！”[①]

---

① 这些话出版在《七日之作》中杜索尔的后面。他还说了其（转下页）

多么发人深省的话啊，这是真正的预言！让我们把这话当作一笔希望的财富，将它牢牢铭记吧。是的，他们会复活的！巴士底狱的废墟便是他们死而复生开始的地方，在8月4日之夜以后，那些在死亡的阴影中衰颓下去的人，将在阳光的照射下表现出蓬勃的社会生命。1789年，黎明到来了，暴风雨过后天朗气清，晨曦初露；再然后，星月遁去、浮云蔽日。可是太阳仍在乌云后面照耀着。谁敢说太阳虚假呢？①

当议会结束掉这个巨大的工作、众人分头离去的时候，已经是夜里两点钟了。第二天早上（8月5日）的巴黎，佛歇在布道台上为那些在巴士底狱中遇害的公民做了死亡祷告。这些自由的烈士在那个夜晚，在摧毁庞大的封建巴士底狱的行动中，用自己的鲜血赢得了桂冠和奖章。

佛歇还说了一些当被永世流传的话："那些冒充是上帝神谕解读者的人，就让他们在世上造恶吧！他们把专制统治引为神圣之物，把上帝变成了暴君们的同谋。《福音书》是怎么说的？'你走到君王的面前，他们令你干下恶行，你便誓死相抗。'这些冒牌学者，他们赢了，因为书中是这么写的：'凯撒的归凯撒。'但不是凯撒的东西，也应该给他吗？而且自由不是凯撒的，它属于全人类所有。"

这些话，从一个在7月14日里两次表现出英雄方有的大勇大仁的人的嘴里说出来，才显得更加振聋发聩。他曾两次冒着生命危险，努力拯救别人的性命，努力阻止杀戮的发生。他是一位真正的基督教徒、一位真正的公民，想拯救一切于危亡，包括生命和教理。因为心怀盲目的慈悲，佛歇捍卫着所有那些相互敌对的理念、相互矛盾的信条。他对两部福音书都抱着同等的热爱，却不考虑两者各自原则上的不同和立场上的

---

（接上页）他一些发人深省的话："我们已经走到了岁月的中间段……暴政成熟了……"（请看他在圣雅克、圣玛格丽特和圣母院中发表的三份关于自由的演讲）。——原注

① 原文为拉丁文，语出维吉尔之《农事诗》："Solem quisdicere falsum audeat?"——译者注

对立。尽管被教士群体排斥和驱逐，然而他依然认为使自己遭到迫害的那些东西是值得尊敬的，是无比珍贵的。

谁没犯过他那样的错误？在朝着未来前进的时候，谁不曾抱过拯救过去的希望？谁不愿意让内在思想续存的同时，让古老的外在形式也免遭抹杀？谁不愿意在重新点亮火种的时候不去惊扰亡魂？没用的！我们无用地屏住自己的呼吸，尽量不发出声音，然而这轻柔的呼吸依然变成了劲风，朝世界呼啸而去。

当时谁能认识到这一点？佛歇错了，其他许多人也都错了。人们努力去相信斗争已经结束，和平的时代到来了，为大革命被写进福音书中而欢欣雀跃。所有听到这一伟大演讲的人，都从内心深处被震撼了。听众们个个都如闻惊雷、衷情烈烈，最后大家把公民的桂冠戴到自由使徒的头上。人民和武装起来的群众，巴士底狱的胜利者和市民自卫队，大家敲锣打鼓，簇拥着佛歇来到市政厅，一位捧着桂冠的使者走在他面前。

这是教士的最后一次胜利，还是公民的第一次告捷？这两种此时看似混在一起、实则截然不同的性质，真能被混为一谈吗？透过那件还留着巴士底狱枪弹的光荣勋章的破烂长袍，我们看到一个崭新的人站在面前；但如果他想拉起这件长袍去掩盖满目疮痍的过去，那将是徒劳无功的。

一个宗教在向我们走来，两个信仰在离我们远去——那便是教会和王权。

封建体制、王权、教会，古树上的这三个主干，第一个在8月4日已经轰然落地，另外两个也是摇摇欲坠。我听到强风撼动枝条的声音，树枝还在坚持，在苦苦抵抗，然而地上已经铺满了它们落下的叶子。没有什么能够抵抗。该死去的，就让它死去吧！

不要遗憾，不要流着无用的泪水。上帝啊！那些看上去仿佛今天才死去的东西，其实在很久很久以前就已经死了、完了、枯萎了。

1789年人们对教会之所以发起雷霆之击，其实是因为教士长期对人民根本不闻不顾所造成的。两千年以来，独自承担起教育开化人民的职责的他们，就把人民教育成这个样子。中世纪留下的信徒基金的目的是什么？它给教士规定了什么义务？是拯救灵魂，对它们进行宗教改造，改善风气，让人民变得文明起来……这些人都是你们的信徒，被单单交付给了你们。先生们，而你们又教给了他们什么呢？

从12世纪开始，你们和人民说话时就一直操着一门他们听不懂的语言，信仰再也不是拿来教诲他们的一个东西。布道说教代替了教育；可慢慢地，连布道也没有了，或者只有富人才能接受布道。你们遗忘了穷人，无视了这些粗野贱民。粗野？他们的粗野都是由你们一手调教出来的。因为你们，才出现了两支人民：一支高高在上，极有教养、极其文雅；另一支在泥泞中打滚，粗鲁而又野蛮，因此比原先更加受到前者的排斥。你们本该去填补这中间的空白，把泥泞中的人拉起来，把两支人民并在一起。现在危机来临，而我在这个受你们统治的群体身上看不到任何文化和品行的表现。他们所有东西都是靠自己、靠本能、靠自然赋予的元气而得来的。他们的善是生来就有的，那他们的恶呢？如果不将其归咎给那些负责塑造他们的灵魂、却又把他们抛弃了的人，那我该归咎给谁？

1789年的时候，你们那些大名鼎鼎的修道院、那些古老的学校，它们又是什么样子？门可罗雀，荒凉死寂，杂草丛生，蛛网密集。你们的讲道台呢？上面静寂无人。你们的书籍呢？里面空空如也。

18世纪过去了，这是一个你争我斗的年代。你们的敌人时不时地、无用地督促着你，要你站起来说话、行动——如果你们还活着的话。

只有一件事是你们所抗拒的，许多教士都明白，但没有一个人会承认。那就是：经过那么久时间以后，你们的教理已经干涸了；你们再不对人民说什么，也再说不出什么来了；你们的时代，那个教育的时代、笔战的时代已是往日烟云，时光荏苒，一切都过去了、改变了，世界已经斗转星移。由于拘泥于外在形式，不能把它和思想分开，又不敢帮助不死鸟涅槃新生，你们就这样静默着，占着神庙里教士的位置。然而再也没有什么教士了。

从神庙里走出来吧！你们是为了人民，为了给他们传授知识、带去光明才留在那里。出来吧，你们的灯已经熄灭了。当初建造这些教堂的人把它们暂借给你们，现在要求物归原主了。这些人是谁？是过去的法国。那就把教堂还给今天的法国吧！

今天（1789年8月），法国收回了什一税；明天（9月2日），它还要收回财产。凭什么权利呢？一位伟大的法学家是这么说的：“凭无人继承的权利。”教会已经死了，没有继承人了。它的遗产该交给谁呢？交给它的创造者，交给祖国，它会创出一个新的教会来。

8月6日，议会对内克尔提出的借贷方案展开讨论，却拖拖拉拉、没有进展。连内克尔也从心底认为，即便拿到了借贷，也撑不过两个月时间。此前很少说话的一个人，此时却突然走到台上，只说了一句：“教会财产属国民所有。”

此话一出，众人哗然。那个一语点破迷障的人，就是比佐，一位未来崛起的吉伦特派的领袖人物之一，当时的他年轻气盛、外表朴素、气质忧郁[1]，前额上清清楚楚地写着夭寿之命。

推动借贷方案，方案流产，再推，最后进入投票环节。投票通过该方案很是困难，比筹到借款还要难。而且公众又把钱借给谁呢？借给旧体制，还是借给大革命？当时人们谁都不知道。但有一件事情众人清清楚楚、心知肚明：教会已经没有作用、没有资格了，把教会财产交给国民处置的这个权利是毋庸置疑的了。人们都知道主教们的德性，知道教会内部的无知。神甫们虽然还有一些闪光处和些许抵抗的本性，却没有什么知识。在每一个受其管辖的地方，他们都成了人民接受一切教育的一个阻碍，让人民走向倒退。我们只需举一个例子就可说明问题：普瓦图地区在16世纪就得到开化，却在他们的影响下变成一个穷山恶水之地。更不用说因为他们的铺垫，才导致后来旺代战争的发生。

贵族和人民一样，心中对此是再明白不过的了。在陈情信中，他们曾要求对这里那里的教会财产进行更为妥善的处置。历代国王也是看得真切，曾好几次对教会做出局部改革，如改革圣殿骑士团、圣拉扎尔、耶稣教会等。但其实还有更好的做法。

8月8日，贵族阶层一位成员——拉科斯特侯爵（Lacoste），率先提出一个简洁明了的建议：第一，教会财产属国民所有；第二，取消什一税（没提任何赎买条件）；第三，给什一税持有者发放补贴；第四，主教和神甫的薪水多少将由地方三级会议决定。

另外一个贵族——亚历山大·德·拉梅特附议，同时还考虑到了基金的使用途径和权利这些方面的问题（杜尔哥早在1750年的《百科全书》中就已探讨了这个权利）。拉梅特说，古往今来，任何一个有害的修会都会被社会消除掉。他的最后结论是：将教会财产作为抵押交给国

① 请看罗兰夫人在回忆录第二卷中对他的外貌描写。——原注

债持有者。

这一切遭到了格雷古瓦尔和朗汝内[①]的反对，曾受教会迫害的冉森派对此也是坚持不肯让步。

这种态度是值得注意的，它指明了一点：特权是多么让人难以割舍，比涅索斯的长袍[②]还难脱，若将其强行扒下，那必然是连血带肉！议会中最有远见的人，也就是西哀士和米拉波，8月4日晚均缺席会议，事后只能对会议结果无奈哀叹。西哀士是教士，米拉波是贵族。米拉波想通过廉价卖掉教会来帮助贵族和国王，而西哀士则希望通过牺牲贵族来保全教会。[③]

他说，什一税是一份切切实实的财产。此话怎解？因为它一开始是一种自愿的捐赠、正当的赠予。不过我们也可以用法律词汇来回答他：如果因为背弃职责，如果受益者疏忽或忘记了捐赠物的本来目的，那赠予也是可收回的。缴纳什一税是为了教育人民，但教会已经把这个义务遗忘很久了。

西哀士巧妙地主张说，什一税在任何情况下都不能由现持有者受利，因为他们当初是在掌握什一税的内情、走向和事态的前提下才进行购买的。他说，若不这么做，他们会有七千万年金的入账。而什一税的价值则是一亿三千多万法郎。把它交给地产者，这是一步极有政治含义的棋，它会一直激励人民群众中的中坚力量——农民——为大革命事业而献身。

---

① 朗汝内（Jean Denis Lanjuinais，1753—1827年），法国法学家，政治家，国民制宪议会议员，第一帝国时期元老院议员，复辟时期进入贵族院。——译者注

② 在希腊神话中，半人马涅索斯因为调戏大力神赫拉克勒斯的妻子得依阿尼拉，被前者用毒箭射死。临死前涅索斯叫得伊阿尼拉把自己的血藏好，骗她说日后若赫拉克勒斯不受管束或另结他欢，这件染血的紧身衣能让他重回得依阿尼拉的怀抱。得依阿尼拉信以为真，谁知涅索斯的血有毒，赫拉克勒斯被毒死后升天成为神。——译者注

③ 他在自己的人生札记中试着为此事辩解，但没能成功。——原注

这个人憎鬼恶的沉重赋税，纳税金额忽多忽少全无定数，在某些地区它甚至经常占到了收成的三分之一！是它造成了教士和劳动人民之间的对立，是它逼得教士在收成时变成一个可悲的宗教裁判所法官。而在整整三天时间里，教士们却一直死死抱着什一税不愿放手。“凭什么！”一个神甫喊道，“你们*以上帝和和平的名义*，邀请我们加入你们中间，结果却是要来抹我们的脖子！”什一税就是他们的宝贝命根子。到了第三天，发现自己快成了众矢之的，他们终于做出了让步。大约十五到二十名神甫放弃了什一税，投身到国民的宽大胸怀中。身居高位的神职人员，如巴黎大主教和拉罗什福柯红衣主教，也随后宣布代表教士放弃该权。什一税将以无须赎买的条件在*未来*被废除，但目前仍暂时保留下来，直到供养教士的相关条款出台为止（8月11日）。

教士们的抵抗肯定是无济于事的，因为议会中几乎所有人都已经站出来反对他们了。米拉波做了三次发言，言辞表面听起来是恭恭敬敬，实质却比以前还要放肆傲慢，处处都是夹枪带棍的讥讽。因为他知道，这次无论是在议会还是公众那里，自己都定能得到支持。18世纪讨论过的重大命题虽然被仓促带过，却仍被视作某种先前已被接受、得到承认、无可争议的东西，被重现出来。伏尔泰又回来了，以一个可怕、迅猛的胜利者的姿态回来了。人权宣言规定了宗教自由的神圣性，而不是*宗教容忍*的神圣性——因为这是一个很奇怪的词，暗指暴政统治的某个权利。而教士提出的*主导性*宗教、*主导性*信仰的这个问题，也得到了该有的讨论。那位既是时代的喉舌又是法国的喉舌的伟大演讲家，把这个词写在了法律的禁令牌上，他是这么说的：“如果你们要这么写，那就还有*主导性*的哲学、*主导性*的体制……然而除了法律和正义，其他什么东西都不是主导。”

通过对历史的了解和对中世纪的研究，我们知道教会在事关自己一切利益的问题上是多么寸利必争，所以也能想见现在为了保护自己的财产——自己这笔最珍贵的财产、这个绝不容许别人动一根指头的宝物，教士们会如何一力据守。

有一件事让他们有了底气，那就是外省贵族、最高法院以及整个旧制度都和教会联起手来，共同抵抗8月4日的议会决议。连当晚曾提议或赞同该决议的那些人，也不止一个开始感到后悔了。

这样一个决议必然是经过了他们的代表——贵族的同意的，然而这却是特权人士们想不通的一个地方。他们目瞪口呆地看着这道决议，完全没了主意。农民们一开始通过暴力行为来抵抗封建特权，如今更是有了法律做支撑。现在，是法律消除了人与人之间的不平等，推倒了城堡大门，拔去了领主们立下的封地界桩，撕下了他们衣服上的徽章，动用整个法国的力量把狩猎场向所有持有武器的人打开了。是的，所有持有武器的人，所有猎手，所有贵族！这道似乎将人民晋为贵族、将贵族贬为平民的法律，却是由贵族他们亲手投票通过的！

如果特权将死，那特权人士、贵族和教士宁愿跟着它一起死。长期以来，他们和不公正、不容忍已经相互渗透、化为一体。他们宁愿死上千上万次，也要继续施行不公。凡是大革命的一切，无论是它那被写进人权宣言的理念，还是8月4日社会契约中的对该理念的实践，他们统统都不能接受。不管国王有多么优柔寡断，也因为在宗教方面有所顾忌而义无反顾地站在他们这一边。也许国王会同意削弱王权，但无比神圣的什一税，不被议会承认的教士司法裁判权，教会插手干预秘密犯罪案件的权利，这些是绝对不可以动的；而议会宣扬的宗教观点自由权，这也是胆小怕事的国王决不愿承认的。

人们很肯定，无须别人的推动，路易十六本人就会拒绝，或者至少会试图逃避人权宣言以及8月4日法案。

路易十六虽然拒绝，但若真要他采取行动、展开斗争，这在当时还是不可能的。他害怕流血。人们可以把他逼到某个必须开战的处境中，但要他直接宣战、从他那里得到开战的决心和命令，这是大家不可想见的。

王后的哥哥约瑟夫正为自己的比利时忙得焦头烂额，根本无暇对她伸出援手。而在奥地利那里，王后只得到了大使梅尔西·达尔让多的一些建议而已。军队也是靠不住的。她手上所有的筹码，是一批人数巨大的海军及其他兵种的军官，以及瑞士和日耳曼军团，而其中的主力则是一支两万五千到三万人的精锐部队。该军队驻防在梅斯及周边地区，由忠心耿耿、性格刚毅的布耶（Bouillé）军官掌控着。他训练出的这支军队军纪严明，里面的士兵被反复灌输着对平民和下层人的厌恶和鄙夷。

王后一直主张离开，进入布耶军队的保护范围之后，即刻掀起内战。

国王对此犹豫不决，但他还有什么呢？他只能等待，只能榨干内克尔的价值，把他的名声都毁了以后，再去利用巴伊、拉法耶特，任凭骚动和混乱继续蔓延，看看他觉得是受人唆使才起来作乱的人民，最后会不会厌烦了那些煽动他们又看着他们饿死的领导人。极度的贫苦应该能让他们冷静下来，压住他们的戾气，把他们击垮。他就这样一天一天地等待着，等着他们请求重建旧制度、重建那美好的往昔岁月，等着他们求自己重新拿起绝对大权的权杖。

“国王在的时候，你们还有面包吃；现在既然你们有一千两百个王，那就找他们要面包去吧！”据传这话出自当时一个部长之口[①]，不管他到底说过没有，但这的确是宫廷的真实想法。

由于巴黎陷入绝境，这条政策就更加奏效了。一个可怕而又确凿的事实是：在这座有八十万人口的城市中，从7月到10月的整整三个月时间里，任何公共权力机关都没了。

**没有任何市镇机构**。这个基本的社会初级权力机构，仿佛凭空消失了一般。巴黎六十个行政区七嘴八舌地讨论着，但实际上什么也做不了。各区在市政厅的代表更是如此，他们唯一能做的就是绊住市长的手脚，阻止巴伊行动。而这位不久前还是天文学家、法兰西学院院士的老学究，根本没有准备好走上这个新位子，他一直把自己关在物资办公室里，忧心忡忡，根本不知道自己能否养活整个巴黎。

**没有任何警察机构**。警察局控制在巴伊软绵无力的手上，警察长已经递交辞呈，这个职位也一直空在那里。

**没有任何司法机构**。古老的刑事司法厅突然一下子变得和人们的思想观念格格不入起来，它看上去太野蛮了，所以拉法耶特要求立刻对其进行改革。法官们忙不迭地把自己古老的长袍一下子全都换掉，忙着学习新形势，忙着采用一个更加人性化但也更加冗慢的诉讼程序。监狱一下子被塞得满满当当的，简直是人满为患；从此囚犯们最害怕的，莫过于自己会被永远遗忘在这里。

**没有任何行会机构**。行会里的前辈、理事等职位，还有行业规定，全都被8月4日一刀切地取缔、停顿了。另外一些职位，例如最受人眼

① 请看《米肖古今名人传》中关于圣-普利斯特的一篇有失偏颇但耐人寻味的文章，此文明显是根据他的家人提供的信息所写（译注：Saint-Priest，1735—1821年，法国旧制度和大革命时期的外交官和政治家，在内克尔第二次入阁后担任国务秘书和内务部长，因为说了正文引用的那句话而遭人仇恨，后陪同路易十八流亡国外，最后因为双方政见不合，圣-普利斯特在1808回到瑞典，请求返法，遭拿破仑拒绝。斯塔尔夫人在《十年流亡记》曾描述了他的遭遇。）。——原注

红、在此之前最难入行、肉案子如封地一般不可侵犯的屠夫行业，以及印刷商、理发匠，却一下子增多了。的确，印刷业在当时得到了飞跃性的巨大进展。而理发匠虽然数目增长，但他们的顾客却在锐减。所有有钱人都在忙着从巴黎往外逃。一份报纸宣称，在短短三个月时间里，市政厅就签发了六万本通行证。①

在卢浮宫和香榭丽舍大街，一大群理发匠、鞋匠、裁缝聚在这里，但后来被国民自卫军粗笨甚至是粗暴地赶走了。他们向市政厅诉苦，提出一些根本不可能实现的要求——例如维持旧规定，或者制订新规矩，固定日薪，等等。因为主人离开而被扫地出门的仆人，则希望政府能把所有萨瓦人②都遣回家乡。

在已经陷入绝境、快要饿死、没有任何领导机构的巴黎城，总体上却很少发生严重的暴力事件，这让那些清楚其他革命历史的人觉得无比震惊。仅仅一个字、一句有道理的劝阻，甚至是一个玩笑，都能叫停犯罪的人群。只有7月14日之后的一段时间里，曾发生了一些暴力案件。当时人民群众满心觉得自己被背叛了，所以像瞎子一样找着敌人，差点犯下一些可怕残暴的错误。拉法耶特有好几次都介入其中，他救了许多人的性命。人们还是肯听他的话的。③

当我一想到后来，想到我们这个倦怠软弱、追名逐利的年代，就会情不自禁地惊叹当时极端的悲惨居然完全没有毁掉这个民族，惊叹他们居然对从前的奴隶制度没有丝毫缅怀。他们懂得忍耐，可以挨饿。在如

① 《巴黎革命》，第二卷，No.9，p.8.——原注

② 萨瓦是法国东南一个省，山多地少，旧时这里的贫穷百姓许多都出去当仆人或做脚夫，萨瓦人“savoyard”这个词也含有贬义，暗指某人肮脏粗鲁。——译者注

③ 当时，拉法耶特的表现的确令人敬佩。他凭着自己的良心，凭着对秩序和公正的热爱，说了许多以他的性格根本说不出来的话（老实说，他的性格平淡无奇）。科尔迪耶（Cordier）神甫被人民误认为是另外一个人，当他在为拯救神甫而忙得心力交瘁的时候，一个朋友把拉法耶特的小儿子带去了市政厅。拉法耶特抓住了这个机会，转身对群众说：“先生们，请让我有幸向你们介绍鄙人的犬子。”吃惊而激动的群众愣住了，拉法耶特的朋友们把神甫带了进去，他因此得救（请看《拉法耶特回忆录》第二卷，p.264.）。——原注

此之短的时间里，却发生了如此之多的重大事件——网球场宣言、攻占巴士底狱、8月4日之夜，这些都大大地鼓舞了人们的斗志，让所有人对人类尊严产生了全新的认识。于7月11日离开、三周之后又回来的内克尔，再也不认识这些人民了。在旧制度中过了六十年日子的杜索尔，再也不知道那个旧法国到哪里去了。他说，人们的步伐、穿着，街道的样子，还有旗帜，一切全都变了。修道院中住满了士兵，摊铺中坐着的人一身自卫军打扮。到处都可以看到年轻人在舞刀弄剑，看到模仿他们的孩子跟在后面亦步亦趋。还有一些八十多岁的老人，也和他们的曾孙一起站在岗哨上。“他们跟我说：‘谁敢相信我们居然有幸以自由人的身份死去呢？’”

我注意到了一件小事：虽然人民犯下了种种暴力行为，但他们的同情心也日渐增长起来。在旧制度时期，人们观看酷刑时，只是冷血的看客而已，然而如今再也不同了。在凡尔赛，有个人因犯弑父之罪被判车裂；他本来拿起匕首冲着一个女人刺过去，然而他的父亲拦到两人中间，结果被他误杀。民众们觉得这个刑罚比罪行本身还要残暴，于是阻止行刑，最后车裂被改为绞刑。

我们大革命身上那股青春的温暖气息，打开了人们的心扉。每个人的心脏都在跳跃，在前所未有地剧烈地搏动，这颗心是比从前更粗暴，但也比从前更宽厚。在议会的每次会议中，都会发生这么一幕感人而有意思的场景：人们成群结队地来到这里，捐出自己的一份爱国心意。国民议会不得不成了收纳处、接收所。人们把一切都交给它，也把一切都丢给它——要求、赠予、夙愿。它那狭小的办公厅，装载了整个法国。连穷人也都加入了奉献的队伍。一个年轻人，把自己省吃俭用、辛辛苦苦存下来的六百里弗捐了出来；贫困潦倒的艺术家的妻子，把她们手上的东西、珠宝、婚礼上收到的首饰带了过来；一个农夫来到这里，说要捐出多少多少的谷子；一个穷学生来到这里，把父母寄来的一堆生活物资交了上去，也许里面还有他的新年礼物，他那点微不足道的奖金。孩子的礼物，妇女的馈赠，穷人的慷慨解囊，寡妇的最后一笔钱，还有其他许许多多微不足道的东西，这些东西汇聚起来以后，在祖国面前、在上帝面前，变成了一笔多么庞大的财富啊！

正卷进野心和纷争的喧嚣中、正处在道德危机的冲刺下的议会，被这一切深深打动了，人民的崇高让它也得以超越了小我。当内克尔揭露了法国当前多么贫穷、多么一无所有，为了让国家能再支撑至少两个月而请求借一笔三千万（法郎）的借贷时，许多议员纷纷站起来，说这笔贷款可以用他们自己的财产、用议会成员的家产来做抵押。福柯作为一名真正的贵族，第一个提出这个建议，并押上了六十万里弗的财产，而这却是他的全部家当。

还有一种牺牲比任何金钱上的牺牲都要伟大，那就是所有人，无论贫富，为公共事业做出的牺牲——他们的时间，他们付出的心力，他们忙上忙下的辛劳，这些也都是牺牲啊。重新建立起来的市政机关、很快组织起来的各省行政机构，把全体公民都毫无保留地吸收进去。许多人甚至把床都搬到了办公室里，夜以继日地工作着。[①]

他们除了身体的疲乏之外，还面临着生命危险。贫困交加的人民群众越来越多疑，斥骂着、威胁着他们。因为旧体制的行政官员们曾经的背叛，新上任的这群人也受到怀疑。他们是在冒着自己的生命危险，为拯救法国而操劳奔波着。

---

① 菲尼斯泰尔省的行政工作人员们便是这么做的。对于这种令人钦佩的行为，请看杜沙特里耶在《布列塔尼的大革命》中的好几处描写。——原注

而穷人呢！还有穷人！谁来说说他们的牺牲？晚上，是他们站在哨岗上守卫着；早上四五点，他们还要到面包店门口排队；迟一点，很晚的时候，他们拿到了面包。那时候，白天时间基本上就没了，作坊也关门了。咳！我在说什么？作坊？哪里还有什么作坊，人们基本都失业了。面包店？面包紧缺，买面包的钱更是紧缺。满腹辛酸、饥寒交迫的不幸的人在广场上徘徊着、游荡着，他们更愿意待在外面，不敢回家听妻子的抱怨和孩子的哭声。只有时间和自己的一双手来养活自己和家人的这些人，却愿意把时间和双手献出来，献出来干大事情、献给公共事业，唯独把自己的事给忘了。

一个多么高尚、多么慷慨的民族啊！为什么我们只看到这个英雄时代里恶的一面呢？后来发生的那些残忍、暴力、令人骇然的事，让我们忘记了大多数人的献身精神，而这正是大革命开始时期的标记。当时，世界上出现了一个比任何政治事件都更重大的怪事：人能做出多少牺牲的能力（它能把人变成上帝），得到了提升。

第6章

# 否决权

物资供应困难——形势的紧张程度——国王能阻止一切吗？——关于否决权的漫长讨论——宫廷的秘密方案——一院还是两院？——亲英派——议会到了该被解散和重组的时候——成分混杂、纷争不断、软弱无力的议会——米拉波理念中的矛盾性——米拉波也无力回天（1789年8—9月）

我们必须得说，巴黎能够活下来纯属侥幸。它所需要的物资老是得不到保障，总得取决于博斯的车队或科尔贝的船什么时候到，能够给它送来一批粮食。城市做出巨大的牺牲才压下了面包价格，结果却导致周围十古里以外的郊区居民都拥到巴黎来讨口吃的。所以，它需要养活一大片土地。面包商又通过黑市把面包都卖给了农民，以此赚取利益。然后巴黎人发现自己的粮仓空了，便去指责行政机关没有深谋远虑，不能养活巴黎。朝不保夕的生活和空穴来风的威胁，更令形势雪上加霜。每人都私存下一点东西，都屯着、藏着一点儿粮食。陷入绝境的行政机构派人四处寻粮，找到以后要么低价购买，要么强行收走。有时候，运在路上的面粉会被当地扣押下来，直接占为己有，因为这些地方同样面临着缺粮的威胁。凡尔赛和巴黎本是相互支撑，但是据称凡尔赛把最好的面粉留下来做成高级面包，于是它成了众人觊觎和怨愤的对象。有一天，凡尔赛人冒失地挪用了一批本应该运向巴黎的物资。刚正不阿但对别人向来尊敬有加的巴伊写信给内克尔，说如果凡尔赛不归还这批物资，那明天会有三万个饥肠辘辘的人前来凡尔赛讨粮。恐惧让巴伊有了勇气——如果拿不出粮食来，他也保不住自己的项上人头。夜里盘点粮食的时候，人们经常发现这点面粉连第二天早上市场一半的需求量都满足不了。[①]

巴黎的粮食问题变成了一场战争。人们派了国民自卫队来保护某批物资的到来、某次粮食的收购；买粮食的时候，大家都是荷枪实弹的样子。由于贸易受限，农民不愿意打谷子了，磨坊主也不愿意磨面了。投机商也害怕起来。勒洛兄弟（Leleu）因为垄断了科尔贝的最大磨坊，因此遭到卡米尔·德穆兰在一份小册子里指名道姓的威胁。还有某家专门囤积居奇的公司的一个主要代理人，在巴黎附近的某片树林里自杀或者是被杀。他的死给自己带来一场巨大的、可怕的破产，破产金额高达五千万法郎。很有可能的一个说法是，宫廷在他那里放了一大笔钱财，然后突然收回财产，拿去收买一大批被它召去凡尔赛的军官，或者这笔钱被送到梅斯去了。没有钱，它怎么发动内战呢？

这已是一场针对巴黎的战争，一场也许比让巴黎保持平静还要难打的战争。没有工作了，可人们在挨饿！

巴伊说：“我曾看到一些老老实实的商人、裁缝、金银匠，求着要加入被雇来在蒙马特高地搬土的乞丐行列中。”但他对人民的疾苦还不

① 见《巴伊回忆录》中的多处描写。——原注

够感同身受。我们也都看到，他把太多注意力放在了小小虚荣心（甚至在回忆录中也是如此）、主席职位问题以及其他许多琐碎的事情上，例如，升旗仪式中的宣誓环节应该怎么设计看上去才更加荣耀。

国民议会对百姓生计的关心程度也不够。否则，它不会在政治经院哲学这方面展开无休无止的讨论；否则，它会明白自己得加快改革进度，大刀阔斧地扫去一切障碍，尽量缩短这段让法国在新旧体制之间被不断拉扯的死亡之路。所有人都看到了问题的关键之处，然而议会却没看到。它的意愿总体看来是好的，里面也有许多饱学之士，然而议会似乎没怎么发觉到形势已经岌岌可危了。它被缠在了和保皇派、贵族派的斗争中，更被耽搁在了官僚习性和经院作风上——议会中最有名的那些文人或律师身份的议员，身上依然保留了这些习惯。

首先，它应该不惜一切代价、不说任何废话、绝不拖拖拉拉，坚持让8月4日的法案得到批准通过，埋葬封建社会；它应该从这些高尚的法令中衍生出相关政治法律，并由行政法律来确定前者的实施——这么做，就是让大革命有了组织性、拿到了自己的武器，让它有了明确的形式和实际的力量，从中造出一个鲜活的生命来。如此这般，革命就再不会那么危险，再不会像先前那样放任自流到无法控制的地步，再不会如自然之力、如洪水火灾那样四处泛滥。

此时，尤其需要加快步伐。当巴黎人发现议会只关心到底该承认国王的**绝对否决权**，还是将议会推迟两年、四年或者六年的**推迟权**的时候，他们觉得仿佛一个晴天霹雳打了过来。在如此火烧眉睫之时，在如此绝境之中，面对如此大难和惨状，在这个呼天天不应、叫地地不灵的时刻，他们还去想什么四年、六年？天！许多人都不知道自己能不能活得过明天了！

别说什么前进，议会甚至很明显在后退。它做了两个选择，两个颇能说明问题的选择。它先将朗格勒主教拉虑泽内（La Luzerne）命为主席，而此人是**否决权**的坚定拥趸者；然后它又选了穆尼耶，不消多说，穆尼耶更是站在**否决权**那一边。

人民对这个问题的热烈关切引来了一些人的嘲笑。他们说，许多人还以为**否决权**是一个人，或者是一种税呢。[①]可笑的是那些嘲笑别人的人。没错，如果**否决权**叫停改革、阻止减税，那它不就等同于一种税吗？没错，否决权明显也可以是一个人，一个吼着“我阻止”、听不进任何道理的人。这么说够了吧？

德赛兹[②]以为通过宣扬否决权关乎的不是个人、而是一个比任何议会都要稳固的**永恒意志**，这样就能巧妙地替它辩护。

永恒？是廷臣、忏悔神甫、情妇以为的永恒吧？是偏见和利益主宰之下的永恒吧？就算这个意志真是永恒的，它也会是一个非常个人、非常暴虐的意志，哪怕身边所有东西都变了，它也是不会变的，更别说变好起来。在任何一个王朝中，同一种政治、同一种利益若随着血脉和传统流传下来，那它会变成什么样子呢？

当初赋予国王批准权和拒绝批准权的那份陈情信，它所在的时代环境与当前情况截然不同；那时法国为了抵抗特权阶层，于是选择了王权。而如今局势大变，王权已经和特权阶层狼狈为奸，那我们还要遵循这封陈情信吗？这不就等同于重建巴士底狱吗？

特权阶层剩下的那点福利，全都拴在国王**否决权**上。所以在溺水之中，他们死死抓着、抱着国王，希望他能拯救自己的命运，大家要么一

① 费里耶尔、莫尔维依、博留等人。——原注

② 德赛兹（Raymond de Sèze，1748—1828年），法国政治家，帮助贝森瓦洗脱了叛国罪的控诉，后来也是路易十六的辩护人。——译者注

起得救，要么一起溺亡。

议会还在讨论这个问题，仿佛这仍只是一个纯粹的体制之争而已。而巴黎察觉到它不是一个问题，而是一场危机，一场事关大革命总体事业、事关生死存亡的巨大危机：存在，或者不存在，再没其他选择。

只有巴黎是正确的。历史的揭露和保皇派的供词，让我们现在终于能够坦然说出这句话来。7月14日并没有改变什么；真正的部长还是王后的心腹布勒特伊，内克尔只是拿来掩人耳目而已。王后始终倾向于逃跑和掀起内战的方案，她的心在梅斯、在布耶的军营里。布耶的剑，才是她喜欢的唯一的否决权。

我们愿意相信议会根本没有发觉宫廷已经下定决心。大部分议员的发言，也许在另一个世纪用在另一个民族身上会非常适合，但放在当时根本就不合时宜。只有一个人的话流传了下来，那就是拒绝否决权的西哀士的发言。他非常完美地陈述了一点：要根治权力之间彼此侵犯的现象，真正的解药不是组建一个充当仲裁者和审判官的行政机关，而是仰赖于一个存在于人民之中的制宪权力。议会也许会犯错，然而那个终身不得罢免的继承权力占有者，他在无意或者有心之中犯错的机会不是更大吗？他不是更容易去追求某个王朝或者某个家族的利益吗？

一封纯粹由个人违抗群体意志而写的密信，这就是西哀士对否决权的定义。

另外一位议员说了一个很有道理的事实：如果议会被划分为两院，每院都有自己的否决权，人们对立法权中的弊病就无须那么担心了；那么自然而然，也不需要通过给予国王否决权、用这道新的障碍来束缚它了。

单独一个院有五百张选票，而分成两院的这个提议只得到了一百张赞成票。那些没有机会进入上议院的贵族群体，在小心提防着不要为大领主们创立一个英国式的贵族院出来。

盲目的亲英派所说的道理，当时已被拉利、穆尼耶等才学之士陈述得一清二楚，后来又被斯塔尔夫人、本杰明·贡斯当等人固执地复述了一遍；然而西哀士在自己的《第三等级》一书中用了一章的篇幅，就把它们轰得体无完肤。这位逻辑上的强者动用自己思想上的力量，根本不去看英国一眼，在不怎么了解它的历史的前提下，就得到了我们通过细细研究英国当前和过去方才得到的结论！[①]真是让人佩服得五体投地！他清楚地看到，这个著名的三权平衡政治（如果它真能实现，就会产生僵化），就是一场彻底的喜剧和骗局，只为其中某个权力的利益而设（在英国便是贵族阶层，在法国便是君主政体）。英国在过去、现在、将来，始终都是一个贵族政治国家。这种贵族政治的统治之道，它的权力之所以得以流传的诀窍，并不是让它的人民在政治中也分得一席之地，而是在外面给他们找一块活动的地方，让他们能有所宣泄[②]；所以英国才在全球扩张势力范围。

关于*否决权*，内克尔向议会给出的意见、同时也是议会自己的最后决定，便是同意国王拥有*否决权*——暂停*否决权*，直到负责制定法律的此届议会之后的第二任议会中，他都依然有这个拖延权。

这届议会已经成熟了，可以到解散的时候了。它先于才爆发不久的大革命诞生，就像混沌的旧制度一样复杂而又混乱，而且它本身就是从旧制度里走出来的。虽然议会经过西哀士的洗礼、有了**国民**议会这个名

---

① 它的过去写在我的《法国史》里面，我在写这本书的过程中，老是要和它打交道；而它的现在则写在雷昂·弗谢（Léon Faucher）的著作里。这本书给亲英派沉重一击，让他们再也不能站起来（尤其在第二卷的末尾）。英国人他们自己，如边沁、老布尔沃（Bulwer Senior）等人，如今也都承认他们那个著名的三权平衡政策还很不成熟。——原注

② 一个接一个世纪里，如果没有为自己的内患（贵族制度中的不公平性）找到一个外界转移点，英国早亡了。从16世纪到17世纪，这个外界转移点是北美和掠夺西班牙；在18世纪，便是打劫法国和攻占印度；在19世纪，便是新的殖民狂潮和制造业的突飞猛进。——原注

字，但它依然是**封建的**，跟过去的三级会议一模一样。从5月5日到8月31日，它仿佛经历了无数个世纪一般。它是按照古老体制、根据野蛮律法选出来的，既代表着那二三十万贵族教士，又代表着国民。第三等级将这些人团结到自己身边之后，自己的力量反遭到了削弱，变得软弱无力起来。它每时每刻都在和他们融合，而自己甚至都没有发觉到这点。它很少采取什么措施，就算有，那也是抱有偏见的、于法不合的、软绵无力的、充满危险的。特权人士在议会外面和宫廷一道为了打倒大革命而活动着，在议会里面更是给革命设下了死死的绳套。

这样一个人才辈出、群星璀璨的议会，却因为内部无法根除的不和性，也变成了一个畸形儿。如这样的一个怪胎，人们怎么可能对它抱以开枝散叶、繁衍后代的希望呢？

这就是清楚的常识、冰冷的道理所告诉我们的。温和派似乎更少受到外界干扰，理应把问题看得更加透彻才对，然而它也没能明白过来。奇怪的是，看得更清楚的反而是激情！它发觉在这个两面夹击的环境中，一切都是危险、都是阻碍，于是想竭力走出来。然而激情和暴力只会引来人们无尽的猜忌，只会遇到巨大的阻碍；它为了克服这些阻碍，就只能变得更加暴力；而变得更加暴力之后，又只会创造新的阻碍。

要透彻理解这个时代的畸形之处（我指的是两个理念之间的冲突，以及它们创造生命上的无能为力），我们可以去了解一个人。那个人是矛盾集合体，他拥有被人们称为天才的稀世之才；然而如果两个思想在这个人、在这个天才身上打架，如果原则和法理在他身上发起一场场死战，那他纵有补天之才，也是无济于事。

从人性上看，我不知道还有什么比米拉波身上的人性更令人感到悲哀的了。他对凡尔赛说自己支持绝对**否决权**，然而真到说话时又躲躲闪闪，让人一开始根本捉摸不清他到底是赞同它还是反对它。而在同一天里的巴黎，他的朋友们在罗亚尔宫坚持声称他是反对**否决权**的。他周围的那些年轻人是那么热爱他，为了拯救他而毫不犹豫地冒险撒了这个谎。“我像爱情人一样爱着他。”卡米尔·德穆兰如是说道。我们也都知道，米拉波的一位秘书甚至在他死后还想随他自尽。

骗子通常需要更多谎言来让别人更加相信自己，于是这些撒谎者便坚称：米拉波一走出议会，就遭到别人的尾随和攻击，身上中了一剑。整个罗亚尔宫都在呼吁投票建立一个两百人的警卫队，去保护这个可怜的米拉波！

在他一篇奇怪的演讲中①，米拉波还运用了古老的诡辩之术，说国王的批准权是自由的一个保障，说国王在某种程度上是护民官，是人民的代表——一个终身不得罢免的代表，一个对自己的行为无须负责的代表，一个从来没有出庭的代表！

米拉波从心底是保皇分子，正因如此，他大大咧咧地接受了宫廷的俸禄，把自己家门对议员大敞开来。他曾告诉自己，他所做的一切都是为了捍卫自己的思想观点。但我们必须承认，比金钱更能腐蚀他的是另一个东西，一个我们在这位言行举止自信满满的人身上很难想象到的东西。那是什么？是恐惧！

对正在抬头、正在壮大的大革命的恐惧。他看到这个年轻的巨人正在支配自己，马上就要征服自己，把自己变成另外一个人。于是，他投身到人们所称的旧秩序的怀抱中——投身到真正的混乱和混沌中。在这场不可能成功的斗争中，他最终被死神所解救。

---

① 这份演讲稿是他从一个叫作卡佐（Caseaux）的空想家那里拿来的，他甚至事先都没去读一读。在庭上读起这些荒唐的话时，连米拉波自己也流了一身冷汗，读到一半就赶紧停了下来。（《艾吉安·杜蒙回忆录》，p.155.）——原注

# 第7章

## 新闻界

8月30日，否决权引发巴黎骚动——新闻界的状态——报纸数量增加——新闻界的立场倾向——新闻界依然是保皇立场——《巴黎革命报》编辑路斯塔洛——8月31日，路斯塔洛提出意见，被市政厅拒绝——拉法耶特和所有人都知道的宫廷阴谋——国民自卫军和人民之间产生对立——议会在行动上犹豫不决——9月18日，伏尔奈提议解散议会——内克尔、议会、宫廷和奥尔良公爵再无法力挽狂澜——新闻界本身的软弱无力

我们刚才说到了两个问题：形势已到十万火急的地步，而议会却毫无对策。

靠一场人民运动能够克服困难吗？可以，然而必须要有一个条件：这是一场真正自发的、浩浩荡荡的、众心协力的人民运动，就像7月14日那天一样。

当时的确舆论沸腾、民心骚动，然而这只是局部的。自从**否决权**这个问题被提出来以后（也就是在8月30日星期日），整个巴黎都敲响了警钟，绝对**否决权**似乎成了某个能够把人民至上权力消灭殆尽的东西。然而，只有罗亚尔宫一群人一马当先地冲了出来。他们决定到凡尔赛去警告议会：它的内部已经形

成了赞同**否决权**的同盟阵线，他们已经拿到这些人的名字了；如果这些人还不放弃，那巴黎就会大举进犯。晚上十点钟的时候，大约一百多个人上路，走在队伍前面的是个盲目而又暴力的人，因为个头高大、声音洪亮而得到了人们的推重，他就是圣-于虑日侯爵（Saint-Hururge）。在旧制度时期，由于他那位美貌风流、小有艳名的妻子的请求，圣-于虑日被关进监狱中。所以我们可以想象他对旧制度会有怎样不共戴天的仇恨，又是一个多么狂热的大革命捍卫者。到了香榭丽舍那里，他所率领的这支队伍已被冲得七零八落，又碰到了拉法耶特派来的国民自卫军阻止他们继续前进。

罗亚尔宫连着向市政厅派去三四批代表团，想让自卫军把报信人群放出去。他们想通过合法手段，在政府授权之下去制造骚乱。但很明显，政府是不会同意的。

不过罗亚尔宫还有另外一着棋，而且是一着处心积虑布下的棋。这步棋无论成功与否，至少也会产生一个好处——让全体人民开始广泛讨论起重大时事来。那样的话，就再容不得由凡尔赛来仓促决定或突然执行什么事情了。通过新闻界、通过它自己的议会组织——也就是那个团结起来、只不过被分成了六十个行政区的巴黎议会组织，巴黎在盯着议会，在监视着议会。

提议者是一个年轻的记者。在讲到这里之前，我们首先应当了解一下当时新闻界的内部动态。

被号召着要了解自己的权利、要决定自己的命运的全体人民，它这次突然觉醒，是新闻界长期积极活动的结果。最具思辨精神的那群人被赶到了实践的土地上，所有科学、所有文学都停止下来，政治生命成了一切。

在1789年的每个重大时刻中，都会出现报纸的井喷现象。

第一次是在5月、6月，在三级会议召开之时，各类报刊如雨后新笋一般纷纷冒出来。米拉波创立了《普罗旺斯通讯报》，戈尔萨[①]创立了《凡尔赛通讯报》，布里索创办了《法兰西爱国者报》，巴雷尔[②]创办了《黎明报》，等等。

第二次是在7月14日前夕，在涌现出的诸多报纸中，最受欢迎的就是由路斯塔洛主编的《巴黎革命报》。

第三次是在10月5日、6日前夕，有马拉的《人民之友报》，卡拉和梅西埃[③]的《爱国者纪事报》。没过多久，《布拉班特通讯报》问世，创办者是卡米尔·德穆兰，一位才华无可置疑的人；接下来是最激进的报纸，弗雷龙[④]的《人民演说家之报》。

这场大运动有一个总体特点，而正因为这个特点，它才变得令人刮目相看起来，那就是：各报社之间虽然有小分歧，却几乎都是戮力同心的。除了某一家报社比较跳脱之外，新闻界就像一个人们广泛参与的讨论会一样，大家在里面轮番发言，所有人心系共同的目标、避免敌对行为的发生。

反抗中央集权的新闻界在这一早期阶段，普遍倾向于要求加强地方权力、夸大市乡对抗国家的权利。借用一个以后出现的时代词汇来说，在这个时期，所有人似乎都成了**地方分权主义者**。米拉波是，布里索和拉法耶特也是。这个趋势愈演愈烈，到最后人们甚至提出，如果整个法国无法得到自由，那就干脆承认各省独立。米拉波甚至愿意去当普罗旺

① 戈尔萨（Antoine-Joseph Gorsas，1752—1793年），法国记者、政治家，后来和山岳派疏远，亲近吉伦特派，1793年7月13日在巴黎被处死。——译者注

② 巴雷尔（Bertrand Barère de Vieuzac，1755—1841年），法国政治家、记者、共济会成员，法国大革命期间国民公会中最臭名昭著的一个人。——译者注

③ 梅西埃（Louis-Sébastien Mercier, 1740—1814年），法国小说家、剧作家，政治上的温和派，国民公会成员之一，投票反对处死路易十六，将罗伯斯庇尔形容为Sanguinocrat（靠杀戮上位的统治者）。——译者注

④ 弗雷龙（Louis-Marie Stanislas Fréron, 1754—1802年），法国政治家、记者、国民议会代表。——译者注

斯伯爵，这话是他自己说的。

新闻界虽然反对国王，其实总体上仍是保皇立场。卡米尔·德穆兰后来说："当时，法国可不止我们十个共和党人。"不过我们不能被一些吹嘘之词给骗过去了。1788年的时候，激进的德普雷梅斯尼尔说过："我们必须要让法国*去波旁化*[①]。"然而，他这么说只是想让最高法院一家独大而已。

誓要在自打嘴脸的路上越走越远的米拉波，让人把弥尔顿的一本猛烈攻击国王的小书翻译出来，而且在1789年时将其出版，上面公然署着自己的大名。而当时，他又正在保卫王权。此书被他的朋友悉数销毁。

有两个人在鼓吹共和：一个是当时最多产的作家，精力旺盛、不知疲倦的布里索；还有一位是才华横溢、能言善辩、胆大如斗的卡米尔。他在《自由法兰西》一书中讲了一个小故事，里面对君主制各种冷嘲热讽。他指出，这个社会秩序、国家稳定的本源，其实是永远的动乱之源。王位继承制明显存有许多内在弊端，而为了给自己洗脱这些弊端，它就用一句话来回应一切：*和平*，维护和平。然而这仍然没能阻止它通过少数派、借口王位继承之争，让法国几乎永远处于战争状态：和英国人的战争，和意大利的战争，西班牙王位继承战争，等等。[②]

罗伯斯庇尔说过，共和在各派之间悄悄流窜，没有引起任何人的察觉。更准确地讲，是王权自己把共和引进来，把它种在了人们的头脑里。若说人们不愿意自己统治自己，那是因为王权以一种简单的方式将国家治理问题简单化，由此使人避免了许多麻烦，显得省力省心的样

① 原文用词是débourbonnailler，是德普雷梅斯尼尔自创的一个词。——译者注

② 西斯蒙第（Sismondi）经过精确的计算指出，以五百年为时间段的统计显示，君主继承制国家中发生战争的频率和持续时间远高于君主选举制国家；这是少数派和王位之争等原因产生的自然结果。（西斯蒙第，《对自由人民的国家体制的研究》，Ⅰ，pp.214—224.）——原注

子。但你想过吗？如果王权本身成了一个障碍呢？我们可以大胆断言，是王权告诉人们何为共和，是王权硬拖着法国接受了共和，而在此之前，法国对共和根本是不信任的态度，对其避而远之，根本没动过共和的心思。

再回到刚才的话题上来。当时记者中的第一人，不是米拉波，不是卡米尔·德穆兰，不是布里索，不是孔多塞，不是梅西埃，不是卡拉，不是戈尔萨，不是马拉，也不是巴雷尔。所有人都在办报纸，有些的发行量还很大。米拉波著名的《普罗旺斯通讯报》的发行量就达到了一万。

而《巴黎革命报》（在某些刊号上）的发行量却高达**二十万**，这是报刊界有史以来创下的最高纪录。它的编辑从不署名，出版商署名则是“普鲁多姆”[①]——一个后来无人不知、无人不晓的名字。而那个匿名的编辑，他便是路斯塔洛（Loustalot）。

于1790年、在29岁之际英年早逝的路斯塔洛，是一位非常认真、正直、勤奋的年轻人。论写作才华，他是平庸无奇，然而其文笔极为严肃，而且是一种带着激情的严肃。这种严肃就是路斯塔洛最与众不同的地方，和当时其他记者的轻佻文风形成鲜明对比。哪怕在他措辞强烈的时候，我们也可以感受到路斯塔洛在努力做到公正不倚。他，便是人民最喜欢的一个记者。

路斯塔洛绝对受得起这些评价。早在大革命开始之时，他就多次表现出一种不失勇气的从容持重。当法兰西禁卫军士兵被人民解救出来时，他说：事情只有一个解决办法——让囚犯们自己回到监狱，然后再由选民、国民议会向国王提出宽赦。当勇敢正直的巴黎统帅德拉撒勒遭

① 法语为Prudhomme，意为“正直的人”。——译者注

到人们的普遍误解时，路斯塔洛站出来捍卫他、力证其清白，让他又重获人民的信任。当仆人们要求政府把萨瓦人赶走的时候，又是他再次挺身而出，展现出自己坚定、严肃、公正的一面。

他是一位真正的记者，着眼当下，而不是去揣测未来。当卡米尔·德穆兰发表了意在消灭国王的《自由法兰西》时，路斯塔洛在赞美这本书的同时，也批判德穆兰夸大其实，称他“头脑狂热”。

当时还籍籍无名的马拉，在《人民之友报》中对巴伊发起猛烈的攻击，攻击他的职位和人身。路斯塔洛又站出来为巴伊说话。

他将新闻业视为一种等同于法官的公共职位。他从不去关注什么抽象玄奥的东西，独独把目光投注到人民群众身上，去感知他们的需求，去体会他们的遭遇。他最关心的，就是当时一个最严肃的问题——物资、面包。为了加快磨面速度，路斯塔洛还推荐了一些磨面机。他去蒙马特高地看望那些被雇来干活的可怜人。这些穷人在苦难的摧残下，几乎已经没有人形了。这群饿得只剩骨架子、像鬼魂一样四处飘荡的难民，别人看到他们时更感到的是害怕而不是同情，然而路斯塔洛却在为他们奔走、为他们疾呼、为他们悲鸣。

巴黎不能再这样坐以待毙了。它必须推翻绝对王权，建立自由。

8月31日，星期一早上，路斯塔洛发现大家的情绪比昨天晚上要稳定许多，便向罗亚尔宫发表了讲话。他说去凡尔赛并不能解决问题，并提出了一个可以造成更少流血也更为大胆的提议，那就是到市政厅召集各区集合，在会中提出以下几个问题：第一，巴黎是否认为国王有权进行阻止干预？第二，巴黎是认可它的议员，还是要将他们撤职？第三，如果再选议员，这些议员是否有拒绝*否决权*的特殊授权？第四，如果接受之前的议员，议会能否接受劝告、推迟讨论？

他提出的这些办法，是极其革命的，也是不合法的（不合宪法，如果说真有宪法的话），却深合当前的形势需求。所以几天之后，议会里一位极有威望的议员又再次提起了路斯塔洛建议中的绝大部分内容。

而当天路斯塔洛和罗亚尔宫代表团却受到了非常恶劣的对待，他们的提议被市政厅拒绝，第二天还遭到议会的批评。这时，主席收到一封署名人是圣-于虑日的威胁信（但圣-于虑日坚称此信是别人冒名顶替所写），议会终于发怒了。圣-于虑日被下令逮捕，国民自卫军趁着群情沸腾之际关闭了弗依咖啡馆。罗亚尔宫被禁止再举行任何聚会，成员遭到了市政府的驱逐。

最出人意料的是，拉法耶特居然是这些行动的执行者，可他当时从心底仍一如既往是一位共和党人。在整个人生生涯里，拉法耶特都在盼望着共和体制，然而又在为王权效力。民主君主制，或者是君主民主制，在他看来是一个必需的过渡阶段。要让拉法耶特清醒过来，他至少还得接受两次教训。

宫廷在敷衍内克尔和议会，但它没有欺骗拉法耶特。当时拉法耶特仍在为宫廷效力，控制着巴黎。前期群众的恐怖暴行和流血事件，使得他在制造另一次新的7月14日事件的这种想法面前退缩了。然而宫廷正在准备的内战，难道不会流更多的血吗？对于*人类之友*来说，这是一个严肃、棘手的问题。

拉法耶特什么都知道。9月13日，他在家中招待了凡尔赛国民自卫军统领——老海军上将德斯坦因（d’Estaing），并把许多德斯坦因从不知道的、和凡尔赛有关的消息都告诉了他。这位正直的将军之前一直以为自己深得国王和王后的信任，现在却听说有人要铤而走险把国王带到梅斯去，那就意味着掀起内战，意味着布勒特伊已经在各方面和奥地利大使商量好了，意味着火枪手、宪兵队、九千名国王护卫（其中三分之二都是贵族）已经向凡尔赛靠拢，意味着他们要攻下蒙塔基[1]，还有行动执行者维奥梅尼男爵（Viomênil）在那里和他们会合。维奥梅尼男爵几乎参加过发生在本世纪的所有战争，最近一次就是美国之战，他狂热地反对大革命——也许是因为嫉妒拉法耶特的缘故，因为后者在大革命中扮演着数一数二的重要角色。十八个兵团——尤其是步兵团，都还没有宣誓。它们足以把所有通往巴黎的路全都封死，斩断巴黎的供给，把它活活饿死。宫廷再也不缺钱了，它从各个地方攒够了钱，自信一个月筹到一百五十万法郎是没有问题的。此外还有教士在后面做支援，单单赐福仪式就能带来三十万法郎的进账。

老上将星期一（14日）写信给王后，说："从前，哪怕在每次海战的前夜，我都能倒头就睡，可是在听到这次可怕的倾吐之后，我就再也没合过眼。"在拉法耶特的饭厅听到这些消息的时候，上将吓得发抖，生怕其中一句话被哪个仆人听了去："我提醒说，他嘴里说出的每句话都能成为死亡的信号。"然而拉法耶特以美国人特有的冷静，回答说："如果一个人的死能拯救所有人，那也是赚了。"唯一那个应该牺牲的人，便是王后。

西班牙大使也对德斯坦因上将透露了许多东西；他是从一个大人物那里听到这些消息的，有人向这个大人物提议在一份宫廷分发下去的联合名单上签字。

于是，这个深藏不露的秘密，这份机要，13日在客厅、14日到16日在大街小巷给传开了。16日，法兰西禁卫军里的投弹手，也就是现国民自卫军中的雇佣兵，宣布他们要去凡尔赛履行自己过去的义务，去保卫

① 蒙塔基（Montargis），法国中部偏北的一个小城市，位于巴黎南边大概100公里处。——译者注

王宫、保卫国王。22日，《巴黎革命报》刊登了这个重大阴谋。现在，整个法国都知道了。

觉得自己很**强大、非常强大**（这是他自己的原话）的拉法耶特，一方面希望让宫廷对巴黎产生忌惮之心来牵制宫廷，另一方面又希望通过自己的国民自卫军去压制骚乱、控制巴黎。他利用了、滥用了国民自卫军的满腔热忱，想让消息传播者们闭嘴，想逼罗亚尔宫保持沉默，想阻止人群聚集起来。他和那些由惊转怒的人干了一场小仗。其实这些人害怕的，也正是拉法耶特担心的；他知道阴谋正在酝酿，却又将那些谈论阴谋的人统统驱逐逮捕。他做得太到位了，最后导致国民自卫军和人民之间不幸对立起来。人们开始注意到，自卫军中的领袖、军官都是清一色的贵族、富人和要员身份。裁员以后的国民自卫军，普遍因为自己的精良装备和新式武器感到扬扬自得，在人民眼中，他们就是一群贵族老爷的模样。自卫军里有些人是地主和商人，他们在骚乱中损失惨重，由于乡村地区的资产不能创造任何收益，他们什么都赚不到。这些人每天都早出晚归，回来时已经累得精疲力竭；他们每天都希望这一切能够尽早结束，却用激烈的行动来表达自己的焦躁不安，导致群众和他们之间越发对立起来。有一次，他们甚至拔出军刀去对付一群理发匠，造成流血事件的发生；还有一次，他们逮捕了几个肆意开着国民自卫军玩笑的人；有个声称自己完全不把自卫军放在眼里的女子，被他们抓起来抽了一顿。

人民的怒气越来越大，最后甚至把一个最荒谬的指控栽到国民自卫军头上，说他们拥护宫廷、参与到了凡尔赛的阴谋中。

拉法耶特并不是一个两面派的人，然而他的立场却是两面派的。他阻止投弹手们去凡尔赛重新履行保护国王的职责，并警告了圣-普利斯特部长（9月17日）。有人利用了他的信，把它出示给凡尔赛市政府看，要求市政府发誓保守秘密，诱使它提出将弗朗德勒军团派过来的要求。他们又在凡尔赛的一部分国民自卫军那里故技重施，然而大部分士兵都拒绝了。弗朗德勒军团态度暧昧不明，它此前一直拒绝立下新誓，现在又推着大炮、弹药车和辎重，大张旗鼓地进了凡尔赛城。同时，王宫又把已经结束服役的亲卫队留了下来，使得自己手里的军队人数增长了一倍。每天，一大群什么军衔都有的军官来到岗哨，就像过去旧贵族在战争前夕络绎投奔军营一样，生怕自己来迟了。

巴黎感到心神不安。法兰西禁卫军也十分恼火，有人在试探它、收买它，但此举只让禁卫军更加心生防备。巴伊忍不住在市政厅发了言，人们派出一支由善良的老杜索尔为领导的使节团，想把巴黎的警告带给国王。

在此期间，议会表现得非常奇怪。它一会儿像睡着了似的没有任何动静，一会儿又猛地醒过来。今天它还态度激进，明天又变得温和、优柔寡断起来。

一天早上（那天是9月12日），议会突然想起了8月4日，想起了自己投票通过的那个大改革。这些法令已经递交五周时间了，引来法国上下一片热议和实践，然而议会却还一句话都没说。12日，司法官委员会在一项法案起草工作中提出：根据8月4日的决议，当还法律以有效性。来自弗朗什-孔泰大区的一个议员打破了冰面，说：“有的人用尽各种招数，就是为了阻止我们颁布8月4日的这些法令；有人声称，它们是不会被公之于众的。那么现在，是时候让世人看到盖着国王印玺的它们是何面目了……人民在等待着……”

一石激起千层浪。议会从昏睡中清醒过来，温和派、君主制宪派的演讲家马鲁埃表示支持（这可真叫人惊讶），其他人也纷纷附议。虽然莫里神甫[①]持反对意见，然而众人依然做出决定，要将8月4日的法令呈交国王、待其批准。

这次突如其来的行动，这种连温和派都表现得咄咄逼人的态度，让人不由得生出一个想法：议会中这群最有影响力的人，对拉法耶特和西班牙大使说的那些话、对人们在巴黎街谈巷议的事情并非是一无所知的。

到了第二天，议会又似乎被自己昨日的魄力给震惊了。许多议员认为宫廷绝不会任由国王批准8月4日法令，并预言国王的拒绝将引发巨变，导致革命的第二次发作。米拉波、夏普里耶和其他一些人的观点是：准确来讲，这些法令并不是法律，而应是宪法的原则，人们没有必要等到国王批准，直接将其颁发即可。这是一个大胆而又怯懦的意见：说它大胆，是因为它绕过了国王；说它怯懦，是因为它在逃避审查、批准、拒绝的环节，再不想碰到什么拒绝或冲突。那么以后，人们就会根据某一派在某个省中是否占据主导地位，视情况来做出决定。这个地方的人可以把8月4日的决定视为议会颁布的法令，将其贯彻执行下去；那个地方的人也可以说它们没有得到国王的批准，故而对其规避躲闪。

15日，议会在掌声中通过投票，承认了王权的不可侵犯性和王位继承权，想重新博得国王的好感。然而关于8月4日法令，议员们只从他那里得到一个含含糊糊、拖拖拉拉的回答。国王是不会批准任何东西的；他发表着长篇大论，批判这个、赞赏那个，却几乎不承认任何条款——除非做出改动。整篇演讲词充满内克尔的风格，像他一样局促笨拙、含

① 莫里神甫（Jean-Sifrein Maury，1746—1817年），法国作家、红衣主教、巴黎大主教，三级会议教士代表，捍卫教会和贵族利益，后来反对制宪议会的《教士民事基本法》。——译者注

糊其词、字字斟酌。忙着操办其他事情的宫廷，明显以为用这种没有回答的回答，就可以瞒天过海、转移公众注意力。议会十分激动，夏普里耶、米拉波、罗伯斯庇尔、佩蒂翁，还有其他许多平常没那么激进的人，坚持要求国王批准这些制宪条款，而且声称议会只接受真正的、纯粹的法律颁布仪式。于是，接下来又是一场大争论。在这场争论中，沃尔奈[①]提出一个谁都没有想到却非常明智的动议："这个议会在利益和情感上有太多纠葛。让我们明确新的选举条件，然后辞职吧。"他的话引来一阵掌声，但接下来却无人响应。米拉波反驳说，议会曾有发誓：在制定出宪法之前，它决不解散。

21日，被催着颁布法令的国王终于不再兜圈子，宫廷也觉得自己已经足够强大了。国王回答说，只有**经过让法律得以执行的程序**以后（他想说的是**被批准**以后），法律才会得到**颁布**；他说自己会下令将其**公布**，他也绝不怀疑，议会将要发布的法律会是他可以点头**批准**的法律。

24日，内克尔对议会做了坦白。第一笔三千万的借贷，实际只借到了**两百万**。第二笔八千万的借贷，也只拿到了一千万。**王室临时财务官**（内克尔的朋友在他们的小册子里是这么称呼他的）对此无能为力，他本以为自己可以控制和修复国家信誉，但也没能抵住颓势，只能看着它走向衰弱。他来，是希望能仰赖于国民的忠诚之心。现在，唯一的解决办法是全民上下自发行动起来，每人将自己收入的四分之一纳税上缴。[②]

内克尔已经尽到职责了。在尝试了各种能行的办法之后，他只能相信信仰、相信奇迹、相信一个模糊的希望了，希望这个已经付出够多的

① 沃尔奈（Volney，1757—1820年），法国哲学家、东方学者，1789年选入三级会议，后进入制宪议会。——译者注

② 一向慷慨的内克尔缴纳的不止四分之一，他交了十万法郎的税。——原注

民族能再付出一点，希望它能够自愿缴纳一个大到恐怖、占了自己收入四分之一的赋税。这位空想财政官在自己的报表最后、在钱库的最下面，只放了一个乌托邦，一个连善良如圣-皮埃尔神甫[①]都提不出来的乌托邦。

无能为力的人会真心相信不可能的事情的发生。当事情超出了他的行动范围之后，他只能寄托于偶然、未知和意外。和这位部长一样无能为力的议会，也只能和他一样盲目轻信。米拉波发表了一次精彩的演讲，打消了议员的一切迟疑，让他们失去了理智。他向议会提出银行破产，可怕的银行破产，在下面张着大嘴、准备把议会和法国贪婪地一口吞下的银行破产。议会进行投票。如果他们真采用了这个办法，哪怕钱真来了，这也将产生一个极为可笑的结果：内克尔将救回那些想把内克尔赶走的人，议会将为一场为解散议会而发动的战争自掏腰包。

矛盾重重、进退维谷、走投无路，这就是当时所有人、所有党派的基本情形。用一句话来总结，就是“谁都不行了”。

**议会不行了**。由于在构成上的不协调、在原则上的不一致，它本来就是无能为力的；然而在骚乱中，在压倒了它的声音的新闻界的雏鸟之啼中，它是越发无能了。议会不自觉地紧紧依靠在已被它废了的王权边上；但是被废的王权对议会又充满敌意，只希望能轧死它。所以议会怕着巴黎，又怕着王宫。在国王拒绝批准法令之后，它一点都不敢发怒，生怕在巴黎的怒火上再浇一桶热油。除了对内阁部长发出通谕的这个职责外，它没有干出任何和局势有关的行动。划分省份、制定刑法，这些都是在空谈。大厅空洞地回荡着声音；六百个议员很难聚齐，就算某次

① 圣-皮埃尔神甫（Charles-Irénée Castel de Saint-Pierre，1658—1743年），法国作家、外交家，启蒙运动的先驱者，其思想影响了卢梭和康德，主张世上没有国界、没有战争。——译者注

真聚齐了，也是为了把主席职位颁给穆尼耶——一个永远只知道维持平衡的人，一切行动上的困难，以及集体的瘫痪，在他嘴里都被描述得尤为动听。

*宫廷又能*做什么吗？它当时以为自己可以。它看到教士和贵族联手依附在自己周围；它看到奥尔良公爵在议会中的支持声越来越少①，看到他在巴黎四处撒钱却收获甚微，看到拉法耶特在人民心中的威望渐渐超过了他。

所有人都没有注意到局势的发展势头，所有人都低估了点点滴滴的事情积攒起来以后的威力，他们把事情归结到某某人的头上，可笑地夸大个人的力量。爱恨产生的执念让他们相信奇迹、相信怪物、相信英雄。宫廷指责着奥尔良、拉法耶特，指责着所有这样的人。而性格坚毅冷静的拉法耶特，他也变得喜欢凭空乱想起来，总觉得所有骚乱都是罗亚尔宫一手造成的。新闻界中崛起的一个空想家——马拉，轻信、盲目、易怒，总是依着自己瞎想的东西去随便安栽指控，今天吼着要这个人去死，明天嚷着要那个人赔命；他开始宣称，整场饥荒都是一个人的杰作，是内克尔在到处收购粮食，是他要让巴黎一颗麦子都拿不到。

然而，马拉只是起了个头，实际做得很少；他在整个新闻界中是个十足的另类而已。新闻界指控着，然而都是模糊的指控。它和人民一样在抱怨、在发火，却不太清楚自己应该做什么。它在宏观上清楚地看到将有“革命的第二次发作”。可是怎么发作？朝哪个目标发作？这些它都给不了准确的回答。身负言明治国良药的新闻界，是一个因为其他权力纷纷走向式微才突然壮大起来的年轻权力，然而它本身却也是软弱无

① 在对王位继承立下规定的时候，议会体恤它的敌人——西班牙国王无暇分身，声称自己没有料到西班牙波旁家族愿意放弃继承法国王位。——原注

力的。

在10月5日之后的日子里，新闻界做得很少，议会做得很少，市政厅做得很少。但是，大家都清楚预感到一件大事即将发生。米拉波某天在接待他的凡尔赛书商时，遣去三个秘书，关上门对他说：“我亲爱的布莱索，您很快就会看到这里将发生巨大的、流血的不幸。出于友谊，我想先告诉您一声。但不要害怕，像您这样正直的人，是没有什么危险的。”

# 第8章

## 1789年10月5日，人民去找国王

只有人民想到了办法：去找国王——凡尔赛宫那些大王的自私态度——国王进退维谷——有人恳请王后行动起来——10月1日，亲卫队的狂欢——国民帽徽被侮辱——巴黎被激怒——女人的悲惨遭遇——她们的古道热肠——10月5日，女人们占领市政厅——她们朝凡尔赛进发——议会得到相关警告——站在议会面前的马亚尔和女人们——罗伯斯庇尔支持马亚尔——国王面前的女人——宫廷犹豫不决

10月5日，八千到一万名妇女来到了凡尔赛，后面跟着许多群众。当晚，国民自卫军强迫拉法耶特把他们带去凡尔赛；6日，国王被带走，不得不常住巴黎。

自大革命在7月14日爆发以来，这是群众参与度最高的一次大运动。十月事件和攻占巴士底狱一样，都是人民一致做出的选择，即便那些没有参与此次行动的人也希望它能成功，所有人都为国王来到巴黎而感到欢欣鼓舞。

在这里，我们要做的不是去探寻某某党派有什么动作。它们的确有所行动，然而做得太少了。

对于女人、对于最贫苦的那群人来说，此事最

直接、最真实的原因只有一个：饥饿。在凡尔赛的时候，人们把一个骑兵拽下马来，杀了他的坐骑，马肉还没怎么弄熟就被他们消灭得一干二净。

无论是人民还是国民自卫军，在大部分人看来，这次行动事关荣誉，因为宫廷侮辱了巴黎帽徽——这个被法国上下视为大革命象征的神圣之物。

如果没有女人打头阵，男人们会不会朝凡尔赛进发，这点谁也说不准。一开始，在她们之前，没有一个人想过去找国王。8月30日，罗亚尔宫在圣-于虑日的带领下想从巴黎前往凡尔赛，然而此行是为了向正在**否定权**这个问题上讨论不休的议会发出抱怨和威胁。而这一次，人民自发地组织起来，独自去找国王，就像他们当初独自攻下巴士底狱一样。而人民中最有人民精神的那群人——我想说的是最有直觉、最有觉悟的那群人，却是女人无疑。她们的想法是这样的："没有面包，那我们就去找国王；如果他和我们是站在一边的，就会努力解决面包的问题。我们一起去找**面包商**吧！"

多么天真的想法，其中却蕴含着多么深刻的道理！国王就该和人民一起**过日子**，民不聊生的时候，他就该为此寝食难安、以身作则、厉行节俭。结婚仪式和加冕仪式在某些地方很相似：可以说后者就是一场国王迎娶了人民的婚礼。只要君王没有施行暴政统治，那他和人民之间就是婚姻关系，他们就应该结为一体、共同生活、百年到老。按照中世纪一句话糙理不糙的说法就是："啃一根面包，吃一个锅。"[①]

如果君王成了只顾自己的孤家寡人，身边全都是穿金戴银、假冒成人民的乞丐，使得他弃人民于不顾、日渐变得铁石心肠起来，这难道

① 请看我的《权利的起源：法律符号和用语》。——原注

不是一件奇怪、有悖自然的事吗？如果君王因此变成一副陌生、冷酷而又残暴的面孔，那又有什么奇怪的？若不是因为待在凡尔赛过着大门不出、二门不迈的日子，他们怎么会冷血无情到这个地步？甚至只看那里一眼，都是有损道德的事：那是特意为一个人所建的地方。只有在那里，君王们才会忘了民间的疾苦，像路易十四那样随手签下将一百万人驱逐出境的命令，像路易十五那样在饥荒中囤积居奇、大发国难财。

巴黎因为万众一心才推翻了巴士底狱。为了攻克国王和议会，它必须再次团结起来。当时国民自卫军和人民之间已经有了罅隙，要让他们重新走到一起、朝同一个目标前进，那就需要一次宫廷的挑衅。任何一个在政治上稍有脑子的人都不会做这种事情，那么就需要蠢货的登场解围了。

这才是打破当前僵局的真正解药和唯一办法。而蠢货，也就是王后那帮人，要不是在路易十六那里遇到了巨大的障碍和麻烦，他们早就把解药掏出来了。路易十六比任何人都厌恶别人逼着他放弃自己习惯的生活，不让他狩猎、打铁，逼他早早就寝，在吃饭和祈祷上打乱他的惯常作息，让他在乡村骑马，把他打造成一个敏捷的马上好手（就像我们在凡·戴克[①]的画中看到的查理一世那样），这对路易十六来说可并不是件轻松的事。他心中有个声音也在告诉他：公然宣布和国民议会为敌，这么做太冒险了。

而另一方面，也正是因为忠于自己的习惯、从小接受的教育理念的关系，在大革命和削弱王权这两者中，前者更让路易十六感到不舒服。他没有掩饰自己对拆除巴士底狱的不满。[②]身边人穿着国民自卫军的服

① 安东尼·凡·戴克（Anthony van Dyck，1599—1641年），比利时画家，英国国王查理一世时期的英国宫廷首席画师。——译者注

② 见亚历山大·德·拉梅特的回忆录。——原注

装，自己的仆人成了副长官、有了军衔，某个宫廷乐师穿着军服给他演奏音乐，这一切在路易十六看来都十分刺眼；他下令禁止自己的仆人“穿着如此不成体统的衣服出现在自己面前”。[1]

无论靠讲道理还是其他什么办法，都很难把国王鼓动起来。每次议政的时候，他的态度都极不明朗；然而在他根深蒂固的旧习惯和已经成形的观点范围里，国王固执得可谓是油盐不进。连他那么深爱的王后，也别想通过说服他来得到什么。他当时还没有那么害怕，觉得自己是受上帝赐福、不可侵犯的神圣君主，有什么可害怕的呢？

然而王后则深陷在满是激情、阴谋和利益导致的狂热的旋涡中。教士、领主，所有那些从前对她大肆诽谤的贵族，现在全都跑到她这里来，把她的宫殿挤得满满当当的，信誓旦旦地发誓要拯救君主制。听他们的意思，只有她才有拯救君主制于危亡的天赋和勇气；作为玛利亚-特蕾莎的女儿，现在该轮到她上场了。两个完全不同的群体给了王后底气：一边是外省贵族军官组成的勇敢尊贵的圣路易骑士团，他们献上了宝剑；另一边是策划行动的谋士团，他们给出了方案，负责具体执行和实时反应。于是，凡尔赛被这群支持王权的费加罗[2]给严严实实地围了起来。

他们得组成一个神圣联盟，把所有正直人士都团结到王后身边。那时，国王也许会被他们汹涌澎湃的爱所打败，再也无法抵抗什么。革命派只有一次打仗的机会，一旦被打败，他们就别想再站起来；然而另一边的阵营却相反，那里面全是大地主，他们有打许多场战役的资本，可以维持长期的战争开销。但要让自己师出有名，他们得提防一件事：绝

---

① 《刚邦夫人回忆录》，Ⅱ。——原注

② “费加罗”本是塞维利亚民间故事里的一个人物名字，他冲动易怒、感情用事、自高自大，总希望挽救不可修复的局面，然而每次都是姗姗来迟，成为历史的见证者和催化剂。所以米什莱才在这里用“费加罗”来形容这群人。——译者注

不能让士兵被人民的团结精神所动摇，绝不能让他们回想起自己也是人民中的一员。

国民自卫军和人民之间的猜忌越来越重，这无疑更加鼓舞了宫廷，让它觉得巴黎只是一只软弱的绵羊而已，故而冒险过早做了一个动作。而正是因为这个动作，使得它全盘皆输。新的一批亲卫队抵达凡尔赛，来履行自己每个季度的义务。这些人和巴黎、议会没有任何接触，对新思想一无所知，属于忠诚的外省保皇派，身上带着世家贵族能有的一切陈见和来自父母的叮嘱——为国王效劳，也只为国王效劳。这些亲卫队里虽有些人是自由之友，然而他们全都没有宣誓，而且一直佩戴着白色帽徽。宫廷想通过他们去带动弗朗德勒兵团和其他军队的军官，把他们召到凡尔赛来。为了让所有人聚集起来，宫廷举办了一场盛大的晚宴，并向凡尔赛国民自卫军中的一些军官发了邀请函，希望借此能够拉拢他们。

但我们应当知道一点，在法国，最恨宫廷的便是把它看得最清楚的那座城市——凡尔赛。除了王宫的仆人和走狗，那里的其他人全都是革命派。他们一直看着宫廷过着多么骄奢淫逸的生活，看着豪车华盖在这里进进出出、川流不息，看着那个高高在上、目空一切的世界里闪耀着五光十色的光芒，嫉妒和仇恨因此悄悄滋长出来。凡尔赛人正是出于这种心态，才把布商乐管特勒（Lecointre）任命为他们的国民自卫军中校。乐管特勒是一位坚定的爱国者，但满心仇恨、性格暴躁。少数国民自卫军军官得到宫廷邀请函，但他们没怎么觉得脸上有光，没被邀请的军官则感到更加不满。

这样一场军宴本可以在橘园或者其他地方举办，不过令人意想不到的是，国王居然把自己那座金碧辉煌的剧场大厅赏了出来，自从上次接待了皇帝约瑟夫二世以后，这里就再没举办过任何庆典了。美酒佳酿如流水一般不断被端了上来，大家把酒痛饮，为国王、为王后、为王太子的健康干杯；有个人畏畏缩缩地小声提议为国民干杯，然而没人想听这样的话。觥筹交错之间，弗朗德勒军团的投弹手、瑞士雇佣兵以及其他士兵走了进来。大家喝着酒、唱着赞歌，在这个光怪陆离的场景中沉醉了，人们一边颂扬一边干杯，灯光透过酒杯，折射出绚丽的颜色。

这时大门打开，国王和王后走了进来。国王刚狩猎回来，就被拉到了这里。王后一个桌子一个桌子地轮番敬酒，怀里抱着孩子的她依然是那么美丽。所有在场的年轻人都陶醉了，不知自己身在何方。必须得说，比任何时候都要平易近人的王后，她很懂得如何不让那些为她奋不顾身的人失望，甚至没有拒绝在自己发髻中别上一根洛赞[①]头盔上的羽毛。[②]还有传闻称，亲卫队里一个人大胆喊了一句口号，但没人发火，他也没被处罚，只被善意地打趣了一番，王后还让他得到了晋升。

她是多么美丽又是多么不幸啊！当她和国王一道走出来的时候，乐师奏响了一首动人的旋律："啊，理查！啊，我的国王！举世都将你抛弃！"听到这句歌词，所有人的心都被刺痛了。许多人取下自己的帽徽，戴上了王后的黑色奥地利帽徽，宣誓向她效忠。没有这么做的人也把三色帽徽的反面露了出来，让它看上去像是白色帽徽的样子。音乐还在继续，越来越激烈、越来越紧张，乐师奏起了《于兰进行曲》，吹响了冲锋号。所有人都站了起来，四下找着敌人。一个敌人都没有。这里没有，其他地方总有！他们翻过隔栏，冲了出去，冲到铺着大理石的庭

① 即阿尔芒-路易·洛赞公爵（Armand-Louis de Gontaut Biron，1747—1793年），是玛丽-安托瓦内特的宠臣（也有传闻说是她的情夫），从1783年开始担任洛赞骠骑兵团、也就是后来的骠骑兵团第六团的团长。——译者注

② 至于这根羽毛到底是洛赞给她的，还是她自己问洛赞要的，这很重要吗？（请看刚邦、洛赞等人的回忆录）——原注

院里。德斯坦因的副官珀斯瓦尔（Perseval），一跃跳到阳台上，占领了里面的哨岗，大喊道："把他们交给我们！"他佩戴着白色帽徽。弗朗德勒军团的一个投弹手也爬了上来，珀斯瓦尔撕下自己戴着的一个勋章送给了他。另一个龙骑兵也想爬上来，但因为没站稳而失脚掉了下去，绝望得恨不得当场自尽。

为了把这场戏演足，另外一个半已喝醉、半已癫狂的人高喊起来，说自己是奥尔良公爵派来的间谍，他受了几处小小刀伤；他的战友们感到很厌恶，几乎没有把他给踢死。

这场疯狂的酒宴似乎把醉意传染给了整个宫廷。王后向凡尔赛国民自卫军展开军旗，说"依然对其着魔"。10月3日，又是一场新的盛宴，人们甚至更加放肆、更加口无遮拦。看到反革命派明目张胆的样子，许多国民自卫军军官愤而离席。国民自卫军军服在宫廷里再不受待见。一个军官对另一个人说："你居然还穿着这套军装，简直是没有良心。"在长廊和房间中，夫人们都不准三色帽徽再出现在自己眼前，她们还在自己手帕和饰带上绣上了白色帽徽，将其大大方方地示于人前。小姐们也变得大胆起来，接受了这些新骑士的誓言，让他们吻着自己的手："拿着它，拿好这个帽徽，要好好保管它。它是真正的正统，只有它才会赢得胜利。"这一双双玉手发出的示好和致意，叫谁能够拒绝呢？然而，这是内战，是死亡，是明日的旺代！那个站在国王嬷嬷身后稚气未脱的金发女子，就是未来的德·乐斯古尔夫人和德·拉罗什雅克兰夫人。①



① 原注：她当时也在凡尔赛。这里请看巴郎特（Barante）先生根据真实故事改编创作的一部小说。

译注：她就是玛丽·露易丝·维多利亚·德·多尼桑（Marie Louise Victoire de Donnissan, 1772—1857年），因为红颜薄命又在旺代战争中扮演的重要角色而知名。她先嫁给路易·马利·德·乐斯古尔侯爵，也就是后来旺代战争中的保皇派将领，在战场上因伤而殁；后来又嫁给了路易·德·拉罗什雅克兰侯爵，他的哥哥亨利是旺代战争中最年轻的保皇派将领，也是乐斯古尔侯爵的朋友。——译者注

勇敢的凡尔赛国民自卫军非常艰难地抵抗着。他们中的一位队长，无可奈何地被夫人们戴上一个巨大的白色帽徽。从前的布商、现在的中校乐管特勒非常愤怒，斩钉截铁地说："要么这些帽徽在一周之内会被换掉，要么就什么都完了。"他说得没错，谁敢轻视这个至高至上的标记呢？三色象征着7月14日，象征着巴黎的胜利，它就是大革命本身。随后不久，一个圣路易骑士跑到乐管特勒跟前，公然宣布自己要和所有与白色帽徽作对的人决斗。他跟着乐管特勒，等着他，对他出言不逊。但这个狂热的旧体制捍卫者又不是系出名门，只是王后身边一个卖花女的女婿罢了。

乐管特勒径直走到议会跟前，向军事委员会提议要求亲卫队宣誓。在场的亲卫队老队员说，他们决不宣誓。委员会害怕发生冲突和流血事件，于是什么都没做。然而正是因为他们的小心谨慎，最后才使得血流成河。

冒犯帽徽的这个行为，引得巴黎一片愤慨。有人告诉巴黎人，他们的帽徽被耻辱性地撕成碎片、踩在脚下。在举办第二场宴席的那一天，也就是星期六3日晚上，丹东在科尔得利俱乐部中做了愤怒的申斥。到了星期天，到处都有发生白色和黑色帽徽佩戴者被袭事件。在咖啡馆里外，在罗亚尔宫、圣安托万区，在桥头、码头，人们成群结队地聚在一起，里面有的是人民，有的是资产者，有的身着短衫，有的一身长袍。各个地方谣言四起，人们都在谈论着即将发生的这场内战，谈论着王后和各亲王与德国国王们组成的联盟，谈论着在巴黎出现的绿色红色的外国军服，谈论着科尔贝两天才到一船的面粉，谈论着只会越来越严重的饥荒，谈论着越来越近的严冬。人们说：没有时间浪费了，如果想要阻止战争和饥荒，那就得把国王带到这里来；否则，宫廷就要把他带走了。

这其中的内情，没有谁能比女人有更深的体会。她们已经被逼到绝境上，面临着家破人亡的惨况。星期六，3日晚上，一位夫人发出警告，但她的丈夫没怎么听进去。于是她又跑到弗依咖啡馆，在那里揭发反国民帽徽的事件，指出民众正面临着怎样的危险。星期一，一位年轻女子把鼓带到集市上，敲响了紧急集合号，把街上所有妇女都吸引了过去。

这些事情也只会发生在法国。我们的女人养出了勇士，而她们自己也是勇士。在这个走出了圣女贞德、珍妮·德·蒙特福[①]、珍妮-阿谢特（Jeanne-Hachette）[②]的国家，我们可以数出上百个女英雄的名字来。攻占巴士底狱的过程中就涌现出了一位女英雄，后来她入伍从军，当上了炮兵队队长，她的丈夫是一个士兵。7月18日，当国王来到巴黎的时候，许多女人手里都拿着武器。女人就是我们大革命的冲锋兵，我们无须对此感到讶异，因为她们已经吃了太多苦。

在无情的大苦大难中，弱者往往是最大的受害者，孩子和女人遭受的打击更重于男人。男人们可以出门大胆讨口饭吃，想尽一切办法找到一份活计，让自己至少眼下不会挨饿。而女人们，那些穷苦的女人，大部分都只能坐在家里缝缝补补，即便家里一粒米都没有了，她们也没办法出去找活。一个非常残酷的事实是：不能独立生活的女人只能依靠自己的丈夫，所以通常她们比男人还要孤苦无援。男人还可以到处找到圈子建立新的关系；而女人呢，她除了家庭，其他什么也没有。而家庭也在逼着她，每个担子都在压着她。她待在冰冷的、家徒四壁的家里，身

① 珍妮·德·蒙特福（Jeanne de Montfort，1678—1759年），霍亨索伦-锡格马林根家族的一位王妃。——译者注

② 一位法国女英雄，农民的女儿，1472年6月27日阻止了博韦被企图独立勃艮第的勃艮第公爵、大胆查理所攻破，因此得到了路易十一的嘉奖。——译者注

边的孩子正在啼哭不止——有的孩子已经不哭了，他们生着病，在死亡线上挣扎。人们很少注意到一个地方，也是让所有母亲痛得撕心裂肺的地方——孩子都是不公平的。他习惯在母亲那里寻找一个无所不能的呵护港湾，因为希望落空而无情地、残忍地责怪着她，哭着闹着，在母亲本就痛苦不堪的心中再插上一刀。

这是母亲。我们再来看看那些没有家庭、没有支撑、凄然一身的女子，她们要么是长得太丑，要么就是太有品德，所以没有朋友、情人，不知道生活的欢乐为何物。当靠薪水微薄的工作再也养活不了自己的时候，她们不知道该去依靠谁，只能在阁楼里等死；有时，她们被发现的时候已经断了气，还是邻居偶尔才发现的。

这些不幸的人甚至都没有力气去申诉，让别人知道她们的处境，去和命运抵抗一番。能在绝境之中行动起来、还能翻出浪花的人是强者，没有被不幸彻底榨干；他们穷，但不赤贫。最经常发生的事是：冲在最前面的勇士，却是那些有一颗大爱之心的女人，她们的痛苦更多不是为了自己，而是为了别人；男人对别人的苦难有着更高的容忍度，他们的同情心是呆滞的、消极的；然而在女人那里，同情是一种多么炽热、多么强烈的情感啊，有时能把她们变成英雄，让她们做出最勇敢的事情来。

10月5日的时候，有一群难民已经三十多个小时没吃到任何东西了。[①]面对当时的惨况，所有人心碎不已，但没有一个人行动起来；大家只把自己关在房间里，为这个艰难的世道哭泣着。星期日4日晚，一个勇敢的女人再也看不下去了，从圣德尼斯街区跑到罗亚尔宫，穿过喧嚣的重重人群，挤到了最前面，向大家发表演讲。这是一个三十六岁的女

① 请看证人的陈述，《总汇通报》，I，p.568，第二栏。这是最主要的信息来源。另外一份资料也极其重要，它的各种细节十分丰富，被所有人抄录而不是引用下来，那就是《1789年大革命史》的第三卷。——原注

人，衣着光鲜，正直善良，但态度强硬坚决。她希望人们到凡尔赛去，说自己可以走在最前面。有人嘲笑她，她就狠狠扇了其中一个嘲笑者的耳光。第二天，她和一些人拿着军刀第一批离开，还带了一门从市政厅那里弄来的大炮。她就站在大炮上面，手里拿着一根点着的火线，朝着凡尔赛出发了。

在众多似乎已经和旧制度一起死去的职业中，其中一个就是木雕活计。曾经因为教会和大宅子需要大量木雕，所以人们在这个行业里能找到许多活干。许多女人都会木雕。其中一位是玛德莱娜·夏布里（Madeleine Chabry），她现在已经不做木雕了，化名为露依蓉在罗亚尔宫街上卖花。这个姑娘十七岁，漂亮而又聪明。我们可以大胆地打赌，她不是因为饿得活不下去了才去凡尔赛，而是在善良和勇气的驱使下加入到了队伍中。妇女们把她推为领导，让她来当她们的发言人。

还有其他许多女人，根本不是因为吃不饱饭才参加进来。这支娘子军里有商人、勤杂工，还有许多心地善良、富有怜悯心的妓女（她们向来如此）。另外还有许多集市上的女贩子，她们持非常坚定的保皇派立场，但比其他任何人都更迫切希望国王能来巴黎。她们之前已经见过国王了（我不知道是在什么场合下见面的），还跟他说过话，话语带着十足诚恳的语气，带着一种让人又觉得好笑又觉得感动的亲热劲儿（但这却表明她们精准理解到了当前的时局）。“可怜人！”她们看到国王的时候是这么说他的，“亲爱的！好心肠的爸爸！”而对王后，她们就要严肃得多了：“夫人，夫人，把您的心拿出来看看吧！我们也把自己的肺腑掏出来！大家什么都别藏着掖着了，坦率地说说各自想说的吧。”

这些小贩并非生活困顿不堪，通过一些小本生意，她们还是能够保障自己最基本的生活需求。然而她们比任何人都更加真切地看到苦难是何面目，并比任何人都更加仇恨这样的苦难；靠走街串巷卖东西挣生计的她们，不能像我们那样可以逃避周围的悲惨景象，也没人能比她们更加同情和善待饥民。没错，她们外表粗俗、言谈鄙俚，却有一颗高贵善良的心。我们也看到我们庇卡底的女人们、亚眠农市里的那些贫穷的卖菜女，是怎样拯救一个即将被处决的四个孩子的父亲的。当时正是查理五世加冕典礼举办之际，她们就放下自己的营生和家庭，前往兰斯。国王被她们这份善良感动得潸然泪下，故下令特赦，还在她们回去时赐了许多东西。她们把国王的赏赐全给了这位父亲，让他带着自己的妻儿一道离开了。

10月5日，七点钟时，女人们听到了鼓声，再也坐不住了。一个年轻女子从警卫士兵那里抢来了一面鼓，敲响了紧急集合号。当天是星期一，集市上却空无一人，所有妇女都去凡尔赛了。“我们去把**面包商、面包商夫人**带过来。”她们说，“我们可以开开心心地听到我们的小妈妈米拉波的声音了。”

集市上的人出发了，而另外一边圣安托万区里的人也行动起来。女人把路上她们碰到的所有人都拉进队伍里来，对那些不愿加入的女人，就威胁要剪掉她们的头发。一开始她们去了市政厅，有个面包商刚被扭送到了那里，他做生意缺斤少两，本该有两斤的面包却被他扣去了七两。但灯柱被放倒了。无论这个人根据他的供词来看是多么罪大恶极，国民自卫军还是放走了他。自卫军将刺刀对准聚集起来的四五百个女人；而在广场另一边，还有国民自卫军的骑兵队。然而女人们一点都不害怕，她们朝骑兵和步兵扔着石头，而士兵们又不能下决心对她们开枪。后来她们强行冲进了市政厅，跑到所有办公厅里。许多女人都是精心打扮，为了这个重大日子特地穿上了白裙。她们急切地问每间办公室是干什么用的，请求各区代表收纳那些被她们强行带到这里来的女人，其中许多要么怀孕了，要么生着病——也许是被吓病的。另外一些饥饿、粗野的妇人喊着："要面包！要武器！"她们说男人都是一群懦夫，要给他们展示一下什么叫勇气；说市政厅所有人都该被吊死，说要把他们写的东西都给烧了，说他们是在浪费纸张。她们是真的想这么做，说不定还想把整栋建筑都给付之一炬。此时一个男人阻止了她们，他个子高大，穿着黑衣，脸色严肃，表情比他衣服的颜色还要阴沉。她们一开始想杀了他，认为他是市政厅的人，说他是叛徒。他回答说，自己不是叛徒，而是个执达员，是攻占巴士底狱的胜利者之一。此人就是斯塔尼拉斯·马亚尔①。

从早上开始，他就一直在圣安托万区做着切实有效的工作。巴士底狱志愿军在于林的率领下，已经拿着武器前往广场；正在拆毁堡垒的工人们还以为这些士兵是来对付自己的。马亚尔居中调停，阻止了一场冲突的发生。他又来到市政厅，及时阻止了女人们放火烧房。她们甚至向他保证绝不会放人进来，然后拿着武器守在大门口。而另一边的男人们，在十一点钟对圣让拱门下面的一扇小门发起攻击。他们拿着撬棍、榔头、斧子和标枪，强行攻破了这扇门，闯入武器库里。他们中间有一个人是法兰西禁卫军士兵，早上想敲响警钟，被人当场抓住；他说，自己能活下来纯属奇迹，要不是因为那些女人，他和其他人一样早被怒不可遏的温和派吊死了；他给大家看自己没戴领带的脖子，说当时绞绳都已经套到自己的脖子上了，女人们砍断了绳索，自己才侥幸活了下来。而作为报复，群众把市政厅里的一个人也吊了

① 斯塔尼拉斯·马亚尔（Stanislas-Marie Maillard，1763—1794年），参加过攻占巴士底狱，和其他人一起阻止了典狱长德劳内炸掉监狱，后来因执行1792年的九月大屠杀而闻名。——译者注

上去，他就是7月14日的那位弹药分发者——正直勇敢的勒费布福勒神甫。女人们，还有乔装成女人的男人们，真的把他吊在一个小钟楼上，其中一个不知道是男是女的人砍断绳子，他掉在了二十五尺下的大厅里，还好只是昏了过去。

无论巴伊还是拉法耶特都没能及时赶来。马亚尔找到总参谋长，跟他说现在只有一个办法来快刀斩乱麻，那就是由马亚尔本人领着女人们去凡尔赛，这样就能给政府时间来集合军队了。他走出市政厅，敲起了鼓，让大家都听到鼓声。这位一身黑服的高个子脸上那种戏剧感十足的凝重表情，对沙滩广场上的群众起到了作用：他看上去像是一个稳重可靠、可以给事情带来转机的人。扛着市政厅的大炮出来的女人们，当即推选他为队长。于是他和七八个鼓手走在队伍最前面，后面跟着七八千个女人和几百个拿着武器的男人，一群巴士底狱志愿军充当后卫。

到了杜伊勒里宫以后，马亚尔想沿着码头走，而女人们想隆重地从大时钟下面经过宫殿和花园。马亚尔作为一个礼仪监督者，提醒她们那里是国王的宫殿、花园；如果未经允许就从中穿过，那是在侮辱国王。[①]他彬彬有礼地走近一个瑞士士兵，跟他说这些女士只想借道，绝不会造成任何破坏。瑞士士兵掏出剑朝他冲了过去，马亚尔只得拔剑相抗。这时，幸好一个女门房拿根棍子绊了这个士兵一下，让他摔倒了，一个人随即冲过来用刺刀对着他的胸口。马亚尔阻止了他，冷静地解除了两人的武器，把刺刀和剑都收了过来。

上午过去，人们越来越饿。在夏约、奥特依、赛弗勒，饥民抢夺粮食的现象已经很难控制了。但马亚尔无法容忍这样的事发生。在赛弗

① 来自马亚尔的陈述——《总汇通报》，I，p.572.——原注

勒，队伍实在走不动了；他们什么吃的都没有，而且有钱也买不到食物；所有商店都关门大吉，只有一家店主生着病的商店还开着门；马亚尔付了钱，从他那里得来几罐葡萄酒。然后他指派了七个男人，让他们找到赛弗勒的面包商，令面包商把自己手上所有粮食都带过来。他们找到了八块总重三十二斤的面包，分给了八千个人吃。大家吃了东西以后，又走了一段路。路途疲劳，大部分女人都把她们的武器给丢了。而且马亚尔也让她们明白，如果想去见国王、议会，想要打动他们，就不能以这样一副宣战的样子出现在他们面前。人们把大炮放在了队伍最后，还在上面做了一些掩饰。借用一个法庭用词，聪明的执达员希望这尊大炮能起到**静庭令**[1]的效果。进入凡尔赛的时候，为了更好地表达他们的和平意愿，马亚尔还让女人们唱起了歌颂亨利四世的赞歌。

凡尔赛的人高兴坏了，喊着："我们的巴黎人万岁！"在无关的看客们眼里，这群前来请求国王施以援手的群众并没有任何恶意和危险。一个对革命不怎么赞成的人——日内瓦人杜蒙，当时正在小伊克里斯宫就餐，从窗户看到了这支队伍，说："这群人只想要面包罢了。"

那一天，议会内部乱成一团。国王既不想**批准**《人权宣言》，又不想**批准**8月4日法令。他说只有把宪法法律统一交上来以后才能对其进行审查；说不过考虑到紧张局势，只要行政机构重新掌握了它的所有权力，那他可以**同意**这些法令。

罗伯斯庇尔说："如果你们接受了国王的提议，那就再没什么宪法了，我们也再没权利拥有一部宪法了。"杜波尔、格雷古瓦尔还有其他议员也是一个意思，也说了同样的话。佩蒂翁提到并谴责了亲卫队在宴席滥饮后的丑态。一位本身就在亲卫队服役的议员为了维护亲卫队

① un amenée sans scandale，意为"法官下令将人安静地提到法庭上来，过程中不得对其干扰"。——译者注

的荣誉，要求揭发的事实必须得到规范记录，同时违法之人必须被追究。米拉波说："如果议会宣布只有国王人身是*唯一*不可侵犯的，那我就具名揭发。"这么做，相当于在指认王后了。全体议会都打起了退堂鼓，动议被撤回；在当时这种情况下，议会若这么做，必然会引发屠杀。

因为自己在对*否决权*表态时含糊其词、推诿躲闪，米拉波本人心里也不是不害怕。他走近主席，压低声音对他说："穆尼耶，巴黎正在向我们逼过来——不管你信不信，四万人正在向我们逼过来。你装作生病的样子，然后赶紧去王宫告诉他们这个消息；我们没有时间浪费了。""巴黎逼过来了？"穆尼耶冷淡地说（他还以为米拉波就是行动策划人之一），"那很好，那更好！我们很快就会更加共和了。"

议会决定向国王写信，要求他简单直接地接受《人权宣言》。三点钟，达尔热宣布一大群人出现在巴黎大街的街口。

现在，所有人都知道这件事了，唯独国王一人毫不知情。他如往常一样，早上离宫到莫冬树林里打猎去了。人们四处找他。与此同时，紧急集合鼓敲响，达尔姆广场上的亲卫队队员翻身上马，背靠铁门站成一排；下面的弗朗德勒军团守在他们的右侧；更下面的地方，在索镇大街，龙骑兵严阵以待；铁门后面则是瑞士兵团。德斯坦因以凡尔赛市政厅的名义，命令军队和国民自卫军齐心协力共同对抗骚乱。市政厅已经完全六神无主，甚至慌到了派德斯坦因去*跟着国王*，防止他走远，尽快把他*带回*凡尔赛。德斯坦因听命，飞身朝宫殿赶去，把凡尔赛国民自卫军留在那里，让他们自己看情况处理。他的副手德古维尔内（de Gouvernet）也离开了自己的岗位，和亲卫队站在一起，按照他的话，他更愿意和那些懂得战斗、懂得*使剑*的人一起作战。于是，国民自卫军里就只剩下乐管特勒中校一个人在那里坐镇指挥了。

然而，马亚尔还是抵达了国民议会。所有女人都想进去，他好不容易才说服她们，只让里面的十五个人跟着自己。这些人站在法庭围栏前，为首的就是刚才我们说过的那个法兰西禁卫军士兵，一个背着巴斯克鼓的女人站在后面，中间就是那位一身褴褛黑衣、手持宝剑的大个子执达员。士兵急急忙忙地告诉议会，从早上开始，面包店就一块面包都没有了，他想敲响警钟，然而差点被人吊死，多亏了身边的这些太太才能得救。他说："我们来，是想要面包，并要求惩罚那些侮辱了帽徽的亲卫队士兵。我们都是爱国的良民，我们在路上把黑色帽徽扯了下来，现在，我很乐意当着议会的面把它撕碎。"

这些话说完了之后，另外那个人严肃地补充了一句："每个人都应该戴上爱国的帽徽。"这句话引来一些人的窃窃私语。

"不过，我们全都是兄弟！"那个脸色阴沉的人继续说道。

马亚尔是在暗指巴黎市政机构昨晚宣布的内容：三色帽徽是**博爱的标志**，是公民唯一应该佩戴的帽徽。

已经不耐烦了的女人们齐声高喊："要面包！要面包！"马亚尔开始描绘巴黎的惨状，运在路上的物资不是被临近城镇劫走，就是被贵族拦下。"他们就是想把我们饿死。"他说，"某人用两百里弗收买了一个磨坊主，还承诺每周都会有这么一笔钱送过来，条件是他不能磨面。"议会惊呼："说出他的名字！他是谁！"其实格雷古瓦尔在议会里已经提过这个四处流传的谣言，而马亚尔则是在路上听说的。

"说就说！"一些女人在乱喊，"是巴黎大主教。"

在这许多人都命悬一线的紧张时刻，罗伯斯庇尔做出了一个认真的选择。他独自一人挺身而出支持马亚尔，说格雷古瓦尔神甫说过这件事，肯定也给出过其他相关信息。[①]

议会其他成员或者试图安抚众人，或者出语威胁。一位不知是神甫还是主教的神职人员把手递给一个女人让她亲吻。这个女人怒不可遏，说："我不是为了去吻一条狗的爪子才生而为人的。"另一位议员，一个佩戴着圣路易十字勋章的军官，听到马亚尔说宪法的最大阻碍是教会，于是火冒三丈，说应当杀鸡儆猴，立马把他拉出去惩戒一番。马亚尔眉头都没动一下，说他不是要控告任何一个议会成员，而且教会对这一切肯定也是毫不知情；说他觉得自己提出这番警告是在帮他们。罗伯斯庇尔第二次支持马亚尔，安抚女人。外面的女人们已经等得不耐烦了，又担心她们的发言人的人身安全。谣言在她们中间传开，说他已经被杀。马亚尔走出去，暂时露了一下面。

回来以后，马亚尔继续刚才的话，请求议会让亲卫队对侮辱帽徽事件做出弥补。一些议员对此矢口否认，马亚尔依然坚持着，用词有些失了分寸。主席穆尼耶提醒他要尊重议会，又愚蠢地补充说，那些想当公民的人自然愿意去当公民。这就在马亚尔那里落了一个口实，他抓住了这个漏洞，反驳说："没有人不会为公民的这个称号而感到自豪。而且，在这个庄严的议会里，认为它是一个耻辱的那些人应该被驱逐出去。"议会骚动起来，大家欢呼着："没错，我们都是公民。"

此时，有人代表亲卫队佩戴着三色帽徽走进会场。女人们高喊："国王万岁！亲卫队的先生们万岁！"没有那么容易得到满足的马亚尔，坚持要求遣走弗朗德勒军团。

穆尼耶当时还想着自己能把他们打发走，便说议会绝没有忽视粮食

① 《总汇通报》把这些全都歪曲、删除了。还好后来（在第一卷最后），它还是提供了相关的陈述。另外请看《1789年大革命史》，以及费里耶尔等人的回忆。——原注

问题，国王也没有，他们已经在想新的办法了，这件事肯定能得到和平解决。然而马亚尔不为所动，说：“不，这还不够。”

于是一个议员提议前去向国王陈述巴黎的悲惨状况。议会通过这个决议，女人们对此雀跃不已，跳起来抱着议员们的脖子，不顾主席抵抗亲吻着他。“米拉波呢？”她们还问，“我们很想见见我们的米拉波伯爵！”

被亲吻着、被拥挤着、几乎快被挤断气的穆尼耶，凄凄惨惨地和代表团一行人上路了，后面是一群坚持要跟过来的女人。“我们走在泥泞里。”他后来回忆说，“天正下着瓢泼大雨。我们必须穿过一群衣衫褴褛、吵吵嚷嚷、拿着各式各样奇奇怪怪的武器的人群。亲卫队正在巡逻，疾驰而过。”亲卫队看到了穆尼耶和其他议员，后面还有那支被荣誉加封为扈从的奇怪随行。他们明显觉得眼前这些人就是暴乱头目，于是骑马奔来，想驱散人群。[①]不可侵犯的议员们拼命躲着，在泥泞中逃着命。

我们可以想象人民当时有多么愤怒，他们一直以为跟着这些人，自己肯定也能受到尊重！

两位女性受了伤，根据一些证人的证词，她们身上甚至还有军刀留下的刀伤。[②]然而，人民群众依然什么都没做。从三点钟到晚上八点钟，他们耐心地、一动不动地等着，只有看到亲卫队那身讨厌的军服经过身边的时候，人群才发出几声喊叫、几声讥笑，还有一个孩子朝他们扔石头。

人们找到了国王，他从莫冬不紧不慢地回来了。穆尼耶的身份总算

① 请看穆尼耶在《证明报告》末的证词。——原注
② 如果如人宣称的那样，国王下了禁行令，这也很晚了，太晚了。——原注

得到承认，和十二个女人一起得到接见。他向国王陈述巴黎的悲惨，向大臣们说起议会的要求，说它还在等着《人权宣言》和其他宪法条款得到直接简单的接受。好心的国王聆听了女人的讲话。年轻的露依蓉·夏布里负责发言，然而站在国王面前时，她情绪太过激动，只勉强说出“面包”这两个字，就昏了过去。国王大为受动，派人将她救了过来。离开时，她想吻一下国王的手，而国王则像父亲一样给了她一个拥抱。

走出王宫以后，露依蓉就成了保皇党人，高喊着：“国王万岁！”在广场上等着的那些女人怒火冲天，说她被宫廷收买了。她翻开自己所有衣袋，想证明自己身上一分钱都没有，可是没用；女人们用袜带套住她的脖子，想把她勒死。人们费了很大力气才把露依蓉救出来。她回到王宫，接到了国王一道派送粮食的手谕，以临时缓解一下巴黎的危机。

对于主席的要求，国王平静地答道：“九点钟的时候再过来。”穆尼耶坚持待在王宫、待在议事厅门口，坚持要得到一个答复。时间一小时一小时地过去了 ，直到晚上十点，依然什么都没决定下来。

巴黎部长圣-普利斯特，在很晚的时候才收到消息（这也证明了去凡尔赛的这个行动完全是群众突发的、自发的）。他提议王后前往朗布依埃，而国王留下来抵抗，在必要时候开战；王后独自离开，也能让人民的情绪平静下来，免去不必要的冲突。内克尔则希望国王去巴黎，把自己托付给人民，以表达他的坦率、真诚和接受革命的立场。路易十六没有回答，他推迟了会议，想去咨询一下王后的意见。

王后当然希望离开，但是和国王一起离开，而不是让这么唯唯诺诺的一个人独自留下来。若要掀起内战，国王的名号就是她的武器。圣-普利斯特在接近七点钟的时候，听闻拉法耶特在国民自卫军的催促下正朝凡尔赛赶过来。“我们必须马上走。”他说，“有国王走在军队前面，肯定会一路通行无阻。”然而他不可能逼着国王去决定什么。国王以为（而且是错误地以为），自己一走，议会肯定就会拥立奥尔良公爵为王。何况，他讨厌当逃兵。国王大步徘徊着，时不时反复念着几个字：“一个逃跑的国王！一个逃跑的国王！[①]”[②]而王后依然坚持离开，并下令准备马车。然而那时已经没有时间了。

① 这句话还有另外一个意思：一个短命的国王！——译者注
② 请看内克尔书中的内容，以及他的女儿斯塔尔夫人的《论法国大革命》。——原注

## 第9章

# 国王被带到巴黎

10月5日的后续事件——第一场流血——女人们争取到了弗朗德勒军团——亲卫队和凡尔赛国民自卫军之间的对战——国王失去了逃走的机会——宫廷惊惶不安——女人们在议会大厅过夜——拉法耶特被逼前往凡尔赛——10月6日——王宫被攻破——王后有难——亲卫队被前法兰西禁卫军士兵救下——议会犹豫不决——奥尔良公爵的行为——国王被带到巴黎

女人们把巴黎自卫队的一个民兵逮住，不管他答不答应，硬是把他推为她们的领头人。这个民兵在路上时脑子已被烧得火热，到了凡尔赛以后更是比谁都要激动。他大着胆子从亲卫队后面经过，看到那里大门紧闭，就对里面的站岗士兵出言不逊，还拔出刺刀做出各种威胁动作。亲卫队的一个中尉和另外两个人随即拔剑冲了过去，一个劲儿地追着他。他撒腿狂逃，边逃边撞倒路边破烂的木棚、酒桶，一路跌跌撞撞，大喊救命。当一个骑兵快追上他的时候，凡尔赛国民自卫军再也看不下去了。自卫军中一个酒贩子出身的士兵挺身而出，瞄准骑兵开枪射击，立刻把他拦了下来；另一个正挥着剑的士兵，被他直接弄断了胳膊。

这支国民自卫军的统帅德斯坦因还在王宫，一直以为他要和国王一起离开。乐管特勒中校仍在岗位上，要求市政厅发令，可后者一言不发。乐管特勒担心饥民会在城中四处洗劫作乱、寻找食物（他的这个担心不无道理），便找来饥民，问他们需要多少食物，然后请求市政厅放粮。但他只拿到可怜巴巴的几颗粮食，根本不可能喂得饱那么多的饥民！于是他派人四处寻粮，为此殚精竭虑，稍稍救济了一下群众。

与此同时，他给弗朗德勒军团写信，问军官和士兵是否会开枪。而当时，这群人已经折服在了另一股强大的力量之下。一些女人来到他们中间，求他们不要伤害人民。其中一位女性（后面我们会经常看到她）似乎不是和其他人一道趟着泥水走路过来，不过肯定也是随后赶到，到了以后立即走进军营。她，便是美丽的泰鲁瓦涅·德·梅里古（Théroigne de Méricourt），一个土生土长的列日人[①]。她和那些曾经在15世纪里发起革命、英勇反抗过查理·勒泰梅雷尔（Charles le Téméraire）[②]的无数列日女人一样[③]，热情冲动、生机勃勃。泰鲁瓦涅有趣而又动人，看上去特别与众不同。她一身骑马装束，身侧还别了一把宝剑，说着一口混杂着列日方言的法语，听上去乱七八糟，但又说得让人心服口服。士兵都在笑，但都朝她让步了。急躁、迷人而又可怕的泰鲁瓦涅，在哪里都是不可抵挡的。她得到了许多人的爱慕，却只有一个爱人，那个粗暴、危险、向她不止索取生命的爱人——大革命。[④]她狂热

① 列日是比利时东部的一个城市。——译者注
② 即勃艮第公爵——大胆的查理。——译者注
③ 请看我的《法国史》，第六卷。——原注
④ 这是一个悲剧性的故事，但遭到博留和所有保皇党人的严重曲解。我请列日人将他们这位女英雄的事迹重新还原出来。——原注

地追随着它，从不错过任何一场议会会议，在俱乐部和公共场合频频现身，还在自己家里组织了一个俱乐部，接待了许多议员。她没有一个爱人，曾公开宣布自己谁都不要，只要那位伟大的玄学家、那位永远的女性公敌——冷漠、神秘的西哀士神甫。

可怜的弗朗德勒军团在泰鲁瓦涅的强大攻势下土崩瓦解，这个女人扭转了它的思想、征服了它的心灵、卸去了它的铠甲，甚至还让它客客气气地把弹药借给了凡尔赛国民自卫军。

德斯坦因派人传信过来，令自卫军撤回。有些人走了，还有些人回答说自己不会走，除非亲卫队第一个先撤。亲卫队收到命令，列队离开。当时已是晚上八点，夜幕已经降临。人民跟在亲卫队后面，推攘着他们、讥笑着他们。亲卫队必须靠剑才能强行开出路来。队伍后面一些队员感到最为难堪，忍不住开了几枪，伤到了三个国民自卫军士兵，其中一个伤在脸上，另外两个是身上中弹。他们的战友不甘示弱，也开枪了；亲卫队便操枪进行反击。

另外一群国民自卫军则直接闯进宫廷，将德斯坦因团团围住，要求发武器弹药。德斯坦因本人被他们的冲动所震惊，更被他们在军队包围下表现出来的一腔孤勇所震撼。“这是真正的热血死士。”后来他是这么跟王后说的。[①]

凡尔赛自卫军的一位中尉向炮兵队守卫宣布，如果他再不交出火药，他的头就会被砸个稀巴烂。守卫交出一桶火药，人们当场敲去桶盖，给大炮上弹，然后对着斜坡直接开炮，从侧面攻击那些依然守在王宫旁边的军队，以及正从广场上撤回的亲卫队。

而王宫另一边的凡尔赛人也表现出了他们的坚定立场。五辆马车出

① 请看《1789年大革命史》第三卷末处他所写的一封信。——原注

现在铁门后面，准备出城；他们说，马车里是王后，她准备去特里亚农宫。瑞士士兵开了门，然而自卫军又把门关上了。指挥官说："现在离开王宫会给王后陛下带来危险。"马车在随从的护送下回到王宫。出去的路已经被堵死，国王已然成了瓮中之鳖。

同样也是上面那位指挥官，出手救下了一位亲卫队队员，后者因为对人群开枪而差点被愤怒的群众撕成碎片。指挥官周全地斡旋，终于让人群把士兵放了；他们开开心心地把他的马宰了，然后在达尔姆广场上生起火来准备烤肉，然而人们实在太饿，马肉几乎还是生的，就被他们风卷残云般消灭得一干二净。

黑夜已至，大雨如注。人们四处在找避雨的地方，有的人强行打开了大厩舍的大门，里面是弗朗德勒军团的营地，于是百姓和士兵们睡在了一起。另外大约有四千人的群众则躲在议会大厅里。男人还算平静，然而焦躁不安的女人们无法忍受当下这种无所事事的状态，她们说着、喊着、骚动着。只有马亚尔才能让她们安静下来，他也只能通过对着议会高谈阔论才能稳住女人们的情绪。

但亲卫队的人又过来了，找到守在议会门口的龙骑兵，问他们能不能帮忙一起去收缴对王宫造成威胁的大炮。听了这话，人民又骚乱起来，朝着亲卫队冲过去；龙骑兵拦住了群众，让他们逃走了。

八点钟，宫廷又做了一次尝试。他们带来国王的一封信，信中丝毫没提《人权宣言》，只泛泛地承诺会保障粮食运行的畅通无阻。到了这个时候，出逃计划很有可能在王宫占据上风。对于一直守在议事厅大门口的穆尼耶，王宫没有给出任何答复，只交出了这封信，来转移已经等得焦躁不耐的人群的注意力。

一个特殊人士的出现，使得宫廷更加惊惶不安。一个一身布衣打扮的年轻人走进宫中，穿着破烂、神色委顿。[1]人们惊呆了，那是年轻的黎世留公爵。他乔装打扮，混在人群里。没错，新的一批群众正从巴黎赶来。公爵半路上偷偷离开，好前来警告国王一家；他听到了许多恐怖的传言、可怕的威胁，听来令人觉得毛骨悚然。说这些话的时候，他的脸色是如此惨白，把所有人都吓得面无血色。

国王开始惴惴不安起来，觉得王后会有危险。无论他从心底多么抵触那部他觉得纯粹是伪哲学的立法之作，但终于在晚上十点钟签署了《人权宣言》。

穆尼耶可以离开了。在这支谁都不知道他们要干吗的巴黎大军抵达之前，他想赶紧重新控制住办公厅。然而当他回来的时候，议会再没什么人，大家已经散会了；越来越吵、要求越来越多的群众，要求降低面包和肉类的价格。穆尼耶在找自己的座位。主席位置上坐着的是一位端庄得体的高个子妇人，手里正拿着按铃，看到他后，连忙不好意思地让出座位。他下令集合议员，等待过程中，穆尼耶向人民群众宣布国王刚刚接受了宪法条款。女人们紧紧围着他，求着把签字函件的副本拿给她们看看，还有些人问：“可是主席先生，这能带来什么好处呢？能给巴黎的穷苦百姓带来面包吗？”另外一些人说：“我们很饿，我们一天都没吃饭了。”穆尼耶说已经派人去面包店找吃的了。物资从各方送来，群众在大厅里吵吵闹闹地开吃起来。

女人们一边吃饭一边和穆尼耶拉扯闲话：“亲爱的主席先生，您为什么要替这个可恶的**否决权**说话呢？可要当心灯柱子啊！”穆尼耶坚定地回答说，她们没有做出判断的能力，有人在欺骗她们，而他本人宁可有生命危险，也决不愿背叛自己的良知。这个回答很讨女人的欢心，从

① 见斯塔尔夫人《论法国大革命》中第二卷，第十一章。——原注

那时起，她们对穆尼耶的态度就比先前尊重和友善得多。[①]

只有米拉波一人的声音能压过那片喧哗声，让人听到他在说什么。但他没有心思发言，内心肯定也是焦急不安。根据好几个证人的证词，那天晚上他拿着一把剑走在群众中间，对他碰到的所有人说："孩子们，我们是为着你们的。"然后，他就睡觉去了。日内瓦人杜蒙找到了他，把他带回议会。米拉波一到达大厅，就用自己那惊雷一般的嗓子说道："我很想知道，人们凭什么能够到我们的议事大厅来惊扰议会？主席先生，请让他们尊重议会！"女人们在叫好，随后便是短暂的平静。为了打发时间，议会又继续讨论起了刑法。

"我当时正在一条走廊里，一个卖鱼妇也站在那里，似乎很有威信的样子，颐指气使地指挥着一百多个女人，尤其是年轻女人，一听到她发话，吵吵嚷嚷的她们就全都闭嘴了。她亲热地和议员们打招呼，喊着他们的名字，还问：'那个说话的人是谁？叫这个饶舌的人闭嘴！他根本没有谈到点子上！关键的是要有面包！还不如让我们的小妈妈米拉波来发言呢。'于是所有其他女人都喊起来：'叫我们的小妈妈米拉波上来！'然而，他根本不想说话。"[②]

五六点钟从巴黎出发赶来的拉法耶特，过了午夜才抵达凡尔赛。我们把时间往前推一点，看看他从中午到午夜都做了什么。

约十一点钟的时候，他收到市政厅遭到攻击的警报，到了那里以后，发现人群已经撤去，便立刻给国王写了一封急报。国民自卫军中无论是雇佣兵还是非雇佣兵，都在沙滩广场上列队集合，觉得自己应该到凡尔赛去。队伍里许多士兵，特别是从前的法兰西禁卫军，都怀念着

① 请看穆尼耶在《证明报告》后的证词。——原注
② 《艾吉安·杜蒙回忆录》，p.181.——原注

当初护卫国王的殊荣，想再次扛起这个职责。他们中的一些人跑到市政厅，敲响了拉法耶特办公室的门；有一位相貌英俊、口齿伶俐的年轻投弹手，非常坚决地对他说：

“将军，人民没有吃的，穷困潦倒到了极点；物资委员会要么骗了您，要么它自己也上当了。现在情况已经难以为继，只剩一个办法，去凡尔赛！有人说国王愚蠢无能，那我们就把王冠戴在他的儿子头上，再由您去摄政，那么一切将会好转起来。”

拉法耶特是一个行事非常果敢、性格非常固执的人，而人民的拥护让他变得太过刚愎自用了。他对自己的影响力太有自信，虽然他也有理由自信；不过现在，他终于发现自己过高估计了自己的威望。他对人民发表长篇大段的讲话，然而没有起到任何作用，他只好骑着白马在沙滩广场上无用地站了好几个小时。他一会儿对军队发言，一会儿又打个手势令全体肃静，还有的时候为了让自己有点事做，就去拍拍自己的马。情况越来越危急，不止是他的国民自卫军在催促着，连圣安托万区和圣马索区的队伍都按捺不住了。自卫军的人更是什么都听不进去，他们边对将军说话，边打着激烈的手势，甚至连灯柱子都替他备好了。拉法耶特下马想回到市政厅里，然而投弹手们拦住了他的去路：“见鬼！将军，您得和我们在一起，您不能把我们抛下不管。”

幸好此时市政厅送出一封信，命令将军即刻出发，“既然一切已是箭在弦上、不得不发。”“走吧。”拉法耶特说道，语气里满是懊恼。人群中响起了一片欢呼声。

国民自卫军有三万，其中一半人马朝着凡尔赛出发了，路上还加入了好几千普通百姓。国民帽徽受辱事件给这次讨伐之征提供了一个崇高的理由，大家一路都在欢呼。临水露台上有一群打扮不俗的人看到他们，全都高呼起来。经过奥尔良公爵在帕西租的一所宅院时，德让丽夫人站在台上，呼喊着，挥动着手绢，根本不顾忌在那里抛头露面。

那天恶劣的天气，大大减慢了行军速度。国民自卫军许多人满心的豪情壮志，被大雨慢慢浇灭了。那天不像7月14日那样晴空万里，10月冰冷的大雨倾盆而下。有的人停在路上，还有的人在骂骂咧咧地往前走。一些富商说："这些平日好天气里都只愿坐马车去自己乡村别墅的人，要让他们冒雨走四古里，这的确不容易。"有些人说："我们不能这样白白受苦！"于是王后成了他们的发泄对象，他们说着各种恐吓威胁的话，在那里胡言乱语，看上去凶神恶煞的样子。

已经乱成一锅粥的王宫等着他们的到来。有人认为拉法耶特看似被迫才来，其实却从乱局中赚够了好处。直到晚上十一点钟，宫廷依然等着，想看看人群是否散去，马车能否走出龙骑兵守着的铁门。然而凡尔赛国民自卫军通宵达旦地巡逻，封住了所有道路。

此外，王后依然坚持决不独自离开。她理性地做出判断：如果自己和国王分开，那绝对没有任何安全保障。她身边大约有两百名贵族——其中许多人还是议员——愿意保护她，为她出生入死也在所不惜，请她下令让他们有权使用她马厩里的马。她颁下旨意，但前提是在国王有难的时候才能用马。

走进凡尔赛之前，拉法耶特再次让他的部队发誓要坚守法律、忠于国王。他派人宣告自己抵达的消息，国王的回答是：他很高兴能够看到拉法耶特，而自己也刚刚接受了他的《人权宣言》。

令亲卫队和所有人大吃一惊的是，拉法耶特居然独身一人走进王宫。牛眼厅的一个宫廷人士说了一句非常愚蠢的话："看，克伦威尔来了。"拉法耶特巧妙地回答说："先生，克伦威尔可不会一个人进来。"

“他看上去神情自若。”斯塔尔夫人说（她当时就在现场），“与平常并无二般。然而因为自己角色的重要性，他的处境也颇为微妙。”他越是强大，就越是恭敬有礼的样子。而此外，由于先前自己遭到了冒犯，他比过去任何时候都更加倾向于保皇派了。

国王令国民自卫军在王宫外围布防，亲卫队则守在宫内。可是，外面的守备也没有全部托付给拉法耶特。拉法耶特手下的一支巡逻小队想进入花园，然而大门朝他们紧闭着。负责花园守卫工作的是亲卫队和其他军队；而直到凌晨两点钟，他们都还等着国王，等着他最后做出出逃的决定。[①]两点钟时，终于被拉法耶特安抚下来的他们得到消息：他们可以去朗布依埃了。

三点钟，议会会议结束。人民群众已经四下散开，各自在教堂或者其他什么地方睡觉去了。拉法耶特才到没多久，马亚尔和许多女人（里面也有露依蓉·夏布里）就回巴黎去了，身上带着粮食和《人权宣言》的法令。

拉法耶特好不容易才把他的国民自卫军安顿下来。他们浑身湿透、筋疲力尽，只想找个地方烤火、吃点东西。最后，连拉法耶特本人也觉得已经平静无事，于是来到诺埃依旅店，沉沉睡了过去。在二十小时的奔波辛劳和骚乱动荡之后，他终于可以睡上一觉了。

然而还有许多人都没有睡。尤其是那些当晚从巴黎赶过来的人，他们完全没有一丝困意。由女人主导的第一场征战完全是自发的，太幼稚，甚至可以说太天真，这纯粹是因为生活所迫而发起，而且根本没有流血。连马亚尔也为自己在骚乱中维持了一定秩序而感到很是自豪。这

---

① 直到那时他们依然还想着这么做——如果德拉图尔-杜班（de La Tour-du-Pin）的证词可信的话。（《拉法耶特回忆录》，Ⅱ.）——原注

类骚乱一般都像歌剧中的咏叹调一样，慢慢地才推到最高音，所以几乎没人预料到第二次的巴黎之征最后会如此发展下去。没错，这场运动是在国民自卫军眼前发生的，而且事实上还得到了他们的支持。然而有些人决定抛开国民自卫军单独行动，他们中的许多人都是极为疯狂的狂热分子，甚至还想谋杀王后[①]。另外还有些人吼着要去杀了王后，看上去最是咄咄逼人的样子，但其实只是一群趁乱作恶的强盗罢了。这群人四处窥视，寻找攻入王宫的机会。上次攻占巴士底狱后，他们在监狱里并没找到什么让自己满意的大玩意儿。然而，这里可是凡尔赛最宏伟奢华的一座宫殿啊，这里堆积的可是法国一个多世纪攒下来的财富啊！对于这些强盗而言，这是何等诱人的一个销魂窟啊！

早上五点，天还没亮，就已经有一大群人围在铁门边上了，他们拿着长矛、铁钎、钐镰，个个摩拳擦掌、跃跃欲试。他们并没有枪，看到一些亲卫队队员守在铁门那里，就逼迫国民自卫军朝他们开枪。自卫军听了他们的命令，但故意把子弹射偏了。

在这群要么四处游荡、要么聚在某个火堆边上的人群里，有一个驼背的小矮个——骑着马的律师维利耶（Verrières）——据说这是一个狠角色。人们从晚上开始就在等着他，说离了他什么事都成不了。乐管特勒也在那里，说着、走着。凡尔赛人似乎比巴黎人还要躁动，对宫廷、对亲卫队的怒火长期以来一直积攒在他们胸中无法释放。昨天晚上本来有个报仇的机会，结果让他们给错过了，现在想来后悔不迭，要归到一起算总账。他们中间有一些人是锁匠和打铁匠（难道说是军工坊的匠

① 我在《人民之友》上并没有看到能把掀起流血暴力事件的罪名归到马拉头上的证据。不过可以确定的是，他在里面也出力不少："马拉先生飞身赶往凡尔赛，回来时候浑身光芒万丈、如披霞光，声音洪亮得堪比审判之日里的四台喇叭，他喊着：啊，死神啊！站起来吧！"（卡米尔·德穆兰，《法国和布拉班特革命报》，Ⅲ，p.359.）——原注

人？），这都是一群使力气的粗人，被作坊的炉火炙烤得喉焦唇干，下来以后个个都是能喝的酒缸子。

大约六点时，凡尔赛人和巴黎人组成的这群乌合之众，有的爬铁门，有的直接硬闯，就这样进了王宫。他们在王宫庭院里往前走着，心里七上八下、惴惴不安。第一个丧命的人，是在溜进院墙的过程中一不小心从高处坠亡——如果保皇党人说的是事实的话。而根据另外一个更可信的版本，他是被亲卫队开枪打死的。

有的人从左侧往王后寝殿奔去，另外一些人走右边，直扑小教堂台阶，而那里离国王寝宫已经很近了。左边跑在最前面的一个巴黎人手里没有任何武器，直接和一个亲卫队侍卫打了个照面，被他一刀刺死，该侍卫随后立刻被杀。右边走在前面的是凡尔赛自卫军里的一个民兵，这是一个小锁匠，眼睛深凹，头发稀疏，手因为长期的锻造工作而皲裂得厉害。①一个侍卫在台阶上朝他走来，边走边问话，他和另一个人不作回答，直接冲过去，抓住他的肩带想把他带倒，然后直接交给后面的群众。亲卫队把他们的战友抢了回来，然而过程中间有两位侍卫遇害。所有侍卫沿着长廊逃下，一直逃到了位于国王寝宫和王后寝宫之间的牛眼厅。另外一批亲卫队已经在那里做好防备了。

王后寝宫是最猛烈的攻击对象。王后侍女刚邦夫人的妹妹，刚刚把门打开一半，就看到一个浑身是血的侍卫在死命拦住愤怒的人群。她迅速用门闩将两扇门锁死，给王后套上衬裙，想把她送到国王那里。当时情况十万火急！通道的门从另一侧用门闩锁了起来，她们拼命拍着门，然而国王并不在房里，他从另一条路去王后那里了。这时，一声枪响几乎近在耳畔。“朋友们，我亲爱的朋友们。”王后哭喊着，“救救我！

① 根据一位亲卫队队员米奥芒德勒（Miomandre）的陈述。（《总汇通报》，Ⅰ，p.566.）——原注

救救我的孩子！”王太子被带了过来，门终于开了，她们在国王宫中得救了。

人群还在砸着、撞着，想闯进牛眼厅。亲卫队用桌椅板凳等家具堵在门后面，下面的门板已经被撞得粉碎，他们只有坐以待毙了。然而突然，外面的喧嚣声一下子消失，一个温和却又有力的声音响了起来：“开门！”他们一开始还没听到，那个声音又重复道：“请开门，亲卫队的先生们，我们并没有忘记，当初是你们的人在丰特努瓦那里救了我们，救了我们其他法兰西禁卫军的人。”

是他们，是从前的法兰西禁卫军，也就是现在的国民自卫军；那个说话的人就是勇敢而仁慈的奥什，当时他只是一个小小的上士而已。是人民赶过来救了贵族。亲卫队开了门，大家都哭着抱成一团。

而此时，国王以为通道已被攻下，把前来营救他的人当成了杀人者。在勇气和仁心的驱使下，他亲手打开大门，对面前的人说：“请不要伤害我的侍卫。”

危险过去了，人群撤出了，只有强盗们还不乐意空手而归。他们都在忙着自己的营生，打劫珠宝、搬走家具。投弹手们把这群流氓全都丢到了宫门外。

而王宫庭院中却上演了另一幕令人魂飞魄散的场景。一个长胡子的男人正拿着斧子，把刚刚在台阶上被杀害的那两名侍卫的头砍下来。有人把这个浑蛋当成了南部一个臭名昭著的强盗，然而他纯粹只是一个美术学院的模特而已；为了这么一天，他特地穿上了一套别致的古代奴隶服。所有人都被吓呆了，恐怖的气氛更加浓厚。[①]

---

① 此人名叫尼古拉（Nicolas），根据他的房东所言，此人从没表现出任何暴力倾向，也从没起过什么歹心。这么一个可怕的人，还让孩子们揪着他的胡子玩。其实说到底，他只是一个自命不凡又有一些疯狂的人罢了，觉得自己干出了一件举世瞩目、前无古人的大事，说不定还是在重现他在画（转下页）

很晚时候才醒来的拉法耶特，立刻骑马赶了过来。这时，他看到人们把一个侍卫抓住，摁在死于亲卫队之手的一具尸体旁边，想把他杀死泄愤。他说：“我已传话给国王来营救自己的侍卫，也请你们尊重一下我的话。”这个侍卫被救了下来，然而拉法耶特就不是了。一个愤怒的人喊着：“杀了他！”他下令抓住此人，众人听令，把这个人拖到将军面前，将他的脸死死地踩在地上。

拉法耶特走进宫殿。国王的姑母阿黛拉伊德夫人（Adélaôde）跑过来抱住他说：“是您救了我们。”他赶往国王外厅。你敢相信吗？都到这个时候了，宫廷还在讲究什么礼仪规矩！一个侍卫长把他拦了一下，然后又将其放行。“先生。”他严肃地说，“国王允许您觐见。”

国王走到阳台上，整齐划一的口号声响了起来：“国王万岁！国王万岁！”

“国王去巴黎！”这是第二声呼喊。整个人群喊了起来，随即整个军队也加入到呼喊的人群中。

王后站在旁边的窗户里，她的女儿在侧面，王太子在身前。孩子一边玩弄着姐姐的头发，一边说：“妈妈，我饿了！”啊！报应啊！可怕的饥饿感从人民传到了国王那里！啊！苍天啊！苍天啊！行行好吧！这只是个孩子啊！

此时，许多人又大声喊了起来：“王后！王后！”人民想让她在阳台上露脸。王后犹豫了：“什么！就我一个人？”拉法耶特说：“夫

---

（接上页）里或剧院里看到的流血场景。他干下这桩骇人听闻的事情后，所有人都对他退避三舍，让他突然品味到这种前所未有的孤独是何其乏味和无聊。于是他以各种借口找人说话，问一个仆人要一支蜡烛、问王宫一个瑞士士兵买酒喝，还自吹自擂，努力寻求安慰。（请看《总汇通报》中的陈述。）——割下来的人头被人群用长矛顶着带到了巴黎，其中一个还是拿在一个孩子的手上。根据几个证人所说，头颅当天早上就被带走了；而另外一些人说，它们就在离国王不远处、也就是在拉法耶特面前，就这样被带去了巴黎，然而这种说法不怎么可信。亲卫队杀了五个人，他们有的是普通百姓，有的是凡尔赛国民自卫军的人，而后者则杀了七名亲卫队士兵。——原注

人，什么都别怕，去吧。”她便去了，但不是一个人，身边带着一队受到世人仰慕的护卫队——左手是她的女儿，右手是她的儿子。大理石庭院现在一片狼藉，在愤怒的人浪拍打下显得更加骚乱；国民自卫军周围都是人，根本不能起到守卫作用；庭院里挤满了愤怒得失去理智的人，手里拿着武器。此时，拉法耶特表现出令人敬佩的勇气，他挺身而出，为了这个浑身发抖的女人，拿自己的民心、命运和安全冒险，和她一起出现在了阳台上，吻了她的手。①

人群感受到了这一切，大家都心软了。在他们眼里，此时的王后再没了其他什么身份，纯粹只是一个女人、一位母亲而已。“她多美啊！什么？那个就是王后？你看她多疼爱自己的孩子啊！”伟大的人民啊！愿上帝保佑你，为了你的宽恕，也为了你的健忘！

王后去了阳台，国王整个人都在发抖。王后成功折返后，他对拉法耶特说：“我的侍卫呢，您能不能为他们做些什么？”“把其中一个人给我带来吧。”拉法耶特说。然后，他带着这名侍卫来到阳台上，让他发誓，在他的帽子上别上国民帽徽。侍卫拥抱了他。人们欢呼着：“亲卫队万岁！”为了保险起见，投弹手们和亲卫队士兵互换了帽子。如此这般，人们为了避免发生误伤事件，就再不敢朝亲卫队开枪了。

国王非常抵触离开凡尔赛的想法。离开王室之地，在他看来就和离开王国没什么区别。几天前，马鲁埃和其他议员想离开巴黎，求他将议会转移到贡比涅去。而国王却断然拒绝了这个请求。可现在呢，他得和这群可怕的人一起离开凡尔赛前往巴黎。王后会怎么样？他几乎不敢去

---

① 在众多的叙述中，最令人留意的当数拉瓦朗女士（La Varenne），也就是我们刚才提到的那位勇敢守住王后宫门的侍女的陈述。在她身上，我们可以清楚看到一个传奇的诞生。这位女士既是目击者，又是当事人，为拯救某个亲卫队队员而受伤。她看到了、听到了在自己脑海里留下最深刻印象的一切，并把它如实说了出来：“王后走到阳台上；拉法耶特先生说：‘王后被人骗了……她承诺热爱她的人民，和他们结为一体，就像耶稣和他的教会一样紧紧相依。’为了证明拉法耶特所言属实，王后流着眼泪两次举起手来。国王请求宽恕他的侍卫。”等等。——原注

想这个问题。

国王派人请议会到王宫集合。议会在拉法耶特的支持下和国王在这里聚首后，其中一些议员就会请国王绝不要去巴黎。这样的请求传到了人民那里，就会变成是议会上下的呼声。所有的激情总会消退，劳累、饥饿、困乏会慢慢消解人民的意志，他们会自发回到自己该待的地方的。

集合起来的议会，升起了犹豫摇摆的情绪。

没人有任何决定或打算。这次的人民运动猛地迎面打来，让人猝不及防，连最有远见的人都没能事先看出一丝征兆。米拉波没有，西哀士也没有。西哀士第一时间得知这个消息后，悲哀地说："我根本无法理解，它完全是在朝着不利的方向发展啊。"

我猜他想说的是，于大革命不利的方向。当时的西哀士仍属于革命派，也许还非常倾向于奥尔良这一边。国王离开凡尔赛、离开他那古老的王宫，和人民一起住在巴黎，毫无疑问，这对路易十六而言是一次重新争取民心的绝好机会。如果王后不跟他一起（被杀或者逃跑），巴黎人很有可能会重新升起对国王的爱戴之心。他们一直对这个憨厚的胖子抱有一种偏爱，国王那肥胖的身躯反而让他看上去有一种善良的慈父模样，很能帮他争取到群众的喜爱。在上文中，我们已经看到集市上的女贩子称他为**好心肠的爸爸**；这其实也是全体人民的一致想法。

前往巴黎的想法，吓住了国王，也从另一个方向吓住了那些想要坚持革命、继续革命的人，更吓住了那些出于爱国之心或者个人原因想把奥尔良公爵推到监国甚至更高位置上的人。

奥尔良公爵被人疯狂指控说有杀害王后的想法，但对他来说，最糟糕的莫过于：王后被杀，国王一扫先前大失民心的局面，来到巴黎，落到巴伊或拉法耶特这样的人手里。

奥尔良公爵对10月5日的这场运动毫不知情。他不可能对其推波助澜，也不可能从中攫取好处。在5日和第二天晚上，他上奔下走、忙前忙后。根据相关陈述报告，人们看到他在巴黎和凡尔赛中间来来去去，然而什么都没做。[①]6日早上八点到九点之间，杀戮才过去了没多久，王宫大庭上的血还没有干透，他就出现在人民面前，帽子上别着一枚巨大的帽徽，笑着把玩手里的拐杖。

我们再回头讲讲议会，当时来到王宫的议员还不足四十人。大多数人仍然待在他们的议事大厅里，张望着，犹豫着。把讲台挤得水泄不通的群众，更让他们左右摇摆，某个议员才说了去王宫聚集开会的提议，就立即引来群众的喊叫。此时，米拉波站了起来。他像以往那样，语气听似桀骜不驯，但实则在掩盖他在人民面前唯命是从的态度。他说："如果他们到国王宫殿里去议政，那议会的自由将遭到损害；离开议会会场有失尊严，故只需派过去一个代表团就够了。"年轻的巴纳夫支持他的提议。主席穆尼耶表示反对，可是反对无效。

最后，人们听到了国王同意前往巴黎的消息。根据米拉波的建议，议会投票做出决定：在当前会议期间，议会和国王不可分离。

时间在流逝，快到一点钟了。他们必须走，必须离开凡尔赛了。永别了，古老的君主国!

一百个议员围在国王身边，后面跟着一整支队伍、一整个人民。他们就这样离开了路易十四的宫殿，再也没能回来。

这支庞大的队伍蹒跚着、摇晃着，簇拥着国王朝巴黎前进。男男女

① 貌似他所做的一切，就是在5日晚上下令让议会茶点室给大厅里的群众准备些吃喝的东西。没有任何迹象表明，他从7月15日至10月5日之间有什么大的动作——除了一次，丹东为了他在拉法耶特那里做了一次愚蠢的试探。（请看拉法耶特的回忆录）——原注

女各自想出办法回去，要么走路，要么骑马，要么坐马车，要么坐找来的运货车，要么坐在大炮炮架上也行。他们在路上还开心地碰到了一支运送面粉的辎重队，这对饥饿的城市来说可是天大的好消息。女人们把面包挂在长矛上，还有的人用10月里已经枯黄了的杨树枝挑着吃的。她们非常开心，按照自己的方式表达出这份喜悦，只是在王后这个问题上存有一些争论。她们叫着："我们把面包商、面包商夫人，还有他们的小伙计给带过来了！"她们都想，既然国王和自己在一起，那以后再不会有人饿死了。当时她们都是保皇立场，怀着巨大的喜悦，觉得自己总算把那个**好心肠的爸爸**交到了好人的手里。他没什么脑子，也不会说话，但那是他妻子给害的；只要去了巴黎，好心肠的女人到处都有，她们会给他提出更好的意见的。

欢乐与凄凉、喜悦与阴郁相互交织，构成了当时的这个场景。人们充满希望，可是老天并不赏脸，恶劣的天气和欢乐的节日气氛显得极不搭调。大雨还在瓢泼般地下着，人们缓慢地行走，满脚都是泥水。许多人或许是为了表达自己的喜悦，又或许是为了减轻武器重量，还时不时地在那里鸣枪。

在众人的簇拥中，由拉法耶特守在车门口，王室的马车就像一具棺材一样前进着。王后满心不安。自己能够到达巴黎吗？她问拉法耶特的想法，而拉法耶特又去问莫罗·德·圣-梅里，他在攻占巴士底狱那段日子里主持市政厅事务，对民间了解得更清楚。梅里说了这番意味深长的话："如果王后是一个人，我很怀疑她能不能走到杜伊勒里宫，然而只要到了市政厅，她就能回去了。"

就这样，国王来到了巴黎，来到了这个他当时唯一能去的地方，来到了法国的心脏之处。希望他能够好好待在这里吧。

10月6日的革命是必然的、自然的、正当的，是完全自发的、出人意料的、真正由人民发起的，就像7月14日的那场属于男人的革命一样，这是一场属于女人的革命。男人们攻下了巴士底狱，而女人们则攻下了国王。

10月1日，凡尔赛的夫人们把一切都毁了；而6日，巴黎的女人们又把一切挽救回来了。

# 第三篇

# 1789年10月6日—1790年7月14日

# 第1章

## 为竖君威而立的协定（1789年10月）——博爱之情洋溢四射（1789年10月—1790年7月）

人民对国王的热爱——人民宽容豁达而又团结齐心，团结的趋势——人民的联盟（1789年10月—1790年7月），拉法耶特和米拉波支持国王，议会支持国王——10月份的时候，国王还未被囚

10月7日早上，杜伊勒里宫很早就已是人山人海，人民群众群情激昂，迫不及待地想看到他们国王的真容。整整一天里，趁着他接受各组织的联合致敬的机会，群众在外面看着他、等着他、寻找着他。有人远远地发现他，或者以为自己发现他从窗前经过；有幸认出他的人赶紧指给旁边的人："快看，他在那里！"国王在阳台上现身的一瞬间，整个现场掌声雷动、呼声震天。他只好又走到花园里来，更近距离地去回应人民群众对他的满腔爱戴之情。

他的妹妹伊丽莎白女士——一位年轻而又纯洁的小姐——被深深打动了，便打开窗户、对窗用膳。妇女们带着自己的孩子向她靠近，称赞着她的美丽，并

衷心地为她祝福。

从昨晚，也就是10月6日晚上开始，当局就应该对这些先前被它视为洪水猛兽的人民完全放下心来了。当国王和王后在火炬的簇拥下出现在市政厅的时候，沙滩广场犹如平地生起惊雷一般炸开了锅，到处都有人在呼喊，然而那是喜悦的呼喊，是爱的呼喊，是因为国王愿意和人民生活在一起而满心感激的呼喊。他们就像孩子一样肆意地哭着，相互拥抱着。[①]

“大革命结束了。”人们说，“看哪，国王从那个凡尔赛城走出来，将他的那些廷臣和参事员都甩掉了。”实际上，凡尔赛几乎成了一个恶毒的诅咒。这道诅咒把国王束缚在一个高高在上、不接触人间烟火的冰冷世界中，一束缚就是一个多世纪，把他完全变成了牵线木偶。感谢上帝，这道咒语终于在今天被破除了。国王重新回到了真实的世界中，重新接触到了鲜活的生命和实际的真理。他从这条漫长的流亡之路上回来了，回到了自己真正的家中，回到了他真正的位置上，重新扎根在扶持王位的中流砥柱中。而这个中流砥柱如果不是人民，还能是谁呢？作为一国之主，他还能在其他什么地方呼吸和生活吗？

陛下，来到我们中间的您，请痛快地享受自由吧。您从来没有自由过，总是做下或者任由别人做下违背自己心意的事情。每天早上，您都在别人的干扰下做出令您晚上后悔的决定，每天您都是在听命于人。受心所役那么久的您，而今终于可以依法治国了。这才是王权！这才是自由！这才是统治人间的上帝之道！

当时人民心中就抱着这样豁达、友善的想法，不带一丝仇恨和怀

① 所有这些画面以及后面发生的场景，都出自保皇派作家的记载，如韦伯（Weber）（Ⅰ，p.257），博留（Ⅱ，p.203），等等。他们的话和《1789年的大革命史》（Ⅳ，pp.2~6.）中的记录完全一致。——原注

疑。他们第一次和领主、和那些美丽的夫人小姐站在一起，对他们满是敬重之情。就连对亲卫队，他们都是尊敬有加。看到亲卫队和他们的朋友、救命恩人——勇敢的法兰西禁卫军手拉着手、肩并着肩地走在一块儿时，人民群众无不满心欢喜，对亲卫队和禁卫军都报以掌声。他们想宽慰昨晚的敌人，想让他们放下心中的芥蒂。

我们需要永远记住一点：在这段被世人误读、被仇恨歪曲的时期，法国心中只有宽恕和原谅这类高尚的想法。全国各处由贵族煽动起来的抵抗运动时有爆发，人民口头上说要采取严厉的打击行动，可是他们也只口头上威胁一下而已，实际一直都在原谅。梅斯揭露它的最高法院对国民议会存有二心，后来又为其说情。布列塔尼在冬天（1月份）组织了一次波澜壮阔的联盟运动，在其中既表现出强大的实力，又展现了宽大的胸怀。武装起来的十五万人，发誓要和法律的敌人抵抗到底；他们年轻的领袖当着诸位代表的面，将宝剑置于祭台之上，立下誓言，但又在最后补充了一句："如果他们洗心革面成了好公民，我们会选择原谅。"

在法国上下竞相举行、持续了八九个月之久的一场场联盟，是那个时代特有的产物。它们的初衷是防御性质的，是为了抵抗暗处的敌人、流寇和贵族。后来，这些同袍兄弟誓要与对方生死与共，他们担心对方吃不饱肚子，便决心要保障粮食运输、确保物资在各省之间通行无阻。哪个地方从牙缝里挤出一点吃的，就赶紧送给另一个粮仓空空如也的城市。终于，社会治安重新建立起来，粮食也不那么稀缺了，然而联盟运动仍在继续，不是为了别的，而是为了人们心底的一个渴求。"*为了团结。*"他们说，"*也为了互爱。*"

最开始，各城市之间联手团结起来，对抗贵族、寻求自保。后来，贵族遭到农民或流寇的攻击，城堡被焚。于是城市又拿起武器，走出城门，前去保护城堡、保护他们的敌人——贵族。最后，贵族成群结队地来到城市，走进他们的救命恩人中间，发下了公民誓言（2月—3月）。

幸好，城市和乡村之间的冲突没有持续多久。农民们很早就睁眼看清了形势走向，为了维护秩序、保障安全，他们也组织起了自己的联盟。我曾读过农村地区这些联盟写的厚厚一摞会议记录，字里行间无不展现着农民们炽热澎湃的爱国之情，虽然这腔热血看来有些天真，但说不定比城里人的爱国热情还要来得浓厚。

人与人之间再没有隔阂和防备，城墙仿佛轰然坍塌、再不复存一般。城市联盟大会在农村举行，农民整整齐齐地排着队在市长和神甫的带领下到城里进行友善的互动，这些在当时都是司空见惯的场景。

一切都是井然有序的样子，所有人都武装起来。我们绝不能忘记，在当时，几乎所有人都成了国民自卫军的一员。①

所有人都行动起来，像当初的十字军东征一样出发了。一个接一个的城市、一个接一个的村庄、一个接一个的省，大家成群结队、浩浩荡荡是要去哪里呢？那是一个怎样的耶路撒冷，竟能将整个民族都团结起来？而且还不是表面的团结，而是内心真正的团结。那是一个比犹太王国的耶路撒冷更令人心驰神往的地方，它是人们心中的耶路撒冷，是全民上下如兄弟般团结建起的一座圣地，是一座鲜活的、由一个个人的躯

---

① 所有人，连农村地区也不例外；在那一年多的时间里，每一刻都是草木皆兵、人心惶惶，所以大家都武装起来，若实在没有武器，就拿耕具当武器。在阅兵典礼和最盛大的节日中，人们都是一身武装出现在公众场合。

城市中的武装组织更是多如牛毛。当攻占巴士底狱的消息传来时，人们组建了许多常设委员会，各个阶层的人只要有意，都可前来报名登记。任何一个有危险的地方都有这些志愿军的身影，所以大家都有参与进去，无一人例外，这点是确凿无疑的。然而在服装这个小问题上，人们开始产生不和；穿着统一制服的精锐部队在哪里都非常不受欢迎。巴黎早早地提出了服装要求，然而照此规定的话，国民自卫军就锐减到三万多人了。在其他各地，军装数量也非常少；人们最多让不同城市采用不同颜色的军服夹里而已。蓝色和红色慢慢成了主流色。直到1790年7月18日才有人提出动议，要求法国上下都配备军服。1791年4月28日，议会将参加国民自卫军的身份资质限制在了能动公民和初级选民的范围内；照此来看，这类选民（他们和地产者或租户一样，须缴纳等同三天劳动量的金额，每人最高可达二十苏）人数有四百万之多。而这里面大部分人都是普通劳动者或靠日薪吃饭的人，靠今天的工资去养活明天，不能在时间上一直做出巨大牺牲，却愿意申请到国民自卫军中服役。——原注

体垒起来的巨大城池。在不到一年时间里，这座城就建好了。从此以后，它的名字就叫祖国。

这便是我在本书第三篇中要走的历程。世上所有的阻碍、嗥叫、惊涛骇浪、尖锐攻击可以耽搁我的旅程，但绝不会让我偏离既定的路线。在7月14日，我看到了巴黎的众志成城；在另一个马上到来的7月14日，我又看到了法国的众志成城。

而人民历来爱戴的那个人——国王，在这场兄弟同胞热烈拥抱的场景中，怎么单单他一人置身事外？他可是万众瞩目的目标啊！大家都看到他身边的王后老是一副泪流满面、愁眉紧锁、只会助长仇恨火焰的样子；大家都看到他被自己的信仰沉沉束缚着，都看到他因天性使然而被拴在妻子身边。这些大家都知道，然而没用，人们依然固执地把希望压在他身上。

还有一件荒谬的事情，也应该拿出来说一下。10月6日事件使得人心惶惶，一大群人因此投身到了保皇派的阵营中。人民这次可怕的觉醒，这幅百鬼夜行图，大大地把他们给震慑住了，于是他们连忙紧紧围在国王身边。首先是议会，它对国王从来就没这么友好过。它受到了惊吓，此事过去十天了，它依然极为抵触在10月里阴阴沉沉的巴黎城中、在人民的汪洋大海里举行会议。一百五十多位议员只想拿到通行证一走了之，穆尼耶、拉利都纷纷逃走了。

法国首屈一指、最有民望、最令人信服的两个人，拉法耶特和米拉波，都以保皇派的身份回到了巴黎。

拉法耶特在凡尔赛看似控制住了局势，其实是在形势所逼之下不得已地顺应了潮流罢了。在他无心赢得的胜利背后，拉法耶特其实和国王一样受到了极大的刺激。所以，他接下来做了两件事。第一件，就是鼓励市政厅督促沙特莱法庭把马拉那份对王室发起辛辣攻击的报纸统统追缴上来。第二件，就是亲自去找了奥尔良公爵，语气极为强硬地威胁他，在他的府邸、在国王面前抨击他，让他觉得10月6日以后，自己再在巴黎现身只会引起骚动，给人提供把柄去大做文章，导致四方云扰。就这样，奥尔良公爵被赶到伦敦去了。公爵曾想回来，拉法耶特则传话说，公爵回来的第二天，便是自己和他之间战斗的开始。

米拉波没了公爵，发现从此自己从他那里再也捞不到好处了，于是当机立断，径直改投阵营，投奔到了拉法耶特那一边（10月10日—20日）。如米拉波这样一个不可或缺的人，当然没人能够拒绝他的投诚。他直接向拉法耶特提议推倒内克尔，实现双头统治。[①]毫无疑问，当时这是国王得救的唯一机会。然而拉法耶特既不喜欢也不重视米拉波，宫廷对此二人更是厌恶无比。

在一段时间里——一段很短的时间里，时机和民心全都掌握在王权这边，国王本来是有机会打个翻身仗的。议会抵达巴黎后两三天，一个意外事件发生在议会门口——一个可怕的误会导致一位面包商遇害（10月21日）。[②]此事使得议会大受惊吓，觉得要不惜一切代价重建秩序。杀人者被就地审判和正法。对于市政厅来说，这是一个要求采取严刑峻制的绝好机会。议会颁布了军事管制法，授权市政厅可召集军队和市民自卫队来驱逐集会。与此同时，它还把叛国罪案件交给一个古老王室法庭——沙特莱法庭去审理，让这么一个小小法庭承担起这么重要的一个

---

① 请看三个主要证人的陈述——米拉波、拉法耶特和亚历山大·德·拉梅特。——原注

② 这桩犯罪事件就发生在议会门口，导致它当即投票通过了只对保皇派有利的镇压法律。不过我觉得议会本身的防范心理，再加上惨事之后的愤怒情绪，两个因素交织起来，方才造成了这样一个偶然性结果而已。——原注

任务。比佐和罗伯斯庇尔提议建立一个国民高等法庭，而米拉波居然猖狂到说什么这些举措没用任何用处，说当前**应该让行政权重掌权力**，而不是任由它拿自己的毁灭来博人同情。

此时正是10月21日。从6日到21日，这是一段多么艰险的道路啊！在十五天时间里，国王连连收复失地，甚至那位最大胆的演讲家都直截了当地说：应该把拯救法国的希望放在王权的掌心上。

穆尼耶已经逃亡，一路都在哀叹国王被囚，为内战推波助澜。[①]拉法耶特在多菲内给他写了一封信，说国王根本没有被囚禁，他只是暂时在巴黎小住，日后还会重新拿起自己的狩猎武器。拉法耶特此言并非是在糊弄穆尼耶。他真的求过国王，请他走出去露一下面，不要把自己封闭起来，任他被囚的谣言在外面被传得天花乱坠。[②]

不过此时，有件事是毫无悬念的：路易十六不能如米拉波建议的那样，轻轻松松地脱身去鲁昂，也不能如王后所盼望的那样，去布耶的驻军地——梅斯。

① 拉利本人也证实他的朋友穆尼耶说过："我认为应当开战。"请看《巴伊回忆录》，Ⅲ，p.223.注释处。——原注

② 《拉法耶特回忆录》，Ⅱ，p.418.注释处。——原注

## 第2章

# 抵抗——教士（1789年10—1789年11月）

大灾来袭——剥夺教会财产事不宜迟——教士并非财产所有者——教会受害者的抗议之声：茹拉的奴隶，修道会士，新教徒，犹太人和演员

我们正挨着的这个阴冷的冬季，并不像1789年的严冬那般奇寒刺骨，上帝对法国还是心存怜悯的。但在当时，人们再也找不到任何办法去挺过那个寒冬腊月了。贫困进一步加剧，工业一片萧条，人们根本找不到工作。贵族一开始就逃出国外，还没出去的也举家搬离城堡，离开已经没有安全可言的乡村，来到城里，终日缩在屋子里闭门不出，静观局势变化。许多人都准备逃走，在偷偷摸摸地收拾着行李。即便还有贵族留在自己的领地上，那也是为了张口要东西，而不是为了安抚人心；他们急急忙忙地索取别人欠他们的债，催讨农民赶紧还掉拖欠的封建课税。钱包缩水，再加上没了工作，于是一群数目大得惊心的乞丐跑到城里来讨饭吃，仅仅巴黎就有近二十万叫花子！

若不是当局逼迫各市镇将自己辖区的人强行拦下来，还会有数百万人源源不断地跑到巴黎来。整个冬天，为了养活身边的这些穷人，每个人都已被耗到山穷水尽的地步，富人们的钱财只出不进，几乎要落到跟穷人一个生活水平上去了。大家都在抱怨，都在求着国民议会想点办法。如果事态再继续这样恶化下去，它就得扛起养活全体人民的担子了。

可是也不能看着人民活活饿死啊！不过还有最后一个办法，还有一笔没有动过的遗产。当初正是为了人民，正是为了养活人民，我们仁慈的祖辈才穷竭其力，创立了宗教慈善基金会，把自己最值钱的那部分财产捐给了赈济发放者——教士。而教士们一直好好保管着这笔穷人的财产，让它不断得到增值，教会已经拥有国家五分之一的土地，价值预估有四十亿法郎。

而人民，这个家有万贯却囊中羞涩的穷人，今日敲响了教会的大门，敲响了他自己家的大门，求它把这笔完完全全属于自己的财产中的一部分掏出来。看在上帝的份上！发发慈悲吧！[①]眼睁睁看着这个财产所有者、这所屋子的后代、这个合法继承人饿死在门槛而无动于衷，这么做未免也太冷血无情了吧！

如果你们还算是基督教徒，那就拿出来吧，因为穷人也是基督教的一员啊。如果你们还算是公民，那就拿出来吧，因为人民就代表着祖国啊。如果你们还算正直，那就拿出来吧，因为这笔财产只是暂时的寄存物而已啊。

拿出来吧，国民会还给你们更多的。新殉道者啊，我们不是要把你们丢进深渊里去填平深渊，我们不是在要求你们为了人民而牺牲自己。相反，这么做是在拯救你们，也是在让你们自己拯救自己。

① 原文是拉丁语："Panem! proter Deum!"——译者注

要理解这一点，我们就须得明白：和国民相比，这个富裕得近乎畸形的教会本身其实就是一个不正义、不公平的怪物。它头部硕大无比，吮吸着身体的营养和血液，躯干却干瘦如柴、饿得皮包骨头。这个地方的教士年金有一百多万，那个地方的教士却拿得到两百法郎。

按照议会在春天才拿出来的方案，这一切都是有所回报的。农村地区的神甫和副本堂神甫可以从国家那里拿到大约六千万法郎的补贴，而主教们只有三百万。所以，宗教领地失守了，耶稣生气了，南部和旺代教堂里的圣母像在哭泣，所有鬼怪传闻都跑出来，驱使农民起来造反、屠杀。

议会想着再掏出三千三百万年金给隐士和修女，一千两百万年金给偏远地区的教士，等等。它提出的全体教士的安置方案，安置金总额高达**一亿三千三百万法郎**！即便把这个金额砍掉一半，也足以宽绰地安排教士的后路了。底层的神甫每年至少可以拿到一千两百里弗的年金（还不包括住宅和花园）。老实说，这么做能让整个教士群体由贫困步入宽裕的生活（少数一百来人除外），他们所称的这次打劫教士之举，其实反能让他们富裕起来。

主教们做出了顽固的抵抗。为了从这些人手中拿回本就应当归还的东西，人们做了好几次努力，动了三次真格（分别是在10月、12月和4月）。不过，这也让大家看清了什么才是这些上帝之子的心肝和命根子——**财产**！他们守着财产，就像第一批基督教信徒守着信仰一般执拗，死活不愿撒手！

这些人说不出像样的理由，就搬出各种巧辩之术。一会儿，他们散布出威胁性的预卜，说什么如果人们胆敢碰一下这笔世上最神圣的财富，世界就会大难临头；说什么之后人民的脑子里就再没什么财产意识了，明天他们就能喊着要政府颁布土地法律！一会儿，另外一个温婉得多的说辞又出来了：即便让教会破产，人们从它身上也拿不到多少东西；唉，教士多穷啊，还欠了那么多债；如果不让他们继续管理教会财产，他们的财产根本不足以还债。

10月10日，人们举办了一场公开讨论。欧坦主教塔列朗先前帮教会做事，现在想着得让教会拔毛做点什么了。他一瘸一拐地站出来，第一个打破沉默，冒险提到了这个危险话题，但不谈问题核心，只反复重申“教士不像其他财产人，他们并不是所有者”。

对于他的话，米拉波的反驳是：“财产属于国民所有。”

议会里的法学家援引了大量法律条款证明：一、教士并**不是财产所有者**（他们可以使用财产，但不能滥用财产）；二、他们**也不是财产占有者**（教规禁止他们占有财产）；三、他们甚至都**没有财产用益权**，只是保管人，最多也只是管理人和分配者罢了。

当斧头对准树干正要砍下去的时候，许多先前沉默的证人站了出来。其现身比什么口头上的雄辩都更有说服力。他们不用说什么不利于教会的证词，单单站出来，就足以揭穿教会掩盖的一切。这棵在不正义的、野蛮的汁液的灌溉下成长起来的害树，它暗地里藏着的一切终于被大白天下了。

直到大革命时期，教会依然还有自己的农奴。18世纪整整一百年过去了，那么多人类解放者横空出世，卢梭、伏尔泰这些人的最新思想都传到茹拉山的另一端了，而教士居然还蓄有农奴！

连封建制度都羞于农奴的存在。它通过各种名目废除了这些耻辱性的封建特权，并在8月4日那个伟大之夜里无不光荣地摒弃了最后一部分特权。而教士居然还蓄有农奴！

这些奴隶中有一个叫让·雅各布（Jean Jacob）的人，是来自茹拉山的一位有一百二十多岁高龄、被束缚在领主永久管业权之下的老农奴。10月22日，在孩子们的搀扶下，他来到议会，希望能为8月4日议会颁布的法令表示感谢。众人一片哗然。在这位长者面前，国民议会全体起立，请老人坐下，替他穿好衣服。这既是对老者的崇高敬意，也是对可怜的奴隶、对一个在人权上长期蒙受不公的人的弥补。这位老人在路易十四时期当了半个世纪的奴隶，然后又过了八十年这样的日子。直到那时为止，他依然是农奴身份；8月4日法令只是一道泛泛的宣言，没有得到任何执行。到了1790年3月，才有明文规定废除农奴制度；而那位老人在当年12月份就已去世，所以，这位最后的农奴到死也没能见到自由。

在接下来的10月23日，卡斯特兰（Castellane）趁着议会群情激奋的时候，请求大家去看看巴黎的三十五所监狱、法国的监狱，请求人们尤其要注意那些平素最被忽视、比王室的巴士底狱还要幽深的监狱——教会黑牢。在这个复活之日，长期被挡在门外的阳光终于穿透神秘的重重遮蔽，法律的光芒终于第一次照亮了这些正义的死角、这些阴暗的监狱、这些幽深的地牢[①]。当初，修道士们带着隐修院刻骨的仇恨，带着嫉妒，带着比仇恨还要残酷的爱，把他们的兄弟埋葬在了这里。

唉！什么叫地牢？那些被家人扔进来、被遗忘在这里的弃儿，那些家里多余的、因为其他家人而被牺牲的可怜儿，整个修道院不就是他们余生苟活的地牢吗？这些人没办法像茹拉那位老农奴一样，被人带到国民议会脚下祈求它赐予自由，像亲吻神坛一样亲吻主席台。这里地处荒凉，人们只能靠书信勉强和外界保持沟通，他们能、他们敢去申诉自己的悲惨吗？一位修女在10月28日写了一封信，用词谦卑、畏畏缩缩地请

① 原文为拉丁语“in pace”。——译者注

求议会为神职人员的誓愿做出裁决，对自己却一字不提。议会当时还不敢做出决定，觉得只要能堵住誓愿的传播、减少新的受害者就够了。如果议会了解到这些可怜的修道人在怎样的痛苦和绝望中苦苦挣扎，它会多么急匆匆地给他们打开大门啊！我在其他地方也讲过，这些可怜的修女如何被一点一点剥夺所有接受教育、享受生命的权利，而戒备森严的教会又如何剥夺掉了她们的一切精神食粮。严格来说，她们活在濒死边缘，再也呼吸不到任何生命必需的东西，失去了信仰，更失去了世界。那里充斥着死亡、厌世、空虚，没有今天和明日之分，也没有白昼和夜晚之别。偶尔会来一个告解神甫，有时甚至还有猥亵事件发生。于是，她们在革命中毅然决然地投到了另一边，投到了伏尔泰和卢梭的隐修院里。她们许多人都是怀疑者，少有人心怀信仰，然而一旦有了信仰，她们就是最虔诚的信徒，哪怕赴汤蹈火也要追随其后。举个范例吧，科黛小姐（Charlotte Corday），便是在普鲁塔克[①]和爱弥儿的隐修院[②]中接受教育，在玛蒂尔德和征服者威廉[③]的屋顶下得到熏陶。

那里简直就是一切受难者的标本展览馆，所有中世纪的幽灵轮番上场，出现在教士——这个全天下共同的压迫者面前。

犹太人来了。每年的图卢兹都有犹太人被鞭挞，甚至被吊死在两条狗中间。然而他们只能温声细语地问施暴者，自己难道就不是人吗？这些遭到子孙如此虐待的基督教的祖先，在某种意义上讲也是法国大革命的祖先；大革命是权利的反抗，而摩西在犹太人的严肃戒律中预言了正

---

① 普鲁塔克（Plutarch，约46—120年），罗马帝国时代的希腊作家，以《希腊罗马名人传》一书闻名后世。他的作品在文艺复兴时期大受欢迎，蒙田对他推崇备至，莎士比亚不少剧作都取材于他的记载。——译者注

② 实际是在康恩女子修道院中。请看保罗·德拉撒勒（Paul Delasalle）、路易·杜波瓦（Louis Dubois）等人所写的传记。——原注

③ 征服者威廉，英国国王（1066—1087年）。他本是法国诺曼底公爵，号私生子威廉，其表亲英王忏悔者爱德华死后无嗣，大贵族哈罗德被拥立。威廉借口爱德华生前曾许以王位，渡海侵入英国，在哈斯丁一战击毙哈罗德，自立为英王威廉一世。玛蒂尔德是他的妻子。——译者注

义之神在未来必定取胜，所以大革命自然也会倒向后者这边。

还有其他许多饱受宗教偏见之害的受害者，可怜的演员，他们也有话要说。多么野蛮的偏见啊！法国和英国两个首屈一指的天才——《伪君子》和《奥赛罗》的创作者，他们不就当过演员吗？在国民议会中替他们说话的那个大人物——米拉波，不就是一个绝顶优秀的演员吗？“注意动作！动作！动作！”动作就是演讲家的全部要领，此话是德摩斯悌尼[①]说的。

议会不能替演员定下什么，也不能替犹太人定下什么。但借此机会，议会向**非天主教徒**打开了担任公共文职的途径。那些流亡国外的不幸同胞、那些被路易十四的暴政驱赶出境的新教徒，它将他们唤作“我们不幸的兄弟”，承诺会归还他们的所有财产。经历了一个世纪的流亡后，许多人又回来了，但很少有人找回了自己的家产。这群无辜、遭到非正义驱逐的人，根本没有得到应有的待遇，而后来那些有罪的流亡贵族却轻轻松松就拿到了十亿法郎的赔偿。[②]

他们得到的是公平，是最体面的昭雪平反，是一个重获正义、得到重生的法国。他们在议会的演讲台上也有自己的人——议会中数一数二的人物，拉博和巴纳夫。自然而然，这两位大名鼎鼎的新教徒进入了教会委员会，审判着他们从前的审判官，支配着这些把他们的父辈流放、车裂、烧死的人的命运。作为报复，他们提议为天主教士的一亿三千三百万法郎的补贴进行投票表决。

大家都知道，拉博·圣-艾蒂安的父亲是位老学者，也是一位不屈

---

① 德摩斯悌尼（Démosthène，前384—前322年），雅典政治家，也是雅典城中最著名的演讲家之一。——译者注

② 不过我们得做出区分。流亡贵族中，有些人是因为仇恨而选择国外，还有些人是因为害怕才逃离法国，后面这些人是情有可原的。——原注

不挠的使徒、一位光荣的赛文殉教者。在长达五十年时间里，他以天为被、以地为席，过着像强盗一样朝不保夕、颠沛流离的生活，冬天以雪为衾，与狼为邻，度过漫漫寒夜，笔是他身上唯一的武器，他就用这柄武器在森林里写出了铮铮誓言。父亲为宗教自由战斗了那么多年，如今儿子终于能够为宗教自由投票了。后来正是拉博提议并宣扬了法国的**一体性和不可分割性**（1791年8月9日）。多么崇高的一个提议啊！谁都可以提，然而它居然首先是从我们的新教徒——那些长期被迫去家离国的新教徒的肺腑中吐出来的。议会把拉博推为主席，他怀着隐隐的喜悦，给自己八十多岁的老父写了一封信，里面这句话宣告着被驱逐者得到了郑重、光荣的昭雪："国民议会主席拜上。"

第3章

# 抵抗——教士——最高法院——地方三级会议

10月14日，教士主张掀起内战——布列塔尼各城市斗志昂扬——议会将初级选民人数减少到四百五十万人——11月3日，教士团体被议会废除，最高法院被废——法院的抵抗——最高法院在近代里已成祸害；它只肯接纳贵族——1789年11月，鲁昂最高法院和梅斯最高法院做出抵抗

关于教会财产的讨论始于10月8日。14日，教士敲响了内战的警钟。

14日，只有一个布列塔尼主教主战。到了24日，图卢兹教区的教士都动起来。西部告急，南部告急。

我们别忘了，在这个10月，比利时那些富裕的教士也觉得自己的财产受到威胁，于是创立了一支军队，还任命了一个将军。布拉班特、弗朗德勒两地举起了红十字的大旗。嘉布遣会的修士以及其他派系的僧侣开始训练农民，用野蛮的誓言、疯狂的游行把他们灌得晕晕乎乎的，把宝剑、匕首放在他们手中，指挥他们向神圣罗马帝国刺了过去。

但我们的农民没有一窝蜂地行动起来。他们在

大事上具有良好的判断力，保持着全然不同于比利时人的冷静和审慎。中世纪寓言和拉伯雷笔下那些以嘲讽教士为主题的令人捧腹的故事，一直在法国代代流传。在漫长的冬夜里，《神甫和他的女仆》是一首人们怎么也唱不腻的歌。其实，人们对神甫更多是取笑，而不是仇恨心理。但主教们（他们清一色都是贵族，路易十六没有让其他阶层的人当过主教）大部分都声名狼藉。本省那些用来装点主教宫殿门楣的伯爵夫人已经满足不了他们，他们四处猎艳，在巴黎和舞女们厮混在一起。那些伯爵夫人、侯爵太太（她们大部分都是小贵族出身），有时候还是能给她们的入赘婚姻带来一些切实好处的，例如控制主教教区（而且她们干得比主教还要好）。巴黎附近某个地方的一位夫人就在她的教区里举办了1789年选举活动，还为了向国民议会送去两位优秀的议员而积极地上下奔走着。

这样一个汲汲于世俗利益、沉溺于凡尘享乐的主教团，在别人碰了他们的财产时，突然又想起自己的宗教信仰了，因此不留余力地在农村地区活动着，企图重新煽动起宗教狂热主义来。甚至在布列塔尼（这里的农民永远归教士所有），特雷吉耶主教还冒冒失失地在10月14日喊出了内战宣言；可是他操之过急了，计划以失败告终。在他那份煽风点火的主教训谕里，特雷吉耶主教直接说出国王被囚禁、信仰被颠覆、教士以后只是**卖身给强盗土匪的伙计了**这种话来。强盗土匪？这说的不就是国民，不就是国民议会吗？

既然14日喊话，那15日就该开战了。而实际上，也有些昏了头的年轻贵族以为农民已经被煽动起来。布列塔尼农民的意志无比坚定，只要他们认准什么东西，就铁定不会回头。不过，他们一直磨磨蹭蹭、没有上道。他们很难明白教会财产事关整个宗教，但这肯定是一件非常严肃的事情。当农民们还在左思右想、反复咀嚼这件事的时候，城市没有多想，也没有多问，以迅雷不及掩耳之势行动起来。特雷吉耶教区里所有市镇机构一天时间都没浪费，全都跑到特雷吉耶那里，直接朝主教和那些招兵买马的贵族扑过去，质问他们此举何意，并从各方搜集到不利于他们的证据。主教一群人被吓住了，对一切矢口否认，拍着胸脯担保说自己什么都没说、什么都没做，说自己根本没有干出什么煽动农民起来暴动的事情。各市镇厅把所有诉讼词发给了国民议会和掌玺大臣："任何为贵族招兵买马的人都是市乡的叛徒，而且如果有贵族为一个军衔而想方设法地在国民自卫军中活动钻营，他们就不配得到国民的保护。"①

主教训谕发布于14日，而猛烈的报复行为发生于（晚些时候的）18日。在这个星期里，宝剑出鞘了。布雷斯特已经采好军需物资以做供给。人们雇佣和发动农民在拉尼翁拦下了布雷斯特的粮车和特使；这些人发现自己快性命不保了，才不得已地草草收兵。一支军队即刻出了布雷斯特，其他各城军队也同时出发。甚至在康佩、洛里昂、阿尼崩等非常偏远的市镇，人们也纷纷踊跃地出钱出力。布雷斯特、莫尔莱、朗戴诺，还有其他许多城市都一起来了；所有市乡拿起武器，走大道赶了过来，人们不得不把他们一一劝了回去。最值得称道的是，在这期间没有任何暴力行为发生。这场平地而生的巨大风暴扑面而过，呼啸着攀上了拉尼翁头上的高峰，然后在那里戛然而止。布列塔尼人在那一刻展现出自己前所未有的英雄气概，他们是在坚定地和自己人做斗争。人们收回了贵族购买的粮食，觉得到此为止就可以了，对有罪之人也没做什么，而是把他们交给法官，也就是交给他们的朋友。

---

① 《巴伊回忆录》，Ⅲ，p.209.杜沙特里耶在这方面则少有记录。——原注

那时的特权人士之所以如此轻易就被打败，是因为他们内部意见不一所致。有些人在一开始就要求付诸武力，然而大部分人还没死心，以为可以通过法律、通过古老的法制（或者是新出的法制）来做抵抗。

最高法院还没有什么动作，因为当时法院正处于休庭期。他们打算等所有人回来以后，在11月份再做行动。

大部分贵族和高级神职人员都没有动静，心里还抱着一定的希望。作为最大的土地资产者，作为在农村地区可以呼风唤雨的大人物，他们下面有一大群必须依附他们存在的各种身份头衔的仆人和佃户。在1789年春天被内克尔叫去参加普选的这些农村人，总体上顺利投票了，然而那是因为他们的东家大都觉得三级会议无关紧要，觉得推动它能够满足自己的虚荣心的缘故。然而才过了一年，世道就发生了天翻地覆的变化。在1789年年末，这些东家开始做鱼死网破之争，想尽各种办法要让农村地区投下反对大革命的一票。他们让佃农在爱国（当时还依然幼稚的爱国）和面包之间做出选择，把那群屈服了的、吓得瑟瑟发抖的劳动人民领到投票箱前面，在棍棒的监督下让他们去投票。然而，如果农民隐约察觉到此事关乎到获取教会财产和地产，如果议会通过对这部分资产进行拍卖、造出一大群地产者和自由选民，局面会在突然之间被彻底扭转。而在当时，这一切都还没发生。农村地区依然屈服在奴性的选举下。如果议会采纳了内克尔的普选方式，那旧制度将无可争辩地大获全胜。

10月22日，议会颁布法令，规定唯有缴纳了直接税的那些人——如地产者和租户，且其缴纳金额等同三天劳动量的价值（最多三法郎）——方才具有选民资格。

通过这一招，它把贵族手上握着的一百多万张农村选票全都夺走了。

普选中的五六百万选民，现在只剩四百四十万（地产者或租户）。[1]

那些坚决捍卫准则的卫道士，如格雷古瓦尔、杜波尔、罗伯斯庇尔等人，徒劳地对此提出抗议，搬出自然权利的术语，说人人都是平等的、所有人都应参加选举。而两天前，保皇党人蒙特洛耶（Montlosier）也在主张人的平等。

在这场危机中，最无意义、但也最危险的一个论据，就是自然权利。这些空想家喊着平等，却向平等的敌人送去一百万选民。

这个真正具有变革意义的措施，其荣誉当归于一个来自诺曼底的著名法学家、西哀士思想的实践者——图雷。是他让议会做出了这个伟大的决定，或者至少可以说，是他替议会为它当时正要做出的这个伟大决定扫清了许多障碍。他没有说什么一鸣惊人的话，只讲逻辑，单刀直入，一刀斩断了连强大如西哀士和米拉波之类的人都没能解开的那个死结。

人们还在那里对教会财产做没完没了的讨论，只有图雷一人直接结束讨论，把这个问题从内部争论中拉出来，将其大胆提升到哲学权利的范围。他在11月和12月里提出的所有论据，归根结底就一句入木三分的话："你们谈何拥有？"他对整个教士团体说："你们都不存在。"

作为一个团体，你们并不存在。国家创造出来的这些精神团体，从本身意义上来看是没有实体的，不是实际的、活着的。他们的存在属于精神、观念层面，是他们的造物主——国家意志赋予他们的。国家创造了他们，让他们有了生命。如果他们有用，国家就予以扶持；如果他们有害，国家就收回自己的意志，国家意志就是他们的生命和存在的全部意义。

---

① 这是1791年人们统计出来的最小数据，我们会在后文再回到这个极为重要的问题上来。——原注

对此，莫里的回答是："不，国家根本没有创造我们，我们不依靠国家而存在着。"这其实是在说：我们就是一个国中之国，我们就是一个理念的敌对理念，我们就是一场斗争，一场谋划好的战争，我们就是爱德和团结的合奏中永远的杂音。

11月3日，议会颁布法令，规定教会财产属国民所有。12月，根据图雷提议的说法，它又颁布了法令：教会不再是一个阶层，（作为团体）它根本不存在。

11月3日是一个重要的日子。在这一天，最高法院遭到重创，地方三级会议也不复存在了。

图雷在这天交出一份提议重组各省的报告，阐述了将行省划分开来的必要性，提议打破这些包藏祸心、负隅顽抗的假民族性，在团结思想中组建一个真正的民族。

若维持这种古老的划省模式、这些引发仇恨的敌对竞争，保留加斯贡、普罗旺斯、布列塔尼这些行省，阻止法兰西人组成一个法国，那谁会从中渔利呢？是统治着这些行省的人，是最高法院，是地方三级会议，是这些伪装成自由、其实一直都在阻挠自己诞生的自由幻象。

机会来了！11月3日，当议会对地方三级会议发起第一次进攻的时候，它让最高法院无限休庭。拉梅特做的提议，图雷起草的法令。"我们把它们活活埋葬了。"拉梅特走出会厅的时候如是说道。

整个旧制度法官群体，其表现和大革命对他们的预想简直是分毫不差！阿尔萨斯、博若莱、科西嘉的法院，香槟、普罗旺斯的教士，主动要求负责选择法律。他们非常清楚哪些法律有利于国王，其他则一概不管。10月27日，由艾克斯最高法院派往马赛的法官们，还依照先前的方式、通过秘密预审程序、按着野蛮的老一套手段进行审判，完全无视10

月4日新出的相反法规。贝桑松最高法院甚至公开拒绝登记议会颁布的任何法令。

议会只需一句话，就能击垮他们这傲慢不逊的态度，但骚动的人民将这些生出叛心的法院团团围住。“要对付这些地方三级会议和最高法院。”罗伯斯庇尔说，“我们不用做什么，只让各市镇代劳就够了。”

11月5日，议会打出了进攻的手势：“不在三日之内完成登记的法院，将以渎职之罪遭到起诉。”

虽然最高法院头上那个软弱无力的政府倒下了，但这些小集团倒表现出一股抵抗到底的决心，而这既合乎法律的、又具有煽动性。它们手握着的奇怪的权限，让它们有了许多手段和能耐——例如，那个至高无上、绝对专制、父承子袭、成为萦绕在所有人心头的一个恐惧的*司法审判权*。连部长、大领主这些人，也从来不敢把当地法官逼得太紧，因为指不定哪天这些法官翻一下自己五十年审理的旧账，就在某件案子里想起点什么能让他们家破人亡的东西。再例如，他们*拒绝登记*，几乎可以说是手握可与国王相抗的*否决权*，这个行动至少可以达到释放暴动信号的效果，并间接宣扬他们的暴动是合法的。他们篡夺*行政权*，插手干预物资供给的监督工作，使得自己有无数机会给权力机构栽上某个严重的罪名。再例如，他们手里还控制着一部分*治安势力*，也就是说，他们一边可以煽动暴乱，另一边又可以镇压暴乱。

这样一股可怕而又危险的势力，至少掌控在可靠的人手中吧？其实不然。由于和贵族阶层之间关系甚密，18世纪的最高法院已经从里到外都被腐蚀透了。最高法院的人就像冉森派教士一样，对宫廷抱有敌意，执着信仰、严肃刻板、心怀叛逆，还盲目地自高自大，最喜欢看到公爵、亲王这类人在自己前厅里苦苦等待的样子。大领主们背地嘲笑着他们，但当他们需要以不正当的手段赢得一场不公正的官司时，当他们想侵吞公共财产、又想躲过法律制裁时，就在法官面前摘下帽子，各种曲意奉承、巴结讨好。在这些戴着厚重假发的人面前，宫廷人士居然把姿态放低到如此卑躬屈膝的地步。不过这又有什么要紧的？连他们自己对此都是一笑了之。有时为了东山再起，他们还纡尊降贵地把自己的女儿和陪嫁送过去。多大的一份器重啊，多好的一个和上流社会联姻的机会啊，这让年轻的最高法院法官们尾巴简直都翘上了天。他们也在努力向那个阶层靠拢，幻想自己也能成为一个受人追捧的恶棍，他们像拙劣的抄袭者一样，超越了原作主人。他们脱下了自己的红袍，从点缀着百合花的法官席上走了下来，就为了在小房子里厮混、在私宴上流连忘返，就为了在那边胡闹。

司法就是这样倒下的！一段多么可悲的历史啊！在中世纪，司法权是物质性的，存在于土地、阶层、封邑和血缘之中。领主，或者说那个继承一切、当上领主中的领主的人——国王，说："司法归我所有，我可以审判，也可以让人审判。谁来审判并不重要，他可以是我的仆人、我的地方督办、我的门房……来来来，我对你挺满意的，我来赐你一个司法权。"而这个人呢，他又说："我才不去审判呢，我要把这个司法权卖了。"然后某个商人的儿子来了，把这个最神圣的东西买走再转手卖掉。司法权就像商品一样，辗转在一个又一个人的手中，变成了一种继承物、一笔嫁妆。给一个新娘子解除婚约甚至将人绞死的权利，这是一笔多么奇怪的嫁妆啊！

世袭、捐纳、特权、豁免，这些成了司法正义的名字！那不符合司法正义的又是什么呢？是个人的特权，由自己指派人来审判自己；是时间的特权：明天审判你，还是十年后审判你，抑或永远不审判你，这些都得按照我的性子来；是**地方**的特权：巴黎最高法院让那些要和领主对簿公堂的穷鬼从一百五十多里外的地方赶过来打官司，那还不如建议他们认命和放弃呢，早早地放弃，总好过跑到巴黎、在穷困潦倒之中耗上好几年的工夫，就为了拿到一纸逮捕令，去捉拿领主的好朋友们。

在近几十年里，通过那些未得公布、但受到承认和忠实执行的法令，最高法院总算只把贵族和新晋贵族接纳到自己内部。

正因如此，法官们的工作能力大大减退。对于法律学研究，学校不重视[①]，律师不擅长，法官干脆就视其无物，在他们眼里，法律就是一个拿来定人生死的工具而已。这些小集团几乎不怎么在意你有没有学识，你想进来的话，只要能证明自己的贵族身份就够了。

所以，他们的行为越来越矛盾、越来越暧昧。这些贵族法官一会儿前进，一会儿后退，首鼠两端、摇摆不定。他们吼着要自由，而杜尔哥来了后，又被他们赶跑了。他们吼着要三级会议，当人们给他们召开三级会议时，他们又提议会议无效，想以虚弱无力的旧三级会议为参考形式来炮制会议。

从那一天起，他们就已经死了。

当议会颁布法令让最高法院无限休庭时，最高法院对此完全是猝不及防。巴黎最高法院想要反抗[②]，掌玺大臣兼波尔多大主教求他们按兵不动，否则10月的大暴动又要在11月重演。不久之后，他们终于登记了议会法令，并做了无偿审理。

鲁昂最高法院也做了登记，然而他们私底下偷偷给国王写信，说他

① 尊敬的贝里亚·圣-普利（Berryat Saint-Prix）给我讲了许多关于这方面的奇闻逸事。法院愚昧无知、循规蹈矩的程度一日更甚于一日。阿格索（Aguesseau）意欲实现法律一体化，结果遭到最高法院的一致反对。请看费里耶尔写得无比精彩的《法国法律史》。——原注

② 请看《萨利耶最高法院纪事》，Ⅱ，p.49.——原注

们是为了他才临时屈服的。梅斯最高法院甚至还在公开场合大放厥词，说各个分庭应当集合起来，给人们大胆解释一下让国王**失去自由**的这道法令。在布耶的大炮支持下，这些人倒是变得勇敢起来了呢。

畏首畏尾的掌玺大臣兼大主教惶恐不安，向国王指出其中的危险，说议会会因此火冒三丈做出反击，煽动人民起来暴乱。拯救最高法院只有一个办法，那就是由国王本人赶紧去定它们的罪。由他来插手干预、为其说情，这样也许事情还有所转机。但实际上，在鲁昂和梅斯，人们已经驱散了最高法院，要求惩办法官。这些不可一世的小集团发现自己陷入四面楚歌之境，发现全体人民都起来反对自己，吓得赶紧收回前言。于是，梅斯为罪人求情，议会也宽赦了他们（1789年11月25日）。

## 第4章

# 抵抗——最高法院——联盟运动

司法组建工作——1790年1月8日，走在钢丝绳上的布列塔尼最高法院——布列塔尼和波尔多最高法院在2月、3月被判决——联盟的起源地：安茹、布列塔尼、多菲内、弗朗什——孔泰、罗纳、勃艮第、朗格多克、普罗旺斯等地区——攻打城堡的行为被镇压下去——1790年2月，城市保护了它们的敌人——贵族

抵抗得最激烈的当数布列塔尼最高法院。它三次拒绝登记，并觉得自己有本事继续抵抗下去。一方面，一大批贵族都聚集在圣马洛[①]，他们手下有大量死忠于贵族的奴仆，城里到处都是自己人和拥护者，宗教协会和各个行会里也都有他们的朋友，而且他们还很容易就能招募到大批失业工人和街上饿得快死了的流浪儿。城市就看着他们筹划着，看着他们为掀起内战做着准备。城市被包围在农村中央，而这些农村地区或者充满敌意，或者态度不明，若真起事，城市就会被围死。于是，人们斩断了这个迟迟解不开的绳结。雷恩、南特、瓦纳和圣马洛，纷纷向

① 法国布列塔尼伊勒-维莱讷省的一个城市。——译者注

议会递上一道道洞心骇耳的控诉折子，宣布它们和叛徒们割席断交。雷恩国民自卫军更是什么也顾不了了，直接进入城堡、备置大炮（1789年12月18日）。

议会采取了两个措施。它命令布列塔尼最高法院集体到庭，并搜集了雷恩请求另设法院的请愿书。另外它还开始了一项伟大的工作——着手组建一个无愧司法之名的机构，一个无须付钱、无需捐纳、没有世袭之说的机构，一个来自人民、服务人民的机构。当然，要组建这样一个机构，第一步就得取消最高法院（1789年12月22日）。

报告书的撰写人图雷，清清楚楚地阐明了一个被人遗忘许久的真理：要赢得一场想要续存下去的革命的胜利，首先就该剥夺敌人手上的司法之剑。

“你的原则和我是对立的，我把它从法律、政府中抹消掉了；但是在一切非公开事务上，你还是可以利用它来对付我。”对那个被掀翻的体制说出这种话，这不是很矛盾吗？我们怎么可以轻视司法这个看似低调无争、实则强大可怕的无限权力，以及它那无敌的吞噬性呢？其他所有权力都离不开它，而它却可以离开其他所有权力而存在。若把司法权交给我，你们则去安心守着你们的律法、法令和世上所有的纸质文件，我就能让那个完全和你们的法律相悖的制度赢得胜利。

这些最高法院的古老暴君，他们必须老老实实地跪在国民的脚下（1月8日）。如果他们自己不来，布列塔尼就立马派支军队把他们押送过来。他们出庭了，看上去还是那么狂妄自大、盛气凌人，对这个由律师组成的议会一副难以掩饰的鄙薄之情，还以为现在是当初的周三大会[1]似

① 旧制度时最高法院每年举办两次的大会，举办时间均是星期三，会上由院长对司法及法官的批评提出意见。——译者注

的，他们一根手指就能把律师团给碾死。然而，今时已不同于往日。再说，现在他们要面对的是理性，是第一次提出来的原则问题，而不再是一群人了。

当这群律师组成的议会说出下面这番话时，最高法院立刻没了不可一世的样子，他们像被钉在地上似的，半天没有动弹。议会如是说道："有人说布列塔尼没有代表，可是在这个议会中，它有六十六位代表。施展诡计暴力、在从前的基本法中找手段来镇压人民的日子已经过去了，我们现在应当追求国民之权，它们存在于理性之中，如岁月一般古老，如自然一般神圣。"

布列塔尼最高法院院长没有为受到质疑的最高法院做辩护，而是为布列塔尼辩护，可是布列塔尼不想也不需要被辩护。

他以安娜·德·布列塔尼[①]的婚姻条款为引证，但这个婚姻纯然只是布列塔尼和法国之间一场有事先筹划、有契约规定的离婚罢了。他为这场离婚辩论，把它说成一个理应永存于世的权利。这份满是仇恨、暗藏陷阱的辩护词，不是说给议会听，而是说给骄傲的行省听的，它就是在挑衅，就是要引发骚动、掀起内战。

布列塔尼需要害怕自己因为并入法国而地位下降吗？这种分隔状态可能永远持续下去吗？一场真正的联姻不是迟早都会发生吗？加入这样一个光荣帝国之后，布列塔尼得到了许多。当然我们也一直认为，帝国通过与这个可怜而又光荣的地区联姻，通过迎娶这位如花岗岩一般冷硬的未婚妻，通过和这位英勇无畏、富有抵抗精神的母亲结为一家，它也得到了许多。

① 安娜·德·布列塔尼（Anne de Bretagne，1477—1514年），两次成为法国王后。1488年继承其父的公爵领地，企图使领地独立而摆脱法国，遂与皇帝马克西米连一世联姻，后被迫改嫁查理八世，查理死后又嫁与继承王位的路易十二。——译者注

于是，最高法院又把自己那番蹩脚的辩护范围缩小到各省和地方三级会议上。然而，这些地方三级会议在某些方面更是软弱无能。最高法院还算是一个同类相聚、有组织性的团体，而地方三级会议完全是个结构畸形、组建粗糙、乱七八糟、乌烟瘴气的东西。若真要勉强说说它们好的地方，那倒不是没有。例如朗格多克地方三级会议，还知道小心谨慎地对不公平现象进行管制；还有一些地方三级会议，例如在穆尼耶英明管理之下的多菲内地方三级会议，在大革命前夕也表现出了高尚的积极性。

但同样也是穆尼耶，逃亡以后愤懑不已，故利用自己在多菲内省的影响力，授意他人要求召开下届三级会议，“并在会中讨论国王是否切实享有人身自由”。图卢兹的一两百名贵族和最高法院法官，伪造了一份地方三级会议联合书。小小的康布雷西地方三级会议，宣布他们有不归法国管辖的特权，还学着布列塔尼地方三级会议，说：“我们就是一个民族。”

这些怀有二心、假装自己代表着各省的机构，甚至还肆无忌惮地以行省的名义发表言论。然而，它们的嘴脸马上就被无情地揭穿了。各市镇槁苏暍醒之后，一个个来到国民议会面前，对这些地方三级会议和最高法院发起控诉：“不要以人民的名义发言，人民不承认你们，你们只能代表你们自己，代表唯利是图、子承父业的陈腐特权。”

真实而又鲜活的市镇机构（我们可以从它们的迅速反应中感受到这一点）面对这些矫揉造作的陈旧机构、这些属于历史余孽的野蛮团体，只说了一句类似之前说给教士团体听的话：“你们并不存在！”

国民议会对这些机构同情起来。它能为布列塔尼最高法院所做的一切，就是宣布它没有资格去做它拒绝做的事情，并禁止它行使任何公共职能，直到它呈上请求书、希望获准宣誓为止（1月11日）。

而两个月以后，波尔多最高法院趁南方动乱之机，竟大胆地写了一篇针对大革命的控诉状，在一份公共法案里宣称革命只会造成不幸，傲慢地将议会称作“执行官代表”。但议会对它依然是宽大处理。

议会不管用，但后面还有人民顶着。布列塔尼压制住了布列塔尼最高法院，波尔多最高法院也被波尔多告到了议会面前，为了让自己的控告言之有理，波尔多城还特意把年轻气盛的冯弗雷德①派了过去（3月4日）。

陷入人民的汪洋大海中的最高法院，它们做的这些抵抗完全是在螳臂当车罢了。人民群众掀起的这场震天骇地的运动，其规模之大、程度之深，是自十字军东征以后绝无仅有的。1790年，人们喊着博爱高歌猛进，虽然没多久大家就闹着宣战，在摩拳擦掌了。

这种劲头发源自何处？全国上下，无处不是发源地。我们根本说不清楚，具体是哪里率先掀起了这场自发而生的伟大运动。

在1789年夏，由于流寇横行，人心浮动，连最偏远的小村子都感到惶惶不安。村与村、镇与镇、城市与农村，大家都联合起来。联盟、互助、兄弟之情、博爱，这些便是这些契约的思想和理念。但它们依然很少被明文写下来。

在最开始，博爱思想非常具有局限性。它仅指邻里之间的博爱，最多只把范围扩大到省内而已。布列塔尼和安茹之间的大联盟，也依然没能摆脱掉这种地域的局限性。此次联盟在11月26日举办，于次年1月圆满

① 冯弗雷德（Jean-Baptiste Boyer-Fonfrède，1766—1793年），法国政治家，公会成员，吉伦特派分子，投了路易十六的死刑赞同票。——译者注

结束。在一座远离大路的半岛中央，在偏远的小城蓬蒂维，十五万国民自卫军代表聚集一堂。在这支队伍里，只有骑兵服装统一，穿着外红里黑的胸甲；其他所有人则穿着不同颜色的夹里，有玫瑰红、铁红、淡黄等，不同颜色代表不同城市。在这份团结的公约里，他们对王国上下所有市镇都发出了邀请，但依然坚持自己组建的是布列塔尼和安茹的联合大家庭，“哪怕出于必要的行政原因，出台了新的省份区划形式”。他们在各城之间都建立了自己的联络网。当时全国上下普遍一盘散沙、混乱无比，他们也不能确定新秩序能否建立起来，但依然努力维持着一方安宁。

在没那么偏远的地方，在大路交汇处、特别是河流流经处，博爱公约有了更广泛的意义。旧制度时期，由于沉重的通行税和内部关税，河流成了边界、阻碍和束缚，然而在自由制度之下，它却成了人们沟通的主要渠道，不仅让人与人之间有了商业来往，更在思想和情感上把他们连在了一起。

在罗纳附近、离瓦朗斯两古里的一个叫埃托瓦的小镇，第一次发生了市镇**宣布弃绝本省**的这种事情；多菲内十四个农村市乡团结起来，宣布加入伟大一体的法国（1789年11月29日）。穆尼耶一党呼吁各省要保持自己的骄傲和分立精神，企图将多菲内武装起来反对法国，而这便是农民们对政治家、对穆尼耶这些人的最佳回答。

随后，蒙特利马尔又举办了一场联盟，但这次不再只有多菲内参与，两河边上的省份都加入了进来，有多菲内、维瓦莱、普罗旺斯和朗格多克。这一次，是**部分法国人**的联盟。格勒诺布尔不顾本城市政厅和政治家们的反对，也派去了一些人；它再不顾忌自己的首府地位，只愿成为法国的一分子。所有人聚集在一起，发出一个农民们早在11月份就发下的神圣誓言：再没了什么行省之分！只有祖国！要相互帮助、彼此扶持，通过罗纳河一手接一手地把小麦送出去（12月3日）。

神圣的河流啊，你流过了广大人民和各个阶层，你流过了许多个说着不同方言的地方。你不仅运送货物，似乎还把情感和思想席卷而来、传递到各个地方。通过那蜿蜒曲折的河道，你摇身一变，成了万事万物的调停人，成了迎来送往的**守护神**[①]，成了南部兄弟会。在六十个高卢民族在奥古斯特时代打造出了他们的祭坛的地方，在罗纳河和索恩河结合的婚宴上，人们喜气洋洋、笑逐颜开。1790年1月31日，正是在这个最神圣的地方，在这个重要的两河交汇口，在阿尔代什莽莽群山的俯视下，在罗马教廷的瓦朗斯那里，人们第一次实现了大联盟。代表了无以计数的人民大众的一万人，在这里拿起武器。此外，还有三万多名群众参加。在这历尽沧桑、亘古不变的群山中，在这条曲折蜿蜒但永不改本色的大河面前，人们念出了神圣庄重的誓言。一万人单膝跪地，三万人双膝跪拜，大家共同发誓要捍卫法兰西神圣的一体性。

在那个地方，那个时候一切都是伟大的。少有的是，连语言都再不是苍白的存在了——多菲内睿智审慎，维瓦莱庄严朴素，朗格多克和普罗旺斯则是一派生机勃勃。在踏进那个他们很清楚将要牺牲什么的祭坛时，在启动那个艰难的大业时，这些优秀的公民相互叮嘱着：若要建立自由，唯一的坚实基础，就是"道德"，唯一能让人为自由全情奉献的东西，就是"一颗简单、朴素、纯洁的心！"

我还想知道，在罗纳河的另一边，在乌特，那十万武装起来、加入到维瓦莱联盟中的农民，他们又说了什么。当时正值2月，群山冷峭、寒气凛冽，然而恶劣的天气、重重的苦难、艰险的路程没能阻挡这些穷

① 此处作者用的英语"Genius"。——译者注

人，他们依然如约而至。急流、严霜、悬崖、融雪，什么都不能拦下他们。空气中弥漫着一股前所未有的暖流，他们身上传递着一种早早发酵成熟的骚动。自由这个前所未闻的名字把人们冰封的心第一次唤醒了，公民们像东方三王①一样，像圣诞节里的牧师一样，走出家门，头顶的星斗清晰可见。他们在春天的灿烂星光中，在法兰西启明星的指引下，穿过严冬的雾霭勇往前行。

弗朗什-孔泰的十四个城市夹在城堡和焚烧城堡的抢劫者之间，过了很久提心吊胆的日子。如今，它们全部在贝桑松团结起来，承诺相互援助和救济。

所以，透过无穷的动荡、恐惧、颠簸和流离，我听到一个声音越来越亮。那是每支伟大人民组合起来的反复合唱，是一声雄浑有力的呐喊，是一个既温柔又响亮的声音，是一个能包容一切、安抚一切的词：博爱。

无数协会组建之后，各协会之间也联合起来，大家就像在跳南部法兰多拉集体舞一样，每一支舞队跳起来后，就和另一支舞队拉起手来，全体人民一起跳出一首气势磅礴的伟大舞曲。

勃艮第的大爱精神，通过两个自动发起的举动而大放异彩。

在数九寒冬里，物资奇缺，第戎请勃艮第所有市镇去救济饥饿的里昂。②

里昂肚子挨饿，第戎心里受苦。所以，“博爱”“民族团结”这些词，并不是说说而已，它们是真诚的情感，是切实的行动。

---

① 据《新约全书》的《马太福音》中记载，圣母马利亚在伯利恒生下耶稣时，有三个天文学家按照星星的指引从东方来跪拜耶稣，并且献上黄金、乳香和没药。在9世纪，这三个天文学家（也有说是三个智者）被传为三个国王。——译者注

② 请看第戎档案馆资料。我之所以了解相关情况，得感谢加尼尔先生（Garnier）的鼎力相助。——原注

同样也是第戎，加入了多菲内－维瓦莱联盟（该联盟也和普罗旺斯－朗格多克联盟保持往来）的它，请勃艮第向弗朗什－孔泰各城施以援手。所以，东南地区的这支盛大的法兰多拉舞队，不断有新的队伍加入进来，舞蹈的队伍越来越大，一直推进到了和巴黎唇齿相依的第戎。

所有人都没了什么自私自利的想法，所有人都只想着大家的利益，所有人都愿意给别人提供粮食。物资运输开始变得畅通无阻，人们慢慢又有了余粮。在博爱的奇迹之光的照耀下，人们在严冬里仿佛迎来了一场新的收成。

在这些联盟中，我没看到任何打着联盟主义的旗号在后来表现出来的朋党比周、闭境自守的迹象。恰恰相反，它成了让法国团结起来的一句咒语。这些省联盟一切都向中央看齐，大小诸事都以国民议会为准，甘心依附于议会，忠诚于议会，也就是忠诚于祖国统一。所有联盟都对巴黎发出的博爱呐喊心怀感激，这个城市请求它的支援，那个城市渴望加入国民自卫军的麾下。11月，克莱蒙（Clermont）曾向巴黎提议组建一个市镇大联合。但当时在地方三级会议、最高法院和教会的威胁下，农村地区态度不明，法国得救的全部希望似乎压在了狭窄的城市同盟上。感谢上帝，大联盟运动更好地解决了人们的心头之患。它和城市一道，把无数农村人口都吸引了进来。在多菲内、维瓦莱、朗格多克，无不如此。

在布列塔尼、凯尔西、鲁埃格、利木赞、佩里戈尔，农村地区就不那么安宁了，2月份还曾发生农民骚动和暴力事件。之前在市镇机关的救济下艰难过活的乞丐群体，逐渐离开城市、回到农村。农民们又开始袭击城堡、焚烧地契，用暴力手段执行8月4日宣言中议会的承诺。议会还在思考权衡的时候，农村地区的恐怖气氛已经蔓延开来了。贵族舍弃城堡，跑到城里避难，觉得在敌人中间自己反而更加安全。而他们的敌人也在保护着他们。布列塔尼国民自卫军不久前才联合发誓要对抗贵族，如今又为了贵族拿起刀剑去保护他们的庄园，保护那个贵族在里面密谋对其不利的地方。[①]凯尔西以及南部大部分的国民自卫军，也都是这样以德报怨的。

强盗被镇压下去了。农民们被控制住、被逐渐吸纳进革命队伍中，他们对大革命的目的开始感起兴趣来。大革命的最大受益人如果不是农民，那还能是谁呢？是它把他们从什一税的重荷下解放出来，是它让数十万农民有了自己的土地。在将来，它还要给他们宝剑，让他们在一日之间从奴隶变成贵族，带领他们四处征伐、历险，给他们带去荣耀，把他们打造成公爵、国王。还有什么呢？还把他们打造成英雄！

---

① 1790年时的国民自卫军绝对不像某些作者通过一种奇怪的过时论调宣扬的那样，都是清一色的贵族阶层出身。就如我说过的那样，在大部分城市地区，严格来讲是所有人，是所有人都希望能阻止农村地区正在遭受的破坏行为，因为它会导致农民颗粒无收，让法国活活饿死。另外，这些一时的骚乱完全不同于扎克雷起义。在布列塔尼和普罗旺斯一些地区，农民对他们造成的损坏主动做出弥补。在一座城堡里，他们只发现了一位卧病在床的夫人和她的几个孩子，于是他们退出城堡，没有毁坏城堡里的一草一木、一砖一石。——原注

# 第5章

## 抵抗——王后和奥地利（1789年10月—1790年2月）

10月，王后大怒——宫廷的阴谋——国王成为人民的囚犯（11月—12月？）——王后对亲王贵胄失去信心，和教会少有联系，一直被操纵在奥地利手上——国王不做的事，却和奥地利休戚相关——2月至3月，路易十六和利奥波德二世宣布结为盟友——审判贝森瓦和法弗拉——2月18日，法弗拉被处决——保皇派失望不已——北部大联盟

唉，我从博爱的天堂中跌落到地面，又回到阴谋诡计的世界中。

当时，没有人重视这场浩浩荡荡的大运动，没有人衡量过这条奔涌而下、势不可当、从10月一直持续到来年7月的激流有多广多深。许多在此之前还相互仇视的群体，联手走到了一起。许多不相往来的城市，还有那些长期敌对、彼此不睦的省份，坦率地站在彼此面前，伸出双手，友爱相待。然而，当时那些大人物几乎都没怎么注意到这个完全新起却令人惊心的现象。如果王后和宫廷意识到这点，他们也就不会

再做无用的挣扎了。在海水上涨的时候，谁还敢逆潮而行呢？

所以，王后从一开始就错了，而且还一直错了下去。10月6日事件，在她看来是奥尔良公爵的刻意安排，是她的敌人给她布下的一个局。王后选择让步，然而在离开之前，她恳请国王为了自己的儿子着想，前往巴黎只为一个目的，那就是静等机会、远走高飞。[①]

国王到达巴黎的第一天，巴黎市长就恳请他在这里常住下来，说国王的居所是帝国的中心之所在。但他只从国王那里得到这样一个回答："他将很乐意把巴黎当作自己**最惯住**的地方。"

9日，国王发表了声明，说如果他不来巴黎的话，**担心会造成一场大乱**；而眼下宪法已定，他计划**巡游各省**；他抱着希望，希望各省表现出友爱精神，希望它们能**支持国民议会**，等等。

这封含糊其词的信似乎是在怂恿保皇派递上请愿书，结果反而促使巴黎革命公社下定决心，也给各省写了一封信。它说，自己之所以将那个差点让新建起来的稳定局面毁于一旦的**阴谋给遮掩过去**，是希望能够通过此举让各省放下心来，不去理会某些暗示；它真诚地向王国上下所有市乡表达了**博爱之情**。

王后拒绝接见前来向她致敬的巴士底狱胜利者。她见了集市女贩，但也只是遥遥地接见而已，中间隔着一大群宫廷妇人，看样子是想让她们帮自己免去和这些平民妇女的接触。她这样做，其实就是在疏远一群坚定的保皇阶级，因为许多集市女贩都对10月6日事件持反对意见，还亲手阻止了某些目无王法、溜进屋里抢钱的妇女。

王后这种愚蠢的行为，根本不利于俘获民心。从10月到来年3月，几乎每个月都有新的阴谋被抖露出来（奥热阿尔、法弗拉、马伊布瓦

① 博留，II，p.203.——原注

等）。当宫廷的一场场阴谋只落得个流产夭折、被人揭穿的下场后，身居阴谋最中心的她，难道还能逃得了干系?

10月25日，人们逮捕了王后的掌玺大臣奥热阿尔（Augéard），在他家中找到一份要把国王带到梅斯去的计划方案。

11月21日，在议会中，被马鲁埃激怒了的调查委员会指出：又有人制订了一个意图把国王带到梅斯的新阴谋，而且马鲁埃本人对此事是一清二楚。马鲁埃对此无言以辩。

12月25日，人们逮捕了法弗拉侯爵（Favras），因为他也想带走国王，为此在巴黎招兵买马。如果有人在有计划地不断扰乱民心，想让人民在怀疑和忧虑中失去理智，所以才制订出如此层出不穷的阴谋、诡计和陷阱，那他这么做完全是适得其反。每一次蹩脚阴谋的曝光都在告诉人民：国王时刻准备逃跑，要率领军队回来困死巴黎。

如果当时自由的地位已经得到巩固、各方的抵抗已经没有那么强烈，那人们大可以敞开大门，放国王、王后出去，把他们带到他们真正该去的地方、带到边境，把他们当作礼物拱手送给奥地利。

然而在风雨飘摇、国事蜩螗之际，领导人民的又是一个整天只知道在那里空想的议会，还有布耶、海军军官、布列塔尼贵族这群说干就干的人随时准备造反，人民怎么可能轻易放走国王这么重要的人质，怎么可能轻易让这些势力得到它们正缺少的东西——团结?

所以，人民不分昼夜地监视着杜伊勒里宫，在它边上转来转去。除了自己，他们谁都不信。每天早上，他们都会来看看国王还在不在。问了国民自卫军以后，又会再去问问国民自卫军统领。谣言遍地流传，再被激进的报纸进一步渲染夸大，后果可想而知。而这些完全在那里碰运气瞎猜的报纸，偶尔还真能瞎猫撞上死耗子，揭发一两个阴谋出来。温和派的人义愤填膺，对这一切矢口否认，表示绝不相信。可是到了第二天，被揪出来的阴谋一个也没少。这一切造成的结果，就是10月份里根本没被囚禁的国王，在11月、12月份真的沦为阶下之囚了。

王后错失了拉法耶特和米拉波携手合作的这个良机，这个不可再来的唯一良机（11月末）。

她不愿意被大革命拯救，不愿意被米拉波或拉法耶特拯救。作为洛林王朝的真正公主，她很勇敢，但记仇心也很重，只想赢得胜利、施展报复。

王后在玩火自焚。英国的亨利埃塔[①]当初在一座神庙里说：无论发生什么，王后是不会被淹死的。很明显，她信了这句话。

当时,玛利亚-特蕾莎马上就要撒手人寰了，但依然没有咽下最后一口气。母亲传奇的一生深深地影响了女儿，却是以错误的方式——母亲赢得了人民的拥护，而女儿却把人民变成了自己的敌人。

10月6日之前，拉法耶特还不怎么偏向于保皇派立场，然而从那天开始，他就从心底变成了保皇党人。他救了王后，护国王周全，为了这些事情忙前忙后、尽心尽力。他为了维持治安而付出了巨大心血，于是迫切渴望当局能够重掌权力。拉法耶特曾两次给布耶写信，请他和自己联手保护王国。后来布耶在回忆录里，为自己当初完全不听拉法耶特的话而后悔不已。

拉法耶特赶走了奥尔良公爵，这件事深得王后欣赏。他像一个努力追求女孩儿欢心的毛头小伙子一样，紧紧追在王后后面。看着这位可说是个大忙人的将军整日都跟在王后后面，随她去教堂、去参加弥撒、看

① 亨利埃塔·玛利亚·德·法兰西（Henriette Marie de France，1609—1669年），法王亨利四世的女儿，嫁与英王查理一世，是查理二世和詹姆斯二世的母亲。——译者注

她领复活节圣体，这种场景也算得上稀奇了。[①]

为了王后，为了国王，拉法耶特克服了自己对米拉波的厌恶之心，和他有了联络。

早在10月15日，米拉波就通过他的朋友、王后身边的一个人——拉马尔科（Lamarck），递上去了一封表明忠心的信函，然而这封信根本就没被送到国王跟前。20日，米拉波又写了一封信，不过这一次的收信人变成了拉法耶特。拉法耶特和这位演讲家碰面，然后把他引见给了蒙莫兰部长。

这是一次从天而降、令宫廷意想不到的救命机会，然而米拉波却在它那里遭到了冷遇。他希望国王能将全部开支压缩到一百万法郎，并且离开——不是去梅斯，而是去鲁昂，再在那里发布一系列比议会法令更得人心的命令。[②]既然国王表现得比革命还要革命，那内战就绝不可能发生了。

这一套奇怪的方案，只能解释这位天才是何其自信又何其轻信于人！就算宫廷真的接受了他的计划，就算它真的愿意装装样子，那也是为了第二天把米拉波送上绞刑架而已。

从11月开始，米拉波就一直在等，等着他想拯救的那些人给他所需要的东西。他要进入内阁，同时还得保住自己在国民议会中的领导地位。所以，米拉波需要宫廷给予支持，需要保皇派议员和他串通一气，或者至少保持沉默也行。可是事情根本不像他所想的那样。掌玺大臣警告、煽动起了许多议员——甚至还有许多反对派议员——来反对他的方案。同时还有人在内阁和雅各宾俱乐部（该俱乐部才建立不久）里面

① 我觉得，拉法耶特也想借此向他那位虔诚贞德的妻子献殷勤。复活节这场盛事之后，他马上就给她写了一封信。——原注

② 请看德罗兹先生在他的历史著作中引用的篇章，以及《米拉波回忆录》里的相关内容。——原注

活动，目的就是要让米拉波寸步难行。两位正直人士，右派的蒙特洛耶和左派的朗汝内，也从中作梗。在他们的提议下，议会颁布法令："任何在职议员，在任期间以及任期结束三年之内，都不可接受官位。"所以，保皇派成功地让内阁朝这位伟大的演讲家、朝这位未来也许会是他们的中流砥柱的人关上了大门（11月7日）。

我们说过，王后不愿意被大革命拯救，但她也不愿被流亡贵族和亲王贵胄拯救。她太清楚阿图瓦伯爵了，知道他有几斤几两。她也不信任大亲王，因为后者天性虚伪、颇有城府、心思深不可测。

那她还有什么希望呢？还有什么打算呢？还有什么秘密武器呢？

不能去指望德朗巴勒夫人[①]这个漂亮而又无能的小妇人[②]，她虽然是王后的密友，却没有头脑、不善言辞，根本不足以承担这个沉甸甸的责任。她看上去似乎成了宫廷的聚焦点，把玛丽-安托瓦内特在花神楼底层[③]那个真正称得上沙龙的聚会操办得无比雅致。那里成了许多贵族的常去之处，成了一群冒失浅薄、鼠目寸光、害人害己的人的聚集地，他们还以为现在仍是投石党运动时期似的，自己单凭辛辣的讥讽、尖刻的词语和歌谣就能主导全局。人们在那里读《使徒行传》[④]，唱起了某首感叹国王被俘的抒情曲，所有人，无论是敌还是友，听到这首曲子都是泣不成声。

玛丽-安托瓦内特只和贵族保持往来，和教士们关系却并不怎么近。她不是一个多么信教的人，她的哥哥约瑟夫二世更不是。

---

① 德朗巴勒夫人（Mme de Lamballe，1749—1792年），安托瓦内特的密友，曾任王后宫女长，后被勃利夫人所顶替。因为对王室忠心耿耿，1792年在审讯中拒绝与王后划清界限，于是当街被杀，其首级被挂在玛丽-安托瓦内特监牢的窗口，令王后一夜白头。——译者注

② 只能说漂亮，但离美还很远。她脸部轮廓很小，前额很短，后脑平平。据德让丽夫人所说，她的手有些粗胖。凡尔赛宫中的画像非常清楚地勾勒出她的出生身份——一个来自萨瓦的贵族女子。她的秀发藏在香粉后面，但是（唉！"但是"这个词出现得也太频繁了！）那么浓密、那么动人。——原注

③ 卢浮宫西南角的一处建筑。——译者注

④ 大革命时期的一份右翼报纸。——译者注

贵族算不上一个派系，只是一个人数众多但四分五裂、一盘散沙的阶层而已。然而教士却组成了一个派系，而且是一个紧密团结起来、拥有强大的实际力量的派系。因为神甫和主教之间暂时存在分歧，这一派看上去似乎衰败了下去。然而教阶制度的力量、团体精神、教皇以及圣座的一句话，就能马上让教会重新团结起来。当时的教会通过底层神职人员，可以从大地中、在大地之子——也就是农民——身上汲取到一股未知的力量。它可以领导另一支人民来反对大革命的人民，领导旺代来对抗法国。

可是玛丽-安托瓦内特完全没有意识到这些。在她看来，这些精神领域的伟力就像一封古信一样不可捉摸。她渴望胜利，渴望得到实际的力量，渴望得到布耶和奥地利的帮忙。

当8月10日人们在铁盒子里发现了路易十六的手信时，大家从字里行间中惊讶地发现，在结婚的最初几年里，路易十六觉得自己的年轻妻子纯粹是一副奥地利官员的样子。[①]

当初这桩婚姻是舒瓦瑟尔[②]一手促成的，但路易十六并不愿意和这个家族联姻，因为它代表着双重的敌人身份——洛林和奥地利。路易十六不得不接受了王后的家庭教师、玛利亚-特蕾莎派来的间谍——神甫维尔蒙（Vermond），但一直对其持不信任态度，十九年没和这个维尔蒙说过一句话。

我们都知道，那位虔诚信教的女皇给自己大家庭中每个人都分配好了角色，尤其擅长把自己的女儿打造成政治棋子。通过卡洛琳[③]，她控

① 他监视了她与维也纳的往来通信，中间传信人是她非常信任的杜古（Thugut）。《布里索回忆录》第四章第120页引用了其中一封信，日期是1774年10月17日。——原注

② 舒瓦瑟尔（Étienne Franâois de Choiseul，1719—1785年），法国将领，政治家、外交官，路易十五时期的重臣。——译者注

③ 卡洛琳（Marie Caroline d'Autriche，1752—1814年），那不勒斯和西西里国王的王后，安托瓦内特的妹妹。——译者注

制了那不勒斯；通过玛丽-安托瓦内特，她又打算控制法国。玛丽-安托瓦内特的首要身份是洛林人、奥地利人，她缠了路易十六整整十年，要他把内阁交给洛林人舒瓦瑟尔，而后者却是女皇那边的人。不过，她至少成功让路易十六接受了布勒特伊，此人和舒瓦瑟尔一样，最初的身份是维也纳大使，也完全效忠于这个朝廷。最后，正是因为受他影响（就像王后受维尔蒙的影响一样），路易十六才抛下顾忌，把一个不信神者——图卢兹大主教[①]找来当首相。

玛利亚-特蕾莎之死，以及约瑟夫二世说的那些关于凡尔赛和他那个妹妹的严重的话，似乎应该减轻王后对奥地利的信任之心才对，然而她当时反而促使国王掏了几百万法郎出来——约瑟夫二世本来打算从荷兰人身上勒索出这笔钱来的。

1789年，王后有三个心腹和谋臣：维尔蒙，永远的奥地利人；布勒特伊，还是奥地利人；还有梅尔西·达尔让多，这又是奥地利大使。而老梅尔西背后的主使人，便是奥地利君主国那个七十多岁的部长，考尼茨老亲王。这两个妄自尊大的人几乎像小老太太似的，成天只关心服装打扮这些无聊琐事，却跑来指导法国王后。

多么致命的指点，多么危险的结盟。当时奥地利自己都已经乱成一团，根本顾不上玛丽-安托瓦内特。它纯然成了她行动上的一个绊脚石、一个只会帮倒忙的向导，为了奥地利的利益而唆使她做出种种荒谬的行为。

这个虔诚信奉天主教的奥地利，在约瑟夫二世的领导下变得有些出世和漠然了，做下许多人心大失的事情。匈牙利本来是它手中的一把武器，结果这把武器却反向它刺了过来。比利时的教士们把尼德兰从它手中夺了过来，而且此事背后还有三个强大的新教国家提供支持：英国、荷兰

① 即布里安。——译者注

和普鲁士。而在此期间，奥地利又在做什么呢？它转身背向欧洲，在土耳其的沙漠中匍匐前行，为了俄国的利益而消耗掉自己最精锐的军队。

皇帝的情况也不比帝国好多少。约瑟夫二世患有肺病，半死不死地苦苦挣扎着。在处理比利时事件的时候，他表现得朝三暮四、反复无常，令人只能摇头兴叹。一开始他发一通雷霆大火，威胁着要采用烧光杀光的野蛮手段，把整个欧洲都给吓住了；然后（11月25日），又是毫无底线的原谅和大赦，让人简直大跌眼镜。

如果比利时革命在法国大革命那里寻到了支持，那奥地利早就完了。[①]

当时，整个世界都以为这两场革命将在行动和步调上保持一致。我们那位才高八斗的记者，卡米尔·德穆兰，迫不及待地把这两姐妹的希望连在一起，连他的报纸名字都是《法国和布拉班特革命报》。

而困难在于，它们一个是教会革命，另一个是哲学革命。

比利时也知道不能指望它的保护者，也就是那三个新教强国，应该向我们求助才对。尼德兰教会的人、天主教乌合之众中那个最大的煽动者——冯·德·努[②]，大胆给议会和国王写了一封信。但这封信被退了回来（12月10日）。路易十六变成了皇帝的贴心妹夫。[③]议会对教士发起的这场革命也是鄙夷态度。完全处于奥地利大使掌控之下的杜伊勒里宫，最后把正直的拉法耶特麻痹过去了，而拉法耶特又把议会麻痹过去了。

---

① 只要发生一场激烈的运动，甚至是反革命运动，都能让它蒙受巨大损失。举个例子，如果我们主教得到了国王的支持和某些好处，其阴谋得以施展，那他们的成功就会鼓舞那些把奥地利赶走了的比利时教士。此时，奥地利就得想办法去走温和路线甚至是开明路线，以此笼络比利时的进步人士，而后者温和的自由主义又和拉法耶特的思想极为相近。那时，如果拉法耶特对这些进步人士伸出援手，他们肯定就会拒绝奥地利的帮助，转而接受法国的支持。所以，奥地利的利益完全维系在我们国家身上，它不可能再有第二条路。——原注

② 冯·德·努（Henri van der Noot, 1731—1827年），生于布鲁塞尔，是一名律师、政治家和作家，1789年积极投身到为把奥地利从尼德兰赶出去的暴动革命中。奥地利在比利时的蒂伦豪特战败后放弃比利时，他便以胜利者的姿态回到布鲁塞尔。后来奥地利收回失地，冯·德·努流亡荷兰，向同胞写信提倡和法国联手。——译者注

③ 我绝不相信，杜伊勒里宫曾认真考虑过一些人说过的、让奥尔良公爵去当布拉班特国王的这个想法。讨他欢心的真正办法，就是表现出尽力为奥地利皇帝考虑的样子。而里尔的统帅李瓦罗（Livarot）就是这么做的。（《未出版的信》，1789年11月30日，1790年12月13日）——原注

王后的手下拉马尔科在12月时离开法国，为了比利时、为了自己的同胞，拔剑反抗奥地利。他此举得到了王后的应允，也就是说，得到了奥地利大使的应允。他们希望拉马尔科这位受人爱戴的大贵族、一切革新的友好人士，能够充当调停者，说不定他还能让当时的胜者比利时接受一个平息风波的折中办法，接受一部由奥地利亲王主持立下的折中宪法。靠着"宪法"这个词，他们依然还在麻痹拉法耶特。

在比利时教士和贵族阶层眼里，拉马尔科此人极其可疑，然而他却赢得了那些被称为**进步人士**的人的信任。当时奥地利为了瓦解它的敌人，也自称是人类进步的朋友。博爱主义者、改革家利奥波德二世登基继位之后，人们对这个谎言更是深信不疑了（2月20日）。

于是王后间接参与了这一切，犯下大错。她和教士的关系本应该越来越紧密才对；而和教士相抗的奥地利，它和教士的利益完全是对立的。

王后的想法很明显：如果皇帝处理好了比利时事务，终于从内乱中抽身出来，那时她就可以得到皇帝的庇护，以雷霆之势向大革命宣战，也许那时她的哥哥还能抽出几支奥地利军队，去加强布耶那支小小部队的实力呢。

多么糟糕的算计！所有这些战线拖得太长，而时间正一分一秒地过去。指望极度自私的奥地利，这根本就是远水解不了近渴，何况人们还完全吃不准这远水能不能来。

但不管怎样，这对郎舅终于还是抱成一团、步调一致了。在同一个月，路易十六和利奥波德相继宣布他们是自由之友、是宪法制度之虔诚守护者，等等。

两人面临的国情根本不同，却采取了同样的做法。利奥波德在重新夺回比利时这件事上干得非常漂亮，他瓦解了自己的敌人，巩固了盟友的实力。路易十六则恰恰相反，别说什么巩固友方实力，他这次突然转变立场，反而把朋友们甩进深深的失望之中；他把教士和贵族搞得措手不及，而这两个阶层却是反革命主力军。

温和派中的内克尔、马鲁埃，还以为国王公开宣扬自己近乎革命性质的宪法信仰之后，就能一跃成为大革命的领袖。当初亨利三世的谋士也是如此，让国王宣称自己是神圣联盟领袖，因此走下一着错棋。没错，当时的时局的确对国王有利。1月份的社会动乱，重重敲响了财产所有权的警钟。人们觉得在这样一个巨大的社会利益面前，什么政治利益都得让它三分。在风雨飘摇之时，权力机构根本找不出一个可以力挽狂澜的守护者。一方面，它实际上已经死亡了，而另一方面，如拉梅特兄弟中的一个人所说的那样，**它在制造死亡**。许多人已经有了革命精神，甚至是太有革命精神了。失望之下，他们为了和平和团结甘心放弃了自己织造的美梦。

在同一时期（2月1日至4日），两件具有相同意义的事情发生了。

首先，**公平者们**（马鲁埃、维里约等人）的俱乐部成立了。从这些人的宣言来看，他们所谓的公平就是**还权于国王、还地于教会**，就是教会财产转让与否取决于各省意愿。

2月4日，国王突然来到议会，发表了一篇感人至深的演讲，让所有人无言以对、心生恻隐。最出人意料的是，国王居然对这个导致他的权力和地位一落千丈的宪法制度抱着隐隐的热爱！他讴歌它、赞美它，对重新划分行省的模式更是双手赞同。他只向议会提了一个建议：将一部分改革稍稍延后。国王为当前的混乱局势忧心忡忡，他得去保护、安慰教士和贵族；然而无论如何，他仍是宪法的朋友。

所以，他来到了正为重建社会秩序而忙得焦头烂额的议会，似乎在说：你们不知道该怎么办吗？要不，把权力还给我吧？

国王这次御临议会，取得了惊人的效果。议会失去了理智，巴雷尔满脸都是泪水。国王离开了，人们还紧紧追在他的身后。人们来到王后宫殿，王后和王太子一道接见了议员，她还是那副高高在上、又无比亲善的样子。“这是我的儿子。”她说，“我要教他学会珍惜自由，我也希望他能是自由的支持者。”

那一天，她再不是玛利亚-特蕾莎的女儿，而是利奥波德的妹妹。没过多久，她的哥哥就发表了一份虚情假意的宣言，说自己是自由的朋友，是比利时宪法制度的朋友。这位皇帝甚至对比利时人这么说：毕竟，他们是有权拿起武器反抗皇帝的。

再把话题说回来。当时议会兴奋得近乎谵妄，几乎都不知道自己姓甚名谁了。议会全体起立，宣誓效忠于一个根本都还不存在的宪法。看台上的群众也沉浸在狂喜之中，沉浸在一种不可想象的热情里。市政厅、沙滩广场、大街上，所有人都在宣誓。人们唱起了《感恩曲》，整个城市整晚灯火通明。为什么不高兴呢？革命已经结束了，彻底结束了。

从2月5日至15日，巴黎和各省举行了一连串的庆祝和狂欢。无论哪个地方的公众场所，人们都在争先恐后地宣誓，学校教员和孩子们也成群结队地前来宣誓。到处一派热闹欢腾、喜气洋洋的景象。

许多自由卫士都在为这场运动感到忧心忡忡，担心它会朝着有利于国王的方向发展。这种想法简直大错特错！大革命是何其浩瀚和强大啊，在这样一个上升性的运动中，所有新发生的事情，无论它们眼下对革命是有害还是有利，最终都将促进革命的发展，推着它越走越快。这次宣誓事件里所发生的，不过是在任何激情的促使下都会发生的事情罢了。每个人都在发誓，然而他们纯粹只在表达自己内心的情感而已。他们可以向国王发誓效忠（不过国王什么也没听到），也可以向祖国发誓效忠。

在奏起《感恩曲》的时候，人们注意到国王没有来圣母院，没有如大家期待的那样站在神坛上宣誓。他可以撒谎，但不能立下伪誓。

从2月9日开始，当庆典还在持续的时候，格雷古瓦尔和朗汝内就提醒说：当前之所以骚动此起彼伏，是因为8月4日的法令没有得到执行；人们不应该操之过急，但也要有所进步才对。

保皇派企图还权于王、还军于王，然而他们根本没能达成目的。莫里试图要些手段，提议军队有权在未经市镇当局授权的情况下就自行行动，起码在*农村地区应当如此*。卡扎莱斯甚至大胆提出一个可笑的建议，说可以给国王*三个月*的独裁专制权。这未免太卑劣、太赤裸了！米拉波、比佐和其他人，直接宣布说人们不能信任行政权。议会只信任各市镇局，给了它们全权的行动权，让它们自己去平息它们可以平息下来的骚乱。

卡扎莱斯之所以如此大胆放肆地提出这个建议，是因为他说话的那天是2月20日。而在18日，似乎为了表达宫廷的真诚和善意，一场流血的祭祀上演了。

宫廷它当时手上拿着两个案子——贝森瓦案件和法弗拉案件。

因为7月14日中的表现而被控告的贝森瓦，其实只在执行他的上司、首相的命令，执行国王的命令而已。然而，如果判他清白，那就是在判攻占巴士底狱这件事有罪，那就是在判大革命有罪。何况他还是王后的人、特里亚农派的前心腹成员、舒瓦瑟尔的旧友，而且和舒瓦瑟尔一样也属于奥地利阴谋集团。

宫廷对法弗拉则没那么上心。他本就是大亲王的人，其使命就是为了大亲王而除掉国王。就如某些最高法院法官和亲王的友党提议的那样，如果人们将国王停职，那大亲王很有可能当上监国甚至是摄政王。拉法耶特在回忆录里也说，法弗拉其实应该在一开始就刺杀巴伊和拉法耶特才对。

法弗拉在12月25日晚被捕。极为害怕的大亲王做了件奇怪的事——前去为自己辩解。去哪里辩解呢？在法庭面前？不，在巴黎市政厅面前。但市政官员根本没有任何资质去受理此案。大亲王抛弃了法弗拉，说他对法弗拉所做之事一概不知，还虚伪地卖弄自己对革命的感想、对自由的热爱。

法弗拉则表现出勇敢无畏的气概，死中求生。他为自己做了一场出色的辩护，言辞掷地有声，而且没有连累任何旁人。有人暗示他，他最好死得别太招摇。法弗拉懂了，也这么去做了。无论漫长而残酷的审判也好，在圣母院公开耻辱认罪也罢，他坚强的意志从未遭到动摇。在沙滩广场的时候，他还要求立证，然后（2月18日）在火把中被吊死。这是第一次贵族被吊死。人民当时又是狂暴又是焦躁，总觉得宫廷会出手相救。法弗拉的相关文件被一个行政官员收集起来，后来（据拉法耶特所说）被这位官员的女儿交给了当时已是国王的大亲王，然而后者急急忙忙将其全部销毁了。

行刑之后的那个礼拜日，法弗拉的遗孀和儿子一身黑衣参加了国王和王后举办的宫宴。保皇派还以为他们两人会对受害者家属稍加宽慰和弥补，然而王后连眼睛都不敢抬起来。

他们当时就意识到宫廷已是无能为力了，就算自己对宫廷再怎么忠心耿耿，也别想从它那里得到多少支持。

从2月4日开始，从国王拜访议会、宣扬自己的革命信仰开始，保皇派的热情就已被重重泼了一盆冷水。米拉波子爵当场将佩剑折成两段，绝望离去。还能想什么呢？还能相信什么呢？保皇派选择相信国王是自己这一派人的骗子、叛徒、逃兵。国王再不属于保皇派了？或者说，他为了救下一小片破碎的江山，就把他的教士、他那忠心不贰的贵族牺牲了？

布耶对自己要去做什么事一片茫然，又无人前来告知详情，陷入深深的失望之中。许多贵族、陆军和海军军官也是这样的想法，纷纷离开法国。布耶本人也请求离开，去国外为王室效劳。但国王让他留下，说自己将来有用得着他的地方。人们太急切地去期盼和相信了，以为革命在7月14日就已结束，然后是10月6日，再然后是2月4日；到了3月份，我觉得再没人会相信革命已经结束之类的话了。

但这有什么关系！对已经从摇篮中成长起来的自由来说，这些抵抗根本不足为惧。它不久前才战胜了最可怕的敌人——混乱和无政府状态。农村流寇攻打城堡的战争，四处蔓延、愈加威胁到整片国土的动乱局势，所有这些麻烦一下子全被解决了。1月至2月的运动，在3月份已经平静下来。当国王以公共和平的唯一保障者的身份出现时，当议会忙得焦头烂额却没有任何办法重建社会秩序时，法国靠自己重归平静。博爱的激流胜过了法律的约束，当局怎么也解不开的死结，被全民上下齐心一致地解开了。各个城市全城戒严，还去农村地区保护城堡，保护它们的敌人——贵族。

大团结运动还在继续，而且一天比一天还要壮大，大有排山倒海之势。它无须动手，只单单露一下脸，就足以震慑住法国的两个敌人——一个是无政府状态、是流寇，另一个则是反革命。不仅人烟相对稀少的南部地区聚集起来，连北部大省中的人口密集区也团结起来了。在香槟，有十万人结成联盟，洛林也是十万人，还有孚日、阿尔萨斯等省，全都团结起来。

这是一场伟大的运动，没有私心，也没有猜疑。所有人聚在一起，所有人联合起来，所有人结为一体。巴黎召唤各省，想把所有市乡都团结起来。没有一丝嫉妒之心的各个行省，渴望联手的心情更是迫切。布列塔尼在3月20日要求法国每个地方都出千分之一的人派往巴黎；波尔多则请求为7月14日举办一场民间庆典。这两个提议马上就合二为一——法国将召集全国上下参加一场为新的信仰而首次举办的盛大庆典。

# 第6章

## 后事——王后与奥地利——王后与米拉波——军队

奥地利争取到了欧洲的支持——它提议笼络米拉波（3月）——宫廷和米拉波协商的过程中态度不明——米拉波打响了新的惊雷（4月）——米拉波在俱乐部中影响甚微——米拉波被拉拢过去（5月10日）——米拉波向国王建议取得战争创制权（5月22日）——米拉波和王后的谈话（5月末）——士兵和人民亲如一家——宫廷以为赢得了士兵的支持——旧军队的悲哀——军官的傲慢无礼——军官企图让士兵和人民对立起来——海军和士兵重受尊重

法弗拉的阴谋，便是大亲王的阴谋；而（3月被发现）马伊布瓦（Maillebois）的阴谋则和流亡在外的阿图瓦伯爵脱不了关系。宫廷没有忘记他们，但似乎更愿意采取王后的掌玺大臣奥热阿尔在那封被发现的信件里提出的建议，那就是玩弄手段、静等时机、佯装信任之态、拖上五六个月。

对维也纳、对巴黎，都是一样的话。

利奥波德还在谈判。他让那些所谓的自由政府、那些假冒的革命派（我指的是英国和普鲁士）受到严峻考验，把它们直接放在大革命面前，于是它们脸上的面具逐渐戴不住了。利奥波德对英国人说：“如果我不得不将一部分尼德兰让给法国，你们会高兴吗？”于是英国往后缩了；因为有了这层顾虑，它便死了对奥斯坦德[①]的觊觎之心。而对普鲁士人，对全体日耳曼人，他又是这么说的：“我们那些持有阿尔萨斯[②]却没了封建特权的日耳曼亲王，难道我们就不管他们了？”于是，之前已经替这些亲王贵族说过话的普鲁士，在2月16日宣布要实行帝国权力、向法国讨个说法。

当时整块欧洲被分成两个阵营，一边是奥地利和俄国，另一边是英国和普鲁士，但由于对大革命抱有共同的仇恨，各国逐渐走到了一起。只有一点：信奉自由的英国和崇尚哲学的普鲁士，尚还需要一段时间下定决心从一极转向另一极，它若这么做，那就是在揭穿自己、背弃自己、否认自己、承认自己是自己的敌人的这个真实身份。奥地利应该也能理解和迁就这场值得尊敬的羞耻和谨慎的斗争。所以，它得等待，但也有无限的争取空间。要不了多久，所有正义人士都将达成共识了。而孑然一身的法国，它将怎么办？奥地利有了欧洲在背后支持，立刻就要把它压得死死的，让它从此再无法翻身！

在等待期间，奥地利还尽其所能地对法国和比利时的革命派灌各种迷魂汤，竭尽全力要麻痹他们、分裂他们。

从（2月20日）利奥波德登基称帝开始，从他发表那篇奇怪的宣言开始，从他说自己接受比利时的革命理念、承认它那场反抗皇帝的暴动的合法性开始（3月2日），他的大使梅尔西·达尔让多就让玛丽-安托瓦内特下定决心，克服心中的憎恶情绪，去接近米拉波。

然而，不论这位演讲家是多么容易打交道，虽然他永远需要钱，但要

---

① 比利时的一个城市，位于弗拉芒大区。——译者注

② 法国东北地区名、旧省名，在17世纪以前属于神圣罗马帝国的领土，以说德语的居民为主，后成为哈布斯堡家族统治的领地，三十年战争后根据《威斯特伐利亚和约》割让给法国。——译者注

亲近他也并不是件容易事。当他还有用的时候，宫廷鄙视他、拒绝他；当一切俱损，甚至也许是什么都完了的时候，宫廷又找到了他。

11月，它和革命立场最坚定的议员联手，永远封杀了米拉波的内阁之路。现在，它又把他叫了过来。

在步步走错、着着失策之后，在三次阴谋都以流产告终之后，它又叫米拉波去做一件不可能做到的事。

奥地利大使把一个人从比利时召了回来，他就是拉马尔科。此人和米拉波私交甚密，又完全忠于王后，是最好的中间人人选。

拉马尔科回来了。3月15日，他向米拉波打开了宫廷的大门，却发现后者反应十分冷淡。聪明的米拉波察觉到宫廷这次完全是要把自己拉下水和它一起溺死。

在拉马尔科的督促下，他给出回答：除非打出自由的大旗，否则王位绝难复起；此外，若宫廷还有他想，那他不仅恕难从命，还会出面制止。话已至此，那该如何让他放心？何况就在不久之前，米拉波还在议会面前说自己对行政权是多么不信任。为了打消米拉波的顾虑，路易十六给拉马尔科写了一封信，说他没有其他要求，只希望得到法律限制之下的权力。

宫廷这边在抓紧时间和米拉波接触，那边又和拉法耶特展开了另一场协商。国王写信给拉法耶特，表达了自己对他的全心信任之情。4月14日，他向拉法耶特请教他对王室特权的想法，拉法耶特也直言不讳地表达了自己的观点。

老实说，宫廷到底想干吗？它纯粹是在拿拉法耶特取乐，在麻痹他；它纯粹是在减弱米拉波的影响力，在拖他的后腿，把他牵扯进不同立场之间的拉扯中，甚至在损害他的名誉，就像它曾经让内克尔的声誉一落千丈一样。在毁灭自己的拯救者时，宫廷出手从来都是那么老到。

也就是在同时，王后的哥哥利奥波德用同一种办法，和比利时的**进步人士**展开了谈判，让他们名声大败，随后，再去诱使这些正遭到人民威胁、揭发和驱逐的人，让他们产生欢迎奥地利入侵、再次夺回比利时的想法。①

这对兄妹的做法如此一致，让人怎么相信这纯属巧合？

在对宫廷产生信任之前，米拉波理应三思而后行才对。当时，国王在议会步步紧逼的情况下，把那本著名的**红皮书**交了出去（我们马上就会说起它）。他这么做，便是把无数人的名声也交了出去。接下来，所有秘密年金享受者都发现自己成了打油诗和讽刺歌谣里的主角，在街头巷尾中被人嘲笑和奚落。如果哪天宫廷觉得米拉波没有用了，谁能保证它不会把他们之间的契约也给抖出去呢？此外，宫廷在和米拉波协商过程中的表现也完全不能叫人放心，一副时进时退、三心二意的样子，它从不将自己什么事推心置腹地告诉米拉波，反而不断过问他自己的隐私、他对自己这一派的看法。

对待这么一个人，这套方法是行不通的。你要么把他当朋友，要么把他当敌人，要么和他热情相拥，要么和他决斗至死。不论米拉波内心多么倾向于保皇派，像他这么一个有头脑的人，是不可能完全受宫廷蒙蔽的。在等待期间，米拉波并没停下自己的脚步。作为大革命的喉舌，他在任何关键时刻都有登场。宫廷可以笼络他，但不能拖住他、软化他、消解他。当时代的强音响起来的时候，那个放荡不羁、腐朽堕落的米拉波不见了，上帝进入了他的身体，祖国借着他的躯壳行动起来、打

① 关于利奥波德在欧洲、尤其是在比利时身上的动作，请看哈登贝赫（Hardenberg）、博尔涅（Borgnett）等人的著作。——原注

出了惊天响雷。

在宫廷拖拖拉拉、讨价还价、要着各种手段花招的这短短一个月里（4月），响起了两声惊雷。

第一声（我们会在下一章把它和教会事件合并一起再讲），便是所有人都记忆犹新的那篇对查理九世和圣巴托罗缪大屠杀的叱喝之词："我从这里看到了那扇窗户……"，让教士们遭到前所未有的一记迎头痛击（4月13日）！

第二声惊雷，响起在有人提出议会是否应被解散的这个问题的时候。许多议员职权只有一年任期，而这一年已经过了。10月6日之前，就已经有人提议解散议会（当时这个提议是合理的）。宫廷等着议会解散的那一天，等着中间的幕间曲，等着前议会已经谢幕而新议会还没登场的这段危险期的到来。在这个间歇期间，除了国王，谁还能统领天下呢？权力一旦重新到手，宝剑一旦被重新拿起，那就轮到他来掌控局势了。

莫里、卡扎莱斯发表了一份份咄咄逼人的演讲，话里夹枪带棒、充满挑衅意味，问议会它的权力到底有没有限制，问它是否还自认为是一个**国民公会**，还在反复强调公会、议会和立法机构的差别。这些诡辩之辞让米拉波怒愤、激愤，进而申愤起来："你们问，我们这些执行官代表怎么自称是国民公会？那我来回答你们：在我们会厅被封、被密布的军刀所玷污的那一天，我们找到了第一个能把我们聚集起来的地方，宣誓宁死也不散会。就是在那一天，即便先前我们不算国民公会，此后我们就已经是了。现在，有人要在法学家那些毫无意义的术语目录里寻找这个词的定义：什么叫国民公会？先生们，你们都对下面这个罗马人的历史生平了解得清清楚楚。他为了将祖国从一个巨大的阴谋中拯救出来，不得不越权行使了法律赋予他职权之外的权力。一个居心险恶的护民官要求他发誓自己尊重了这些权力。这个狡诈的主考人出了这么一个难题，逼得执政官必须做出选择：要么发下伪誓，要么立誓、然后给人留下后患无穷的把柄。而这位伟人是这么说的：‘我发誓，我拯救了共和事业。’先生们，我也发誓，我们拯救了共和！”

听了这句神圣的誓言，议会全体起立、通过法令：宪法没有完成，就绝不发起选举。

保皇派被吓呆了。然而也有许多人认为，他们党派的希望之所在——新选举，结果对他们可能会更加不利，也许选举中会诞生出一个更有仇意、更加暴力的议会。在王国上下一片骚乱、在局势愈加鼎沸的时候，谁能确保自己有一双火眼金睛呢？单单组建市镇机构，就已经把法国搅得天翻地覆了。市政机构千辛万苦才建立起来，旁边还有社团、俱乐部在死死地盯着它。社团听上去很可怕，但很管用，尤其是在这种危机时候；在层出不穷的阴谋面前，它是起了疑心的公众一个必需的工具和喉舌。

俱乐部将日渐壮大起来，不过也理应如此，这是形势的需要。当时还没到俱乐部如日中天的时候，对于法国而言，此时是联盟时期。但俱乐部已经在巴黎成为主流了。

巴黎似乎成了法国的侦察兵，它喘着粗气站在那里，它的六十个行政区联合组成一个永久性大会。巴黎还没有采取行动，但也快了。它在侧耳听着，心里忐忑不安。你要是把哨兵布置在离敌人只有数步之遥的地方，也会每时每刻都听到“警备！”的喊声。两个声音一直都在催促着它，一个是科尔得利俱乐部的呼声，还有一个是雅各宾俱乐部的呐喊。我会在下一卷书中深探这两处可怕的龙潭虎穴，但现在我还不想走进去。此时雅各宾派的性子还未定下来，仍处于幼年时期，走支持立宪的折中路线，其领导人正是杜波尔和拉梅特。

这些酝酿着骚动的实验室、这些公共监视者、这些可怕的机器（我尤其在指雅各宾俱乐部），它们和所有机器一样，有一个主要特点：个人行动基本受控在集体行动之下，无论你是多么强大的英雄好汉，在里面也失去了个人优势。在这类社团里，积极活络的庸才身居要位，天才反而无足轻重。所以，米拉波从来不愿意到俱乐部去，他不属于任何俱乐部，只是偶尔过来小坐一下罢了，在雅各宾俱乐部里待一小时后，又在89俱乐部里再待一小时（该俱乐部于5月13日成立于罗亚尔宫，由西哀士、巴伊、拉法耶特、夏普里耶和塔列朗所建）。

89俱乐部品格高雅、出手阔绰，却毫无行动力。真正的力量，还是藏在雅各宾派那座烟雾缭绕的旧修道院中。在那里，阴谋大行其道，杜波尔、巴纳夫、拉梅特这个“三恶执政”满口浅薄庸俗的废话被奉为圭臬。这些只会让米拉波更倾向于接受宫廷的提议。

多么矛盾的一个人啊！从内心看，他是怎样的人呢？是保皇派，而且仍然有贵族思想。然而从行动上看，他又是怎样的人呢？和内心完全相反的人。他一道闪电下来，就把王权劈成粉碎。

如果米拉波真想捍卫王权，那就得抓紧时间了，因为它正在一步步走向死亡。它已经失去了巴黎，外省只剩一大群溃不成军、四处逃窜的贵族。得靠什么办法，才能造出王权的缨枪呢？这正是米拉波所思考的。他打算建立一个庞大的联系网，毫无疑问，这么做肯定是为了和雅各宾派的联系网相抗衡。这就是米拉波和宫廷订下的契约的基础（5月10日）。他在自己家中组建了一个类似于公共精神思想部的组织出来。为了这个目的，或者以这个为借口，他拿到了钱，有了固定的薪水待遇。

由于他在任何事情上都是率性而为（这个性格可以说好，也可以说不好），米拉波雇用了一大群佣人，出入都是豪车接送，夜夜醉酒笙歌，在安丁路那里还买了一座至今仍得保留的小公馆。

事实已经很明朗了。更糟糕的是，米拉波居然还在左派中间，跟右派的人一道，为王权、为国王的战争及和平创制权说话。

国王已经失去了内务权，接下来又没了司法权；法官们和行政官员一样，都是树倒猢狲散。如果连战争创制权都被剥夺了，那国王还有什么王权可言？这话是卡扎莱斯说的。

巴纳夫和反对派找出成千上万个反驳的理由，但就是没说出最关键的地方——因为国王立场可疑；因为只有折断国王手里的剑，大革命才能发生；因为在所有权力中，最可怕的莫过于国王手里还有的这个战争创制权。

引发争论的契机是：英国看到比利时朝法国伸出双手，开始坐立不安了。面对这场如火如荼、四处蔓延的革命，这场凭着自己炽热的活力、靠普遍的**人性**（这已超越了国家性）广收人心的革命，这场完全违背了英国精神的革命，它和普鲁士、奥地利皇帝一样感到害怕了。一位才华横溢、为人却偏激狂热、又容易被收买的人——来自爱尔兰的伯克，将圣奥美尔[①]的一些耶稣会士扶植起来，在两院中对大革命发起了猛烈的抨击（后面有他的政敌皮特出钱）。英国没有攻击法国，但是它放弃了比利时，任它落入皇帝手中，还在世界各地找机会和我们的盟友西班牙起冲突。路易十六告诉议会，他给十四艘军舰配备上了武器装备。

因此，针对“战争创制权到底归谁所有”这个笼统问题，人们在

① 法国北部的一个地区，当时尼德兰的好几千革命人士在此避难。——译者注

理论上展开了漫长、宽泛的讨论。但在关乎那个重于一切的具体问题时，却几乎没人说话。所有人似乎都在闪躲、逃避，害怕直面这个问题。

巴黎可不害怕，反而把它直接挑到明面上来。所有人都察觉到，如果国王拿到了宝剑，那大革命就完了。一时之间，战争创制权成了街头巷尾热议的一个热门话题。在杜伊勒里宫、旺多姆广场、圣奥诺蕾大街，五万人在翘首以盼，焦急难耐地等着消息。时不时会有人从会厅窗户给他们投下短笺，好让他们及时了解到讨论进展。一拿到短笺，众人就迫不及待地读起上面的内容来。米拉波触犯众怒，成了千夫所指的对象。在进出会场的时候，有个人给他指了指绳索，还有个人向他示了示手枪。

而米拉波却一副无动于衷的样子。当巴纳夫占着台子发表长篇大论、以为自己抓住了可以击垮他的要害时，米拉波根本都没有留神在听，他在杜伊勒里宫、在人群的注目之下散着步，还对当时也守在那里的年轻、性格火热的斯塔尔夫人大献殷勤。

然而，他的勇敢却帮不了他什么。虽然在理论问题上，在思想和力量、议会和国王之间的自然联系方面，米拉波凭借自己舌灿莲花的本领占尽上风，可是这个玄奥抽象的问题并不能遮掩实际。

他的敌人用了一个不怎么文明、几近谋杀的方法，想把米拉波撕成碎片。他们让人撰写了一份穷凶极恶的诽谤文字，当晚就将其印刷出来，四处散发出去。第二天去议会之前，米拉波听到到处有人在喊："米拉波伯爵大叛变之事被人发现了！"危险于他而言是常事，并能大大地激发他的潜能。他打败了敌人："我很清楚，塔尔皮亚岩[1]离朱庇特

① 古罗马塔尔皮亚山的一座悬崖，在古罗马共和国时期，犯有叛国罪的人从此处被抛下处死。——译者注

神殿并不远……”

米拉波赢得了个人的胜利。然而在众人争议的那个问题上，他聪明地采取了以退为进的办法。议会就这个问题拟出一份不太冒险的提案，在该提案的第一次开庭陈述中，米拉波没有贸然出击，而是放弃表面、争取实际。议会最后的决定是：国王有权进行战争筹备工作、根据自己的意愿去指挥军队，他可以向议会提议开战，而议会无权对任何未经国王批准的条令作出决定（5月22日）。

走出会厅的时候，巴纳夫、杜波尔和拉梅特灰心短气，然而等在那里的人民群众却以为他们打赢了，欢呼雀跃地簇拥在他们身边。这三个人根本没有勇气把事实告诉人民。实际上，这次是宫廷略胜一筹。

它两次体会到了米拉波的力量：一次是4月，米拉波反对它；一次是5月，米拉波支持它。而在后面这一次里，米拉波做出了非人的努力，牺牲了民望，甚至拿生命在冒险。王后和他进行了一次谈话，根据所有迹象来看，这也是米拉波和王后之间的唯一一次谈话。

米拉波身上有一个无法掩饰的弱点。宫廷只要表现出一丝信任的迹象，经过拉马尔科的极力渲染之后（他很想把宫廷和米拉波拉到一起），这位和所有艺术家一样容易轻信于人的大演讲家就能因此想入非非。在他的脑子里，王后拥有一种从不示于人前的才华和硬气。而另一方面，他又太过骄傲、太过相信自己的力量，觉得自己的魅力大得连男人都无法抵挡，要吸引一个女人就更是易如反掌。他更希望成为王后而不是国王的大臣。大臣？或者准确说，是情人？

王后当时正和国王一起待在圣克鲁，身边基本都是充满善意的国民自卫军。在这样一种半监禁状态中，他们觉得自己还是挺自由的，每天都可以在没有警卫的监视下出去散步，经常一走就是几古里。不过还是有许多好心人无法接受国王和王后成了自己臣民的阶下囚的这种想法。有一天下午，在静寂的圣克鲁宫殿里，王后听到了细细的杂音。她打开窗帘，看到阳台下聚集着大约五十个人，有农妇、教士、圣路易老骑士，他们都在低声哭泣着，努力压制着自己的抽泣声。

米拉波无法产生类似的体会。虽然他有许多恶习，然而作为一个有着丰富的想象力和汹涌的热情的人，能当上一个沦为阶下之囚的美丽王后的依靠者、守护者、甚至是解救者，他觉得这是一种幸福。他们之间那场谈话的神秘性更激起了他内心的涟漪。为了不引人注意，米拉波去见王后的时候没有坐车，骑马赶赴约会。王后没在王宫接见他，而在一个少有人至的地方、在一座私人庭院中最高处的亭子里会面，从那里可以俯览下面的阿米德公园。当时，正值5月末。

那时的米拉波很明显已经疾病缠身、离坟墓不远了；我指的并不是他的纵欲无度，对自己身体的挥霍无度。不，米拉波完全死于人民的仇恨。一开始他大获民心，然后又成为千夫所指的唾弃对象！一开始他在普罗旺斯取得了辉煌的胜利，那时他满心觉得自己紧紧依偎在祖国的怀抱里；然后，1790年5月，人民却在杜伊勒里宫要求把他交出来，威胁要吊死他！而他呢？在这场暴风雨中，他找不到良知的慰藉，把手放在胸口处，也只能摸到早上从宫廷那里拿到的金币而已。愤怒、羞愧、模糊的希望，在这个混乱的灵魂里缠作一团、不住翻腾。带着那张晦暗、阴沉、不怎么整洁的脸，带着那双因为生病而通红不已的眼睛，带着那副臃肿肥胖、疾病缠身的躯壳，带着那凹陷下去的脸颊，那个病痛交加、伤痕累累、但还没被打倒的跋扈粗暴的米拉波，就这样骑着马，缓缓走在圣克鲁的大街上。

等在亭子里的王后，看上去也是判若两人！她才三十五岁，这是一个多么动人、可以让凡·戴克多么痴迷地去描绘的年纪啊！然而，她的脸上有了细微的变化、脸色微微泛青，显示王后正受着深深的苦痛折磨。她生病了，一种深入骨髓、无法治愈的疾病！一种身体和精神上的双重疾病！看得出来，王后在努力和它抗争。她依然高昂着头，眼睛干涸，却清清楚楚表明她每个长夜都在以泪洗面中度过。她靠自己天生的尊严努力打破外人的怀疑，这种勇气和不幸交织起而形成的尊严，让她看上去依然威不可犯。而他渴望相信她，渴望为她献身。

看到这个被世人仇恨和诋毁的对象，这个在大革命中常被提起的可怕人物，这个怪物，王后也很惊讶，发现他只是一个男人而已，而且有一种难以言明的特殊魅力，而按理说这种魅力不应当出现在一个如此刚强的人身上。根据所有证据来看，这次谈话内容十分模糊，没有达成任何结论。王后有自己坚持的想法，而米拉波也有绝不掩饰的理念，那就是同时拯救国王和自由。如此这般，他们之间怎么可能有共同语言呢？在谈话结束的时候，米拉波对既是女人又是王后的安托瓦内特说了一番既恭敬又大胆的献媚之语："夫人，当您那位威严的母亲纡尊接见她的臣民时，她从不会不让他吻吻自己的手就让其离开。"听罢这话，王后把自己的手递了过去，米拉波弯腰一吻，然后抬起头，真诚而骄傲地说了一句话："夫人，君主制得救了！"

激动万分、心满意足的米拉波起身离开，但他被骗了。王后给她在德国的下属官员弗拉赫斯兰登（Flachslanden）写信说她起用了米拉波，不过他们之间完全没有任何认真的关系成分。

甚至在米拉波以自己的民望甚至生命为赌注，让那条使得国王有了和平和宣战之权的危险法令得以通过的时候，国王还派人在最高法院档案室里寻找不利于三级会议的古老抗议书模式，想参考写出一封对议会所有法令表示抗议的秘信（5月23日）。[①]

感谢上帝，法国的拯救大业没有维系在这个天真而又轻信的大人物身上，也没有维系在这个满口谎言的宫廷身上。一道法令把剑还给了国王，但这把剑已被折断了、废掉了。

士兵重新回归人民的身份，来到他们中间，居民亲切如一家。

通过布耶的回忆录我们了解到，他一直在士兵和人民之间极力制造矛盾，向军队灌输对市井出身的人的仇恨和鄙视。

军官们贪婪地抓住每个机会在那里煽风点火，让这种仇恨越烧越旺，甚至还把火引到了国民议会身上，在士兵面前对其大肆抹黑。一位立场坚定的爱国者，杜波瓦·德·克朗赛（Dubois de Crancé），向议会揭露了军队的糟糕体制，指出大部分士兵都是穷苦百姓出身。他由此得出一个必然结论：对军队进行重组；要让曾经的法国精锐之师重展雄风，此事势在必行。改革重组军队的这种想法纯粹是为了军队好，但这番好意遭到了旁人的利用。军官们跑到士兵那里，反复宣传说议会是在冒犯军队。宫廷从中看到巨大的希望，以为可以借此重掌军权。内阁办公室中有人对里尔统帅写了这些意味深长的话："所有这些日子里，我们都没有抓到过多少可靠的东西。有人想把我们遗忘，想让我们变得什么都不是，然而很快，我们就是一切。"（12月8日，1月3日）

但这只是一场镜花水月的幻想！难道他们觉得士兵都是睁眼瞎，看到法国上下团结博爱的这幅动人场景会无动于衷？当祖国被重寻回来后，难道他们会抱臂旁观、独独地站在祖国大门外面？难道兵营是一座

① 国王把自己的掌玺大臣派去负责此事，而此人后来在流亡过程中将其透露给了蒙特盖拉尔。至于王后写给弗拉赫斯兰登的信，原信成了个人收藏品。有人读到过它，但不是我，而是档案馆的一位雇员，一位非常认真、非常有学识、非常值得信任的人。——原注

与世隔绝的孤岛，不与外界相通？

诚然，看到军队还在那里反复权衡、不表态度、选择服从军令，人们会心生不安。不过到了这个时候，它怎么可能还像从前那样置身事外呢？如果士兵盲目服从当局命令，那就是在违抗一个居于一切权力之上的至高权力，那就是在反抗他们上司的上司——法律。但若蛰伏不动，这也是不能；何况反革命不会容忍他们蛰伏不动，肯定会要求他们朝革命、朝法国、朝人民、朝向他们伸出双臂的同胞兄弟开火。

士兵认清了军官的真实面目——敌人，一个特殊的民族，一个越来越陌生、越来越像另一个种族的民族。冷血的惯犯离死亡越近，在罪恶中就陷得越深；旧制度也是如此，它越是日薄西山，就越没有公正可言。高级军阶只向宫廷出身的年轻人和受夫人们庇护的小宠儿开放；蒙巴雷部长曾经亲口说过，王后如何异乎寻常地积极向他推荐一个年轻上校。在路易十四和路易十五时期，普通士兵尚还有机会争取到低级军阶，然而到了路易十六，这些职位也只留给那些能证明自己在第四亲等范围内有贵族血统的人。法贝尔、卡廷纳、谢韦尔这些人[①]，到了今天绝对连中尉都当不上。

我说过（1784年）战争预算这个问题：军官享有四千六百万法郎，士兵却只有四千四百万。为什么称他们为士兵？还不如把他们叫作乞丐得了。在17世纪的时候，军饷相对来讲还多一点儿；到了路易十五时期，它简直少得可怜。没错，在路易十六统治时期，士兵们多了一份军饷，一份靠吃棍棒得来的军饷。这是在模仿那个著名的普鲁士军队训练模式，把人当机器一样驱使、当孩子一样处罚，而当局觉

① 法贝尔（Abraham de Fabert，1599—1662年），印刷商之子，法国元帅；卡廷纳（Nicolas Catinat，1637—1712年），地方治安官之子，法国元帅；谢韦尔（François de Chevert，1695—1769年），法国将军，出身不详，全凭赫赫军功为自己争来荣誉。——译者注

得这就是腓特烈大帝战无不胜的全部秘诀。这种模式无疑是所有体制中最大的糟粕，集所有对立坏处于一体，成了一个既机械又不机械、既无比严酷又专制至极的制度。

对士兵、市民阶级和其他任何阶层的人，军官一直都是盛气凌人、趾高气扬的态度，并毫不掩饰自己对这些人的鄙夷之情。为什么呢？他们凭什么享受这么高的功勋？只凭一点：他们舞得一手好剑。他们的专制统治建立在一个相当严重的偏见上。正因为这种偏见，耍小聪明的人才能支配勇士的生命。他们甚至想在议会那里耍专制的威风；在贵族议事厅里，某些议员还拔剑阻止其他人和第三等级联合。拉布多内（Labourdonnaie）、诺阿依、卡斯特里（Castries）、卡扎莱斯，要求和巴纳夫、拉梅特决斗。有些人还给米拉波说了一些非常粗鲁的侮辱之词，以为这样就能吓住他；但米拉波岿然不动。而当代最伟大的海上人物——叙弗伦[①]，竟然也遭到蔑视和挑衅！有这么一件听上去极有可能是事实的事情：某个大家出身的年轻人自负到了极点，狂妄地找到这位其神圣生命只属法国所有的英雄人物，点名要和他决斗；叙弗伦虽然已到高龄，但仍然一派敦厚地做了回应，并受了一处致命伤。这个年轻人很明显在宫廷很是得宠，此事被压了下去。谁最高兴呢？当然是英国。为了这一剑，它曾动用百万雄师，也未达到目的。

人民从来没有心思去理解他们那种荣誉问题。如贝尔赞斯、帕特里斯（Patrice）等这些目空一切的人，对此很是介怀。可在共和国的军刀下，流亡贵族的宝剑就像玻璃做成似的，一碰就断了。

---

① 叙弗伦（Pierre André de Suffren，1729—1788年），法国海军元帅，在七年战争中因为和英国海军对战而扬名。——译者注

如果我们一事无成的陆军军官这么狂傲自大，那也就算了。可是上帝啊！连海军军官也是如此！自他们近几次取得胜利之后（然而这些胜利经常是军舰和军舰之间的大型对决罢了），就再也不知道自己姓谁名谁了，骄傲膨胀到可怕的地步。因为有一个海军军官干了一件有失身份的事情——经常去看望一位当陆军军官的旧日同袍，他们就逼迫此人和他的这位战友决斗，好把这个罪恶清洗干净。最可怕的是，他居然真的杀了他！

一位海军军官阿克顿①，后来几乎成了那不勒斯王。沃德勒伊之流成天围在王后和阿图瓦伯爵身边，想出许多暴虐的建议给他们洗脑。还有一些海军军官，例如伯恩翔（Bonchamps）、马里尼（Marigni）之流，在法国转头专心对付整个欧洲的时候，立刻从背后把旺代这柄匕首刺进了它的身体。

傲慢自负的军官从土伦受到了第一次打击。那里的统帅是一个难得的勇士，但为人非常自大、非常冷酷，他便是我们最优秀的将领之一——艾伯特·德·里奥姆（Albert de Rioms）。艾伯特以为自己可以靠同一套方法同时统率阿森纳和土伦这两座城市，以为可以像对待划船的苦刑犯一样震住它们，以为在绳索和藤条的鞭抽下就能保护黑色帽徽、惩罚三色旌旗。他手下的海军军官和陆军军官签订了一个联手对付国民自卫军的契约，艾伯特以为这样一来，自己就能高枕无忧了。当官员们带着国民自卫军的人过来抗议的时候，他像对待阿森纳的苦刑犯一样粗鲁地接待了他们。于是，一群愤怒的群众包围了统帅府。艾伯特下令开火，然而没有一个士兵执行他的命令。他不得不转头向城市官员们求助，才被他侮辱过的国民自卫军费了好大的劲儿去保护他，最后把他

① 阿克顿（John Acton，1736—1811年），意大利政治家，英国出生，1775年在托斯卡纳海军服役，1799年成为那不勒斯王国的海军统帅，然后立刻成为财政部部长，最后当上了首相。——译者注

关在单人囚室里才救回一命（1789年11月、12月）。

在里尔，也有人企图让军队和国民自卫军较量一番，甚至给其中一些兵团分发了武器。统帅李瓦罗（Livarot）（人们通过他未公开的信件了解到了这些）刺激士兵，把杜波瓦·德·克朗赛在国民议会那里针对军队说的那些所谓的侮辱之词转达给了士兵。议会不置一词，只改善了士兵待遇，给予他们无微不至的关怀，做了它当时能做的一切，例如给他们的军饷加了几苏。然而最能鼓舞士兵的事情，莫过于拉法耶特在巴黎把所有士官都编进高等军阶中的行为。那道无法逾越的障碍，终于土崩瓦解了。

旧制度下的可怜士兵，长期以来一直在沉默和毫无希望的日子里挣扎着！虽然他们比不上共和国和帝国时期的那些创造奇迹的雄师，但也配得上过他们该过的生活。我在过去的史书中读到了关于他们的一切，他们的坚韧和耐心让我震惊，他们的淳朴和善良更让我感动。我看到，在拉罗谢尔这座被饥荒所困的城市里，他们把自己的面包分给了饥民。士兵的暴君、上司，把他们所有晋封之路都封死了，然而在他们身上也只看到了顺从、尊重、温和和善良这些品质。在路易十五时期，我不知道是在哪场事件里，一个十四岁的军官才到达凡尔赛就再也走不动了。"把他交给我吧。"一个大个子的投弹手说，"我可以背着他走；如果有子弹朝他射过来，我会像救自己的孩子一样去救他。"

他们理应迎来那么一天，那公正、平等和自然的一天。能够活下来见证那一天的人，是多么幸福啊！但这也是所有人的幸福！布列塔尼多么高兴啊！在近一百年之后，它那个地位卑微的领港员，一个在迪盖-特鲁安[①]上用自己刚硬冰冷的手牵领胜者在战火硝烟中前行的领港员，来

① 从1781年沿用至今的军舰舰名。——译者注

自巴茨岛的让·罗宾（Jean Robin），在选举中得到认可，在众人一致的举手赞同中坐到了主席旁边的位置上。士兵蒙受不公如此之久，让所有人都替法国感到脸红。那一代又一代的英雄们一直遭到他们不应当承受的轻视，终生被狂傲的军官们践踏、利用，被诅咒在遗忘之中。如今通过这位光荣的士兵，希望这些法兰西的英雄也能得到追封！

# 第7章

## 教会之斗——复活节——路易十六的受难

国王的受难传奇——打开修道院引发的骚乱——教会煽动起了无知群众——教士意欲和流亡贵族相勾结——对立的教士和贵族——教会在复活节上的动作——1790年4月，议会公布红皮书——议会以教会财产为抵押，发行指券——1790年4月12日，教会要求议会将天主教定为国教

很明显，煽动士兵去对付人民这条路已经行不通了。那得改换一个办法，去煽动人民进行内斗，对抗一场纯粹为了他们才掀起的革命。

要对付联盟思想浪潮和新的革命信仰，那就只能依靠旧信仰了——如果真还有旧信仰的话。

过去的宗教狂热主义已经熄灭，就算没有熄灭，也处于沉睡之中。但教会手上一直还捏着人民的软肋，那就是他们过度的善良、盲目的同情、对他们所爱戴的人的盲从轻信、对教士和国王的根深蒂固的敬畏之心。啊！国王，这个古老的信仰，这个神秘的人物，这个身上杂糅着教士和官员双重特点的神秘人物，这个上帝的倒影！

一直以来，国王都是人民夙愿和哀求的倾听者。他俘获了多少民心啊，但给出的回报却少得可怜，这点人们都知道。王权就像一台冰冷无情的机器一样，压迫、榨取着人民。即便如此，人民依然像爱着一个人一样爱着它。

把路易十六打造成一个圣徒、一个殉难者，这对教士来说是再简单不过的事情了。路易十六平静泰然、慈祥温和、矮胖粗壮的形象（萨克森家族和波旁家族都是如此），完全就是教堂里的圣人模样，都可以拿来当作圣人像贴在正教堂门了。他目光短浅、毫无主见、平庸乏味，但那又怎么样？正是这种毫不鲜明的性格，让任何人都能被打造成传奇故事。

一篇写得无比精彩的文章流了出来，文笔简直是哀婉动人，不忍卒读。国王心怀人民，为人民着想，却因此遭到了惩罚。那些忘恩负义的小人、那群大逆不道的疯子，居然把手伸向这位伟大的父亲，伸向这位敷过上帝圣油的圣人！善良的国王、高贵的王后、圣洁的伊丽莎白女士、可怜的王长子，全都沦为可怕的巴黎城的囚徒！这样的故事能引来人们多少泪水啊！多少人会祈求上苍，为王室重获自由而祈祷啊！当女人们走出教堂时，教士低声对她们说："为可怜的国王祈祷吧！"听到这番话，哪个女人不感到肝肠寸断呢？可是，也请为可怜的法国祈祷吧！这才是当时该说的话。也请为可怜的、被背叛的、落入外族之手的人民祈祷吧！

另一篇文章也在坊间流传开来，为引发内战起到了不可小觑的作用。这篇文章旨在要求打开修道院，清点教会财产，缩减修道院数量。不过虽然缩减数量，人们也是在小心翼翼地试水而已。人们在各省为每个阶层至少保留了一所专用修道院，想留在里面的人随时都可以还俗。你想出来就出来，出来以后还可以拿到一笔年金。这种措施算是徐徐图之，完全没有操之过急。该时期的市政厅态度也十分温和，在执行过程中一副非常好说话的样子。它甚至还经常放水，马马虎虎地进行清查工作，往往只统计了一半资产，只登记了真实资产的一半价值。但那又如何？总有人拿着放大镜细细挑着毛病，让他们的工作变得更加棘手、更加危险。哪天要清点资产了，世俗浊人要在哪天把肮脏的脚踏进神圣的修道院了，这些消息事先全被传开。到了那一天，市镇官员们冒着生命危险，穿过骚动的人群，忍着女人的尖叫，不去理会修道院养出来的身强力壮的乞丐们的威胁，才勉强走到修道院大门口。法律人士们在不得已之下执行法律，上帝温柔的羊羔在和不得不执法的法律人士作对，把他们拦在门外，拖延时间，负隅顽抗，用尽一切手段要把他们撕成碎片。

这一切，是有人在背后精心策划的结果。如果就此编写一本完整详细的史书来，人们将在一个具有高度思辨性的有趣话题上得到点拨：在世人信教之心越发淡漠的年代，政治家是怎么重新煽起人们的宗教狂热主义来的？如果某个哲学家在一本书里花上一章来讲它，那肯定极有意思，章名干脆就叫《狂热崇拜的机理》吧。

教士已经没有什么信仰了，但他们把还有信仰的人找来充当自己的工具。这些人都是虔诚的信徒，一心信主，是狂热的空想派，脑子里各种诗情画意、稀奇古怪的念头从来都是层出不穷。在一些布列塔尼人身上，这些特征就更加明显了。一个海军军官的妻子，德蓬-乐维斯夫人（Mme de Pont-Levès），发表了《圣母怜悯法兰西》的小册子，一本灼热、充斥着神秘主义的书。这是一个女人写给女性看的一本书，只会扰乱她们的心智，让她们变得癫狂。

对于不识字的穷苦百姓，教会也自有它的一套办法。它故意不让他们知道什一税和教会额外酬金已被取消，对接连颁布下来的间接税取消法也是装聋作哑。不仅如此，它还把沉重的赋税全都加在他们头上，宣布要没收他们三分之一的家当和牲畜，誓要榨干土地，让贫穷大众在绝望中苦苦挣扎。

南部的动乱因素虽然有所不同，但于那些热情已经干涸的人、于那些积极躁动的人、于那些政客、于那些满肚子阴谋诡计的人来说，这仍是一个大好时机，不仅是起义的大好时机，更是组织、策划和领导起义的大好时机。

而尼姆第一次明确地喊出了抵抗大革命的真正秘诀，反革命思想和未来的旺代战争思想若真想翻身，这是它们的唯一途径：要反大革命却不靠宗教战争，反对大革命就绝对取不到任何成果。也就是说：要反对信仰，别无他法，只能依靠信仰。

当我们回想起来，回头看看从前的宗教狂热主义造成的这片荒凉废墟，才惊然于自己走过了一条多么凶险、望之令人脚底生寒的路。如果整个南部、西部，甚至整个法国都步了旺代的后尘，那只有天知道会发生什么了！

但是反革命没有其他机会。在博爱之神面前，只有一个东西能与之一抗，那就是圣巴托罗缪之夜大屠杀的幽灵。

这，就是在1790年1月初的都灵，一个来自尼姆的狂热使者在整个流亡贵族大会前提出的大致想法。这个人是普通百姓出身，身板短小，但意志强大、勇敢无畏，他一针见血地指出了问题的关键所在。

这个被特许在众亲王领主面前说话的人，名为查理·弗罗芒（Charles Froment），是一个被冤死（后来沉冤得雪）的人的儿子，只是教会一个小小财政员和打杂工而已。他一开始属于革命派，后来在尼姆发现自己在另外这一派里可以更有作为。他最开始是下层天主教徒领袖，引领社会底层的天主教徒去找新教徒的麻烦。与其说弗罗芒是个宗教狂热者，更不如说他是煽动暴乱分子、一个当代的吉伯林派。但是他一眼就发现真正的力量蕴藏在人民身上，发现得唤醒人民的信仰。

弗罗芒在会上得到了亲切的接待，人们客气地听了他的话，但没有理解到其中的真正含义。他们给了他一些钱，说蒙佩里尔统帅（Montpellier）会给他提供武器。但除此之外，他们都没意识到此人是个多么有用的人才，甚至后来他流亡国外以后，都没能从亲王贵族那里得到加入西班牙军队的许可令，让他在西班牙人和他的旧党之间起到牵线搭桥的作用。

弗罗芒在他的小册子中是这么写的："路易十六之所以走向毁灭，是因为他有一帮哲学做派的大臣。"他其实还想无不在理地把抨击范围扩大一点。反革命派之所以整体上疲软无力，是因为它心中抱着时代哲学理念，虽然每个人的接受程度有所不同。而时代哲学理念不就是大革命思想吗？

我在（第一卷里）导言中说过，当时所有人，甚至王后、阿图瓦伯爵、贵族阶层，都不同程度地受到了新思想的熏染。

在他们看来，古老的宗教狂热主义已经等同于一门死语言了。既然已经抱了这种念头，再在人民大众中间煽动起狂热情绪，这种行为于他们而言是不可理喻的。暴动的人民，哪怕是为了他们才暴动起来，在他们眼里也是可怕的洪水猛兽。此外，还权于教会这种事完全违背了贵族当时的想法，他们一直在等着盼着，希望能看到教会被活活剥皮的那一天。这两个阶层呈上的陈情书完全是在相互对立、彼此攻击。大革命本应该让教士和贵族走在一起才对，结果他们的关系反而因此更加紧张。在某些省（例如朗格多克），取消教会什一税的这个政策，给贵族地产者带来的利益甚至超过了他们因为放弃封建赋税特权而蒙受的损失。

关于修道士的誓愿问题，人们在2月份开展了一次讨论。而会中，没有一个贵族站出来帮助教士。教士阶层只能单打独斗，苦苦捍卫着修道士誓愿不可撤销的这个古老专制规章制度。贵族和贵族的敌人一起投下了赞同票，将修道士誓愿作废，打开修道院放修士修女自由。

于是教会开始报复了。在讨论是否废弃封建课税特权的时候，就轮到贵族阶层在那里哭天抢地，哭诉说这是何其凶残、何其暴力，等等。而教士，至少是大部分教士，就这么看着贵族在那边捶胸顿足，却依然投下了反对贵族阶层的一票，在他们覆灭的大火中又加了把柴。

阿图瓦伯爵的顾问，也就是卡洛纳等人，还有王后身边的奥地利顾问，肯定和大部分贵族一样，对于抢劫教会之事是乐见其成，只要动手抢劫的人是自己就成。但他们没有利用旧宗教狂热主义这柄武器，而是更愿意向国外求援。对于后者这件事，他们倒没有一丝抵触心理。王后的亲族就在国外，贵族阶层在整个欧洲都有共同的家族、种姓和文化纽带，所以对于国家民族性这种庸俗的一隅之见，他们个个都是旷达得很。哪个法国人能比当上奥地利将军的利涅亲王更像法国人？法国哲学在柏林不也盛行至极吗？若说到英国，对于我们最进步的贵族分子来说，它简直就是一个理想国、一片自由的乐土。在他们眼里，欧洲只有两个民族，一个是正直的人组成的民族，一个就是不正直的人组成的民族。那为什么不可以把前者召唤到法国来感化后者呢？

于是，三个反革命阵营都行动起来，但是彼此之间又不能达成一致。

第一个阵营是王后和她的主要顾问——奥地利大使。他们等着奥地利从比利时脱身，和欧洲联手威胁法国，（在必要时候）以武力逼它就范。

第二个阵营是流亡贵族，即阿图瓦伯爵和牛眼厅里那些光鲜亮丽的骑士。他们在都灵待得百无聊赖，迫不及待地想和自己的情妇、戏子重逢，希望外国势力能在一开始就插手，为他们打开重回法国之路，不论要为此付出什么代价。早在1790年，他们就在盼着1815年发生的事情了。

第三个阵营就是教会，它更是在那里蠢蠢欲动。

教会被议会没收了财产，被慢慢地从自己的窝里赶出来拎到门口站着，它只恨不得今天就把自己那群数量庞大的信徒——也就是农民和佃户武装起来。就今天！也许到了明天，这些人的热情就褪去了。如果农民也同意以赎买方式换取教会财产，那该怎么办？真若如此，大革命将势如破竹、直朝胜利进军。

早在10月份，我们就看到教会是怎么在一边煽风点火的。次年2月份，它又在那里推波助澜、引发骚动，甚至还在议会中兴风作浪。当时，尼姆的那个使者恰好从都灵回来了，他在农村地区跑上跑下，组织起了天主教协会，一直在南部腹地活动。

在讨论教士誓愿是否具有不可侵犯性的时候，议会中的一个人提到自然权利来做反驳，说这种剥夺个人意志的行为属于犯罪，称它是古老的蛮风遗留，人们怎么可以仅仅凭自己说过的一句话（也许还是强迫性地从他嘴里抠出来的一句话），就要被永远地束缚和埋葬？此话一出，立刻引来一片喊叫：“亵渎神灵！他是在亵渎神灵！”南锡主教跳到讲台上：“你们还承认代表教廷的罗马天主教是国教吗？”议会发觉这句话是个陷阱，回避不答。有人说，在削减修道院这件事上，他们强调的是财政问题。天主教是国教，这点任何人都不否认，但若通过一道法令来批准它的国教地位，反而会害了天主教。

当时是2月13日。18日，有人带来了一份在诺曼底流传开来的诽谤短文。在这篇短文里，议会被写成一个积万怨于一身的东西，既是宗教的谋杀犯，又是王国的割喉者。复活节临近，机会来了。有人在教堂周围售卖、分发了一份可怕的小册子，标题是《路易十六的受难》。

要反驳这个传奇故事，议会可以以其人之道还治其人之身，也撰写一篇文章：路易十六在2月4日曾经发誓热爱宪法，在他弟弟的陪伴下、在宪法的死敌的簇拥中，承认自己是永远的国家官员；而如今，都灵、特里维斯①和巴黎已然成了一个宫廷，一个由国王掏钱豢养的宫廷。

在特里维斯，路易十六出钱豢养了一个由朗贝斯克亲王领导的军事集团，里面大小马厩一应俱全。②阿图瓦、孔岱、朗贝斯克，所有流亡贵族都被巨额年金豢养着。而孤儿寡妇和其他穷苦百姓的两百、三百、四百里弗的赡养金，却被一拖再拖、一减再减。

国王豢养着流亡贵族，无视议会为了扣住这笔送给我们敌人的钱而在两个月前就发布的一道法令。他根本就忘了自己签名批准过这道法令。当凡事认真的财政委员会汇报人——加缪，宣布国库中只有六千万法郎可用的时候，人们的怒气越来越大。议会下令，对任何已经呈上、等候批准的法令，掌玺大臣都需在**一周之内**做出汇报、告知国王批示与否。

宫廷一片哀号，说这是对国王意志的极大冒犯。而加缪做出的回应，则是将当初由国王亲手交出、希望只有他和委员会知道的那本大名鼎鼎的**红皮书**公布出来（4月1日）。这本肮脏的、每一页都记载着贵族阶层是多么堕落、每行字都反映着王室对犯罪是多么包庇的书，清清楚楚地表明：议会想封掉那个白白糟蹋了法国宝贵的生命之水的臭水沟，

---

① 德国一个城市。——译者注

② 这里的一切都跟凡尔赛一模一样，成了国王公开设在国外的一个内阁，巴黎大小诸事都必须经过特里维斯处理。经相关开支资料和其他（未公开过的）文件证明，问责签字人是朗贝斯克，他有权处理所有从巴黎发来的请愿书、替巴黎挑选官员人选、替杜伊勒里宫挑选年轻侍从等工作。亲卫队的制服在巴黎制作，然后被运往特里维斯。人们还从英国运来马匹，供那边的军官使用。国王则请朗贝斯克尽量考虑一下法国马匹。——原注

这个做法到底有没有错。多么漂亮的一本书啊！仅仅这一本书，就把大革命打进了每个人的心中。

“啊！原来我们之前做的都是对的！原来哪怕在最猛烈的抨击和控诉中，我们也没有窥到事实真相！”这是众人一致的惊呼。与此同时，人们更加坚定了一个想法：这个违反自然、违反上帝的畸形制度，它再不可能起死回生了。当敌人那张丑陋的脸毫无遮掩地暴露在眼前时，大革命内心更有底气了，它觉得自己活着，而且会永远活着。是的，无论碰到怎样的阻碍、曲折和背叛，它都活着，而且还会继续活着！

人们便怀着这样的坚定信仰，哪怕在内忧外患之际，哪怕国内因为间接税的问题而骚乱不断，也依然定期认真缴纳着直接税。

价值四亿法郎的教会财产被拍卖。仅仅巴黎一个城就买了两个亿，其他所有市镇政府也都纷纷效仿其后，买下教会财产。

这一步棋走得非常漂亮。很少有人愿意亲自动手拍卖教会财产，这么沉重的工作就只能由市镇政府来做。它先将其买下，然后再卖出。大家很是犹豫，尤其是农民；所以城市要以身作则，将教会的房子买进卖出。接下来，就该轮到卖地了。

所有这些资产，都是通过议会发行的纸币为抵押形式进行购买的。每张纸币上的一角都有特殊抵押标记。这些纸币，就是人们所说的**指券**。它们就是财产，就是流动的地产。但它们和摄政王时期发行的臭名昭著的指券完全不同，后者抵押的是密西西比，一片远在天际、根本摸不着虚实的土地。

而现在，人们的抵押品是看得见、摸得着的。除了这个保证，另外还有市镇机关做担保，它们从国家那里买来资产再将其卖掉。一旦这些纸质的抵押品分发到那么多人手中、发行流通起来，整个国家都会被带进这场浩大的商业交易中。由于所有人都持有这种货币，敌人也会像朋友那样关心起大革命的拯救事业了。

然而，约翰·劳留下的后患，无数家庭的固定观念，旧体制留下来的烂摊子，这一道道难关都不是那么容易克服的。法国不比英国和荷兰，它习惯了用钱币作为流通的价值形式。现在需要全体人民摆脱他们的生活习惯，所以议会提出的是一道唯灵论的法律、一道关乎革命信仰的法律。

看到自己的财产落到所有人手里以后，教会慌了起来。当教会财产持有者变成了不可触知、浩如流沙的庞大人群时，再要回财产的可能性就几乎为零了。一开始，它竭力想要把这每一张都代表着一块抵押土地的坚挺指券和密西西比的废纸画上等号。阴险的艾克斯大主教说："我觉得，你们这么做就是真的在宣告破产了。"

要回答这种质疑是再简单不过的事情。于是他们又转换目标："所有这些都是巴黎银行家们的安排，外省并不愿如此。"人们又把外省发来的吁请信给他们看，信中各省表达了人们要求发行指卷的迫切心情。

于是，教会觉得至少应当争取一下时间，在自己仍然持有财产的这一期间等待机会。可惜，它的这个希望也破灭了。普里厄（Prieur）说："如果抵押物没有切切实实落到我们手上，那人们怎么可能去信任那些充当抵押物的指券呢？"这句话直接让教会再没了翻身的机会，它被赶出住所，所有教会财产都被分到市、区手中。

议会给教士们提供了一笔一亿多的巨额补偿金，可是没用，这群人是不会餍足的。

艾克斯大主教在一篇悲悲戚戚、满篇都是幼稚的哀叹、毫无思维条理性的演讲中，问人们难道真能狠下心来，把让教会代管的那笔给穷人的财产夺走，让穷人破产？他强说着一个悖论，说采取阻止银行破产的调控手段之后，必然会迎来破产。他抨击议会通过宣布誓愿无效而染指教权，等等。

到最后，他甚至冒失地说愿意以教会的名义，用自己的财产为抵押，借出四亿法郎来。

对此，图雷以他那诺尔曼人惯有的冷静做出回答："有人以一个*不再存在*的团体的名义……"还有："当宗教把你带到这个世界来的时候，难道它对你说的是：去吧，发财去吧，拿取去吧？"

议会里有一个查尔特勒修会的老好人——热勒斯教士（Gerles），心地善良却目光短浅，胸怀一腔爱国热情，但对天主教也是至死不渝。他认为（或者更有可能是，他被教会里几只老狐狸给说服了），主教们之所以觉得痛苦，完全是因为他们觉得教权受到威胁，担心世俗权力会干预神龛。"事情再简单不过了。"他说，"有的人说议会不接受宗教，还有的人说议会想承认法国的所有宗教。要堵住这些人的嘴，只需颁布一条法令就够了：代表教廷的罗马天主教，现在和将来永远都是国教，它的信仰是唯一得到认可的信仰。"（1790年4月12日）

查理·德·拉梅特觉得可以像2月13日那样，说根据《福音书》里的精神，议会完全不需在法律中做此申明，以为这样就能解决问题了。

然而事情还没落下帷幕。克莱蒙主教再次尖锐地提起这个问题，装出一副吃惊的样子，说：当涉及向宗教表示敬意的时候，人们居然还要慎重考虑，而不是从心底里欢呼它。

整个右派都站起来，一阵喝彩。

晚上，教士们聚在嘉布遣会，准备了一份言辞激烈的抗议书，决定：若议会不将天主教定为国教，就要把此书郑重交托给国王，分发到全国各地，让人民好好瞧瞧国民议会根本不欢迎任何宗教的样子。

## 第8章

# 教会之斗——反革命派的胜利（1790年5月）

后续：议会回避问题；4月，国王不敢接受教士的抗议书——5月，南部宗教运动爆发——一直骚动不安的南部地区——旧时的宗教迫害；阿维尼翁，土伦——冷却下来的宗教狂热主义被人巧施手段重新煽起——1789年，两个宗教团结一心——教会煽动起宗教狂热主义，在尼姆组织抵抗活动（1790年）——教会煽起了社会上的嫉妒心——新教徒的恐惧——图卢兹、尼姆爆发动乱（4月）——市镇机构与其狼狈为奸——蒙托邦屠杀事件（5月10日）——南部地区反革命派取得胜利

这个单纯的老好人提出的这条动议，让局势发生了惊天逆转，大革命本来进入了讨论阶段，却被突然带入一个恐怖时期里。

两个可怕的事物短兵相接了。教会手里有一个哑默、并不言明、但却强大的论据，它把美杜莎的头亮给议会看——那是内战，是西部和南部地区一触即发的动乱，甚至可能是宗教战争的再次爆发。而议会身上也蕴藏着一股不可抵挡的巨大力量，那是一场已经揭开序幕的、足以掀翻一切的大革命的力量，那是一场通过巴黎之乱来宣泄心声的大革命的力量。大革命就在门口怒号着，震天动地的声音经常盖过了议员的

喊叫。

教会占据了有利地位。首先是因为它看似处于危急存亡之秋，但这恰好让它占了先机；一些没有信仰、下流淫秽、在背地里玩弄阴谋诡计的主教，因为骚动的干系而突然披上了殉教者的光环。只可惜他们当不了殉教者，因为法拉耶特非常小心，不让他们有这个机会。当时他无比强大，深得人心，正处在人生巅峰，是真正的巴黎之王。

教士还有一个优势，那就是它立场简单、外加信仰的帮忙。一直是被质问的对象、一直被时代思想拴在受讯台小板凳上的教士阶层，现在反轮到他们来质问了。他们高傲地问："你们是天主教徒吗？"议会只能含含糊糊、畏畏缩缩、怯怯生生地说自己不能回答这个问题，说自己是因为对宗教太过敬畏故不能回答，说只给一个宗教付工资，这就足够证明自己的心意了，等等。

米拉波虚伪地说："难道需要颁布法律规定太阳的升起吗？"另一个人说："我认为天主教是唯一真正的宗教，我对它保持着无限的敬畏……据说，连地狱之门都不能赢过它。通过一道可怜巴巴的法令，人们以为自己就能证实这样的话了？"等等。

戴斯普雷美尼尔一句话就撕下了这层面具。"没错。"他说，"当犹太人把耶稣基督钉死在十字架上的时候，他们说的话也是：您好呀，犹太王！"

没人能够回答这句可怕的攻击。米拉波没说话了，就像一头狮子一样缩成一团，酝酿着下一次发力。然后，一个议员在为宗教不宽容说话时，引用了某条我不太清楚的路易十四签下的条约。米拉波抓住了其中的漏洞，说："在一个以撤销《南特敕令》为标志的统治时期，所有不宽容怎么可能不被神圣化？如果真要说起历史，那也请您不要忘了，从这里望出去，从这个台子的窗户上望出去，外面曾经有个国王，拿起武器对准他的人民，让可恶的暴乱分子以宗教信仰为掩盖来抢夺个人利益，拔出火枪，打响了圣巴托罗缪大屠杀的信号！”

他的手，他的眼睛都指向了那扇窗户。其实从那里望不到什么窗户，然而他真的看到了，大家都看到了。

这一剑刺得恰到好处。演讲家所说的话，一针见血地挑明了教会的意图。它的计划是：把一份措辞强烈的抗议信交给国王，让信徒们拿起武器，把火枪递到国王手中，然后打响第一枪。

路易十六不是查理九世。他从心底认可教会的权利，也想冒险去做他觉得可以拯救宗教的事情。然而有三件事让他犹豫下来：他天生优柔寡断，其内阁又怕前怕后，而最后也是最重要的一点是，他害怕王后有生命危险——10月6日的恐怖事件每天都在重演，这群不安分的危险人士正聚在他的窗户下面，人潮正拍击着外面的高墙。只要国王稍有反抗，王后似乎就有生命危险。而王后本人也有其他的想法、其他的希望，和教会的打算根本是南辕北辙。

有人以国王的名义回复说，即便抗议信被带到了杜伊勒里宫，也不会被接受的。

2月时，我们已经看到国王是怎么让布耶、军官和贵族们失望的。4月时，他拒绝支持教会，令教会也寒了心，他似乎打算永远放弃教会了，而这次可是牵涉到教会财产啊。莫里愤怒地说，法国马上就会知道王权到底掌握在谁的手上。

那就抛开国王，继续行动。和贵族联手行动？然而教会不敢对贵族施以援手抱太多信心。贵族依然拥有所有军阶品位，然而由于无法确定士兵是否会听命于自己，所以他们害怕发生暴乱，反而不像教士那样迫不及待地想要开战。教会在尼姆的人——弗罗芒，虽然从阿图瓦伯爵那里收到命令，但也无法诏令省统领给他打开军火库。然而形势逼人，罗纳大联盟已经让整个地区都陷入兴奋和陶醉之中；4月的奥朗治大联盟，更是把人们的热情推向了一个新的高潮；阿维尼翁似乎忘了自己归教皇所管，每个城市都选出特使投奔奥朗治去了。再过一刻时间，它就要逃了。如果阿维尼翁、阿尔勒这些一直都是议会的心头之患、是贵族阶层和宗教狂热主义的大本营的城市，如果连它们都成了革命派，那马赛和波尔多将形成掎角之势，将反革命派夹死，那时它就再没什么希望了。所以，要么现在就掀起暴动，要么永远都再没机会了。

如果不去探索下面流动着的滚烫熔岩，我们就无法理解南部这些古老火山为何会突然喷发。火刑柴堆上燃着的地狱之火，在那里从未熄灭过，这些传染性的硫黄色火焰似乎把土地也吞噬进去，无名之火顺着大地到处蔓延。这里就像是一大片正在阿维尼翁熊熊燃烧的煤矿。火没有在地表上燃烧，但如果你在焦黄的草地中插入一根木棍，木棍都会马上着起火来，揭示脚下正沉睡着一个地狱。

我们可以放下仇恨，但必须铭记历史！那么多苦痛和灾难，绝不能就这么没了，应当成为后世之鉴才是。我们应当时不时去看看宗教狂热主义留下的那片可怕废墟，好反复提醒我们：那个最重要、最神圣的自由——宗教自由，应当不断被巩固、被强化。

人不在了，但石头还可以说话。有两个历史遗迹最值得我们常去朝拜——两个截然不同但都具有教育意义的地方，一个污浊，一个圣洁。

那个污浊之地，就是阿维尼翁宫[①]，它是教皇的巴别塔、教皇特使的

① 阿维尼翁宫是教皇在法国的驻地行宫。——译者注

索多玛、红衣主教的蛾摩拉[①]。

这座怪物一般的宫殿，它那覆压在山顶的不详的塔楼，正是在这些满是污浊和痛苦的地方，教士向君王以身发誓，证明自己对那些羞于人言的寻欢作乐是多么一无所知。这栋建筑的独特之处在于，酷刑之地从外观上看倒跟奢华的羞室、舞厅和宴会厅差不多，在婉转悠扬的爱情旋律里，你竖起耳朵，会听到有人在挣扎、在哭喊，会听到骨头被压碎的声音。谨慎的司铎们在那里布置上极为考究的穹顶，把下面的所有声音都吸收进去。堆着柴堆（从锥度上看有六十尺那么高）、富丽堂皇的巨大厅堂，见证了人和声学勾结缔结的恐怖协约；我们时不时在某些地方看到焦黑油脂留下的痕迹，只有它才能证明这里烧死过人。

而那个圣洁之地，便是宗教自由的受难十字架——土伦苦刑犯监狱。无数信仰的殉道者、爱德的英雄在鞭子棍棒的抽打下，在这里慢慢死去。

细细想一下这些受着永久苦刑的烈士，他们也不全是新教徒，还有一些人是因为帮助新教徒逃跑被人告发，因此被关了进来！

在路易十五时期，人是可以拿来卖的。以一个公道的价格（三千法郎），你就可以买下一个苦刑犯名额。舒瓦瑟尔先生为了讨伏尔泰的欢心，就免费送给他了一个名额。

这个一直被恐怖统治时期的政府所效仿、但后者根本没有学到其皮毛的可怕法规，使得兄弟翻脸、父子反目，儿子逼着父亲提前把财产交出手来，好安安心心把老父亲送到土伦去。

1682年，当无以计数的孩子从母亲怀中被夺走时，教会——**这只咕咕叫着的白鸽**在咕咕呻吟，这可真有意思！为了解救孩子而咕咕呻吟？

① 《圣经》中的两座罪恶之城，故耶和华派了两个天使用硫黄和火从天而降毁了这两座城。——译者注

不！是为了让国王制定下更加有效严酷的法律而咕咕呻吟。然而哪还有什么法律比当时的法律还要严酷呢？

每次议会中，白鸽始终都在咕咕叫着。即便在路易十六统治时期，在时代思想把那道虚伪的、始终将新教徒排斥在所有公共职位之外的解放法连根拔除的时候，路易十六没有说话，于是教士通过他们派过去的一个不信神的主教——洛梅尼，又在国王那里咕咕呻吟起来。

我曾浑身颤抖、满心敬畏地走进这座神圣的土伦苦刑犯监狱，在那里追寻宗教殉道者和人类烈士的足迹。他们之所以受尽虐待、悲惨地死在那里，是因为他们有人的良心，是因为单单他们站了出来，保护了无辜之人，履行了上帝的使命！

唉，可是那里什么都没了。那些惨无人道、鲜血淋淋、比柏柏尔人还要野蛮的苦役，那些浸染着圣人的鲜血的牛鞭子，全都没了。连留有他们名字的花名册都大部分遗失不见，剩下的一小部分上面也只有干巴巴的记录，何时进来，何时出去；出去，通常就意味着死亡。但死亡时间的或长或短，也能证明他们安命或绝望的程度。资料记载通常无比简短；一个圣人只有两行字的信息，一个烈士也只有两三行。里面没有记下他们的悲叹、挣扎、对苍天的呼喊、无声的祈求，没有记下这些站在强盗和杀人犯中间的渎神者低声唱出的圣歌。啊！所有这些应该还留在别的什么地方。克里斯托弗·哥伦布说过："放心吧！人的眼泪被永远刻在了石头上！"

刻在了石头上？不，刻在了人心里。随着逐渐深入的了解和研究，我欣慰地发现，其实这些籍籍无名的烈士也留下了他们的果实，一枚令人钦佩的果实：那些见过他们、听过他们事迹的人在逐渐变好，人心在变柔软，人类灵魂在18世纪得到了升华，对宗教狂热主义和迫害行为越来越感到恐惧。慢慢地，再没有人动用这些野蛮的律法了。一位著名冉森教徒的侄子，地方督办勒楠·德·提尔蒙（Lenain de Tillemont），在被迫将最后一批新教徒殉教士中的一位判为死刑的时候，对他说："唉！先生，这是国王的指令。"他泪盈眼眶，反而轮到被行刑人来安慰行刑人。

宗教狂热主义本身也在死去。的确，时不时会有政治家冒出来，想方设法地要重新擦出宗教狂热主义的火花。当被抨击为不信神、有冉森主义立场、违反耶稣会教义的最高法院借着卡拉斯一案想洗掉罪名时，当它和教会达成协议、想在人民身上煽起旧时的怒火时，却发现这些火苗已经完全熄灭了。他们要想成功，就只能依靠宗教团体，这些团体由商人或其他身份的小人物构成，他们则是教会的主要控制人群。为了搅乱人民的思想，为了蛊惑住他们，为了让他们走向癫狂和野蛮，就要采取跟比赛中在牲口表皮上放一块滚烫的火炭一样的做法；到那时，人民就再不知道自己是谁了。这块火炭，便是一场残忍的喜剧、一次骇人的表演。一群纯洁的教友穿着深色衣服（尖顶修士风帽遮住了他们的脸，上面抠了两个洞好来看清外面），为被卡拉斯杀死的卡拉斯之子做了死亡悼礼，他们说，这是为了防止他发誓弃绝。在一个巨大的灵柩台上，在燃烧的蜡烛中间，一具骸骨在机关的控制下活动着，一只手拿着殉难的棕榈叶，另一只手拿着羽毛笔，签字发誓弃绝异端。

我们知道，卡拉斯的血落在了宗教狂热分子身上，费尔内的那个老司祭[①]把屠杀者、冒牌的审判官、假冒的教士都开除教籍了。那一天，在闪电惊雷的轰鸣下，他们开始不可阻挡地颓败下去；那些被弃绝、被诅

① 即伏尔泰。卡拉斯被处死后，他的家属逃到日内瓦，离伏尔泰住地费尔内很近。因此伏尔泰就此案询问了卡拉斯的家人，并亲自作了调查和证据搜集，最后替卡拉斯写了上诉书，让他沉冤得雪。——译者注

咒的人，就这样埋着头，沉进了大革命的深渊里。

而就在前一夜，就在深渊的边上，一直被他们拖累着的王权好不容易终于觉得自己应该表现出仁道的样子。（1787年）国王颁布了一道敕令，承认新教徒也是人，允许他们结婚生子、生老病死。然而除此之外，新教徒绝没有公民身份，绝不能担任任何行政职位，绝不得参与管理、审判、教育工作；而他们所有的特权，就是纳税，就是去养活他们的迫害者——天主教士，就是用他们的钱供奉那个诅咒他们的神坛。

深山里的新教徒耕种着一块贫瘠的土地；城里的新教徒只能做他们唯一能做的事，那就是经商，在慢慢放下心来后又干点技术活。他们身份低贱、生活凄苦，不能担任任何文职，不能有任何势力，一百多年来更被严格禁止从军。16世纪勇敢的胡格诺派拥有的一切，他们都没有。新教重新跌回中世纪的原始起点上，只能从事工商业。除去身体像是用岩石打造出来的赛文人之外，新教徒基本没有土地；当时，他们最大的财富便是房子、作坊，但基本上都是流动性的财产，而这类财产随时可被强抢而去。

1789年的时候，加尔省的男性新教徒才五万出头（人数和1698年、1840年持平，基本没什么变化）。所以，他们人丁萧条，独守一隅，无法和外省兄弟们取得联系，就像一粒沙子一样，消散在有数百万之多的天主教徒的浩瀚人海中。在尼姆这个新教徒大量聚集的城市，新教信徒有六千人，其他宗教信仰者有两万一千人。在这六千人中，有三四千是制造坊的工人，这个行业的人体弱多病、穷困潦倒，和其他地方的工人一样，动不动就有失业的危险。

天主教徒不会失业，因为他们大部分人都以地为生，极为温和的气候使得他们一年四季都有工作可做。许多人不仅有一点点地，同时还为教会、贵族阶层、天主教大资产者干活，后者这些人手里掌控着郊区的所有土地。

城市里的新教徒们受过教育，性情温和而又严肃，过着深居简出的生活，一直活在回忆之中。他们每个家庭都有值得一哭的故事，都有让他们不得安寝的隐忧。这群人不怎么喜欢冒险，几乎不再去希望。当他们在那美好的一天、在大革命前夜窥见自由闪烁的光芒时，才敢勉强去希冀、去期盼。他们看着最高法院、贵族阶层一路猛冲、说着新思想的那些话，自己却在一旁不吱声。因为他们很清楚，有人在静等机会，等着他们表达自己的革命誓愿，只要这样，就足以给某些人口实，将大革命束缚起来。

革命爆发。让人为天主教徒感到骄傲的是，当广大的天主教徒看到新教徒终于和自己地位平等时，他们无不满心欢喜。多么感人的团结场景啊，最值得让上帝注视人间的事情也莫过于此了。在许多地方，天主教徒来到新教徒的教堂里，和他们一起向上苍祈祷。而另一边，当天主教歌唱《感恩曲》时，新教徒也有出席。在所有神坛、所有庙宇、所有教堂头顶的苍穹，一道光芒倾泻而下。

在南部，在整个法国，7月14日那一天被视为神救之日，被视为出埃及日。人民跨越了大海，终于到达了彼岸，唱起了赞美歌。再没有新教徒和天主教徒之别，大家都是法国人。人们没有刻意去想去做，两边宗教的人就一起在城市中建立了常设性委员会；国民自卫军中也是如此。虽然军官普遍都是天主教徒，但这是因为新教徒不熟悉军务、很难领导军队的缘故。作为弥补，骑兵队几乎清一色都是新教徒，因为许多新教徒在做生意，都有自己的马匹。

两个月、三个月过去了。此时，在尼姆和蒙托邦，有人开始打起主意，想建立起只接收天主教徒的新集团。

这幅伟大的团结之景不见了。一个严肃、深刻的问题，也就是教会财产问题，改变了一切。

教士展现出一股强大的组织力和聪明劲儿，要在一个在当时没有任何内战想法的人群身上掀起内战。

他们利用了三个群体。第一就是托钵修会、嘉布遣会、多明我会中的修士们，让他们宣传和分发了无数小册子和抨击文章。第二就是小酒馆和小酒贩子，他们依赖葡萄园大庄主为生（而教会就是最大的葡萄园庄主）。第三就是和小酒馆关系极为密切的天主教平民百姓，尤其是农村地区的农民选民。农民选民们每次来到城市，就会迫不及待地直奔小酒馆，把自己每天参加选举后从教会那里领到的二十四苏给花了。

这些就是教士可支配的所有群体。弗罗芒不是一个人，而是一群人；他同时进行多线操作，通过自己的兄弟、亲戚、朋友等人去行动。他有自己的办公室、出纳处、制作诽谤册子的书商，有自己的选举巢穴，一切都坐落在多明我会教堂的后面。他的房间和一座塔楼相连，在房中可俯瞰下面四面的围墙。这真是内战中的一个绝佳之处，它根本不畏惧枪弹的扫射，唯一害怕的就是大炮而已。

在拿到武器之前，弗罗芒通过大革命、通过国民自卫军、通过选举，在暗地里操纵着大革命。晚上，他们一伙人聚在白色忏悔教堂，筹划着市镇选举，商量着怎么把所有新教徒从选举中剔除掉。在尼姆和蒙托邦，议会交给市镇机关的许多大权，如调军权、制定军事管制法权、竖红旗权①，就这样被交到了天主教徒的手里；在必要的时候，红旗也只会为支援他们而竖，绝不会为反对他们而竖。

① 在大革命期间，从1790年开始，人们竖红旗来召集军队镇压反革命行动。——译者注

国民自卫军成分复杂。7月时，它的队伍里有迫不及待想要参军报国的最积极的爱国分子，也有家中几乎都是动产、最害怕强盗来袭的一部分人。因为害怕流寇而参军的是商人，而且基本上都是新教徒。至于拥有土地的富裕的天主教徒，他们倒是不怎么急着加入国民自卫军，因为土地是抢不走的。当他们的城堡遭到攻击时，自有新教徒和天主教徒组成的国民自卫军来不留余力保护城堡；蒙托邦国民自卫军还救下了保皇党人卡扎莱斯的一座城堡。

若想改变这个局势，就需要勾起人们的嫉妒心，让他们之间产生敌对。只需一些外力因素，嫉妒和敌意就会自然而生，何况人们在思想和党派上还存在分歧。任何看上去全是精英分子的团体，无论它是贵族阶层也好（例如里昂和里尔的志愿军）、爱国派也罢（例如蒙托邦和尼姆的龙骑兵），都会招来人们的厌恶。在天主教徒数目最庞大的小老百姓群体中，有人在刻意地煽风点火，在他们中间传播小道消息，说其他人嘲讽他们都是一群只吃得起洋葱的**土包子**，以此激起他们对这些人的仇恨。真是欲加之罪，何患无辞！为什么新教徒要去侮辱穷人呢？何况在尼姆，还有谁比新教徒工人更穷呢？在赛文，他们的朋友和保护者——山区里的新教徒，通常只能靠吃栗子为生，过着比尼姆吃洋葱的那些人还要困苦、清贫、节制的生活，后者至少还有面包吃，时不时还能喝上酒。

在大约3月20日，人们听说了一个消息：议会觉得将所有公共职位向新教徒开放的措施还不够，还把一位新教徒——拉博·圣-艾蒂安抬到了（是的，我说抬到了）一个万人之上、在当时比王位还有分量的位置上，让他当上了议会主席。当时准备起事的人还没做好准备，几乎都没拿到武器；然而这件事造成了无比巨大的影响，有四位新教徒被杀死抵罪（此事颇有争议，但其真实性确凿无疑）。

因为议会的这次渎神之举，图卢兹做了忏悔和认罪，念了九日经来平息上帝的怒火。当时恰好是一个性质恶劣的瞻礼日，人们为纪念阿尔比派大屠杀事件而举办了一年一度的游行活动。各派宗教团体、各门牛鬼蛇神，全都冒出来，成群结队地去瞻仰了每一座建在屠杀遗址上的小教堂。人们在教堂里提出种种惨无人道的提议，到处都是层出不穷的阴谋诡计。人们从陈旧的壁橱中把能够煽起宗教狂热主义的工具翻了出来（在龙骑兵迫害新教徒事件和圣巴托罗缪大屠杀里，这些东西的分量可谓不轻），有为杀戮之罪而哭泣的圣母，有摇着头的基督受难像。除此之外，他们还想出了一些新的花招。例如，一个多明我会修士穿着僧侣白衣、在尼姆的大街小巷上一边行乞，一边为议会的法令哀泣；在图卢兹，一座把国王塑造成被囚殉道者的雕像被放置在布道台附近，用黑布遮盖起来，然后在人们正要发誓的时候，黑布突然掉落，雕像出现在众人眼前，向善良的图卢兹人求救。

这一切行径的意图再明显不过，它就是在吼着流血。新教徒明白了过来。

在庞大的天主教徒中，弱小的新教徒们觉得自己是一只注定会被拖上屠宰场的幼崽。那些让每个家庭都无法忘记的恐怖回忆，会在某个午夜突然闯入梦中，让他们猛然惊醒。这种慌张是奇怪的；在农村地区蔓延开来的对流寇的恐惧之中，还经常夹杂着新教徒害怕天主教会大开杀戒的恐怖幻想。他们到底活在1790年还是1572年，谁也说不准。在加尔多南科的圣让城，一个商人聚集的小城市，有天早上，信使们跑进城，高喊着："警备！警备！他们来了！"然后警钟敲响，人们慌慌张张地拿起武器，女人们拉着自己的丈夫不让他们出门，大家紧闭家门，处在高度防备状态，窗户上堆着石头。这个城市的确被占领了，但占领它的是它的朋友——从农村日夜兼程赶来这里的新教徒。有一个漂亮姑娘站在拿着枪的两个哥哥中间，在人群中格外出挑。她头戴桂冠，被选为那一天的女主角；所有放心下来的商人，为他们这位可爱的拯救者凑了一份钱，她则把这些装进围裙里带给了山里人。

没有什么能让新教徒们心中的石头彻底落地，除了一个办法——各市乡组成一个永久性的盟会组织，建立一个武装联盟。3月末的加尔省，在运河和一条河流交汇处的河心草甸子上，人们避开一切打扰，在这里建立了联盟，参与者足足有好几千人。而最能打消新教徒心中顾忌的事，便是让他们看到许多天主教徒和自己一起，站在同一面旗帜之下。俯览着这片宁静土地的古罗马废墟，让人遥想到最美好的回忆，它们历经劫难依然立在那里，似乎就是为了笑看这些可笑的小打小闹化为云烟，向世人承诺一个更伟大的时代的到来。

两边的人马已经开始正面接触，个个都在摩拳擦掌、蓄势待发；尼姆、图卢兹、蒙托邦看着巴黎，伺机等待着。日子越来越近。在4月13日的议会会议里，有人从议会身上采到了火花，点燃了南部的火药桶——议会拒绝将天主教宣布为主导性的宗教。19日，教会提出抗议。早在18日，图卢兹就打响了抗议的枪声；人们还在一所教堂里用国王的雕像演了一幕戏；爱国者们高喊着："国王万岁！法律万岁！士兵在朝他们开枪。"

20日，在尼姆，三千个选民签署了伟大神圣的《天主教宣言》，后面还有一千五百多个**地位尊贵的人**的支持。宣言传到了王国上下所有市镇中，蒙托邦、阿尔比、阿莱、于泽斯等地紧随其后，纷纷发表宣言。白色忏悔教堂分发出去一份份传单，撰稿的便是弗罗芒的手下。人们纷纷挤到弗罗芒家，要在上面签字。它就等同于一道抨击国民议会的法令，要求议会还权力于国王、还信仰垄断于天主教。

与此同时，还有人在各处活动，组织起新的宗教小集团。这些宗教团体的成分颇为奇怪，有教士也有农民，有侯爵也有仆人，有贵族也有脚夫。在枪弹到来之前，他们就拿着大叉和长镰等着。一支背信弃义、阴险可怕的军队被秘密打造出来，他们手里的镰刀背上插着暗刺。

由天主教徒一手创立的市镇机关，对这一切都视若无睹，似乎全都想着让强者愈强、弱者愈弱。在蒙托邦，只有对手人数六分之一的新教徒希望加入农村新教徒前不久缔结的联盟公约中，然而市镇机构不准。当时新教徒还在努力消除仇恨，辞去人们授予的公共职务，让天主教徒来占据这些位置。然而，新教徒的这个举动被解读为软弱可欺。教会大肆鼓吹十字军东征的事迹，副本堂神甫们还在煽动人民，以拯救岌岌可危的天主教为由，让他们做了四十小时的祈祷。

一件必然会导致暴乱发生的事情，终于让蒙托邦市政府露出了真面目。议会下令对修道院进行资产清查，蒙托邦市政府就把执行法令的日子选在了5月10日，那一天正好是祈求丰收的祷告节。西西里岛晚祷事件[①]，也是在春天的某个节日里发生的。春天本就是个让人躁动不安的季节。在这个祷告节里，所有在外干活的、心中被信仰和时节的风吹出一潭涟漪的人，感受着在南部四处蔓延的春天的迷醉气息。有时候，这种迷醉会因为比利牛斯山刮来的寒流而暂得遏制，但接下来它会以更猛烈的势头爆发。万物都在勃勃生发、四处奔涌，人们离开了家门，野草蹿出了土地，一切生物都在迸跃；这就像是一场上帝发起的政变，一场自然主使的骚乱。

---

① 西西里晚祷事件发生于1282年3月30日复活节星期一晚祷时分，西西里岛巴勒莫圣神大教堂门外，是一场为反对法国出生的卡洛斯一世统治该岛而爆发的动乱。在此后的六个星期里，西西里岛上数以千计的法籍居民被屠杀。此事成了西西里晚祷战争的导火索。——译者注

妇人们在大街上来来回回地唱着悲悲戚戚的圣歌：“我们恳请您听到我们……”[①]人们很清楚，如果真有必要，她们宁可把自己的丈夫推进战场战死沙场，也不愿让官员们踏进修道院一步。

官员们一步一步往前走着，不出意料，他们果然被密密匝匝的人群给拦了下来，女人们坐在地上、躺在圣门门口。要走进去，除非踩过她们的身体。官员们只好退了回来，而群众反而得寸进尺起来，威胁说要把既是天主教徒、又属于爱国派的军队统领的住处烧个一干二净。人群涌向了市政厅，想强行闯入军火库。如果他们真的闯进去了，如果已经癫狂了的这些人抢到了武器，那对新教徒、爱国派的全面大屠杀就开始了。

市镇机构本可以调集朗格多克军队，然而它并没有这么做。国民自卫军亲自前来负责市政厅的保卫工作，但立刻遭到围攻。他们没有得到任何援助，愤怒的暴民反而得到了盐税低级收税官的声援。人们朝窗户开枪横扫过去，里面的人纷纷中弹，死伤无数。许多伤者枪里根本就没有子弹，挥着白手帕请求饶命。然而火力并没有减弱，被攻击者前面唯一那堵墙也被推倒。直到那时，作为罪魁祸首的市政府才终于[②]决定去做它早就该做的事情——调集早就在请求行军赶来的朗格多克军团（这是该军团唯一的请求）。

在屠杀中，一位名望甚高的夫人派人过来做了弥撒。

于是，幸存者终于可以出去了。然而围攻者的愤怒依然没有平息，他们撕扯着受害人的衣服，把他们身上的国民制服撕得粉碎，把他们的帽徽扯下来扔在地上踩踏。受害者们光着头，只穿着衬衣，手里举着蜡烛，在人群的胁迫下沿街而行，地上都是斑斑血迹。他们被带到了天主教堂，跪

① 原文是拉丁语“Te rogamus, audi nos…”这是天主教中用来驱魔的咒语中的一句。——译者注
② 原文为英语“in extremis”。——译者注

在台阶上做公开认罪。市长手举白旗走在最前面。

先前，因为那件性质还不如此事恶劣的事，法国就制造了10月6日事件；因为三色帽徽遭到了一场远不如现在严重的冒犯，它就推翻了君主制度。

当发现这种事情会引来怎样的轩然大波时，当大家发现从南到北、全民上下都持一致想法时，人们为蒙托邦害怕起来。就算南部地区没人会为此事展开报复，整个中部和北部也会行动起来。连最偏远的小村子里的人，都体会到了被侮辱的感觉。我曾读过马恩和塞纳-马恩的群众就南部此次侮辱事件而写的威胁信。①

北部可以按兵不动，单有南部出面就够了。第一个发起冲锋的是波尔多。蒙托邦本以为可以信任的图卢兹，不仅没有站在它那边，反而要求惩办罪犯。波尔多杀了过来，一路上各市乡也要踊跃加入，但都被劝了回去，因为它实在养不活这么大一批战士。蒙托邦的俘虏们（屠杀者还幻想着让他们去充当全部防卫力量）将充当先锋队伍，迎来首轮攻击。先锋队？再没有什么先锋队了，朗格多克兵团已经和波尔多联手了。

国王特派员、拉法耶特手下的一个军官从巴黎赶了过来。此人与其说他温和，不如说他柔顺，虽然他一早就宣布了和自己的原先派系脱离关系。他遣回了波尔多人，与暴乱者讲和。死难者流的血没有得到任何调查，死者就这样白白送命，伤者就这样白白受伤，俘虏们依然继续待在监狱；国王特派员只愿意让那些当初把他们丢进监狱的人前来求情，除此之外，再不考虑其他任何将其释放出狱的办法。

---

① 我认为自己把所有的资料文件都读过了，只要它们和发生在蒙托邦、尼姆的事件有或远或近的关系。在对其进行对比和衡量之后，我以陪审员一般的专注态度，写出了这份罪证报告。还是那句话，我很少引用，是为了不破坏写作的统一性。——原注

在尼姆，情况也是完全一样。天主教志愿军甚至放肆大胆地戴起了白色帽徽，喊着“国民滚蛋”的口号。吉耶纳军队的士兵和士官们忍无可忍，和他们起了冲突。这么一支势单力薄的军队去对抗人数那么庞大的群众，而且军队里还都是从商、不怎么好斗的新教徒，他们的危险可想而知。而且我们还要注意一点：连他们自己的军官都在反对他们，宣布拥护白色帽徽，上面的市政府也站在对立立场，拒绝宣布执行军事管制法。此次冲突又造成许多人受伤，一个投弹手被弗罗芒的弟弟击中，中弹身亡。

士兵们被禁止出营，而杀人犯们还依然逍遥法外。在尼姆、在蒙托邦，反革命派都赢了。

胜利者在这座城市里并没有收敛下来。他们肆意妄为到跑到受害者家里，甚至跑到关押他们的监狱里，要求凑份子钱。简直是耸人听闻！受害者居然必须给杀人犯掏钱，才能被放出来！

第9章

# 教会之斗——南部反革命派被消灭（1790年6月）

大革命在宗教问题上犹豫不决——主教们的暴行——大革命觉得可以和基督教达成和解——最后的基督教徒在催促议会进行教会改革——1790年5至6月，教会反抗——尼姆爆发骚乱（1790年6月13日），被镇压——大革命在尼姆、阿维尼翁和整个南部地区赢取胜利——全国各地士兵和人民亲如一家（1790年4至6月）

此时，巴黎的国民议会在做什么呢？在跟着教士们参加圣体瞻礼游行。

在整件事上，议会态度比基督教徒还要温和，让人简直大跌眼镜。大臣们向国王提出一个解决方案，议会觉得这就够了。国王捍卫的是白色帽徽，所以他也仅仅谴责了一下在尼姆宣言上签字的那些人而已。这些人得到赦免，把从前神圣联盟盟员的红色发缨戴在头上，将此作为他们的帽徽。他们坚持抗议说，自己是为了国王才违抗王令的。

这一切做得干脆直接，毫不拖泥带水。教会这一派很清楚他们想要什么，而议会并不知道。它当时刚刚写完一份蹩脚的、不切实际的法令，也就是人们所说的《教士民事基本法》。

若大革命无法从宗教角度上认识自己，不知道它身上也背负着一个信仰，这将对大革命造成最致命的危害。

它根本就不了解自己，更谈不上了解基督教；它不知道自己和基督教到底是同路人还是敌对者，不知道自己是该往回走还是朝前进。

它太轻信，所以无比欢喜地接受了下层教士的示好。别人告诉它，它即将实现福音书中的诺言，它被召来是为了改革基督教、而不是取代基督教。别人这么说，它也这么信了。它是真的以为自己可以做到，所以才朝着这个方向迈开了步子；然而才走到第二步，就发现教士又变成了教士，变成了大革命的敌人；教会让它知道了教会的真正面目——一个阻碍，最大的阻碍，比王权还要大的阻碍。

大革命为教会做了两件事——让教士生活无忧，让信徒获得自由。而正因如此，主教团和大革命翻脸为敌；主教们让每个支持大革命的教士都受着人民的仇恨和鄙夷，说得他们仿佛被世俗利益笼络、收买、腐蚀了似的。*名誉和团体精神逼得这些教士恩将仇报，放弃了他们的恩人——大革命，转而投向了他们的暴君——主教团。*

最荒谬的是，主教们为了保护自己的巨额财产、豪华宫殿、良马、情妇，居然将殉道者的戒律强行灌输给了教士。那些想保住自己十万里弗年金的人，居然有脸让乡村神甫为自己从议会那里接受的区区一千两百法郎俸禄而感到羞愧?

所以从一开始，在金钱这个问题上，下层教士群体被责令做出选择。主教不给他们一刻思考的时间，对他们宣告：如果他们选择国民，那就背弃了教会——那就脱离了天主教，脱离了主教团和圣座的宗教团体，成了被腐蚀、被抛弃的背教者和叛徒。

这些可怜的教士们能做什么呢？离开这个自己待了那么多个世纪的古老体系？一下子变成这个自己向来对其尊敬有加的权威力量的反叛者？离开自己熟悉的世界，去另一个世界，去另一个新的体系？要离开岸边、下水驶向未来，他们就需要一个理念，需要这个理念中有一个信仰。

一位高度爱国的神甫，圣-艾吉安-杜蒙（Saint Étienne du Mont），当初在7月14日里，在人民的旗帜下走在自己所在街区的最前面，因此遭到主教们轮番残酷的攻击和威胁，被罚连续四十天身着苦衣跪在神坛前面赎罪。

如果不能回答这个无解的问题，他就得一直跪在那里。

大革命抱有的理念，是它从18世纪、从伏尔泰和卢梭那里掘取来的。从大革命导师的横空出世到大革命的发生，从思想到行动，二十年过去了，然而一个真正的衣钵继承人都没有出现，是的，一个都没有。

没错，大革命在这些导师留下的遗产中发现了人类思想的瑰宝：它在伏尔泰那里找到了炽热的人道精神，在卢梭那里找到了博爱精神。它找到了自己真正的根基，然而这两个根基只被提了出来，却没怎么得到明确表达。

那个世纪最后的遗嘱就写在卢梭两本倾向截然不同的书里面。

第一本是《社会契约论》，卢梭在书中阐述和证明了一个观点：基督教徒不是也不能是公民。

第二本是《爱弥儿》，他全然处在对《福音书》、对耶稣的令人动容的膜拜之下，甚至说出了“他的死就是上帝的死！”这样的话来。

这种发自内心的情感宣泄，被当成了可贵的招供，被当成了18世纪哲学对自己的正式驳斥。于是，一个巨大的误会产生了，而且直到今天都没被消除。

人们重新捧起了《福音书》，在这本规劝世人顺从安命、服从权势的书里，人们看到那些在他们心中反复响彻的名字：自由，平等。没错，自由和平等在《福音书》中无处不在，但我们要读懂它们的意思：它所说的平等，是服从后的平等，就像罗马人为所有民族所立的平等一样；它所说的自由，是内部的、无效的、完全被封印在灵魂中的自由，当所有民族抵抗都停止以后，失去希望的世界发现自己在永恒王国中依然屹立不倒时，我们就能理解这种自由了。

当然了，如果真有哪个时候和1789年的情形全然不同，那肯定是上面描述的这个时候。要在这个*催人泪下的*、宣传人要安于本命的传奇故事中，寻找人们吼着追求权利的那个时代的法典，这不是在缘木求鱼吗？①

基督教徒便是古老王国的顺民，他不把希望寄托在自己的个人行动中，却相信能够通过基督得到唯一的、专属的拯救。基督教徒人很少，在制宪议会中只有三四个而已。从那个时代开始，基督教作为一个体系，它就已经死了（*当然，它在情感上依然鲜活持久*②）。许多人在这里弄错了，包括某些自由卫士，他们被《福音书》打动，以为这样自己就成了基督

① 从这种对《福音书》的错误研究出发，人们得出了另一个对整个基督教体系的同样错误的解读。他们也在那里发现了自己心中所想的东西——自由；人们发现，因为亚当犯了一次错、滥用了一次自由而得以诞生的基督教，是一门自由的宗教。是的，但我们得加上一个修饰，是一门“自由被丧失的宗教”。在这个体系的起点上，自由的影子曾一闪而过，之后便再没出现。人类第一次致命的过错导致他们全体被灭，只有少数逃过一劫——不是因为自由而得救，而是因为基督任意的圣宠而得救。如果您坚持要让人的自由在里面有一席之地，那您就失了基督的功罪；如果您希望靠自由来拯救我们，那基督就再不是拯救者了。简而言之，自由在每个体系中活着，所以它也存在于基督教中；它是基督教的起点，却不是基督教的基本大律法，而基督教的基本律法是它的体系之本。基督教教理并不是自由的信条，而是无效的自由的信条。它传播着一个被丧失的自由，它将救赎放在圣宠里面，可圣宠是上帝的自由行为，而不是我们的自由行为。这就解释了为什么所有封建的、王权的、管它是什么的专制制度，全都依赖着基督教。——原注

② 无论何时，人内心都或多或少有一处柔软。它的特点各有不同，却始终带着无穷的魔力，无论是历来遭受外族统治的印度人，还是一直被俘虏的犹太人（在《路德记》《多比传》等书里），皆是如此。后来，在古希腊文明之后，在城邦走向衰落、民族性逐渐式微、祖国陷入绝望之中的时候，在罗马重剑之下四处流亡的可怜人，你在他们身上依然找得到这份情感的影子；在那种感人的安顺从命的心态中，通过饶恕敌人，他们得到了神启。所以，奴隶泰伦斯成了他的祖国的毁灭者——西皮翁的朋友；所以，曼图雅的农民维吉尔爱着给曼图雅判了罪的冷酷无情的诸神。他们没有任何怨恨、任何戾气，只有着无尽的哀伤。这种安顺良善的柔情被施给了所有人，尤其是那些残酷打压过我们的人。它先于基督教存在，世界有多古老，毫无希望的柔情就有多古老；然而人们只把它称为基督教的柔情，因为是基督教将它大大地扩展和深化。在基督教的统治下，整个中世纪都变成了维吉尔。——原注

教徒。而在普通百姓那里，基督教只保留了该被归到反基督教那边去的东西，只留下了从异教那里抄袭和模仿来的东西——没错，我说的就是对圣母、圣徒的狂热崇拜，在物质和肉体上对耶稣圣心的忠诚。

真正的基督教理念（人只有通过基督的圣宠才得到救赎），早在路易十四统治末期就遭到了教皇的正式抨击，从此以后日渐消弭下去。它的捍卫者人数越来越少，过着埋身隐迹、安分守己的日子，然后无声无息地死去。这派人就是靠这种行为（同时也靠自己的教理），证明自己是真正的基督教。我说过，他们过着避世不出的生活，虽然他们中一些人有万丈豪情，虽然他们站出来就可以赢。

而我，在别处追求自己的信仰的我，注视着利凡得①的我，却也怀着一种深沉的情感，关注着这属于另一个已经归于沉寂的时代的群体。世人已经忘了他们，除了那个异教和基督教的混血教权组织。它对他们施以了最卑鄙却无人知晓的迫害②，他们却依然心怀敬畏地死去。我有必要为他们作证。有一天，我因为教学关系遇到了波尔·罗亚尔③的一些重要人物，我渴望摆脱内心的负担，把自己的想法通通倾倒出来，告诉世人波尔·罗亚尔和其他教派在当初和现在受着怎样的遭遇，告诉世人是异教在迫害基督教。他们却求我罢手（请原谅我在这里泄露了他们的秘密）："不，先生，我们就应当这样安静地死去。"由于我极力坚持，他们便天真地向我坦白：他们认为自己受苦受难的日子不会太久了，因

① 一译黎凡特。中世纪欧洲习用语，意为"东方"。通常指小亚细亚和叙利亚沿海地区。有时也指从希腊至埃及的地中海沿岸一带。——译者注

② 这是一场真的担得起"卑鄙"二字的迫害，其中女性是最大的受害者，最后一批冉森教会修女是被他们慢慢折磨致死的。他们的卑鄙还体现在对圣赛文林教派是如何穷追猛打；圣赛文林教派没有像波尔·罗亚尔那样遭到彻底的毁灭，但也被改造了。它落到了圣心异教的手里，定期受着耶稣会的虚伪说教的玷污。——原注

③ 波尔·罗亚尔修道院是17世纪法国天主教运动中心，也是冉森派的核心机构。历史上出现过两个波尔·罗亚尔修道院，一个是巴黎西南二三十里的乡间波尔·罗亚尔修道院；另一个是巴黎圣雅克区的巴黎波尔·罗亚尔修道院（Port Royal de Paris）。当时有一批著名学者在该修道院里隐居，他们被尊称为波尔·罗亚尔隐居者。而冉森派被耶稣会反对，在耶稣会的影响下，路易十四残酷迫害着冉森派信徒。1710年，波尔·罗亚尔所有建筑物均被拆毁。——译者注

为大审日，即所有人和所有教理都将被审判的末日，是不会迟到的，在那一天里，大家都会开始新生，再没有了死亡。给我讲述这些奇奇怪怪的东西的人，是他们中间一个严肃、苍白、未老先衰的年轻人，他不愿透露自己的名字，我也再没见过他。在我眼中，他的这番吐露就像在郑重地告别过去一样。我仿佛听到了科林斯的新娘[①]的遗言："我们将在坟墓中和古老诸神重逢。"

这些人里，有三个进入了制宪议会。他们三人无不有惊世之才，无不是辩口利辞，而且还在议会中享有极高的影响力。作为英勇无畏、大公无私、真诚可信的模范公民，他们比谁都更加积极踊跃地投入革命中，在从前那条死路上重新竖起了大革命；不过因为自身原因，他们希望革命走上改革之路，阻止大革命去建立、开拓和创造。

1790年该做什么？1800年又该做什么？至少应该等待，应该从人类精神中汲取伟力。

那些伟力是永恒的，是供给哲学和宗教的一口永不枯竭的生命源泉。精神从没有什么枯水期，即便在当代中最不堪回首的岁月——三十年战争期间，不也诞生了欧洲思想改革者——笛卡尔吗？人们应当求生，而不是候死。

这三位促使议会犯下如此大错的人，他们便是加缪、格雷古瓦尔和朗汝内。

此三人都有着钢铁般坚硬的意志。如果你看到加缪被杜穆里埃[②]的军

---

① 歌德1797年创作的一首诗歌，诗歌根据一个早期吸血鬼故事改编，故事内容是一个死去的年轻女子从坟墓里回到人间，想和她的未婚夫重逢。——译者注

② 杜穆里埃（Charles François Dumouriez，1739—1823年），法国共和国将军，拥护大革命理念，支持吉伦特派，1792年担任外交部长，推动了对奥战争。——译者注

队团团围住，也依然敢伸手抓住他的场景；如果你看到朗汝内在5月31日那日冲到台上、在刀枪之中也毫不退让的样子，那你就会知道：这两位已经悍不畏死到少有人敢与其一较高低的地步。而格雷古瓦尔主教在整个恐怖时期，更是孤身一人、身穿紫袍、匹马一麾地坚挺在公会之中，甚至都没有人敢坐在他身边。这样一副铮铮铁骨，也是绝无仅有的。*面对这个宁折不屈的教士，恐怖统治也只能让步。公会在最动荡、最黑暗的日子里，也在格雷古瓦尔身上看到了基督教坚定不移的一面，听到了它无声的抗议，意识到它复苏的威胁。*

虽然这三人勇敢而又纯洁，可他们却成了大革命一个巨大的诱惑，诱使它犯下了一个巨大的错误——不信基督教，却来组建基督教教会。

在他们的影响下，在那些和他们意见一致却也没看清问题的法学家们的推动下，一贯盲目轻信、走伏尔泰哲学路线的议会，以为自己可以在不触及实质的基础上去改变形式。它本扮演伏尔泰的角色，却要去蹩脚地改革教会，宣称要让它重新严格遵守使徒教义。

抛开这个想法中先天不足的地方不谈，议会推行的改革其实是不无道理的，可被视作一部为着教会和教士考虑的解放法。

议会希望从此教士由人民选拔而出，替他们**解除掉**身上的政教协定，**解除掉**这个耻辱的协约（就因为这个协约，教皇和国王这两个强盗霸占住教会，抽签决定教士身上的教袍颜色）；通过提高他们的固定俸禄，**解除掉**强行规定的、可恶的教徒酬金和什一税，停止对人民的勒索；**解除掉**破格优待，让那些活络在贵妇的小客厅和羞室中的宫廷小教士们再无法凭受宠就一跃升到主教位置上；**摆脱掉**所有尸位素餐、脑满肥肠的人，将那些把议事司铎们喂得肥头大耳的可笑的鸟笼统统丢掉。取而代之是一种更好、更公平的教区划分方式；八十三个省，八十三个主教区。教士收入将被固定为七千七百万法郎，从前教士虽有三亿法郎的总收入，然而发给普通教士的报酬却微乎其微，现在这笔钱反能给他们带来更多利益。

这次讨论既不激烈也不深入，会中只有冉森教士加缪冒出了一句大胆的话，而且肯定是他不加思考、冲口而出的："我们是一个国民公会；**我们当然有权改换宗教**，只不过我们不会这么做而已……"然后，他也被自己这番大胆的言论给吓住了，马上又补充说："我们不可能在放弃宗教的同时又不犯下罪恶。"（1790年6月1日）法学家和神学家们只在那里援引书里老掉牙的话；每当他们的援引遭到质疑，他们就去迫不及待地翻书证明——不是要证明自己的观点是正确的，而是要证明自己的观点是古来就有的："第一批基督教徒就是这么做的。"多么可怜的论据！把适合用在提比略[①]时期的东西硬搬到一千八百年以后的路易十六统治时期，这话未免也太没说服力了。

议会应当直截了当展开讨论的，是权利在国王、教皇甚至人民那里的地位到底是过高还是过低这个问题。

人民选举将会带来什么后果，谁也不知道。但是人们很清楚，一个靠国王、教皇、领主上位的教士是什么样子。[②]那些大吼大叫的主教，如果他们被哪双手抹了什么圣油才得到祝圣的事情真被抖出来，那他们颜面何存？对他们来说，最保险的办法就是不要过度翻搅出身这个问题。所以，这些人更愿意在一个和教权等级制度最无关系的外围问题——也

---

① 提比略（前42—37年），罗马第二任皇帝（14—37年），长期征战、军功显赫，登基称帝后渐趋暴虐，引发普遍不满，被近卫军长官杀害。——译者注

② 领主们手上的授予权起着很有意思的作用。一个叫萨穆埃尔·贝尔纳（Samuel Bernard）的高利贷者买来领主权，这样他就有了任命某一有俸圣职的权利，后来通过行贿收买，他居然得到了圣灵骑士勋章。唉，圣灵骑士勋章的背后简直龌龊到见不得人的地步。这个人是因为在勃利夫人跟前得宠才当上主教，那个人是由蓬巴杜夫人任命的，还有人是因为杜巴利夫人在路易十五面前撒娇痴缠才能上位。有个二十岁、长相俊美的神甫——波旁神甫，他之所以拿到了一百万的年金，是因为一个被亲生父母卖掉、*被国王长期豢养*的小小贵族女子*和他有一夜风流*的缘故。——原注

就是教区划分这个问题上撒泼哭闹。人们白费口水地向他们解释，这种划分在古罗马基督教初期就是官方正统，而且教区划分当时是由政府而定，以后自然也可以由另一个政府进行改动。但他们什么也不想听，在这个问题上寸步不让。在他们心中，当前教区划分方式是至圣之物，比任何基督教教理都要来得重要。如果不召开主教会议，如果不向教皇做出请示，那一切都完了；人们就成了教会分立论者，从教会分立论者变成异教徒，又从异教徒变成渎圣者、不信教者，等等。

这种认真的玩笑话，巴黎人听了只会耸耸肩而已，然而它们在西部和南部地区却起到了不小的效果。有人将这些言论大批印刷出来、广泛传播，同时还写了一份著名的、两个月内被重印三十次的抗议书来替教会财产申辩。这份充满仇恨、煽动不和的文章，早上在讲道台上被三番四次地唠叨，晚上在告解座上又被翻来覆去地评述，添上了许多杀人不见血的评注。妇人们的脑子被烧热了，信徒们的怒火被煽动起来了，匕首被亮出来了，大叉和长镰被磨尖了。

5月29日、31日，艾克斯大主教和克莱蒙主教（主要煽动分子及国王心腹）正式向议会告知了教会的最后通牒：若不召开主教会议，就不做出任何改变。**6月初**，尼姆发生流血事件。

弗罗芒将自己最信得过的一伙人武装起来，甚至花费重金让他们穿上和阿图瓦伯爵家里号衣同样颜色的衣服。他们便是南部第一批**绿党**[①]。弗罗芒有孔岱亲王的一位副官相助，同时还有许多市镇官员的支持，最后甚至从省统领那里得到打开军火库、将枪支分发给所有天主教小团体的承诺。如果市镇官员和统领真的迈出这个决定性的一步，那就是公然宣布和大革命为敌了。

① 即1815年白色恐怖时期南方保皇党的别称。——译者注

市镇机构说，我们再等等；尼姆马上要开始省选举工作了，要不暂且挨到选举之后吧，让我们先拿到官位再说。

弗罗芒说，行动起来吧，选民们在枪炮声中会投下更合你们心意的票。新教徒已经组织起来了。从尼姆到巴黎，再到赛文，他们已经串通好了。

如果继续等待，尼姆又真能让教士放心吗？城市各行各业都对大革命带来的一个直接成果感恩戴德，那就是盐、铁、皮革、油、肥皂等商品税的废除。信奉天主教——或者说至少在收成季节来临之前还极为信奉天主教的农村地区，在粮食收割以后，当教士要求缴纳什一税的时候，对天主教的信奉之心还会如此强烈吗？

针对5月暴行中的杀人犯和弗罗芒兄弟，一场诉讼案件展开了。这场诉讼进展非常缓慢，然而终归还是有所进展的。

逼迫弗罗芒行动起来的最后一件事，也是最关键的一件事，就是阿维尼翁在11日、12日发动革命，此事必然会导致弗罗芒这一边的人马士气低落、丢盔弃甲。在消息传开之前，13日晚，弗罗芒发动了攻击。这是一个礼拜日，一个对他极为有利的日子，当时正值圣体瞻礼的八日庆期，好多在这一天里喝得醉醺醺的人都走上街头。

弗罗芒和站在他那边的历史学家，这群已被打败了的人，居然信誓旦旦地说着这么一件令人难以置信的事情：是新教徒先动手的，是他们在干扰他们希望所在的选举。这些人坚称，是少数人企图杀死多数人（六千人对两万多人，而且还不算上市郊）。

那么，这少数人是一群久经沙场的可怕敌人不成？不，这些人已经有一个多世纪没有受过任何军事训练了，他们是一听到抢劫就怕得要死的商人，是体力羸弱的工人，身体素质根本比不上弗罗芒武装组织起来的那群脚夫、葡萄种植者和耕地人。国民自卫军中的龙骑兵虽然大部分都是新教徒、商人和商人后代，但是在这群成天泡在小酒馆里、滥饮着教士赏给他们的酒的劲敌面前，他们也不足以与其相抗。

在每个由新教徒占据主导地位的地方，两边宗教都是一派可歌可泣的博爱场景。例如在6月5日的圣依波利特，新教徒还愿意和其他人一道站在岗哨上，保护圣体瞻礼日的游行队伍。

在动乱爆发的那一天，尼姆城中至少有一千五百名最积极踊跃的爱国人士聚集在俱乐部里，手无寸铁的他们，正在那里商议事情；看台上挤满了妇女。所以在第一声枪响之后（1790年6月13日），人们的恐慌可想而知。

八天之前，也就是选举开始之时，已经有人开始侮辱、恐吓选民了。选民们要求设立一支龙骑兵警卫队和巡逻队来驱逐那些威胁他们的人，然而这群人在巡逻队面前依然是出言不逊。于是，纵容滋事的市政厅让龙骑兵来站岗哨。13日晚，一群头戴红缨的人对龙骑兵说，如果他们不想丧命，那就马上滚蛋。龙骑兵依然坚守岗位，因此遭到枪击。吉耶纳军团心急火燎地想马上前去增援，然而军官们却将大门锁死，把他们关在营中。

面对这场并不公平的角斗，面对选举遭到恶意干扰的事实，市政厅本可以尽到自己一个神圣的职责——竖起红旗要求军队增援。然而市政厅却没有任何动作。于是在这个殷勤好客的城市里，省选举大会发现自己身处枪林弹雨之中，已被官员们抛弃了。

在弗罗芒的**绿党**中，除了教士的仆人之外，还有好些人甚至是市政厅官员的仆人。国民自卫军没有收到任何调军令，只有弗罗芒的人马占据着街垒，在那里肆意屠杀，开始强闯新教徒的住宅。弗罗芒手上还有一张王牌，那就是离尼姆只有四十古里距离的索米耶尔的一支骑兵部队，这支军队的上校非常积极，向弗罗芒送去了许多人马钱粮。人们闻到了一场真正的动乱气息，省统领也终于执行阿图瓦伯爵发来的命令，要朝着尼姆进军了。

然而让人猝不及防的是，反而是尼姆打起了退堂鼓。在弗罗芒组织的十八个天主教团体中，只有三个跟着他起事，其他十五个全都袖手旁观。这对于教士来说真是一个天大的教训，让他们终于意识到自己对人心预估得多么离谱。在流血的时刻，狂热的仇恨情绪虽然被社会嫉妒心巧妙煽动起来，但狂热的程度还是不够。

这座庞大、实力不可小觑的尼姆城，人们先前还以为可以轻易把它煽动起来，没想到现在它却像它那些不可摧毁的历史建筑、那些神圣古老的角斗场一样，兀自站在一旁岿然不动。

所以，两边只有少得可怜的一群人在相互厮杀。绿党表现得十分勇猛，然而却是有勇无谋。终于被找来的市政人员，被人逼得两次扛着红旗冲到他们那里去；他们就两次在敌人眼皮子底下摧毁一切，夺下红旗、杀死官员。官员、选民、国王特派员，统统成了绿党的射杀目标；第二天，连前来收尸的国王检察官和刑事警察长都不被他们放过。这样可怕的犯罪事件一经发生，必然会遭到最严厉的迅速镇压。好了，市政府召来军队，结果却是一支只有巡逻义务的队伍！

如果弗罗芒手里的人再多一点，他肯定就能占领当时角斗场中最易守难攻的要塞之处。他在角斗场布置了一些人，在嘉布遣会修道院也留了一些人。而弗罗芒呢？他本人则回到了自己的堡垒里、围墙中，回到了古老城堡的塔楼上。只要进了这座塔楼，他就安全了，就可以随便开枪了。他给索米耶尔、蒙彼利埃写信，请求增援；他派人前往信奉天主教的各个村镇，在那里敲响警钟。

天主教徒动作非常迟缓，甚至还待在家中闭门不出。而新教徒反应则非常迅速。一听闻选民们有生命危险，他们当晚就出发了。早上四点到六点，一支来自赛维诺勒、佩着三色帽徽的军队出现在尼姆城，一边投入战斗，一边高喊着“国民万岁！”。

选民们也行动起来。在一个炮兵队队长的帮助下，他们组建了一个军事委员会，来到军火库寻找大炮。他们可以走大道进去，也可以走吉耶纳军队营地进去。不怀好意的军官们让他们走大道，然而他们在那里遭到猛烈的炮火攻击，只得反身折回。军官看到手下的士兵怒气冲冲、马上就要起来造反了，终于交出了大炮。塔楼被打出一个缺口，不得不求和。一直勇敢坚持到最后的弗罗芒，居然传出一封读来不可思议的信，信中提议“遗忘……”。然而没有任何宽恕可言，士兵们只想让围攻者死。有人试图拯救他们，然而他们自己自寻死路，居然还一边交涉、一边开枪。所以，他们只落得被围攻、被袭击、被追杀、被屠戮的下场。

两天、三天，人们搜寻着他们，至少这可以让人们心中的仇恨得到宣泄。嘉布遣修道院（这里是传单的发放中心）被强行攻破，遭到血洗。**绿党**的大本营——一家著名的小酒馆也遭此命运，人们还在这里发现了两个躲起来的市政官员。整个这段时间里，两边人一直守在街头或窗户，朝对方开火。来自赛文的粗人不讲究宽恕，三天里足足屠杀了三百人。但没有任何教堂被洗劫，没有任何女人被玷污，哪怕在盛怒之中，他们也依然保持着克制。他们没有像1815年的**绿党**分子那样，想着用刻有百合花徽的捣衣杵把女人活活打死。

有意思的是，由阴险的反革命派策划的这桩尼姆惨案，粉碎的却是制造惨案的人。设伏者反被困于陷阱，猎手反被猎物所追捕。

在实施计划的时候，什么东西都没有到位。

他们本指望着蒙彼利埃，但是统领不敢前来。来的只有勇敢爱国的国民自卫军，也就是未来的胜利之师——第三十二团的精锐部队。

他们本指望着阿尔勒。其实阿尔勒有前来增援，却是为了粉碎反革命集团而增援。

圣灵桥截住了弗罗芒派出去的人。

那么，就去找罗纳的天主教徒吧。去颠倒黑白吧，去说服他们相信你们的宗教有灭顶之灾吧。这可事关祖国大计啊！

于是，整个罗纳天主教宣布和你们划清界限，表现得甚至比新教徒还要有革命觉悟。连你们那个罗纳的圣城、教皇的小罗马——阿维尼翁，都炸裂出巨响。

阿维尼翁！法国是怎样把这颗明珠从天主教的王冠上抠下来的？还有沃克吕兹？啊，还有彼特拉克[①]心中永远珍藏的那片纯洁的土地，那个对法国爱得发狂至死的伟大意大利的神圣庇护之地，那个被世人歌颂的象征两地永结一心的地方，你又是怎么从教皇那双肮脏的手中跌落出来的呢？因为一个女人，为了金钱，为了赦免一桩谋杀罪，就把阿维尼翁和沃克吕兹给卖了（1348年）。[②]

阿维尼翁没有问过谁，就像法国那样组建了一支国民民兵队和一个市政府机构。6月10日，所有贵族人士和教皇派占领了市政厅，搬来四门大炮，高喊着："贵族万岁！"然后朝人开炮，导致三十人死伤。但

① 弗兰齐斯科·彼特拉克（意大利语：Francesco Petrarca，1304—1374年），意大利学者、诗人，文艺复兴第一个人文主义者，被誉为"文艺复兴之父"。他以其十四行诗著称于世，为欧洲抒情诗的发展开辟了道路，后世尊他为"诗圣"。他与但丁、薄伽丘齐名，文学史上称他们为"三颗巨星"。——译者注

② 1348年，那不勒斯王后让娜一世（1326—1382年）以八万弗罗林的价格把阿维尼翁城卖给了教皇克雷芒六世，以避免二婚嫁给路易·德·塔兰托，并洗脱她的第一任丈夫安德烈一世（1327—1345年）的杀人罪名。——译者注

是人民也积极投入战斗之中，杀了一些人，抓了二十二人。所有法国市乡，奥朗治、巴尼奥勒、彭圣埃斯普利，都前来增援阿维尼翁、拯救俘虏。他们把俘虏从胜者的手中夺回来，承担起照看他们的责任。

6月11日，罗马之军被歼灭，法国军队布防在各个地方。阿维尼翁走到国民议会的席座上，投入它真正的祖国怀中，并说了这句豪气冲天、相当于罗马教廷思想的遗言的话："法兰西，请您统治四海吧！"

我们再来深入探讨一下这场暴乱的缘由，以更加全面地解释一下这场如急风暴雨般迅猛发起的悲剧。

若要制造一场宗教战争，首先就必须潜心信教。然而连教士的信教之心都不诚，他们又怎能让人民为宗教狂热起来呢？

而教士又没有高度的政治敏锐力。即便在1790这一年，在他们那么需要人民的时候（他们在四处出钱雇用人民），教士还要求人民缴纳已被议会取消了的什一税。在许多地区，人民纷纷揭竿而起，反对教会征收这个他们死活不愿放手的该死的什一税，其中北方地区尤为突出。

这群贵族出身的教士阶层，没有什么头脑，还以为只需要一点点钱和酒，再加上暴力气氛的渲染，自己就能搅弄风云了。他们须得明白，若要让宗教狂热主义再次抬头，就得需要时间和耐心，需要在背地里仔细筹备，需要选择一个不那么引人注目、远离大道和要城的地方。例如，他们可以早早地在旺代的博卡日地区慢慢做工作；可是在光天化日之下行事，在南部的艳阳中谋划，在不安的新教徒的眼皮子底下布局，在波尔多、马赛、蒙彼利埃等中心大城的包围下筹谋（什么都逃不过这些城市的眼睛，只要有一点点光，它们就会朝光亮处前进），这简直就是在玩小孩子的家家酒。

弗罗芒做了他能做的一切，表现出极大的勇气和果敢，然而他却被抛弃了。[①]

他发现阿维尼翁的革命将危及尼姆起事，觉得不能太过相信自己的运气，只得拼命说明自己：态度暧昧、直到那时还不敢公告天下自己站在他这一边的那些人，当他们看到自己揭竿而起的时候，总会表明立场的，他们总不会冷血地看着自己被屠宰吧？所以弗罗芒才在这个时候起身犯乱。

市政府，换句话说，也就是信奉天主教的资产阶级，它非常谨慎，都不敢要求省统领动用军队。

贵族也很小心。统领和军官普遍不愿行动起来，除非有市政府明确合法的调军令。

这并不是因为军官缺少勇气，而是因为士兵们都靠不住了。只要听到任何超出法律范围的命令，他们就敢鸣枪反对。若真发出这样的命令，真做出这样危险的举动，那就是在牺牲自己的性命。可他们又是为哪个理念、哪个信仰而牺牲呢？贵族多数都是保皇立场，但他们同样也接受了哲学和伏尔泰思想的熏陶，也就是说，他们已经被新思想所征服了。

越来越和谐、越来越协调的大革命，日渐表现出自己的本质——它就是一门宗教信仰。而四分五裂、分歧不断的反革命，只能枉费心机地拿陈旧的信仰来做文章，它却并不算一门宗教。

---

① 弗罗芒逃过了屠杀。哪怕我们对某人、某党不怎么抱有好感，也不能不对弗罗芒那神奇的命运产生兴趣。他一开始荣誉加身、晋封贵族，受到阿图瓦伯爵的器重；然后，在1816年，他又被忽略、被背弃！他当时出版的小册子在各个地方被销毁，这本小册子其实就是一个旧仆对那个忘恩负义、毫无良心的主人的控诉。在这番控诉之后，那个主人甚至还把他那点可怜巴巴的粮食补助金都给剥夺了，此事就不用我多说了吧？弗罗芒给他忠心效劳了三十年，却被主人如此对待，这分明就是存心要让这个已经破产、一身负债、对他已没有任何利用价值了的人死在某个边陲小镇的角落里。弗罗芒的小册子应当得到再版，还有流亡贵族沃邦（Vauban）那份极为少见的回忆录也应如此。再有梅里鲁（Mérilhou）为弗罗芒写的那份聪明的辩护书（1823年），也应当被出版出来。——原注

它无法发动全体，没有任何不变的准则。它的抵抗犹如蜻蜓点水般飘忽，而且还没有一个集中点，就像一个醉汉一样走得东倒西歪的。国王是站在教士这边，然而他却拒绝支持教士的抗议书。教会雇佣和武装人民，但又要求他们缴纳什一税。贵族、军官在等着都灵发来的命令，同时也在等着革命政府发来的命令。

最关键的是，他们缺少某个能让他们直接行动起来、在另外那边却非常充裕的东西，那就是信仰！

另外那边阵营，那是法国，它信仰着新的法律，信仰着合法的权力机构——议会，这个表达国民意愿的真正喉舌。

那边阵营里，一切都是清楚明亮的。而这一边呢，一切都是模糊、暧昧、飘忽、昏暗的。

怎会犹豫？所有人，士兵、公民都挽着彼此的手，在同一面旗帜下迈出坚定的步伐。从4月到6月，几乎所有军队都和人民亲如鱼水。在科西嘉、卡昂、布雷斯特、蒙彼利埃、瓦朗斯，情况跟蒙托邦和尼姆完全一样，士兵们宣布站在人民和法律这一边。少数一些还在抵抗的军官被杀，人们在他们身上还找到了他们和流亡贵族暗中勾结的证据。人们等着流亡贵族，稳稳地等着他们。南部城市没有睡着：布里昂松、蒙彼利埃、瓦朗斯，还有大城市马赛，都想着保卫自己。它们占领了堡垒，在里面布满了自己的公民。来吧，流亡贵族和外国军队，只要你们愿意，我们随时奉陪！

一个法国！一个信仰！一个誓言！在这里，没有一个靠不住的人。如果你态度飘忽不定，那就请离开忠诚之地，穿过莱茵河，穿过阿尔卑斯山，离开吧！

国王本人非常清楚，他最锋利的那把宝剑——布耶，也发觉自己如果不和别的军官一起起誓，就会变成孤家寡人了。联盟的敌人就这样被夹在了军队和人民中间，不得不选择放弃。人民、士兵团结一心，共同画出了这幅恢弘的画卷。任凭你如何冥顽不灵，也终会屈服下来。国王发布命令，他也服从了，神情沮丧而又悲伤地来到人民和士兵中间，以他的君王之剑起誓会忠于大革命。

# 第10章

## 新的信念——法国自发组织起来

法律在各地被自发的行动所超越——黑暗混乱的旧制度——新秩序靠自己建立起来——在解放和自卫运动中诞生的新权力——内外各组织准备创立市省机构——议会造出一百三十万市省行政官员和司法法官——人民通过担任公共职位受到教育

我花了长篇大论去讲述陈旧理念、最高法院、贵族、教士所做的抵抗。现在，我要用一个小小的篇幅为新思想起个开头，简短地阐述一下那些将上述抵抗统统吞噬和消化在自己腹中的大事件。在无穷无尽的纷繁杂乱中，有个事实非常简单——**法国是自发组织起来的**。

这才是历史，这才是毋庸置疑、可立于世的事实。至于其他一切，全都是无价值的东西。

而这些毫无价值的东西，我们却得长篇大论地去讲述它。对于恶，仅仅因为它是一个例外、一个反常，为了能让世人认清它，我们就得从细节上去细细勾勒。而善则不然，它是天然而成、不经雕琢、发自于心的，因为它和我们的自然法则相契合，因为我们心中铭记着善那永恒的模样，所以我们几乎一眼就能认出它来。

那些供我们汲取史实的原始资料，把最不该保存下来的东西悉心保存下来，例如消极的因素、意外的成分、个人逸事、某些小阴谋、个别暴力行动，等等。

而那些举国参与的国民大事，是靠一些排山倒海、势不可当、甚至毫无暴力色彩的力量才得以完成。它们没有那么吸引眼球，你几乎无法察觉它走过你的身边。

居于这些普遍事实之上的，便是从中衍生出来、成为它们最新口号的法律。人们没完没了地讨论着法律，一板一眼地复述各个会议的套话。但是决定了法律，解释了它们的起因、缘由和必然性的重大社会运动，却只能通过硬生生的方式被人回忆。

不过，有一个难能可贵、把其他一切衬得黯然失色的地方是：从1789年7月到1790年7月的这个奇迹之年，法律在各地被生命自发的涌动、行动自发的冲劲所超越——在这样纷扰混乱的时代里，人们却在行动中孕育出新的秩序，提前贯彻了即将被制定出来的法律。议会以为自己是领头羊，其实它是在跟着别人的步子走，只是法国的记事员而已；法国做了什么，都由它或一丝不苟、或潦潦草草地记录下来，它不过是把法国口述的内容落在纸上罢了。

这些记事员终于意识到，他们得暂时从自己的洞穴、从法律的公报中走出来了，他们得离开这座堆得如山那样高、让他们都看不到自然本身面目的文件堆了。如果法国只有通过这些人的纸笔才能得救，那它早就死了上百次了。

在生死攸关的那一刻，自然被重新及时地找回来、挽救回来，生命在危险袭来时听取了它最好的导师——本能的指导，靠自己找到了救赎。

在这次陈腐的旧社会险些起死还魂的危机中，我们参透到事物的本源。政论家们还在幻想和勾勒着国民的摇篮，可为什么要幻想呢？它明明就在这里啊。

是的，法国的摇篮就在我们的眼皮子底下。啊！上帝保佑着你！摇篮！他拯救了你，把你轻轻放在一个远离海岸的浩瀚大洋里，我看到你在那里颤颤巍巍地飘摇，在未来的海洋中飘摇！

在巴士底狱的炮声中，法国诞生了，站起来了。短短一日里，在没有任何准备、没有彼此商量的情况下，整个法国，无论城市还是农村，都在同一时间里组织起来了。

每个地方都是如此：人们来到市政府中，以国民的名义拿起了钥匙，也拿起了权力。选民们（1789年时所有人都是选民）学着巴黎，也建立了委员会，日后的合法市政府就是从这个委员会中诞生的。

城市统治政府（例如地方三级会议）、市政长官、显贵要员等，垂头丧气地通过后门溜走，只给他们管理之下的市乡留了一大堆债务。

那座财政领域里的巴士底狱，那座被显贵寡头势力集团打造得坚不可摧的巴士底狱，那处行政机关的岩穴①，终于显露在光天化日之下。这个含糊的制度中的那些还未完成的文书，那一大堆乱七八糟的纸片，那些艰深难懂的计算，全都被暴露在了日光之下。

这个被他们称为骚乱的自由，发出了与这些人事先所想完全相反的

① 在勒贝尔（Leber）自己的书中，便描绘了一幕幕关于这个陈腐的市政行政管理的可耻场景：市政长官自己给自己颁发奖金，等等；里昂欠了两千九百万的债，等等。——原注

第一声呼喊：秩序！公平！

要秩序，要朗朗乾坤之下的秩序。法国就像埃阿斯[①]一样对上帝说：“即便让我殒身丧命，也要还天穹一片明净！”

陈腐暴政统治中最专制的地方，就在于它的昏暗不清。从国王到人民、从城市行会到城市，都是昏暗不清；从地主到佃农，这不消多说，更是昏暗得厉害。人们该如何诚实本分地向国家、市乡和领主纳税？谁都不知道。大部分人连自己要缴纳什么税都说不上来。人民的大教育者——教士，把人民禁闭在可怕的无知之中，让盲目、无所防备的他们落到瞎写乱写的人手中，让这群下三烂的臭虫吸着他们的血。盖着公章的纸片黑压压地飞过来，把沉甸甸的负荷丢在人民身上，它们简直成了农民的一大恐惧。这些神神秘秘、他们根本听不懂的负担，别人随便念念它们的名字，他们就得掏空荷包老实交钱。但人民把它们都牢记在心，一条一条地记了下来。他们的心就像攒钱的钱库一样，只不过里面积攒的是报复，是必须索还的赔偿。1789年时，许多人都控诉说，他们在四十年里为这些沉重负荷交的钱，比他们持有财产带来的收益还要多出许多。

在我们的农村地区，除了以保护财产为名展开的斗争之外，就再没有发生其他任何侵犯财产的事情。农民对财产有自己一套理解方式，但他们从没有对财产权利这个理念产生过一丝怀疑。农村劳动者们懂得什么才叫获得；只要是靠劳动得到的东西，都能赢得人们的尊重，所以人们对待财产就像对待宗教一样，不敢冒犯分毫。

正是以财产为名义（这个词长期以来遭到领主手下的人的不断践踏

① 希腊神话人物，忒拉蒙和厄里斯珀之子，阿喀琉斯的堂兄弟，特洛伊战争中希腊联军主将之一，作战勇猛，在阿喀琉斯死后抢回了他的武器和尸体。——译者注

和蔑视），农民们喊出了“但是”的异议。在异议声中，他们将封建的、课税的暴政符号撕毁了，将城堡里那些见风使舵的人停职了，将那些使收入得到不正常增长的举措取消了，将那些把好粮挑出来献给领主、只留下麦糠的筛子吊起来了。

以城市为代表的1789年7月的委员会（它们便是1790年市政府的原型），是*自由*的反抗。在农村地区，它便是财产的反抗——我指的是最神圣的财产，是人的*劳动*。

各村各镇之间组成的协会成了保障性社团，这一则是为了反抗生意人，二则是为了反抗强盗（这两种身份已经成了同义词）。

他们谋反，是为了反抗生意人、征税员、总管、检察官、执达员，是为了反抗那个可恶的魔术师，他施展了某个人们不知道的魔法，导致大地干涸、牲畜死去、农民瘦得皮包骨头。

联盟也在对付匪帮。这群人在法国上下乱蹿，没有工作，饥饿难耐，原是靠乞讨为生，后来变成强盗。他们晚上割掉了麦子，甚至连麦苗也不放过，扼杀掉人们的希望。如果各个村镇不拿起武器，一场可怕的饥荒将会席卷过来，这样的一年长得像一万年那般漫长，像中世纪里的无数个黑夜那般难熬。可流寇怎么也抓不住，人们只得到处提防，恐慌情绪四处蔓延，那时的民众还不如今天这样有战时准备，所以可以想见他们心中是多么惊惧。

所有村镇都武装起来，大家承诺要彼此保护。他们在内部商定：只要某个地方敲响警报，大家就往那里赶过去，那个地方就是汇聚中心；大家也可以守在河流大道的某个过路处，控制住该地区最重要的要塞。

单单一件事就能极好地阐明问题，此事在某些方面会让人联想起之前我曾讲过的加尔的圣让城一事。

在夏日某一天的清晨，夏维农（埃纳）的街道上到处都是全副武装的人。居民们惴惴不安地走出来，却发现这些人都是自己的邻居和朋友，是附近所有市乡的国民自卫军。这些人因为一个错误的警报，所以连夜赶路来帮他们赶走盗匪。人们本以为会有一场恶战，结果却迎来一场庆典。夏维农所有人喜笑颜开地走出屋子，和他们的朋友们聚在一起。女人们拿出了她们所有的生活物资，供大家享用，一桶桶葡萄酒被打了开来。人们在广场上展开了夏维农的旗帜，上面画有小麦、葡萄，还有一把没有收鞘的剑。这个纹章完完整整地概括了当时的所有想法：富足、安全、自由、忠诚，以及和谐。国民自卫军队长也来了，做了一篇简短却极为感人的发言，赞扬了市乡保护自己兄弟的一片殷勤和热忱："只要一句话，我们就把自己的妻子和嗷嗷大哭的孩子丢在家里，把我们的犁具和农具丢在农田……我们来了，甚至都没有时间披件衣服……"

夏维农人在写给国民议会的一封信中，像孩子给母亲讲述某件自己亲历的事一样，满心感激地把事情前前后后都讲给了它听。他们还说了这句发自肺腑的话："多好的人啊，先生们，自从你们给了他们一个祖国以后，他们成了多好的人啊！"

这些自发组织起来、其成员如家人一般互相扶持的远征活动，就是这样发生的，而且神甫还走在了队伍最前面。在夏维农的这次误报中，有四个市乡是和它们的神甫一起来的。

在某些地区，例如上索恩省，神甫们不仅参与到这些运动中，还站在了最中心处，成为领导者、带路人。从1789年9月27日起，在吕克瑟依周边地区，农村各个村镇就在圣-扫沃尔[①]神甫的领导下结成联盟，所

① 该法语名还有"神圣拯救者"的意思。——译者注

有市长在他的手掌下发下神圣的誓言。

在伊西-莱维克（上索恩），还发生了一件更是奇怪的事情。看到所有公共机构都颓废不振、连一个官员都找不到的情景，一位英勇的神甫将所有权力都扛到了自己肩上。他发布命令，重新审判那些已经审判过了的案件；他把附近地区的市长们请了过来，在他们面前颁布他给本地新制定的法律；随后他全副武装、手持宝剑，开始了平分土地的工作。人们只得止住了他的一腔热血，告诉他还有一个国民议会的存在。

有个少见而又独特的现象是，这次运动在整体上进行得有条不紊、井然有序，在当时那样的环境中，这是谁都不曾想到的。虽然没有法律，但所有人都在遵循一个法律，那就是维稳，那就是拯救。

在市政府组建起来之前，各村镇都处在自治、自卫的状态中，就像同一个地方的居民武装组成了一个协会一样。

在法律划分出区、省之前，大家因为共同的需求，特别是保障交通、疏通粮运的需求，故在村与村、城与城之间达成联合，形成了相互保护的大同盟。

当人们发现，正是因为那些社会祸害的威胁，他们才走出了互不往来、自我封闭的状态，摒弃了自私自利之心，养成了和其他人同生同息的习惯时，发现是这些人唤醒了他们已经沉睡了好几个世纪的心灵、擦亮了博爱的第一束火花时，他们几乎都要感谢这些强盗了。

法律会承认、批准、褒扬这一切，但绝不是它创造了这一切。

市政府的创立，它们手上权力的集中（甚至包括非市政厅管辖之内的权力，例如捐税、非常时期的治安工作、军力分布，等等），有人把这种权力集中归罪到议会头上，但其实它并不是体制产生的后果，而仅仅是事出必然罢了。当大部分权力机构都消失不见的时候，当剩下的那些人故意（甚至是恶意）不作为的时候，维稳的本能使得人们做了他们一直在做的事：当事人自己扛起了属于自己的事情。而谁在这场危机中不是当事人呢？即便那些家徒四壁的人，如人所说的**那些一无所有的人**，他们也有一个比任何财产还要宝贵的东西啊，他们也要保护自己的妻儿啊。

新的市政法创造出了**一百二十万**市政官员，司法组建工作创造出了**十万**法官（其中有五千个治安法官，八万个治安法官助理）。所有这些人，都是从那**四百二十九万八千**位初级选民[①]中走出来的（他们或者是地产者，或者是租户，都有缴纳价值等同三天工作量的、大约三里弗左右的赋税）。

选举造出了六百万张选票；在下文里，我会再在这个选举权利有哪些限制条件、在议会中占主导地位的诸多原则等方面多做阐释。

这里，我只需让读者注意到一点就够了：在1790年的这个春天里，在法国掀起的这场浩浩荡荡的运动中，有一百三十万之多的法官和行政官员同时被创造出来，而且都是从选举中诞生的！

我们可以这么说：在军队开始征兵之前，法国就已经完成了行政领域上的征兵工作。

这是一场充满和平、秩序、博爱的征兵。此时主管司法界的，正是这群新生的、在漫长的过去里一直默默无闻的力量，是那五千名仲裁人和治安法官，是他们的八万个助理。而且在市政工作领域中，连军队都归属这群人民官管。

---

① 这个数据出自1791年为教育民众、特为献给议会而出版的《法国国家地图册》。欧坦主教在1790年6月8日发表的演讲中，计算出的有效公民人数只有三百六十万。如果只包括地产者，这个小数字已算很大了；但是它其中还包括了那些以租户身份缴纳了大约三里弗税的人。所以更大的那个数据更有说服力。此外，这两个数据无疑都只是统计了人口统计的近似值。——原注

市政权力机关把整个烂摊子都接管过来。在已经毁灭的旧制度和尚未行动的新制度中间，只有它独自一人站了起来。国王手无寸铁，军队群龙无首，地方三级会议、最高法院已是枯草朽木，教会已是日薄西山，贵族马上就要被连根拔除。议会本身表面看似强大，实则外强中干，只在那里发号施令，却什么都做不了。它在各市政机构里有四万四千个自己人，却只能把一切拱手交到那一百二十万市政官员的手里。

这群庞大的队伍在实际执政时步履艰难，但在教育人民、开创公共生命这两点上，却起到了举足轻重的作用。这个日新月异的官员群体，必须在地方上迅速和他们出身的那个阶层紧密结合起来（也就是那四百万交了三里弗税的地产者或租户）。他们必须创立出一个新的地产阶级，此乃这次大启蒙的必然要求。被掌握在教会和贵族手中的农民，最开始被当成是旧制度的信徒而被排斥在选举之外；而如今，他们作为被拍卖财产的获得者，摇身一变，得到了地产者、选民、市政官员、治安法官助理等身份，也正因如此，他们才成为了大革命中最坚实的中流砥柱。

# 第11章

## 新的信仰——联盟（1789年7月—1790年7月）

法国在1789年感受到自由，在1790年体会到祖国的统一性——联盟破除了障碍——人为的阻碍出现了——联盟的资料记录；它见证了人们对新的统一体的热爱，对地方观念和陈旧习俗的摒弃——联盟节——鲜活生命的象征——老人，女孩，妇人，母亲——祖国神坛上的孩子——人们忘记了等级、党派、宗教之分——人们重归自然，从心底拥抱祖国、拥抱人类——额外补充和细节说明

1789年的冬天，人们什么都没有——没有常任市政府，也没有省机构；没有法律，没有权力机关，没有任何公共约束组织。一切似乎都将土崩瓦解，而这正是贵族阶层所希望的。啊！你们想要自由，那么现在就好好享受由你们一手造成的这种混乱局面吧！对此，法国是怎么回答的呢？在这个兵荒马乱的时候，它自己就是自己的律法；它没靠任何人的帮助，全凭自己强大的意志，从一个世界跨到了另一个世界中，一步一稳地走过了架在深渊上的独木桥。是的，它走过去了，没有朝下面看一眼，眼中只盯着自己前进的方向。在这个长夜难明的冬季，它一往无前，朝着春

天前进，那里就是新的光明。

什么光明？此处的光明再不如1789年那般，只是对自由的模糊的热爱而已，而成了一个实实在在、轮廓已清的实体，这个实体把整个国民带动起来，使得人心大振、士气高昂。人们每往前走一步，心中的欢喜就多了一分，脚下的步子也迈得越发急促。终于，黑暗消失了，浓雾散去了，法国一眼望见了它热爱着、无怨无悔地追随着的那个东西：祖国的统一。

所有先前被人视为沉重不堪、困难重重、不可克服的东西，突然变得可能了，变得简单了。有人想，大家怎么可能会摒弃各省的故土情怀、往昔记忆、陈科陋见？有人说："朗格多克怎么可能心甘情愿地放弃朗格多克的封号，放弃去当一个只服从自己制定的法律的国中之国？古老的图卢兹怎么可能走出自己的政治神殿，离开南方霸主的位置？你相信布列塔尼会在法国面前做出让步，放弃自己的蛮语和厉神？除非圣马洛[①]的礁石倾塌，彭马克[②]的山岩崩塌。"

但请看！伟大祖国出现在神坛上，向它们伸出双臂，想要拥抱它们。于是，所有行省都忘记了小我，投入祖国的怀抱；在那一天，它们再不关心自己是哪个省份了。它们就像失散已久的孤儿一样，如今终于找到了母亲，而且还有了一大群比自己原来设想的还要多的兄弟姐妹。人们羞于再自称是布列塔尼人、普罗旺斯人……不，孩子们，你们要清楚地知道，你们是法兰西的子女，这句话是它亲口告诉你们的，你们就是那个伟大母亲的子女，是那个绝不偏袒、一视同仁地繁育各个民族的母亲的子女。

虽然没有法律，但这支民族手拉着手、朝着光明前进。还有什么场

① 法国布列塔尼伊勒-维莱讷省的一个城市。——译者注
② 法国布列塔尼菲尼斯泰尔省的一个城市。——译者注

景比眼前的这幅画卷更加激荡人心呢？他们除了前进，就再没做其他什么；他们也不需要再做什么，只要前进就够了。单单这个波澜的盛景，就已够吓人的了。一切障碍都四下逃溃，一切抵抗都烟消云散。看到这样一个武装起来的伟大的民族、这样一场和平而盛大的登台露面，谁还再敢和他们叫板呢？

11月的联盟，打破了各省割裂并存、各自盘踞一方的局面；1月的联盟，结束了最高法院的斗争；2月的联盟，镇压了骚乱和抢劫事件；到了3月和4月，群众组织起来，在5月和6月吹熄了宗教战争的第一个火星；同样也是在5月，军队也加入联盟之中，士兵们再次成为了公民。反革命的宝剑，它这把最后的武器，终被折成两段。那它还剩什么可用呢？博爱的精神飞跃了一切阻碍，所有联盟之间又组成了联盟，联合又促进了统一。再没什么联盟了，这些都是无用的，我们只需要一个联盟——法国，一个在6月的朝阳中看上去焕然一新的法国。

所有这一切，可以说是一个奇迹吗？是的，这是最大的也是最简单的一个奇迹，这是自然的回归。人类在自然天性中渴望社交。除非让整个世界都违背本性，否则你不可能阻止人们向彼此靠拢。省内关税，道路河流上无以计数的通行税征收处，重量、计数、货币方面五花八门的法律规定，各城市、各地区、各行会之间被人刻意保留下来的恶性竞争关系，人民大手一挥，这些障碍就被破除了，古老的城墙就倾塌了。人们终于看到了彼此，发现大家都有着相似的面容，吃惊于那么久以来自己居然都对对方一无所知，后悔当初不该抱有那种愚蠢的仇恨，让大家数世纪不相往来。他们摒弃了仇恨，朝着对方走了过去，迫不及待地想把自己的内心倾吐出来。

这就是为什么创立各省——这个有人认为完全需要刻意的人力因素

才能做成的工作——干下来是如此轻松，如此得心应手。如果各省创立的是个如西哀士脑中构建的一个一板一眼的概念那样纯粹的组织，那它断然不会如我们所见那样如此卓然有效、得到如此长久的执行，更不会在其他无数革命制度先后覆亡之后、唯独它活了下来。它基本上是一个自然产物，一个参考各地和各地居民之间先前关系后合理建立起来的一个机构。这些地方和人民，已经被暴政统治和税务体系等人造机构分裂得太久了。例如，在旧制度时期，河流通常扮演着障碍物这种角色（只举一例，单单卢瓦尔河上就有二十八个通行税征收处），而如今，它们重新回到自然赋予它们的位置上，成为连接人类的纽带。许多省都是以河流命名，例如塞纳省、卢瓦尔省、罗纳省、吉伦特省、默兹省、夏朗德省、阿利埃省、加尔省等，它们在大河两岸形成了天然的联盟，而这正是国家承认、宣扬和提倡的。

大部分联盟把自己的故事讲述出来。它们用一种通俗、孩子气十足的方式，老实而又天真地把这一切写给了它们的母亲——国民议会；它们想说什么就说什么，让会写字的人把自己的心声记下来。在农村地区，要找到一个机灵、记忆力好的抄写人并不是件容易事，但这种缺憾被他们淳朴高尚的意愿所弥补。这些资料便是法国新生的博爱精神的真正纪念碑，这些丑陋粗鄙、但完全是受到启示后自发而作的文书，见证了我们父辈初见祖国真面时的一片赤诚丹心，它们将会永传于世。

我把这些资料都完完整整地找到了。在六十年之后的今天，当我翻开这些少有人读的纸页时，发现它依然像昨日才写下来一般烫手。第一次打开它们时，一种敬佩之情就在我心底油然而生；我感受到一种特别的、独一无二的东西，一种人们绝不敢小觑的东西。这些写给祖国（议会就代表着祖国）的炽热的文字，读来简直就像一封封情书。

这不是出于官方授意，也不是有人命令而为，它明显就是人们心灵的倾诉。也许我们会在里面看到一些人工雕琢的痕迹、一些浮夸的华丽辞藻、一些夸张的遣词造句，但这恰恰是因为他们缺乏技巧的缘故。他们就像一个年轻人，想表达自己最真诚的情感，却不得其法，为了诉说自己的真情实意，只好搬用小说里的词句。但时不时会有某句发自内心的话在抵抗着言语上的无能为力，让人看到他们是多么一往情深。唉！在那样的时候，这些啰唆的情话怎么可能说得完、说得够呢？人们无休无止地在细枝末节上吹毛求疵，什么字体看上去都不够优美，什么言辞看上去都不够华丽，更别提陈情信还都是用华丽的三色饰带装订起来的。当我第一眼看到这些华丽、少有褪色的陈情信时，不禁想起卢梭说过的话，说自己在给他的朱丽写信时，在那里如何反复斟酌、字字润色。我们的父辈没有别的什么想法，他们小心翼翼，他们左顾右怕，可是刨去那些并不完美的过眼烟云，他们心中的爱却是永恒而美好的！

更让我动容，让我觉得又是感动又是钦佩的是：这群人虽然从性格到出身都迥然不同，带着各种各样在昨日还常常导致人们产生隔阂甚至敌意的东西，然而他们对团结无不抱着纯洁的热爱。

那么，那些因为地域和种族所产生的、古来就有的差异呢？那些曾经如此强大、如此难以逾越的地理冲突呢？全都消失了，地理也没了。再没了高山之隔，再没了大河之阻，人与人之间再没了隔阂。虽然人们操着不同的口音，但各地方言奏成了悦耳的奏鸣曲，似乎它们也都来自一个地方、发自一个胸膛。所有声音都朝着一个地方唱和，又在那里发出回响；所有声音都同时发自法国的内心。

这就是爱的力量。为了实现团结，什么都再不是阻碍，什么牺牲都是值得的。蓦地一下子，人们还没意识过来，就忘了那些昨日他们还在为之相互厮杀的东西，故土、习俗、传说……时间消失了，空间消失了，这两个约束生命的物理条件不见了。法国拥有了一场非同寻常的新生[①]，一场明显是精神上的新生，它从大革命中织出一个梦，一个时而甜美、时而恐怖的梦。它把时间和空间的限制都给忽略了。

可是在此之前，古董、习俗、既存的古旧之物、惯用的符号、受人敬仰的象征，它们才构成了生命。今天，所有这些事物要么消亡了，要么不见了。还有一些遗风旧俗，例如过去的宗教崇拜仪式，也纯粹成为一种装饰罢了。在这场每个阶层、每个宗派都齐心团结起来的浩瀚的集合大会中，有一个东西比神坛还要神圣，这个至圣之物的神圣性是任何具体的宗教信仰都无法传达的——那便是在上帝面前亲如兄弟的人。

所有古老的徽章都褪去了颜色，而人们试图建立的新徽章又少有底蕴。那就在古老的神坛上、在圣体台前宣誓吧，那就在玄奥的自由之神的冰冷的肖像前、在这个真正的象征物前宣誓吧。在这段举国同庆的节日中，永恒的至美、至伟、至真之物就在这里：它的象征物是鲜活存在的。

这个为人而立的象征物，它就是人。整个安于旧俗的世界崩塌了，一个被视为上帝真容显现的神圣之物回来了。但它没有自居为上帝，不带一丝虚浮的凌傲之气。人，没有一点征服者或胜利者的样子，以最庄严肃穆、最触动人心的面目现身此地。家庭、自然、祖国，这三者发出的高贵奏鸣成了最好的音乐，让这些节日充满了虔诚而又悲壮的气息。

首先由老者出来主持节日。老者被孩子簇拥在中央，此刻全体人民都是他的孩子。他在音乐声的指引下前进着。在六十个城市的国民自卫军齐齐现身的鲁昂大联盟中，人们为了找出主持大会的最佳人选，甚至一直寻到了安德里斯，才总算找到一位足足有八十五岁高龄的马尔特骑士。在

① 此处原文用的意大利语“vita nuova”。——译者注

圣安德奥尔，两个分别有九十三、九十四岁高龄的老人光荣承担起了在全体人民面前发下誓言的任务。其中一个是贵族出身，担任国民自卫军上校；另一个则是普通工人。他们在神坛上拥抱彼此，感谢上苍让自己活到了现在。人民群众心潮澎湃、群情激昂，仿佛在这些令人尊重的老者身上看到了各党各派永归于好的希望。他们相互热烈地拥抱着，紧紧握着对方的手；那支大型法兰多拉舞把所有人一个不漏地拉了进来，以城市为发散点，走进乡村，走向阿尔代什的群山，走向罗纳的草原；葡萄酒在街上汩汩地流着，一张张桌子支了起来，所有食物都被拿出来与人共享。全民上下晚上聚在一起，一边赞美上帝，一边共享盛宴。

无论哪里，老者都站在人民的前面，位居首座，俯览着人群。簇拥在他身边的年轻姑娘，宛若一顶由鲜花扎成的王冠一般。在所有这些节日里，受民拥护的军队穿着白色礼袍、腰间扎着**国民腰带**（也就是三色腰带），迈步前进着。在这个地方的庆典中，人民喊出了预示明日英雄诞生的昭昭口号；在那个地方的节日中（多菲内省的罗马游行队伍里），一个美丽的年轻女子手捧桂冠款款而行，桂冠上面刻着“献给最优秀的公民！”这几个字。许多人心中又升起了美好的幻想。

多菲内这个骁勇之省，是它开启了大革命，是它结成了无数联盟——全省联盟、城市联盟、乡镇联盟。地处边界的农村各个村镇，在萨瓦劲风的呼啸声中，在离流亡贵族只有数步之遥的地方，在贵族的枪炮附近埋头耕种着的人们，创办出最盛大的一场节日。拿着武器的童子军、妇女军，还有其他武装起来的女子，全都参与其中。在莫贝克，女人们整齐列队，举着大旗，持着利剑，俨然一副只在法国女人身上才能看到的意气风发的样子。

我在别处已经提过了昂热女人一马当先的英雄豪气。她们想离开家园，和那些正在雷恩开拔、来自安茹和布列塔尼的年轻将士一起，参与这场为自由而发的十字军之征的首战，希望自己能够去照顾战士和伤员。她们发誓只愿嫁给那些忠心爱国的公民，只会爱骁勇作战的猛士，只愿把人生和那些要为法国贡献生命的人连在一起。

早在1788年，她们就打开了心中激情洪流的闸门。而今，在1790年的6月、7月联盟中，在那么多困难都被克服之后，在胜利的节日里，心潮最为澎湃就属她们了。在严冬，当所有公共保护机构都彻底弃其而去的时候，各个家庭咬牙挺过了多少难与人言的艰辛啊！而今，在让人彻底放下心来的大团结中，她们终迎来得救的希望。不幸的女人们不仅孕育了过去，还孕育着未来？但她们只盼着祖国得到救赎的那个未来！在所有传下来的文件记录中，我们可以发现，她们甚至比男人还要激动、还要迫切，比他们还要急不可耐地发下公民誓言。

人们不让女人接触公共事务，但他们把一件事忘得一干二净：事实上，女人比任何男人都更有权参与其中。她们在里面投下的赌注和我们完全不同：男人投进去的只有自己的一条命，而女人投进去的却是自己的孩子。所以她们更为迫切地渴望弄清情况、做出预判。大部分女人都过着大门不出、二门不迈的与世隔绝的日子，她们只能成天胡思乱想地去关切祖国的危险、军队的动向。你觉得她们会安心待在家里？不！她们去了阿尔及利亚，和我们在非洲的年轻将士们一道忍饥挨饿、共进共退，和他们一道在吃苦和战斗。

不管是否有人召唤，女人们在联盟中都是最积极踊跃的一群人。在一个我不知道名字的小村庄，有一天，男人们单独在一间大屋里集合，想一起给国民议会写封信。女人们靠拢过来，听到了他们的话，然后热泪盈眶地走进房间请求旁听，于是人们又念了一遍信，之后她们就全情投入其中。在这场家与国的深层联盟中，每个灵魂都被一种不为人知的情感深深感染。节日完全是即兴发起的，但正因如此，它才更显有血有肉。如我们一切昙花一现的幸福一样，节日也是短暂的，只持续了短短一天。在一篇记叙此事的文章最后，有这么一句忧伤、发自肺腑、略显天真的话："就这样，我们生命中最美好的一日结束了。"

现在正是收获的季节，明日还得早早起床工作。继瓦朗斯之后的埃托瓦联盟，在描述了欢乐的篝火、热情的法兰多拉舞之后，说："我们在1789年11月29日里，在法国带头展开了第一场联盟，但我们只能拿出一天时间来欢庆，晚上就各自散去、回家休息，好明天继续干活；地里的活儿很急，我们对此深感抱歉。"善良的劳动人民把所有一切都告诉给了国民议会，深信它关心着自己，深信它像上帝一样看着一切、也做着一切。

农村各村镇的这些会议笔录，就像在沃野深处萌生出来、开得无比繁茂的野花一样。读着这些文字，我们似乎在成熟的麦田里散着步，都可以闻到乡村的膏腴之壤散发出来的那股浓烈而又生机勃勃的气息。

实际上，整个农村都是这样热火朝天的场景。教堂完全不够用了，男人、女人、小孩，所有人都倾泻而出；老人被抬在椅子上，婴儿被放在摇篮里，全都被抱了出来。各个乡镇、各个城市，全都被置于公共信仰的保护之下。一些男人巡逻村落，回来报告说自己一路上只碰到了狗。那些平素从没去过农村的人，如果在1790年7月14日来到南部、经过往昔荒凉的村庄，还会以为自己身处赫库兰尼姆[①]或者庞贝呢。

没有谁会错过这场节日，没有谁会只是旁观者；从百岁老人到初生婴儿，所有人都是演员。而婴儿的数量比老人要更多。

---

① 意大利那不勒斯南部、庞贝古城附近的一座小城。——译者注

在鲜花的海洋中，人们将鲜活的花朵——婴儿也带了过来。母亲把它抱出来放在神坛上。但它不仅仅只在被动地扮演祭品的角色，它也是活跃的，和任何人一样重要。它通过母亲之口，发下自己的公民誓言，宣告自己作为人、作为法国人的尊严，它从那时起便归祖国所有，迈步走进新的希望。

没错，孩子和未来，这才是主演。在多菲内的一场节日里，市乡便是通过一个小孩儿得到加冕、拿起行政的权杖。这双稚嫩的手上托举着幸福。我在这里看到的这些孩子，这些在他们母亲温柔的眼神注视下拿起武器、一身冲劲的孩子，只要给他们两年时间，只要等他们满了十五岁、十六岁，他们就能离开家乡冲锋陷阵去了：1792年炮声响起的时候，他们跟着哥哥来到热马普的战场上。那么稚嫩、胳膊看上去还那么瘦弱的他们，日后却成了在奥斯特里茨战役中奋勇杀敌的将士。他们的双手带来了幸福；他们实现了那个伟大的预言，给法国戴上了桂冠！即便今天法国已经衰弱下去、光辉不再，但它依然戴着这顶永恒的王冠坐在那里，威震四海。

于此时诞生的伟大的一代人，他们睁眼看到第一幕就是这幅神圣的场景，这是何等的幸运啊！孩子们被带到祖国的神坛上接受祈祷，被他们的母亲含泪却顺从、果敢地奉献出去，献给了法国。啊！如此诞生出来的孩子，是永远不死不灭的！因为你们在那一天喝下了不死的神药。你们中间那些没在历史上留下名字的人，他们的精神，他们心怀的举世共有的伟大思想，依然流传于世、生生不息。

我绝不相信历史上还有哪个时候，人们心胸之宽广更甚于此时；还有哪个时刻，人们对阶层、财产、派系的淡漠之心更甚于此时。尤其是在农村地区，再没有穷富之分，再没有贵族和平民之别；人们拿出生活物资供大家共享，餐桌对所有人都开放。什么社会分歧都没了，大家冰释前嫌。从前的敌人握手言和，从前的对立宗派亲如一家，信徒、哲学家、新教徒、天主教徒，全都摒弃前嫌、情同手足。

在加尔省阿莱附近的圣让城，神甫和牧师在神坛上相互拥抱着。天主教徒带着新教徒去教堂，牧师站在教堂祭坛的最前排。新教徒对神甫也是以礼相待，神甫站在新教徒中最尊贵的位置上，听着牧师讲道。两个宗教亲如一家的场景甚至还发生在两派曾经厮杀的地方，发生在赛文城门口，发生在曾经相互残杀的先人的坟墓旁，发生在依然温热的火刑架前。遭到长久控诉的上帝，终于得到了辩护。人们胸中的情感满溢出来，单靠散文已经无法抒发其一二，只有喷涌而出的诗歌才能略加宽慰如此深沉的情感。一个神甫创作并唱起了一首歌颂自由的赞歌；市长以诗相和；他的妻子，来自一个令人尊重的家庭里的一位母亲，在把她的孩子带上神坛时，也用几句婉转动人的诗歌抒发了自己的内心。

节日通常的举办地——原野、山谷等开阔之处，似乎进一步打开了人们的心扉。人不仅重新赢得了自己，也重新拥有了自然。大部分这类记叙资料都表明，当人们第一次真正看到故乡的风景时，心中升起了怎样的情绪。多么令人匪夷所思的事情啊！他们每天都要经过的河流、山峦，从前都被熟视无睹，直到那一天人们才真正发现它们的存在。

因为自然的本能，因为大地守护神的淳朴的感召，从前被我们古老的高卢人——德洛伊教祭司所青睐的地方，频频被定为这些盛大节日的举办场所。先辈们心中的神圣岛屿，在后人眼里重新变得神圣起来。在加尔、夏朗特和其他许多地方，神坛就设在某座岛上。安古兰岛接待了多达六万人的代表，几乎成了一座只在城市中才有的令人惊叹的古罗马剧场，只不过它是建在河上罢了。晚上，岛上的人们在篝火照耀下举办了一场宴会，全体人民都是宾客、都是观众，他们来到巨大的剧场，站在自己或高或低的座位上，观看着眼前上演的一切。

在有许多村镇的莫贝克（伊泽尔），神坛就建立在一处广袤的高原中央，对面是一座古老的隐修院。苍茫的天幕，无垠的地野，更有卢梭曾暂居于此的回忆！在一份激情洋溢的演讲中，一个神甫大力颂扬了那位曾在此地徜徉、为那个大日子做好准备的哲学家留下的光荣纪念。在演讲结束的时候，他指向天空，以太阳为证发下誓言，而此刻阳光一下子明晃晃地直射过来，似乎连它也沉浸在这崇高感人的气氛中。

相信未来、把自己的信仰寄托在希望之中、看着朝阳冉冉升起的我们，被已遭抹黑、曲解、变质、越来越难恢复本来面目的过去驱赶出所有神庙的我们，因着往昔的垄断而被剥夺了圣堂和神坛的我们，经常在孤绝之境中独自怆然的我们，在那一天里终于有了自己的神庙，一座别人从未有过的神庙！

这再不是一座人造的教堂，而是一座普世的教堂。它只有一个穹顶，这个穹顶从孚日一直盖到了赛文，从比利牛斯山一直伸到了阿尔卑斯山。

再没有什么人为商定的符号，自然、思想和真理就是一切。

从前在我们古老教堂中根本看不到自己面目的人，却在这里照见了自己，第一次发现了自己，在整个民族的眼中采撷到了一束上帝的光芒。

他感知到了自然，重新捕住了自然，重新发现了自然的神圣，发现上帝依然存在于自然之中。

这个民族、这片土地，它有了自己的名字——祖国。

无论祖国的疆域有多么辽阔，人民都能用自己更广阔的胸怀将其包容进去。人们借着思想的眼睛看着它，怀着热烈的渴求紧紧抱着它。

祖国的群山虽然束住了我们的眼睛，却束不住我们的思想。群山啊，请你们来充当证人，见证我们是否用自己博爱的臂膀拥抱住法国的大家庭，它是否一直珍藏在我们的心中。

神圣的河流啊，承载着我们神坛的神圣岛屿啊，请用你们那在思想的河道中潺潺奔涌的河水，去告诉五湖四海，去告诉所有民族：今天，在隆重盛大的自由宴会上，除非各族人民都被叫过来，否则我们就绝不掰下面包独享盛宴；在这幸福的一天，在法国的心灵和誓愿中，全体人类都不曾缺席！

“就这样，我们生命中最美好的一日结束了。”一个村的联盟派在描述节日晚上的场景时，写下了这最后一句话，它也是我结束本章的全部心声。它结束了，此后我再没经历过类似的美好。我在那里留下了人生中不可或缺的一段时光，留下了一部分的我。我很清楚，那部分我将留在那里，再不会跟随上来了，而剩下的这部分我将从此贫乏下去、衰竭下去。已被奉献出去的那一部分躯体，我该拿什么才能补上它留下的残缺？我不准自己在此章中做任何注释，在这样神圣的时刻里，再小的注释都会造成文笔的中断，或者显得格格不入。然而它又需要许多注释，许许多多相关细节都需要找地方做出补充，许多会议笔录都值得全文引用下来（例如罗芒、莫贝克、特斯特-德布歇、加尔的圣让城等地笔录）。演讲没有笔录记叙那么有价值，但是许多人的演讲又格外打动人心。我们提得最多的，便是年迈的西梅翁（Siméon）说的那句话：“现在，我可以死去了。”另外，请看罗克鲁瓦附近的雷尼安维茨（还是雷维茨？）的笔录。

若单独来看，这每纸每页写得甚为蹩脚。然而它们放在一起后，却产生了一种无与伦比的美感，**在最完美的统一性中体现出最丰富的多样**

性（省、地方、城市、农村等的多样性）。在这场伟大的团结运动中，每个地方都以自己的特殊方式完成了使命。康佩的联盟派戴上布列塔尼的橡树叶花冠；（南部门户）罗芒的多菲内人，将一顶棕榈叶织成的桂冠交到一位领队的美丽女子的手中。在多菲内的一场场联盟中，无不体现着一种大无畏的泰然从容、井然有序和大度明理。布列塔尼联盟，则带有一种充满力量和激情的庄严色彩，一种近乎悲剧的肃穆气氛，让人都觉得这不是一场欢乐的节日，而是大敌当前的紧张时刻。在茹拉群山中，在最后一群农奴的所在地，人们则是一副被解放后手足无措、惊喜欲狂的模样，为自己从奴隶身份突然变成自由人而感到欢欣鼓舞，“我们不仅自由了，还成为了公民！成为了法兰西人！比整个欧洲都要高出一等……”他们还为神圣的8月4日之夜成立了纪念日。

最令人感动的，莫过于人民在仓促之间为了表达自己那腔在深河中奔涌不息的感情而做的努力。纳瓦兰、比利牛斯的穷苦百姓，被遗忘在群山之中，物资匮乏，没有通用语言，结结巴巴地说着一腔南部法语，费力地表达着自己对祖国的赤子之心，甚至还惭愧于自己的无能为力。谁会相信呢？笔录中最笨拙的那封信，居然来自凡尔赛和圣日耳曼附近的一个乡。这封文笔浅薄、遣词粗陋的信，证明那里是多么贫穷、多么不得开化。大部分人的签字就是画个十字。然而所有人都依样画上了自己的名字记号，一个人都没有漏掉；在母亲的名字后面，你还可以看到她的孩子、她的孩子的孩子的签字。

他们基本上关心的大事，就是找出一个体面的符号来表达自己新的信仰（虽然他们总被这件事难得挠破脑袋）。在多勒，连牧师在祖国神坛上焚香所用的圣火，都是借用一个灼热的玻璃杯、通过一位年轻女孩的手从阳光中采集而来的。在圣皮埃尔（位于克莱皮附近）、梅洛

（位于瓦兹附近）、圣莫里斯（位于夏朗德附近），人们将法律——也就是议会制定的法令放在神坛上供奉。在梅洛，法律条文被保管在圣约柜中。在圣莫里斯，人们则将一张世界地图铺在神坛上面，把法律和宝剑、犁具和天平，还有两枚巴士底狱的子弹一起放在上面。

除此之外，在一种更大的幸福感召下，人民选择了一些极具人道精神的团结象征，在祖国神坛上欢庆婚礼、为市乡或俱乐部领养的孩子举办洗礼和收养仪式。人们通常让女人们为巴士底狱的烈士举办哀悼典礼。此外别忘了还有大量的赈济和物资分发活动，或者换句话说，大量比赈济更慈悲的活动：人们共享生活物资，饭桌对所有人都开放着。我曾看到一份表达人民善意的无比感人的资料：（在贝吉哈克附近的普雷萨德）一些士兵进行了一次内部募捐，并筹到了一笔足足有一百二十法郎的巨款（从这些穷苦人的经济能力上看，它的确是笔巨款了），**去慰问一个巴士底狱烈士的遗孀**。在加尔的圣让城，庆典以“一群彼此不睦的人郑重地握手言和”为闭幕式，圆满地画下了句号。在隆勒索涅，人们干杯，“敬所有人，以及我们发誓要去爱、要去保护的我们的敌人！”

# 第12章

## 新的信仰——总联盟（1790年7月14日）

各个民族看到法国此景后又是震惊又是感动——里昂大联盟（1790年5月30日）——法国请求举办总联盟（6月）——联盟派的歌声——巴黎为他们布置好战神广场——议会废除贵族继承制（1790年6月19日）——它已经废除了基督教中恶之传承的理念——它接见了人类的代表——为反对人民联盟而生的君王联盟——法国在巴黎举办总联盟（1790年7月14日）——法国既和平又崇武的势头

在经历了整整一个世纪的纷纷扰扰之后，法国居然还有这样一份虔诚和天真，还有这样一种巨大的和谐势头，这在所有民族看来都是件咄咄怪事，恢宏得就像一场梦。所有人都惊呆了，都心软了。

我们许多联盟都在设想一个让世人感动的团结符号，来欢庆在祖国神坛上举办的婚礼。联盟本身就是一场法国与法国的婚礼，似乎也成了未来五湖四海各个民族互相联姻的预示象征。

除了这个象征典礼之外，人们还在节日里策划了另一种同样意义深远的象征性仪式。有时，人们会牵着一个小孩子来到神坛，这个孩子是大家一起领养的，他不仅受着大家的捐赠，还受着大家的祝福和泪水，他是所有人共同的孩子。

法国就是神坛上的那个孩子，整片大地都围绕在它身边。它是各民族共同的孩子，通过它，所有民族都觉得彼此又团结起来了，都无微不至地关怀着它未来的命运，心中充满不安、害怕和希望。各个民族看到这个孩子的时候，都无不掩面哭泣。

意大利在哭泣！波兰在哭泣！爱尔兰在哭泣！（啊！姐妹们，还记得这一天吗？）看到这个新生的自由，每个被压迫的民族都忘记了自己被奴役的处境，对它说："借着你，我也自由了！"①

在这个奇迹面前，德国也被全身心地吸引住，沉浸在梦幻和狂喜之中。克洛普施托克在为它祈祷。《浮士德》的作者再不能像以往那样在一旁奚落和质疑，几乎都快顶礼膜拜了。

在北方的海洋深处，有一个强大、古怪的生物。它是人吗？不，不是人，是一个体系，一部活生生的、浑身带刺的、坚硬冷酷的经院哲学，一块顽石，一座耸立在波罗的海悬崖上的、如金刚石一般坚不可摧的礁石。什么宗教、哲学，只要一撞上他，就只落得个粉身碎骨的下场。而他却岿然不动，不受外界任何干扰。世人称他为丑陋的伊曼努尔·康德，而他自称是批评家。整整六十年来，这个神乎其神、独来独往的人，每天在同一个时间准时出门，不和任何人说话，每天每个时候精准地做着同一件事，他就像是城里常见的老敲钟人，每天出来、敲钟，然后又回去。可破天荒的事发生了，哥尼斯堡的居民们居然看到这颗行星偏离了数十年不变的运行轨道（这对他们来说真是件天大的事情）！人们跟着他，看到他往东边走去，在大路边上等着从法国过来的

① 这些细腻哀婉的情感充分体现在无数封各个民族发来的祝词中，特别是贝尔法斯特志愿军发来的祝词。——原注

邮差带来的消息。

多么人性的一面啊！康德居然也像个女人一样，坐立不安、焦躁难耐，干脆直接跑到大路上等消息去了，这难道不是一个不可思议的惊人变化吗？好吧，其实也不算，他没有任何变化。这位伟大的哲人一直都在追寻自己的道路。在此之前，他穷极一生，徒劳地在科学领域中寻找着一个东西——**精神的统一体**；如今他终于看到了那个听从内心和本能、自发而生的统一体。

世界似乎不看其他，径直朝这个统一体靠了过来，这才是它一直渴望企及的真正目标。世界在说："啊！如果我成了一体，如果我终能把自己四处分散的家庭成员连接起来，让我的所有民族走到一起，那该多好！"人类在说："啊！如果我们成了一体，如果我们不再是现在这番各族分立的情况，能让那些不和的力量团结起来，能在我身上实现和谐，那该多好！"突的一下子，一个民族让世界和人类心中这个一直无力实现的心愿似乎有了实现的可能，它看来是在演一出神圣的大戏，一出我们从来只敢幻想一下的团结、和谐的大戏。

所以你可以想见，所有民族的思想、内心、眼神、注意力，全都投注到了法国身上。而在法国，你可以看到所有路上黑压压地挤满了人，他们是正在赶路的旅人，成群结队地赶往法国的中心。团结促成了统一。

我们看到众联合会纷纷组建，联合会之间又组成团体，组合起来的各个团体又在寻找一个公共的中心点；每个小法国都在朝着它的巴黎汇集，首先在自己身边寻找这个中心。有段时间，大部分法国地区都觉得自己找到了这个中心，它就是里昂（5月30日）。这个地方不能小过罗纳大平原，因为要聚集起来的人数量实在太过庞大了。整个东部和南部地区都有派出代表，单单国民自卫军代表就有五万人。这些人要走一百、甚至两百古里的路程，才能赶到那里。萨尔路易代表在里昂把手递给了马赛代表。科西嘉的代表快马加鞭也没能在当天赶到，直到第二天才抵达里昂。[①]

但能和法国联姻的不应是里昂，而是巴黎。

两边的政治家都陷入巨大的恐慌之中。

把这样一大群毫无纪律可言的群众带到巴黎、带到骚乱的中心，那不就有可能发生一场可怕的混战、抢劫、屠杀吗？而国王呢？他会怎么样？保皇派惊恐万分地想着。

国王？雅各宾派说，国王将赢得从各省向我们走来的所有单纯轻信的百姓的心。这次危险的聚会能缓和公众紧张的神经，麻痹心存怀疑者，并唤醒从前的狂热崇拜者。这次聚会能把整个法国*保皇派化*。

然而，无论保皇派还是雅各宾派，对此都已是无计可施。

各城市已经做出榜样，并朝巴黎发出恳请，推着巴黎市长和巴黎革命公社向议会提出举办一次总联盟的请求。议会乐意也好、违心也罢，只能点头同意。但他们想方设法地减少想来巴黎参加联盟的群众人数。议会直到很晚时才做出决定，而那时，住在偏远地方、只能走路赶来巴黎的人几乎不可能及时抵达了。而且路上开销都由当地自行负责，对于最贫穷的地区来说，这说不定就是一个不可解决的障碍。

但是，在这样一场浩浩荡荡的运动中，哪里存在什么障碍？人们尽力凑出钱来，尽力给那些即将上路的人做套衣裳出来。许多人都没有统

---

① 我手上有一份非常珍贵、我非常想将其全文引用的资料，那是一位八十多岁的老人凭着满腔可歌可泣、活力四射的热情，写下的一份关于此次大联盟的记叙资料。“啊，如果连灰烬都如此灼热，那火焰当何其滚烫！……”——原注

一服装，就这样直接到巴黎去了。沿途居民都热情到无以复加、令人动容的地步。大家拦下要去参加那场盛大节日的朝圣者，争先恐后地去接待他们，硬把他们留下来歇脚、住宿、吃饭，最起码也要在他们路过的时候递过去一杯水。哪有什么陌路，哪有什么生人，大家都成了亲人。国民自卫军、陆军、海军全都走到了一起，成群结队地走过村寨，让人看来心中为之一动。被召往巴黎的，都是军队中最年长的老兵。在七年战争中已经身躯佝偻的贫苦士兵，白发苍苍的士官，敢直接硬碰硬的英勇无畏的临时代理军官，在大海上拼杀到年老体衰为止的领航员，所有这些依然健在的旧制度时期的老人，都渴望能去巴黎。那是他们的日子，那是他们的节日。在7月14日的海军代表中，有一批八十岁高龄的老兵连续走了十二小时，他们又回到一身伟力的状态，觉得自己在垂死之年能去见证法国的朝气、祖国的永生，平生已无憾矣。

成群结队地穿过各村各镇的时候，他们拿出最大的嗓门，神情如英雄般肃穆，唱着一首百姓在自家门口反复吟唱的歌曲。这首脍炙人口的国民之歌在每句歌词韵脚上咬字都格外重（就像上帝和教会的戒律似的），赶路人一步一步地随着歌声踩着拍子，干下的活越来越多，要走的路也越来越短。这首歌忠诚地追随着大革命的步子，当这个了不起的行路人加快步伐时，它也跟着加快节拍。它越奏越快，最后融入一首疯狂、激烈、令人眩晕的圆舞曲里，成了1793年的杀人魔音《必胜歌！》。然而1790年的《必胜歌！》，却俨然是另外一个样子：

人民在这一日反复吟唱着：
啊！必胜！必胜！必胜！
按着福音书的训诫，

（啊！必胜！必胜！必胜！）
根据立法者的箴言，
一切会实现的。
冒得高的，就把他压下去；
伏得低的，就把他扶起来；
……

那些住在比利牛斯山或布列塔尼腹地的赶路人在顶着6月的骄阳慢慢赶路时，这首歌就是他们待领的圣体，就是他们心中的抚慰，和中世纪为了鼓舞那些咬牙修建沙特尔大教堂和斯特拉斯堡大教堂的朝圣者而作的**散文诗**起到同一效果。巴黎人也在唱着这首歌，但唱得更快、更烈，他们一边歌唱，一边布置着联盟会场，让整个战神广场改头换面。当时那里完全只是一片平地，人们把它好生布置一番之后，它才变成如今我们看到的这番宏伟壮阔的模样。巴黎市政厅雇了几千个懒散的工人来干活，可他们一年都干不完这么大的工作量。群众看出有人在存心使坏，于是所有人都过来帮忙了。那真是一幅让人惊叹的画面。各个阶层、各个年龄的人，甚至包括小孩，全都在夜以继日地赶工。是的，所有人，所有公民，其中有士兵、神甫、修士、演员、慈善会姐妹、美丽的夫人、集市女贩。人们拿着十字镐，推着手推车或运土车；孩子们手举火烛，走在前面；流动乐队在为劳动者们奏乐打气；劳动者一边铲平土地，一边唱着这首平均主义的歌："啊！必胜！必胜！必胜！冒得高的，就把他压下去！"

歌声、劳动、工人，全都只体现了一个东西——实际的平等。最富裕和最贫穷的人，全都一起加入这场劳动中。不过还是得说，穷人奉献得更多一些。那些当时正在修建路易十六桥的运水工、木匠、泥水匠，在6月炎热的天气里辛苦劳动了一整天之后，还要来到战神广场继续帮忙干活。当时正是农忙之际，然而劳动者们依然不辞辛苦地赶了过来。这些精疲力竭的人来到这里，顶着烈日继续工作，他们就是这样给自己解乏的。

这个规模宏大的工程，要把一片平原改造成夹山而成的谷地。谁敢相信人们竟然完工了！而且是在一个星期之内完工的！准确的开工时间是7月7日，而工程在14日之前终于赶完了。

人们怀着一颗大爱之心，像参加圣战一样参与进来。政府计算好工期、企图拖延时间，阻止联盟节日的到来，事情看似没了转机。然而只要法国想，它就可以，而且它也做到了。

这些巴黎人望眼欲穿的宾客，他们终于来了，把巴黎塞得满满当当的。提供住宿的旅店老板们做出让步，以低廉的价格来招待这群异乡人。不过大部分人都没有住进旅店。我们都知道巴黎人的住所通常都无比狭小，但他们又努力挤了挤，硬是腾出了地方来接待联盟派。

当追求自由的长兄——布列塔尼人抵达巴黎的时候，巴士底狱的胜利者们走到凡尔赛甚至是圣西尔那里去迎接他们。一番庆祝和拥抱之后，两队人马并到一起，携手共同走进了巴黎城。

一种前所未有的和平观、和谐观，充盈在每个人的心中。人们可以从一件事，一件在我看来最有说服力的事中得出这一论断——连记者都偃旗休战了。这些牙尖嘴利的辩手，这些心忧自由事业、为自由而轰轰烈烈地斗争着的卫士，也脱去了平日里的尖刺。已到耄耋之年的那些老人那番毫无仇恨或嫉妒心的意气风发的精神，把他们深深感染住了，让他们也暂时抛却了那点可怜的你争我吵的想法。《巴黎革命报》的编辑——刚直不阿、从不懈怠的路斯塔洛，以及声势夺人、敏感易怒、放荡轻浮的卡米尔，这两个人同时产生了一个不切实际却发自内心的感人想法：**在作家中间建立一个联盟公约**，再不要任何恶性竞争、任何嫉妒心理、任何争强好胜——除了在公共事业上的争强好胜。

议会似乎也被这热情的海洋所感染。在6月一个炎热的夜晚，它一时又感受到了1789年的神启，还有自己在8月4日时青春洋溢的冲劲。一位弗朗什-孔泰的议员说，若联盟派到达后还看到战神广场上那些各省伏在路易十四脚下的塑像，这对他们而言是一种羞辱，故这些塑像应被撤去才是。一个南方议员借着议会群情激昂、踊跃发言的势头，要求议会取消所有那些有损平等、讲究排场的头衔，例如伯爵、侯爵的名号，还有纹章、号衣，统统都应被取缔才是。蒙特莫朗西和拉法耶特纷纷表示支持，几乎只有莫里在那里抵抗（众所周知，他是一个鞋匠的儿子）。于是，议会取消了贵族继承制（1790年6月19日）。但当日投票赞同的人，大部分第二天都后悔了。放弃以土地为名的姓氏、重新沿用几乎被人遗忘的家姓之后，所有人都被弄得云里雾里。拉法耶特变成了可怜的莫迪耶（Mottier），米拉波更是怒不可遏——除了里克蒂这个名号外（Riquetti），他什么都不是了。

但是这场改革绝对不是一时兴起、心血来潮，而是对大革命理念的一次自然而然的实践。这个理念只关乎一件事：希望每个人得到善有所得、恶有所报的公正。你们祖先做下的，当归到你们祖先、而不是你们的头上。而你们，也要为了自己动起来！在这套体系中，再没有什么祖先功绩的传承，再没有什么贵族。但同样的，也再没有什么上辈犯罪、下代受连的说法。在2月时，我们野蛮的律法以制造假币的罪名将两个年轻人判处绞刑。议会在当时就发布决定，受刑者的家人绝不会因为他们的罪行而受到牵连。公众感念老者无养、稚子无辜，便对他们老实巴交的家人进行百般关心和照拂；一些家境体面的公民还向他们的姐妹提亲。

**再没有什么功德的传承**，贵族头衔被废除了。**再没有什么罪恶的传承**，绞刑架再不祸及犯人的亲族、甚至后代。

然而犹太教和基督教的教理恰好与之相反。罪恶是可以传袭下来的，功德也是；基督的功德、圣人的功德，甚至可以荫庇那些最不值得庇荫的人。

在议会颁发法令、废除贵族制的那场会议中，它接待了一个自称是人类使团的奇怪的代表团。一个来自莱茵河的德国人，阿纳卡西斯·科鲁兹（Anacharsis Clootz）（这是一个奇人，后文我们再来说他），向律师团介绍了一群穿着自己的民族服饰、代表不同国家的二十多人，里面有欧洲人，也有亚洲人。他代表这些人，请求能让他们参加战神广场上的联盟庆典，“以各族人民的名义，也就是说，以世界各地受着国王压迫的合法君主的名义”。

一些人大为受动，另一些人在笑。然而，这个代表团却表现出严肃的样子；这里面的人有的来自阿维尼翁，有的来自列日，有的来自萨瓦，有的来自比利时，他们都是真心实意想成为法国人。还有从英国、普鲁士、荷兰、奥地利逃出来的，和这些正在密谋对付法国的国家政府立场相敌对的人。这些逃难者组合起来，就像是一个欧洲委员会似的。这是一个完全为反对欧洲而组织起来的委员会，如后来卡诺建议那样，它成了外国军团的第一代核心组织。

各族人民组成联盟，各国国王也组成了联盟。当然，在看到自己的哥哥利奥波德轻轻松松就让欧洲和奥地利联手起来，法国王后也有理由升起希望。德国外交一改往日慵懒闲散的作风，成为了她的左膀右臂。这是因为外交官在此事中没有任何分量的缘故。一切都是国王们背着自己的大使、大臣，亲自商议好的。利奥波德直接给普鲁士国王写了一封信，向他指出大家共同面临着何种危险，甚至还在普鲁士的赖兴巴赫召开了一场大会，与英国、荷兰达成一致。

远处的地平线上乌云密布。本来受着各国人民无尽祝福的法国，突然被各国国王的仇恨和军队所包围了。

法国内部也不能让人放心。宫廷整日都在议会中笼络人心，但现在它再不通过右派行动了，而是借助左派、89俱乐部、米拉波、西哀士展开动作，靠四处行贿拉拢、靠人们的背叛和恐惧行动起来。所以，它一下子就卷走了两千五百万的国家元首年俸，其中还有王后四分之一的亡夫遗产。宫廷有了一些镇压新闻界的手段，便放心大胆地去追诉10月5日、6日事件了。

这就是联盟派到达巴黎后看到的状况。他们对议会、对国王本抱有热切的崇拜心理，而今却开始有些动摇。大部分人对这位善良的**公民之王**虽抱有依顺孝敬之心，但也在过去和未来、王权和自由之间徘徊摇摆。许多接受召见的人双膝跪地，把他们的宝剑和真心一起呈了上去。然而国王生性软绵畏缩，又处在这样双重的、虚假的位置上，面对人民这份如年轻小伙子的爱情一样火热滚烫、汹涌澎湃的情感，他几乎说不出什么话来。王后就更不消多说，除了对自己**忠心耿耿的洛林人**（他们隶属于她的家族）之外，她对联盟派成员基本上是一脸冷淡。

终于到了7月14日，这万众期盼的神圣的一天。就是为了这一天，这些勇士才跋山涉水来到这里。万事都已具备齐全。可甚至在前天晚上，人们依然害怕第二天会横生变故，导致联盟节被无故取消。于是，许多人干脆就在战神广场上露营，他们中间有百姓，也有国民自卫军。次日，日暮降临，可是糟糕，下雨了！在整整一天里，瓢泼大雨一刻都没停过，狂风夹杂着豆大的雨点猛烈地打过来。“看来老天爷是个贵族派啊。”有人说。但人们依然按部就班地举办庆典，大家讲着无数个愚蠢的笑话，似乎要用大无畏的、执着的乐观态度来扭转这凄惨天气带来的影响。十六万人坐在战神广场的小山丘上，还有十五万人站着；广场上应该容纳了大约五万人，其中一万四千人是各省和巴黎的国民自卫军、陆军和海军代表。夏约、帕西巨大的环形剧场，也被围观群众挤得水泄不通。这个宏伟、宽阔的场地，又被蒙马特、圣克鲁、莫冬、赛弗勒围了起来，形成了另一个无比巨大的环形剧场。

一切都准备好，可是天居然下雨了。人们等了很久。联盟派、巴黎国民自卫军，早上五点钟就沿着大街出发了，他们浑身湿透、饥肠辘辘，却依然一副兴高采烈的样子。圣马丁大街和圣奥诺蕾大街上的百姓把面包、火腿、葡萄酒装好，用绳子吊下来送给他们。

他们通过一座建在夏约宫前面的木桥，穿过塞纳河，走过一处凯旋拱门，抵达了节日场地。人们在战神广场中间树立起祖国神坛；在军事学院前面，为了国王、议会而设的阶梯也早早搭好了。

时间一点一滴地缓慢走着。第一批到达的人，为了一扫大雨和糟糕天气带来的沮丧气氛，直接在广场上跳起舞来。他们在泥泞中旋转，跳起了欢乐的法兰多拉舞，舞队的圆圈越来越大，而且还有新的舞队不断加入进来，每支要么是一个省的人，要么是各省混合起来。布列塔尼和勃艮第，弗朗德勒和比利牛斯都在一起跳着舞着。从1789年的冬天开始，这些舞队就开始跳起了这支摇摆的舞蹈。巨大的法兰多拉舞一点一点地把整个法国圈了进来，最后在战神广场上跳完了最后一支舞，然后曲终人散。这是团结之舞！

那个焦心等待、翘首以盼、满怀憧憬的日子终于到来了，那个所有人都在想着、等着它的来临的日子终于到来了！这一天终于到来了！我们还在想什么呢？为什么这么一副忧心忡忡的样子？唉！根据过去的教训，我们得到了一个说来奇怪、却千真万确的可悲的道理，那就是：结成一体之后，团结反会被削弱。可人们有了团结意愿，那就在心灵上结成了一体，这也许也是最好的一体吧。

安静！国王到来了！他、议会、王后，坐在一处全场制高点的观礼台上，拉法耶特和他的那匹白马恰好就停在国王的脚下。这位统帅翻身下马，听取王令。在两百多位系着三色腰带的主教中，欧坦主教塔列朗带着令人难以琢磨的神情一瘸一跛地登上神坛：要说发誓，除了他，还有谁是更好的主持祭礼的人选呢？

一千两百多位音乐家奏起了音乐，乐声几不可闻，然而现场却无比肃穆，四十门大炮同时鸣炮，炮声震天动地。在雷霆般的炮声之后，全体起立，指天宣誓。啊，国王！啊，人民！你们看！上苍听到誓言了，阳光穿过乌云照耀在大地上。所以你们可要守誓啊！

人民是多么真诚地在那里起誓啊！唉，他们居然还是那么天真和轻信！为什么国王就不能让大家高兴一下，到神坛上宣誓呢？为什么要这么遮遮掩掩地躲开阳光，在暗处发誓呢？陛下，发发慈悲吧，请您举高您的手，让整个世界都看到它吧！

还有您，夫人，这些如此天真、轻信的人民，这些刚才还无忧无虑地跳着舞、在悲惨的过去和光明的未来之间尽情舞动着的人民，难道您对他们就没有丝毫怜悯之心？为什么您那双美丽的蓝色眼眸中闪烁着怀疑？一个保皇党人捕捉到了这束目光。“您是看到巫婆了吗？”维里多子爵说。您从这里看到您的使节正在尼斯接待南部屠杀策划者，正在对他大拍马屁？还是说，您在这乌乌泱泱的人群中，觉得自己看到远处利奥波德的军队正在赶赴过来？

听好了！这里一派和平，却是一种崇武的和平。三百万拿起武器、派代表来到这里的人民，他们可以造出的士兵，比欧洲所有君王手下的队伍人数都要多。他们缔结了博爱的和平，但同时也摩拳擦掌、为战斗做好了一切准备。许多省，如塞纳、夏朗德、吉伦特，还有其他许许多多的地方，都渴望为保卫团结做出奉献，希望可以拿起武装、召集群众，派出六千人奔赴前线。没过多久，马赛人就请求出征，他们发下自己的祖先弗凯亚人发过的誓言，将石子投向海中，就此立誓：除非石子浮出水面，否则不胜不归。

# 法国大事件年表：1789年4月—1790年7月[①]

1789年4月27、28日，圣安托万区发生骚乱，即雷唯戎事件。

1789年5月5日，三级会议开幕，第三等级要求三个等级共同议事。

1789年6月17日，第三等级代表宣布成立国民议会。

1789年6月20日，三级会议会厅被关闭，第三等级代表来到网球场，发表《网球场宣言》。

1789年6月23日，路易十六召开御前会议，要求各等级分开议事，内克尔拒绝出席会议并递交辞呈，国民议会拒绝散会。当晚凡尔赛骚乱，国王和王后请回内克尔。

1789年6月27日，路易十六同意三个等级共同议事。

1789年6月30日，群众打开亚伯叶监狱，救出囚犯。

1789年7月9日，国民议会改名制宪议会，要求制定宪法、限制王权。路易十六调集军队企图解散议会。

1789年7月11日，内克尔被解职，引发一片哗然。

1789年7月12日，巴黎举行声势浩大的示威游行，支持制宪议会。

1789年7月13日，巴黎群众四处寻找武器，开始武装起义。

1789年7月14日，群众攻占巴士底狱。

1789年7月16日，路易十六召回内克尔。

1789年7月17日，路易十六来到巴黎，接受三色帽徽。

1789年7月22日，第三等级的人民因为第一、二等级的压迫，杀死财

---

① 此法国大事件年表为译者整理。

政大臣福隆和巴黎督办贝尔蒂埃。

1789年8月4日，议会通过三十多道法令，废除农奴制和贵族特权。

1789年8月24日，《人权宣言》的发表。

1789年10月5日，凡尔赛妇女大游行。

1789年10月6日，路易十六举家被迫从凡尔赛宫搬到巴黎杜伊勒里宫。

1789年11月3日，议会规定教会财产归国民所有。

1789年12月，旧行省制度被废除。

1790年2、3月，路易十六和利奥波德结成同盟。

1790年2月4日，路易十六来到议会，宣扬自己支持革命。

1790年4月，教会财产开始被拍卖，南方地区宗教狂热主义有所抬头。

1790年4月12日，教会要求立天主教为国教。

1790年4月27日，科尔德利俱乐部成立。

1790年5月10日，反革命在蒙托邦组织了屠杀事件。

1790年6月13日，尼姆之乱，被镇压。

1790年7月12日，《教士民事基本法》被通过。

1790年7月14日，庆祝攻占巴士底狱一周年，法国举国欢庆联盟节。

图书在版编目（CIP）数据

法国大革命史. 卷一 / (法) 儒勒·米什莱著 ; 李筱希译. — 长春 : 吉林出版集团股份有限公司, 2020.5
（汉阅史学经典）
书名原文: History of the French Revolution
ISBN 978-7-5581-2226-2

Ⅰ.①法… Ⅱ.①儒…②李… Ⅲ.①法国大革命－历史 Ⅳ.①K565.41

中国版本图书馆 CIP 数据核字（2020）第083189号

**法国大革命史（卷一）**

| | |
|---|---|
| **著　　者** | ［法］儒勒·米什莱 |
| **译　　者** | 李筱希 |
| **创　　意** | 吉林出版集团·北京汉阅传播 |
| **总 策 划** | 崔文辉 |
| **策划编辑** | 齐　琳 |
| **责任编辑** | 齐　琳 周海莉 |
| **责任校对** | 叶　心 白聪响 |
| **封面设计** | 观止堂_未　氓 |
| **开　　本** | 710mm × 1000mm　1/16 |
| **字　　数** | 371千 |
| **印　　张** | 34.75 |
| **版　　次** | 2020年11月第1版 |
| **印　　次** | 2020年11月第1次印刷 |

| | |
|---|---|
| **出　　版** | 吉林出版集团股份有限公司 |
| **发　　行** | 北京吉版图书有限责任公司 |
| **地　　址** | 北京市西城区椿树园15-18号底商A222<br>邮编：100052 |
| **电　　话** | 总编办：010-63109269<br>发行部：010-63104979 |
| **官方微信** | Han-read |
| **邮　　箱** | beijingjiban@126.com |
| **印　　刷** | 三河市元兴印务有限公司 |

ISBN 978-7-5581-2226-2　　定价：88.00元